TESI GREGORIANA
Serie Teologia

171

A mia madre e a mio padre

MISLAV HODŽIĆ

LA GENESI DELLA FEDE

La formazione della coscienza credente
tra *essere riconosciuto* ed *essere riconoscente*

EDITRICE PONTIFICIA UNIVERSITÀ GREGORIANA
ROMA 2009

Vidimus et approbamus ad norman Statutorum Universitatis

Romae, ex Pontificia Universitate Gregoriana
Die 13 mensis majus anni 2009

Prof. ELMAR SALMANN

Prof. CARMELO DOTOLO

© 2009 Gregorian & Biblical Press
Piazza della Pilotta, 35 00187 - Roma
books@biblicum.com

ISBN 978-88-7839-**142**-0

Finito di stampare nel mese di giugno 2009
presso Mediagraf S.p.A. Stab. di Roma So.Gra.Ro.

PRESENTAZIONE

'*Riconoscersi riconosciuti*' – è questo il nodo teorico, nonché l'icona archetipa e il ritmo musicale che attraversano e sottintendono la tesi di don Mislav Hodžić.

Come tali, essi potrebbero venir sorretti dall'immaginario biblico e da un'immane storia dell'arte con le sue raffigurazioni. Davanti al nostro sguardo interiore emergono tante scene che ci parlano dell'affetto, della delicatezza e dell'incisività dell'incontro tra sfera divina e vita umana. Le icone dell'Annunciazione, della Sacra Famiglia, dell'adora-zione dei pastori e dei Magi, dell'affetto tra la Madonna e il suo Bambino, l'immaginario idilliaco del riposo in Egitto e della Cena di Emmaus o dell'impatto forte e empatico tra Gesù e gli uomini e le donne durante la sua vita e dopo la risurrezione hanno dato alla fede cristiana il sapore del sapersi custoditi, salvaguardati e hanno reso possibile la creanza di un umanesimo cattolico, senza il quale il mondo della fede scivolerebbe facilmente in moralismo e ideologia.

E sentiamo riecheggiare in noi tante poesie e tanti canti di amore, dagli inni che accompagnano la nascita di Gesù nei primi capitoli del Vangelo di Luca fino ai pezzi liturgici nelle lettere di San Paolo, per non parlare del canto gregoriano, degli oratori tra Händel, Bach o Mendelssohn, delle corali e della musica d'organo che creano l'atmosfera del culto cristiano.

Tutto questo ci parla dell'intelligenza degli affetti e del timbro e del carattere emotivo della nostra intelligenza, della graziosa necessità di vivere in rapporti segnati da una sicura e rassicurante affabilità e affidabilità, cioè nello spazio di una affinità elettiva tra Dio e l'uomo e tra noi esseri umani.

La tesi di don Mislav ci introduce in questo paesaggio, evidenziando che la reciprocità attendibile risulta la culla e l'essenza della fede e che quest'ultima appare come sfondo e sfera benedicente della prassi umana e del suo orientarsi. È una tesi limpida, suggestiva e ben leggibile, con un'impostazione chiara e proporzioni a misura d'uomo, convincente per contenuto, forma e linearità. Il 'riconoscersi riconosciuti' non è soltanto il filo conduttore teorico-fenomenologico e l'orizzonte del lavoro, ma ne determina e segna anche lo stile e il modo di presentare i suoi interlocutori Balthasar, Rahner, Sequeri e Werbick. Raramente si leggono dei profili tanto nitidi, succinti, sostenuti da valutazioni equilibrate e lucide, nei quali le note orchestrano in modo felice il testo, apportando sfumature e aprendo spiragli.

È un'approccio inedito che presenta il pensiero dei grandi teologi in una luce nuova per sottolineare il carattere affettivo-mistico che contribuisce alla pensabilità convincente di una fede amabile e vivibile. La genesi e la plausibilità della fede (come atto, dinamica, gesto e mistero/contenuto) trova la sua ragione d'essere, nonché la sua realizzazione matura, in una coscienza credente che si comprende compresa e che si fonda e compie nella preghiera, conformandosi alla coscienza e fede di Gesù come Figlio. Ciò che la tesi esprime nel suo linguaggio accademico, troverebbe il suo compimento in una tale arte, nella preghiera come invocazione creaturale e soprattutto nella prassi spicciola della vita quotidiana di ogni persona umana, piena di sofferenza, gioia e promesse.

La teologia fondamentale – se si concentrasse sulle implicazioni del 'riconoscersi riconosciuti' come gesto trascendentale, interpersonale, contemplativo, gesuanico e quotidiano-comunicativo e pure come midollo e centro del mistero trinitario-cristologico-ecclesiale – potrebbe approfittare parecchio dello stile e dei risultati della tesi. Questo lavoro presenta in forma e teoresi una mistagogia riflettuta di questo mistero e di quel gesto.

P. Elmar, Salmann, OSB

RINGRAZIAMENTI

«*È il Signore*» (Gv 21,7) – le parole che San Giovanni pronunciò quando Gesù si è manifestato ai discepoli per la terza volta dopo la sua risurrezione sul mare di Tiberiade – sono per me le parole più belle di tutta la Sacra Scrittura. Così come accadde con i discepoli sulla strada di Emmaus, anche i discepoli che andavano a pescare non si accorsero che era Gesù colui che si presentò sulla riva all'alba. Ma uno che viene indicato come *colui che Gesù amava*, cioè che ha sperimentato di «*essere riconosciuto*» da Gesù, è anche capace di «*essere riconoscente*», cioè di accorgersi per primo della presenza del Risorto. Io oggi voglio innanzitutto ringraziare Gesù perché *è il Signore* colui che mi ha dato la grazia di arrivare a questo momento. *È il Signore* che mi ha dato la forza durante questi cinque anni di portare a termine la tesi di dottorato nonostante i diversi, a momenti difficili, impegni: questo universitario e quello presso la Segreteria di Stato. Pure *è il Signore* che mi invitava a cercare la fede e a trovare tanta gioia nel vivere per lui e servire la Sua Chiesa. Infine, *è il Signore* che mi ha mandato nella vita tante persone e volti cari, gli eventi e gli incontri che mi hanno dato la possibilità di riconoscermi riconosciuto.

In questo senso, desidero ringraziare i miei genitori e i familiari che mi hanno sempre accompagnato con il loro amore concreto, oltre che con la vicinanza spirituale e la preghiera incessante. Ringrazio l'Arcivescovo di Split-Makarska Mons. Marin Barišić per le cui mani ho ricevuto il preziosissimo dono del sacerdozio e che mi ha mandato a studiare la teologia fondamentale. Desidero rivolgere un ringraziamento alle istituzioni e alle comunità che mi hanno accolto ed ospitato con cuore aperto e con generosità cristiana: la Pontifica Accademia Ecclesiastica col Presidente S.E. Mons. Beniamino Stella e il Pontificio Collegio Croato col rettore Mons. Jure Bogdan.

Ringrazio in modo del tutto particolare quelli che mi sono stati più vicini e più cari durante gli anni trascorsi a Roma, gli amici sacerdoti: per primi quelli con i quali ho cominciato lo studio e con i quali ho condiviso non solo lo stesso corridoio ma anche le gioie e le speranze della vita, Richard Pavlić, Davor Vuković e Josip Bošnjaković; inoltre quelli con i quali ho condiviso la passione per la teologia e con i quali più volte ho discusso su diversi e interessanti temi, Ivan Bodrožić ed Edvard Punda; nonché i cari amici Robert Ćibarić e Miroslav Vidović; ringrazio i superiori e i colleghi della Segreteria di Stato che mi hanno insegnato molto con la loro collaborazione fraterna, cordialità umana e semplicità evangelica, soprattutto Mons. Gabriele Caccia, Mons. Petar Rajič e P. Livio Poloniato, OFMConv. Grazie a tutti loro ho potuto sperimentare la bellezza e la comunione della Chiesa Cattolica. Un ricordo speciale va ai cari amici nella Croazia. Sono specialmente riconoscente anche alla signorina Marianna Leogrande per lo sforzo, la pazienza e l'effetto con cui ha corretto il testo di questa dissertazione.

Nel ricordare con riconoscenza questi anni di studio vorrei ringraziare tutti i miei professori della Pontificia Università Gregoriana, innanzitutto il P. Elmar Salmann, OSB. L'incontro con P. Salmann lo ritengo uno dei più felici della mia vita. Nei miei pensieri rimarrà sempre presente e vivo l'ambiente dei nostri colloqui nel monastero benedettino sulla collina dell'Aventino: il suo studio pieno di libri tra cui sulla scrivania separata una ventina, la serenità della sua piccola stanza in contrasto con il rumore delle manifestazioni nel vicino Circo Massimo, la finestra attraverso la quale penetravano i raggi del sole, che col suo tramonto ci spingeva spesso ad accendere una nuova luce. Nel futuro porterò molto con me da questa immagine, che è come simbolo di quanto mi ha comunicato ed insegnato il mio professore: cercare sempre di distinguere l'importante/essenziale dal superficiale, saper trattenere la pace interiore nelle circostanze turbolente della vita, lasciarsi illuminare e sorprendere dallo Spirito Santo nelle riflessioni e nelle esperienze, e nel passar del tempo cercare di ri-trovare la permanete novità, originalità ed attualità della teologia e del messaggio cristiano. Con gli incoraggiamenti ed i consigli, con le domande e le correzioni, ma soprattutto con la paterna ospitalità e la fraterna stima P. Salmann è stato per me non solo un direttore eccezionale ma anche un maestro esemplare a cui devo molto.

Ringrazio di cuore tutti che hanno contribuito affinché questo lavoro possa essere pubblicato, in primo luogo S.E. Mons. Martin Vidović, Nunzio Apostolico. Dio li benedica tutti.

PROLOGO

1. La presentazione della ricerca

1.1 *Le motivazioni della ricerca*

La presente ricerca nasce da una riflessione che si è sviluppata soprattutto attraverso tre momenti fondanti del personale itinerario scolastico-spirituale. Il primo riguarda una *domanda* sentita qualche anno fa nel campus universitario di Split in occasione di una conferenza per gli studenti, circa le similitudini e le differenze fra la figura di Cristo e quella di Socrate, in pratica sulla convergenza e la divergenza fra teologia e filosofia. Alla fine della conferenza una ragazza pose al relatore una domanda che esprimeva il desiderio più profondo dell'uomo: «Grazie, era molto interessante. Ma mi chiedo come posso venire alla fede, come posso far conoscere Dio?» La risposta del professore non è stata teorica e vaga, ma una proposta ed un invito semplice e concreto: «Già sai tanto di Gesù. Stasera quando entri nella tua camera, accendi una candela, inginocchiati o siediti, congiungi le mani, chiudi gli occhi, pensa che Gesù è lì e parlagli con fiducia. È l'atto della fede e il cammino verso la fede.» Il secondo momento coincide invece con l'*esperienza personale* che mi ha portato a constatare come le testimonianze dei santi e dei mistici nella via della fede hanno un influsso e una plausibilità molto più grande rispetto alla stragrande maggioranza dei manuali teologico-fondamentali, al punto che non solo meritano il proprio *locus theologicus* all'interno del discorso teologico ma sono imprescindibili per renderlo più convincente per chi cerca Dio. Penso qui agli scritti autobiografici di Agostino, di Teresa d'Avila, di Gemma Galgani… che mi hanno toccato profondamente, ai mistici e ai santi che sono, per eccellenza, coloro che hanno scoperto/sperimentato/ vissuto che Dio «è». Loro sono per il popolo cristiano come gli esploratori che entrarono per primi, di nascosto, nella terra promessa e poi tornarono indietro per riferire ciò che avevano veduto («una terra dove scorre latte e miele»), esortando tutto il popolo ad attraversare il «Giordano del dubbio/incertezza» (cfr. Nm 14,6-9). Il terzo momento è dato dall'*analisi teologica* e dall'interpretazione del rapporto tra esperienza e riflessione, tra la genesi della fede e la nascita della teologia, seguita con attenzione durante il corso tenuto alla Pontificia Università Gregoriana dal professore di teologia sistematica P. Elmar Salmann, OSB. In ambito cattolico, la crisi modernista e il fallimento dell'*analysis fidei* neoscolastica ha ridestato l'interesse per la mistica e ha portato a tante forme di ricongiunzione tra esperienza e teologia, tra autoriflessione trascendentale e scoperta di un orizzonte che non sapeva né comprenderla né farla comprendere.

1.2 *L'obiettivo e il titolo del lavoro*

L'obiettivo del lavoro, quindi, si colloca nel dibattito sull'identità e sulla vocazione della teologia fondamentale. Quando parla dell'atto della fede, questa disciplina teologica non dovrebbe solamente elencare gli attributi e il contenuto della fede, ma anche dovrebbe cercare di dare idee sul processo della nascita e della genesi, della plausibilità vissuta e riflettuta della fede, a partire dall'esperienza dei misteri, a livello affettivo, intellettuale, pratico ed estetico. Con la nostra tesi cercheremmo di contribuire al superamento del trauma della crisi del modernismo sulla scia dei tentativi di Guardini e Maréchal, di Gardeil e Garrigou-Lagrange, (ricordiamo sei volumi su S. Tommaso e Giovanni della Croce solo di quest'ultimo) annunciando il punto d'incrocio tra mistica e mistero, *fides quae* e *fides qua*, tra kenosi trinitaria e sequela. Solo con l'avvicinamento sistematico e interattivo alla questione si evita l'assurdità di un intelletto senza radici o di una esperienza senza riflessione: bisogna che l'esperienza nella riflessione vada *ri*-detta, *re*-iterata, *ri*-presa, *ri*-pensata, *rin*-venuta, *ri*-plasmata, *ri*-conosciuta. Il primo compito della teologia fondamentale dovrebbe essere quindi di dare una proposta/risposta convincente a chiunque cerca la fede, la verità e il senso della vita.

La teologia fondamentale propone di fare questo seguendo l'invito dell'apostolo Pietro riportato in 1 Pt 3,15-16, testo compreso come programmatico ma nei manuali sempre citato in senso ristretto e limitato e mai preso nel suo insieme: «Adorate il Cristo Signore nei vostri cuori, pronti sempre a rispondere a chiunque vi domandi ragione della speranza che è in voi. Tuttavia questo sia fatto con dolcezza e rispetto, con una retta coscienza». Questo programma, quindi, non sottintende solo la necessità di dare ragioni della speranza e della fede, ma include anche il contesto della preghiera e dell'adorazione, della formazione di una retta coscienza dei credenti sia nell'ordine dell'intelletto che degli affetti riguardo alla fede. L'espressione più adeguata del rapporto intimo e personale dell'uomo con Dio ci è data dalla costatazione paolina del (ri)conoscimento reciproco in Gal 4,9: «Avete *conosciuto* Dio, anzi da lui *siete stati conosciuti*». Con queste parole Paolo esprime un chiaro ordine ontologico (o se si vuole anche cronologico) dell'esperienza costante e dinamica del riconoscimento da/di Dio, che è un processo sia *passivo* sia *attivo*. Solo a partire da qui si può comprendere cosa significhino la designazione di Dio come *persona* e pure la parola *rivelazione*.

In altre parole, qui vogliamo ricostruire e riproporre l'importanza del trattato *De fide* della teologia fondamentale, evidenziando la duplice correlazione/riconoscimento tra l'uomo e Dio come momento costituente della fede, nel quale emergono la coscienza credente e la preghiera come categorie promettenti per una credibile introduzione/interpretazione del cristianesimo. Solo con la fenomenologia della coscienza credente, conosciuta e interpretata come riconoscimento riconosciuto, si scopre il luogo di un affetto tras-formato nell'ordine dei simboli/metafore, il pathos della libertà/capacità del dialogo, delle emozioni del consenso/coinvolgimento, la logica della rivelazione, della redenzione e della rappresentazione ecclesiale che si uniscono e si configurano. Inoltre, essa sa aprirsi e apre all'istanza della mistica e del rito, al vigore e rigore della distanza simbolica, e infine all'arte e alla sinfonia/sintonia della fede.

Al titolo *La genesi della fede* è affidato il compito di indicare che questa ricerca in teologia fondamentale mira all'accrescimento di una teologia della fede che affronti il percorso/avventura della via credente, e questo non tanto come un momento genetico della fede, ma piuttosto come un percorso dinamico. Apprezzabile è il riassunto di san Tommaso secondo il quale nella genesi della fede intervengono la *predicazione/annuncio* (proposta della parola rivelata) compiuta dal *profeta/mediatore* e accompagnata da prodigi (che confermano la verità della predicazione e spingono ad abbracciarla), e il dono interiore della *grazia della fede*, che rende definitivamente possibile la *risposta personale*, cioè intelligente e libera, dell'uomo davanti alla Rivelazione divina (cfr. *S.Th.*, II-II, q.6, a. 1c). Però, la nostra ricerca va oltre, va a mostrare come questa risposta personale, ovvero riconoscimento/

riconoscenza, non va data a sé stesso, alla società o in modo etereo, ma nel rapporto inter-personale a Dio stesso. Quest'idea è ancor più chiarita e precisata nel sottotitolo che individua lo spazio, i presupposti e il modo di questo processo come *la formazione della coscienza credente tra essere riconosciuto ed essere riconoscente*:
– *formazione*, perché indica un processo evolutivo a livello spirituale, morale, intellettuale, dovuto all'esperienza e alla riflessione, che comporta l'insieme dei principi, dei valori e delle conoscenze acquisite mediante tale processo. Inoltre, la formazione significa qui pure la *conformazione* ad un archetipo/modello, che nel nostro progetto è l'atteggiamento di fiducia e di obbedienza di Gesù davanti al Padre.
– *coscienza credente*, perché questa categoria, che antropologicamente designa lo strato più profondo e il «cuore/nucleo» della personalità e dell'identità credente dell'uomo, è sostanzialmente il *luogo dialogico* dell'incontro drammatico/libero con l'altro e il *luogo del riconoscimento*, riflessivo e affettivo, della sua affidabilità o inaffidabilità. Individuando l'aver fede come struttura originaria della coscienza umana, essa offre una premessa/promessa per condurre finalmente il discorso teologico-fondamentale fuori dal labirinto del binomio fede-ragione.
– *essere riconosciuto ed essere riconoscente*, perché la coscienza credente sottintende la relazione personale dell'uomo con Dio, trovandosi coinvolto dall'iniziativa dell'Altro di darci/farci sentire la sua presenza e amore (il momento passivo-*patico* dell'essere riconosciuto) che sempre precede ogni iniziativa/azione umana del percepire, del giudicare, del decidere, dell'affermare/negare, dell'amare/odiare e dell'accettare/rifiutare (il momento attivo-*pratico* dell'essere riconoscente).

1.3 *Il percorso della ricerca*

Il percorso della ricerca parte dal *Prologo*, nel quale sarà illustrato il travaglio circa l'identità, il compito, lo snodo e la prospettiva della disciplina teologico-fondamentale, che ci condurrà a cercare e analizzare quattro prospettive che promettono di fornire le proposizioni utili per ripensare e riproporre una teoria del credere. La *Parte prima* affronterà due grandi stili dei *pensatori originari* del '900 ed offrirà una rilettura del *Corso fondamentale sulla fede* di Rahner e della *Trilogia* di Balthasar nella chiave dell'itinerario mistagogico esperienziale (anonima-trascendentale ed estetico-drammatica) secondo il ritmo trinitario-kenotico del mistero cristiano e verso una *forma mentis* e *forma fidei*, cioè verso una forma di vita che sa esporsi in una libertà oggettiva(ta), ricreata, in-differente e ospitale. Si cercherà di rintracciare e (ri)costru-

ire la struttura e l'articolazione di una teologia della fede presso questi due pilastri della teologia del XX secolo, con lo scopo di raccogliere preziose indicazioni fenomenologiche e teoretiche riguardo all'arrivare alla fede:
– *Hans Urs von Balthasar*, nella sua opera sistematica, pervasa da un afflato delle esperienze dei mistici, di adorazione e di larga conoscenza della tradizione patristica e filosofica, insegna a partire dalla percezione della «forma» del donarsi di Dio. Essa con la sua bellezza rifulge all'uomo, verso di lui si abbassa nella dramma della kenosi di Cristo, per manifestarsi come verità e per invitare a partecipare al dramma della sequela, per infine fare partecipare l'uomo alla gloria trinitaria.
– *Karl Rahner*, intessendo un fruttuoso dialogo tra filosofia e teologia, studia l'autocomunicazione di Dio dalla prospettiva del destinatario della grazia, l'uomo, creatura cui il compimento esistenziale è nell'apertura alla trascendenza, le cui condizioni di possibilità costituiscono la stessa natura umana. La teologia rahneriana, impegnata nella costruzione di una solida antropologia e cristologia trascendentale, non disdegna di occuparsi anche della teologia delle «piccole cose» che costellano l'esperienza quotidiana del cristiano.

L'obiettivo della *Parte seconda* del lavoro è volto all'esplorazione di due diversi stili delle *trasposizioni accademiche*, quello estetico-etico-affettiva di Sequeri e quello trascendentale-razionale-misterica di Werbick, che rispettivamente hanno fatto della categoria della «coscienza credente» e del «riconoscimento reciproco», cioè i concetti base della nostra tesi, il cuore della propria proposta teologica. Attraverso la presentazione e l'analisi delle loro diverse e complementari modalità e linee teologiche, seguendo per quanto sarà possibile e conveniente i loro itinerari personali, chiariremo i punti chiave della tematica.
– *Pierangelo Sequeri* interpreta la coscienza estetico-etica – cui il principio è il riconoscimento di Dio, (di)mostrato innanzitutto nell'evento cristologico – come struttura originaria della figura sia antropologica sia cristologica della fede. Essa si articola con la disposizione fiduciale ed introduce l'omologia del «vedere e gustare» con il «riconoscere e comprendere», che nella pratica teologale disegna infatti la conciliazione tra l'*intellectus* e l'*affectus fidei*, superando così la divisione tra intelletto, volontà, emozione, sentimento e desiderio.
– *Jürgen Werbick*, tentando di individuare e sconfiggere tutte le principali accuse e critiche moderne rivolte alla religione e al cristianesimo, presenta il suo progetto teologico-sistematico. Esso contiene la rigorosa esposizione intellettuale degli apporti filosofici, teologici e mistici, la

peculiare proposta linguistica della rivelazione, della redenzione e della Chiesa tradotta nell'espressione metaforica e nell'offerta di senso, e infine una complementare e peculiare teologia della preghiera. Come il momento fondante e fondente della sua proposta teologica appare il rapporto del riconoscimento reciproco tra l'Assoluto/incondizionato e il condizionato.

Questa indagine sul nesso tra esperienza, linguaggio, teologia e fede, nell'*Epilogo* ci porterà alla raccolta e alla riunione degli elementi per la formulazione di una teoria fenomenologica dell'*analysis fidei*, a livello antropologico, cristologico e teologico. Questo stile (r)innovativo della teologia sistematica, dovrebbe essere capace di reintegrare la teologia mistica/biografica e la teologia positiva/teorica, vissuto e speculativo, esperienza e riflessione. Infine, nel brano evangelico dei discepoli di Emmaus troveremo il modello emblematico per una teologia fondamentale e individueremo gli elementi necessari per delineare ed offrire una plausibile e comprensibile teoria della genesi della fede.

1.4 *Lo stile dello scritto*

La modalità con cui le proposte degli autori vengono affrontate è condizionata dal perseguimento dell'obiettivo della ricerca e questo è sia il suo limite che il suo pregio. Il suo *limite* perché non si mira a restituire la complessità e la totalità delle prospettive dei nostri autori, essendo interessati alla questione della ricostruzione della teologia della fede e alla riflessione sulla genesi e sulla figura della fede. Per tale ragione l'approccio alle loro opere e l'esposizione di molti temi, inevitabilmente, dovranno essere sintetici e parziali. Per non trascurare l'obiettivo della ricerca e per non appesantire il testo, tra i molti temi alcuni saranno solo evocati, accennati o sorvolati, rimandando i lettori alle opere prese in esame per indagare in maniera più approfondita. Nello stesso tempo, tale modalità ne rappresenta anche il suo *pregio* perché ci permette di guardare queste opere dalla precisa angolatura della ricerca e ci consente una visuale interessante ed interessata dei loro impianti teoretici e ci permette una valida esplorazione ed evidenziazione della loro attualità, originalità, larghezza e consistenza. Gli autori scelti sono tra loro molto eterogenei e sono espressione di sensibilità differenti, nonostante ciò è possibile però individuare un parallelismo tra Balthasar e Sequeri (p. es. l'impostazione basata sull'evidenza estetico-etica e l'interesse particolare per la categoria della fede di Gesù) e tra Rahner e Werbick (p. es. il ricorso al significativo della teologia negativa e l'importanza del capitolo sulla redenzione all'interno del discorso teologico-fondamentale). Questi aspetti offrono una ricchezza e un vantaggio perché permettono di creare/completare il mosaico teologico composto dalle diverse e complementari idee riguardo al nostro tema.

La presentazione d'ogni autore non ripercorre cronologicamente la genesi della tematica, ma restituisce organicamente la prospettiva teorica che si offre ad uno sguardo conclusivo e complessivo. Per questa motivazione, la struttura interna dei paragrafi su Balthasar, Rahner, Sequeri e Werbick è molto simile: all'inizio si affrontano le questioni fondamentali del metodo (*punto 1.*); poi si svolge l'elaborazione dei temi specifici proposti in merito alla tematica antropologica, cristologica e teologica della fede, seguendo la modalità d'approccio e di giustificazione propria degli autori (*punti 2.-4.*); e infine si conclude con una ripresa critica complessiva, evidenziando i guadagni teoretici, gli apporti specifici per la nostra ricerca e l'eventuale giudizio critico sull'impostazione e sul metodo d'ogni autore (*punto 5.*).

2. Introduzione: Il punto d'appoggio nella/della duplice correlazionalità dell'uomo con Dio

L'inizio della nostra avventura dell'indagine teologica è l'ingresso nel mondo della ricerca delle prospettive capaci di designare le coordinate del quadro teoretico necessario per ripensare una teoria della genesi della fede. Entrando attraverso la porta della teologia fondamentale (*1. La questione della fede tra l'apologetica e la teologia fondamentale*) e orientando il corso verso una teoria plausibile della coscienza credente (*2. Lo snodo della teologia fondamentale nella teoria basata sulla coscienza patico-pratica della fede*), il punto d'appoggio, che renderebbe possibile di sollevare suddetto mondo[1], cerchiamo di trovare nella rivelazione cristologica (*3. Fides Jesu e l'esperienza filiale del Figlio di Dio e figlio degli uomini come spazio dell'archetipo originante la coscienza credente*) e la fondamentale e promettente duplice correlazionalità dell'uomo con Dio.

---

[1] Facciamo allusione alla famosa affermazione: «Datemi un punto d'appoggio e vi solleverò il mondo.», dell'Archimede di Siracusa (circa 287 a.C. - 212 a.C.), matematico, astronomo, filosofo, fisico e ingegnere della Magna Grecia, che può essere il paradigma dell'uomo con le aspirazioni alle nuove, sempre più grandi scoperte (e noi non vediamo una che sarebbe più grande di questa: come diventare il credente?).

2.1 *La questione della fede tra l'apologetica e la teologia fondamentale*

La fede è il tema centrale del cristianesimo sin dalle sue origini, e rendere ragione della speranza e della fede è rimasto il compito concreto della teologia fondamentale, l'erede di una disciplina specifica di cui formulazione appare dal XIX secolo, con il titolo della cosiddetta 'Apologetica'[2]. Le radici della nascita della nuova disciplina accademica da una parte affondano nel trattato dei '*loci teologici*'[3] della fede e nelle '*questioni disputate*' medievali riferite in modo particolare all'analisi della fede[4], nonché nelle controversie contro la Riforma[5], e

---

[2] Dall'età patristica, grazie agli scritti dei cosiddetti apologeti, l'apologetica divenne la forma principale della letteratura cristiana avente come scopo quello di giustificare la fede e di difenderla contro gli avversari. Però, secondo il testo programmatico della prima lettera di Pietro (cfr. 1 Pt 3,15) essa non é in primo luogo una difesa della fede, ma una legittimazione della speranza cristiana che poggia su un 'fondamento ragionevole' che dà la possibilità di renderne 'ragione' (due possibilità di traduzione di λόγος). Per un bilancio storico dello sviluppo di questa nuova disciplina teologica che comincia a formarsi all'alba del secolo XVII cfr. A. DULLES, «Apologetica»; W. GEERLINGS, «Apologetica e teologia fondamentale nella patristica»; G. LARCHER, «Modelli di problematica teologico-fondamentale nel medioevo»; J. REIKERSTORFER, «Modelli teologico-fondamentali dell'evo moderno»; G. RUGGIERI, *Enciclopedia di Teologia Fondamentale*, I., *Storia, Progetto, Autori, Categorie*.

[3] I «luoghi teologici» designano le aree in cui il teologo trova l'evidenza e il sostegno per affermare dottrine che devono essere esposte o per confutare dottrine erronee; nel mondo cattolico vengono esposti sistematicamente da Melchior Cano nel *De locis theologicis* (Salamanca 1563). La sacra Scrittura e la Tradizione sono i due luoghi fondamentali, custoditi e interpretati in cinque diverse espressioni della verità di Dio nella vita della Chiesa: la fede di tutto il corpo dei credenti, i sinodi e i concili, la chiesa di Roma con il suo vescovo, i Padri e i teologi scolastici, secondo le regole specifiche della natura di ciascuna. A questi cinque ambiti ne vanno aggiunti altri da Cano: le opinioni dei filosofi, le lezioni di storia umana e le varie interpretazioni, come annessi alle principali espressioni teologiche. Cfr. A. LANG, *Die Loci Theologici des Melchior Cano und die Methode des dogmatischen Beweises*; o per una prospettiva più ecclesiologica M. SECKLER, «Il significato ecclesiologico del sistema dei 'loci teologici'».

[4] L'*analysis fidei*, è il concetto classico della teologia per qualificare lo studio della natura della fede che è insieme atto umano e dono di Dio. Con questa analisi, caratteristica in modo particolare della trattazione apologetico-manualistica della fede, si cercava di stabilire il motivo di credibilità o l'oggetto formale della fede (che in nessun caso deriva dall'uomo, ma dall'autorità di Dio), individuando le componenti intellettuali, volontarie ed affettive dell'atto di fede, secondo dei momenti nei quali interferiscono con la grazia divina. Con questa impostazione si voleva affermare la conoscibilità razionale del fatto della divina rivelazione (non avendo però in questo

dall'altra parte nel pensiero sviluppato per combattere le posizioni del movimento filosofico e culturale dell'illuminismo⁶.

Il modello classico della disciplina teologica è stato contrassegnato dal rifiuto della modernità e dalla reazione contro il protestantesimo, nella triplice dimostrazione della manualistica: religiosa, cristiana e cattolica⁷. Però, nell'impianto del trattato teologico si innesta una separazione tra fede e ragione, compresi come due principi autonomi di conoscenza in una prospettiva che, purtroppo, assume gli stessi presupposti teoretici del razionalismo illuministico⁸. In altre parole, la ragione

---

sapere motivo formale della fede), ed escludere l'evidenza razionale del contenuto proprio della rivelazione (oggetto materiale della fede). Cfr. P.A. SEQUERI, *Il Dio affidabile*, 72-77; E. KUNZ, «Conoscenza della credibilità e fede (analysis fidei)».

⁵ A partire dal *Catechismo Romano* del 1556, si venne a sviluppare l'apologetica nei trattati *De Vera Religione* e *De Vera Ecclesia*. I manuali apologetici successivi sono stati segnati dalla contrapposizione confessionale tra protestanti e cattolici a proposito della fede. Il protestantesimo mise l'accento sulla fede come atto di fiducia e di abbandono a Dio, mentre il cattolicesimo attribuì importanza maggiore all'aspetto intellettuale e cognitivo della fede, ai suoi contenuti precisamente articolati e alla funzione del magistero, concepito come *norma proxima fidei*, nel determinare l'ortodossia e il dogma.

⁶ L'illuminismo sottintende l'epoca dal secolo XVIII al XIX, periodo in cui si verifica un cambiamento di pensiero che privilegia una forte alleanza della ragione con la libertà. A partire da Cartesio avviene un rovesciamento che porta l'idea della conoscenza a sopraffare la dimensione dell'essere, cioè alla sottolineatura della *gnoseologia* rispetto all'*ontologia*. Già il titolo emblematico dell'opera di Kant, *La religione entro i limiti della sola ragione* (1793) rivela la prima grande caduta nella trappola razionalista, essa è la prima di tutta una serie di filosofi successivi come Hegel, Feuerbach o Nietzsche. Caratteristica comune di questi pensatori é quella di ridurre la *verità* all'*idea* della verità, cioè di ridurre il Dio vivente ad una idea umana di Dio. Le sue posizioni estreme negavano il sapere della fede, la possibilità della rivelazione e perfino l'esistenza del soprannaturale.

⁷ Lo schema abituale dell'apologetica, già dal P. Charron (1593), è impostato secondo una triplice *demonstratio*: *religiosa*, per l'esistenza di Dio e la sua rivelazione contro gli atei e gli idolatri; *christiana*, per la piena rivelazione di Gesù Cristo come Figlio di Dio contro i giudei ed i musulmani; *catholica* per l'esistenza della vera Chiesa contro gli eretici e gli scismatici. Anche nel XX secolo appaiono trattati che giustificano epistemologicamente questa posizione come gli scritti di A. GARDEIL, *La crédibilité et l'apologétique* (1908) e di R. GARRIGOU-LAGRANGE, *De Revelatione* (1930), insieme a diversi manuali dell'epoca molto diffusi.

⁸ L'impostazione principale dell'apologetica dipende dal suo carattere fortemente *antideista*, che si esprime nell'intento di stabilire il fatto della rivelazione divina senza tener presente il *senso* del suo contenuto, per di più pretendendo di darne una *dimostrazione razionale rigorosa*. Così, l'apologetica è diventata la scienza della credibi-

illuministica riteneva inaccettabile qualsiasi limite alla propria competenza conoscitiva e così si contrapponeva al carattere cognitivo e veritativo della fede, ritenendola un sentimento soggettivo e insicuro. La teologia davanti ad essa introdusse il concetto di «ragione separata» e sviluppò tutta una riflessione per difendere la fede in modo razionale. Con tale approccio l'apologetica si è ritrovata nella condizione di condividere con i razionalisti la distinzione tra *contenuto* e *fatto* della rivelazione e (per evitare la caduta nel *fideismo*) ha anche lasciato che fosse la ragione illuministica a verificare la verità del fatto della rivelazione, come se il fatto della rivelazione fosse da dimostrare e il contenuto delle verità rivelate fosse solo da credere. Per riservare un campo proprio ed esclusivo alla fede, inaccessibile alla *ratio* (quindi contro il *razionalismo*), essa si definiva come realtà non solo separata dalla *ratio* ma come quella che la supera, evitando così di ridurre la fede e la rivelazione soprannaturale alla sua dimensione puramente umana, cioè dell'ordine naturale. Il giusto ruolo della ragione lo si voleva salvare con la teoria del *duplex ordo cognitionis*[9], limitandola ad essere elemento attivo e necessario per raggiungere i *preambula fidei*[10], momento

---

lità della rivelazione divina, rigorosamente razionale e dimostrativa, con la funzione di presentare la religione rivelata in una prospettiva di evidenza e credibilità, utilizzando quasi esclusivamente argomenti razionali, malgrado tale funzione presupponga anche la fede.

[9] Il Concilio Vaticano I, che voleva offrire una teoria complessiva riguardo alla dimensione fondamentale della fede, nella costituzione dogmatica *Dei Filius* afferma cha l'ordine della conoscenza è duplice e la differenza è sostanziale perché concerne tanto il principio formale (nell'uno conosciamo con la *ragione naturale*, nell'altro con *la fede divina*) quanto l'oggetto materiale (oltre quelle cose dell'*ordine naturale* che la ragione naturale può capire, ci viene proposto di credere i misteri nascosti in Dio che non possono essere riconosciuti se non sono rivelati dall'alto cioè, con la *rivelazione soprannaturale*). Negli sviluppi successivi della teoria (ben intenzionata e ricca di interessanti potenzialità ermeneutiche, ma messa a rischio dalla inadeguata e facile strumentalizzazione teorica), la teologia apologetica ha ingiustificatamente spostato l'accento dalla coppia *rivelazione-conoscenza* alla opposizione *fede divina-ragione naturale*. Per una breve ed efficace interpretazione del modello neoscolastico e delle sue fatiche cfr. A. SABETTA, «II. Modelli di teologia fondamentale del XX secolo», 345-350, per l'indagine sui fondamenti teorici del testo della *Dei Filius* cfr. H.J. POTTMEYER, «La costituzione Dei Filius»; P. SEQUERI, *Il Dio affidabile*, 45-118 e *L'idea della fede*, 38-47.

[10] La manualistica cercava di produrre una visione teologica a partire dall'atto di fede che si articola in quattro momenti: a. *Preambula fidei* (si tratta delle verità religiose e morali che possono essere conosciute alla luce della ragione umana;

imprescindibile di una nozione di credibilità puramente naturale in base alla quale la ragione umana sarebbe capace di dimostrare rigorosamente la necessità di accogliere la fede provando in modo evidente i suoi *preambula*, cioè l'esistenza di Dio e il fatto della rivelazione, conducendo così alla soglia della fede, ma incapace di accedere alla verità tutta intera.

La critica del modello apologetico sottolinea e fa emergere l'ingiustificato indebolimento teorico che si determina nei riguardi della fede a vantaggio della stessa ragione, infatti in base a tale modello la prima può giustificarsi grazie alla seconda (siccome la *ratio* illuministica si comprende come il criterio della giustificazione e della certezza), implicando per di più l'assurdità che la fede stessa per legittimare la sua possibilità d'esistenza deve profittare delle debolezze della ragione. Combattendo il razionalismo e il fideismo, la giustificazione della forma veritativa della fede sul modello classico rimaneva esposta al rischio di essere inglobata sia dal razionalismo che dal fideismo, che in realtà convergono nello stesso errore, poiché in realtà gli opposti coincidono[11]. Perciò, la distanza tra il contenuto veritativo «indimostra-

---

conseguentemente, la decisione del credere uscirebbe dalla sfera dell'arbitrarietà perché si giustifica come un atto libero davanti alle esigenze della ragione); b. *Motivum fidei* (motivo per cui si crede è dato dall'autorità di Dio, il quale non può né ingannarsi né ingannare); c. *Motivum credibilitatis* (il momento dell'analisi dei motivi per cui è *possibile* credere, con riferimento speciale ai *segni* della rivelazione); d. *Motivum credenditatis* (il motivo per cui si deve credere e quindi prestare l'assenso dell'intelletto e della volontà). Cfr. R. FISICHELLA, «Credibilità».

[11] Il tema riguardante il rapporto tra fede e ragione, filosofia e teologia, da lungo presente nel dibattito teologico, soprattutto dopo la pubblicazione dell'enciclica *Fides et Ratio* (1998) vede comparire, recentemente, un gran numero di saggi dedicati ad un suo approfondimento. Quanto alle opere antecedenti segnaliamo W. PANNENBERG, *Teologia e filosofia*; B. LONERGAN, *Ragione e fede di fronte a Dio*; R. FISICHELLA, «Oportet philosophari in theologia», I-III; J. RATZINGER, *Fede, filosofia e teologia*. L'*Aeterni Patris* evidenzia il triplice passaggio per mezzo di cui la filosofia si relaziona alla fede e alla teologia anche se solo in modo servile: essa ha una funzione preparatoria per ricevere e accogliere la Rivelazione; successivamente, una volta compiuto l'atto di fede essa difende le verità divinamente rivelate; alla fine è raccomandata affinché la teologia rivesta natura e forma di vera scienza. Nella ripresa del tema da parte del magistero che vuole chiudere l'epoca della nefasta separazione tra filosofia e teologia (cfr. G. COLOMBO, *Dalla Aeterni Patris (1879) alla Fides et ratio (1998)*), viene indicata l'importanza della filosofia che viene giustificata prima di tutto in termini antropologici nella misura in cui si può individuare una filosofia implicita all'esistenza di tutti gli uomini, ma il motivo principale dell'utilizzo della filosofia nella teologia è soprattutto di natura *epistemologica* ed *ermeneutica*. Cfr.

bile» ed il fatto storico della rivelazione «dimostrabile», con la corrispondente artificiale divergenza, all'interno della teologia, tra la giustificazione della fede (limitata all'evidenza della ragione) e la teologia dogmatica (relativa ai contenuti della rivelazione soprannaturale e inaccessibili alla ragione), sono in primo piano le conseguenze della separazione tra fede e ragione all'interno del processo di avvicinamento alla verità[12]. Facendo coincidere la questione della verità con la questione della razionalità, detto processo non necessariamente coinvolgerebbe la libertà dell'uomo, evitando così ogni «*soggettività*» che potrebbe contaminare l'«*oggettività*» della verità. Non avendo rispettato la globalità dell'umano, che avrebbe incluso gli aspetti della sua libertà e della sua storicità, e non solo la sua *ratio*, la fede descritta dalla teologia apologetica nell'epoca moderna era condannata a priori ad essere una figura debole della verità.

La teologia cattolica del XX secolo appunto, con la ricerca delle condizioni antropologiche della fede, ha provato a reimpostare la problematica della giustificazione della fede, provando ad allontanarsi dal

---

L. ŽÁK, «III. Questioni principali di epistemologia teologica». Su questa strada incontriamo il vero punto cruciale del tema qui trattato che consiste appunto nella questione della compatibilità tra la verità filosofica e la verità teologica. Un compito prospettato come necessario e urgente per effettuare il passaggio dal *fenomeno* al *fondamento*. La filosofia permette di accertare i principi basilari dell'idea di *unità della verità* e della *circolarità/non contraddizione* dei due ordini di conoscenza (Cfr. G. ANGELINI, «Fides et ratio»; A. BERTULETTI, «*Fides et ratio*»; A. SCOLA, «Libertà umana e verità a partire dall'enciclica *Fides et ratio*»). Tutta questa prospettiva, nel mondo teologico di oggi, non trova ancora l'eco aspettato e persistono ancora le fatiche per risolvere i suddetti problemi teorici. Forse un limite della teologia lo incontriamo proprio nella sua identificazione, invece che con la *fides quaerens intellectum* o con l'*intellectus quaerens fidem*, bensì con determinati e ben limitati discorsi e con il loro gergo, talvolta spento e mortificante, la cui rigidità si apprezzava come precisione.

[12] Cfr. M. SECKLER, «Teologia fondamentale e Dogmatica»: offre un'esposizione storica del problema e tenta di lanciare lo sguardo in avanti mettendo in luce i problemi e le condizioni della possibilità di una ridefinizione/riunificazione. Tale separazione non esiste per esempio nel mondo teologico francese (cfr. B. LAURET – F. REFOULÉ, ed., *Iniziazione alla pratica della teologia*; J. DORÉ, ed., *Introduction à l'étude de la théologie*). Per il dibattito circa la teologia sistematica, che, infatti, sarebbe l'unica in grado di confrontare la problematica teologica in modo adeguato e efficace, cfr. S. UBBIALI, «Teologia sistematica e storia della teologia»; M. EPIS, «Teologia sistematica e testo biblico»; F.G. BRAMBILLA, «Questioni per l'insegnamento della teologia sistematica»; A. MARGARITTI, «Teologia sistematica e teologia fondamentale: difficoltà del rapporto».

modello apologetico e costituendo progressivamente una nuova teologia fondamentale[13]. I fondamenti per un pensiero rinnovato sono stati trovati nel riconoscere la realizzazione storica della rivelazione e nel sottolineare il primato della rivelazione cristologica (definito dal Magistero con la *Dei Verbum* del Concilio Vaticano II). La rivelazione cristologica è infatti il vero nodo teoretico essenziale che esprime la concreta reciprocità fra i due principi costitutivi dell'evidenza della fede: la verità di Dio e la libertà dell'individuo recettivo. Il problema si è però incontrato nel momento in cui si doveva affermare l'assolutezza della verità, senza prescindere dalla sua storicità e viceversa, affermare l'irriducibile storicità, salvando allo stesso tempo il carattere assoluto della verità[14]. La nuova teologia fondamentale mette in risalto queste questioni e trova ad esse una soluzione non limitandosi a giustificare la fede cristiana in maniera *estrinseca* all'uomo, ma in modo *intrinseco*, cioè, stabilendo un rapporto tra la verità di Dio e la soggettività completa dell'uomo, che si realizza e trova la propria verità nella stessa verità divina. L'intento è quello di superare il punto debole diagnosticato nel modello apologetico, cioè la riduzione della verità ad una

---

[13] Tentativi di rinnovamento dall'inizio del secolo XX con la riscoperta del carattere peculiare del sapere della fede non sono riusciti a produrre una nuova concettualità teologica, ma solo ad avere come più alta approssimazione al problema la creazione della nuova definizione di «apologetica di immanenza» (cfr. M. BLONDEL, *Lettere sull'apologetica*). L'interpretazione più influente è stata la proposta della teologia trascendentale che, collegando il ricupero dell'unità del soprannaturale con l'istanza della soggettività, mirava a individuare una struttura in cui il principio teologico della rivelazione (realizzata storicamente) converge con la costituzione originaria dell'uomo. (Cfr. K. RAHNER, «Antropologia teologica»; «Existential, übernatürliches»; *Corso fondamentale sulla fede*, 17-69.) La fenomenologia teologica ha fatto un passo successivo introducendo la nozione estetica di *figura*, volendo rendere ragione non solo al primato dell'«oggetto» teologico, ma della sua relazione essenziale con la storicità della coscienza che ne percepisce l'evidenza. (Cfr. H.U. VON BALTHASAR, *Gloria*, I, *La percezione della forma*.) Riconoscendo l'originarietà della correlazione tra il principio fenomenologico-trascendentale con la dimensione antropologica nel suo fondamento teologico, il contributo della ragione diviene non primordiale ma secondario. Conseguentemente, la fede sfugge ai vincoli decisionistici e rientra maggiormente nelle dinamiche della coscienza, una dimensione che esiste indipendentemente dalla fede e che, pur riguardandola, prescinde da essa. Però, dall'altra parte se si dovesse risolvere il discorso sulla fede con il discorso sulla rivelazione, l'esercizio della ragione avrebbe molta rilevanza per l'intelligenza della fede e per la costruzione di una nuova teologia fondamentale.

[14] Cfr. W. KASPER, «Teologia e comprensione della verità»; J. RATZINGER, «Libertà e verità».

teoria, come se fosse data una volta per tutte indipendentemente dalle condizioni antropologiche e storiche.

L'identità e la collocazione della teologia fondamentale all'interno del mondo teologico, già dal suo inizio fino ad oggi[15], soffre di una certa insicurezza[16], sempre alla ricerca di un modello di pensiero adeguato per rendere ragione della fede, diverso da quello apologetico[17].

---

[15] L'evoluzione della teologia fondamentale S. PIÉ-NINOT, *La teologia fondamentale*, 26-60, divide in tre parti: 1) 1965-1979, la tappa tra il concilio Vaticano II e la costituzione apostolica *Sapientia Christiana* designata da una lunga transizione nella ricerca di identità, ancora troppo fluida e inarticolata; 2) 1980-1998, una tappa fino all'enciclica *Fides et Ratio*, con le rispettive proposte di sintesi, articolate secondo due modelli, quello della *scuola romana* (della quale il lavoro più significativo è R. LATOURELLE – R. FISICHELLA, ed., *Dizionario della teologia fondamentale*) che comprende la teologia fondamentale come «teologia della credibilità» della rivelazione; e quello della scuola tedesca che vede questa disciplina come «teologia dei fondamenti», con forti accenni sia alla *verità* (vedi i contributi scritti di Seckler in W. KERN – H.J. POTTMEYER – M. SECKLER, ed., *Corso di teologia fondamentale*) che al *senso* (cfr. H. VERWEYEN, *La parola definitiva di Dio*); 3). Dopo il 1998 avvengono questi tentativi di migliorare la sistematizzazione dei concetti, delle categorie e del metodo concernenti la suddetta disciplina.

[16] Come bene confessano e attestano i collaboratori nella R. LATOURELLE – G. O'COLLINS, ed., *Problemi e prospettive di teologia fondamentale*. Ugualmente, di «incertezze» parla J.-P. TORRELL, «Nuove correnti di teologia fondamentale», 25-30; dell'«insufficienza» cfr. D. TRACY, «Necessità e insufficienza della teologia fondamentale»; dell'«insicurezza» cfr. R. LATOURELLE, «Nuova immagine della teologia fondamentale» e pure H. WALDENFELS, *Teologia fondamentale nel contesto del mondo contemporaneo*, 99. La «crisi di identità e dell'impostazione metodologica» è anche diagnosticata da M. SECKLER, «Teologia fondamentale: compiti e strutturazione, concetto e nomi», 539-559 e la «non-concordanza» sull'oggetto e metodo da F. OCÁRIZ – A. BLANCO, *Rivelazione, fede e credibilità*, 9.

[17] Così, ad esempio, G. RUGGIERI, «Teologia fondamentale», scrive di tre principali modelli della teologia fondamentale: neoscolastico, immanente e politico; H. BOUILLARD, *La tâche actuelle de la théologie fondamentale*, 7-9. distingue tra modello apologetico, dogmatico e formale. Per un panorama generale più ampio della questione cfr. A. SABETTA. «II. Modelli di teologia fondamentale del XX secolo». J. DORÉ, «L'evoluzione dei manuali cattolici di Teologia fondamentale». Un'impressionante sintesi dei modelli di area tedesca è offerta da M. EPIS, *I modelli della* ratio fidei *nella Teologia fondamentale contemporanea*, che differenzia l'apologetica preambolare dei segni di credibilità e i nuovi modelli della giustificazione della fede, i quali si articolano nella giustificazione della fede all'insegna dell'autointelligibilità della Rivelazione sulla linea dell'ermeneutica teologica (E. Biser, P. Knauer, H. Waldenfels, K.H. Neufeld) e all'insegna dell'universalità della Rivelazione ineducibile sulla linea trascendentale (K. Rahner, J.B. Metz, K.H. Weger, H. Fries, M. Seckler, H. Verweyen), sulla linea fenomenologica-

Succede, infatti, che l'errore illuministico del «sapere la verità» si ripresenta continuamente nelle prospettive di teologia fondamentale, praticamente senza discuterlo criticamente e decisivamente per poter approdare a una nuova e più adeguata forma di questa disciplina. Se pur criticato, ma a quanto pare solo per retorica, il vecchio modo di pensare ancora continua a dirigere il discorso sulla fede in angusti vicoli ciechi. Al primo posto sorprende la non rinuncia alla giustapposizione fede-ragione, che presume la ragione come organo di verità eludendo, come rilevanti, la libertà, la storicità e le altre dimensioni dell'umano, includendo quella affettiva, con la conseguente sottodeterminazione della forma conoscitiva della fede[18]. L'altro aspetto dello stesso problema è la proclamata necessità di interagire con il contesto culturale contemporaneo, riducendo la teologia fondamentale solamente a disciplina di frontiera, quasi incapace di dire qualcosa di essenziale sul «sapere la verità» della fede alla teologia stessa[19]. Per evitare il pericolo di lasciare la fede ai margini, come se fosse una dimensione aggiunta e non necessaria nel processo del «sapere la verità» (la propria verità umana e anzi di più la Verità suprema), non fondante e perciò non fondamentale, è quindi necessario rinnovare la riflessione teologica in questo ambito e ripresentare la lettura della valenza della fede nella dimensione totale della persona.

---

ermeneutica (K. Hemmerle, R. Göllner, H.J. Görtz, K. Kienzler, M. Kehl) o sulla linea analitico-epistemologica (H. Döring, A. Kreiner, P. Schmidt-Leukel).

[18] Infatti, parlando del rapporto *fede-ragione* si potrebbero identificare tre diverse categorie dei teologi: coloro che concepiscono la fede e la ragione come *sostegno reciproco*, coloro che le concepiscono come *antagoniste*, e coloro che vi vedono realtà attinenti a *sfere separate*. Tra questi che sostengono la tesi dell'armonia, è possibile fare la distinzione fra quanti vedono nella fede la forma più alta della conoscenza che *perfeziona* la ragione, e quanti la considerano essa stessa *bisognosa di perfezionamento* da parte della ragione. Per una interessante discussione delle ambiguità del concetto di ragione, una delle ragioni per le tante varietà, cfr. W. PANNENBERG, *Questioni fondamentali della teologia sistematica*, 266-281.

[19] Per un esempio della teologia fondamentale del tipo «neo-razionalistico» vedi G. LORIZIO, *Fede e ragione*; *La logica della fede*; «III. Il progetto: verso un modello di teologia fondamentale fondativo-contestuale in prospettiva sacramentale», da cui si comprende che la sua riflessione teologica rimane prigioniera delle catene dei *preambula fidei* e del *duplex ordo cognitionis*. Per una teologia fondamentale di «frontiera», basato sull'esistenza dell'«altro», cfr. G. RUGGIERI, *La compagnia della fede*; «Teologia fondamentale»; «Il futuro della Teologia fondamentale».

Le soluzioni di questo nodo teoretico nella storia della teologia recente, non hanno fatto altro che spostare la riflessione dall'indagine manualistico-intellettualistica dell'*analysis fidei* all'elaborazione teologica della teoria dell'atto di fede[20] (ancorché di stampo più biblico). Più che altro hanno creato un nuovo quadro teorico del modello di credere in cui il profilo teologico-ontologico (*veritativo*) ed antropologico (della *libertà* e *storicità*) sarebbero intrinsecamente mostrati nel loro reciproco costruirsi originario. Se si vuole però arrivare a un vero traguardo in questo senso, l'unica via che lo renderebbe possibile è quella della indagine a livello antropologico della coscienza credente e delineare la matrice originaria della fede cristiana a partire dal suo principio che è la rivelazione cristologica.

2.2 Lo snodo della teologia fondamentale nella teoria basata sulla coscienza patico-pratica della fede

La teologia fondamentale contemporanea necessita di una teoria della fede che non receda dalla considerazione dell'assolutezza della verità né dall'intrascendibilità della storia, e questa può trovarla in una teoria/fenomenologia della coscienza credente[21]. La coscienza credente si riconosce come il privilegiato punto di partenza umanamente possibile per la giustificazione della fede, essa è il punto su cui si incontrano l'interrogazione *antropologico-filosofica*, alla ricerca della forma e dell'identità del sapere umano ed il discorso *teologico*, che indaga sulla

---

[20] Un lavoro realizzato su questo modello si trova in J. ALFARO, «Fede» e «Problematica teologica attuale della fede», per consultare altri dello stesso o simile stampo cfr. G.F. COFFELE, «Bibliografia scelta sull'atto di fede». Una nuova elaborazione e un nuovo modo di parlare della fede, ha la tendenza a prescindere dalla impostazione razionalistica, riadattando e rielaborando le categorie dell'*analysis fidei*. Però non risulta esauriente la risposta alla questione fondamentale, cioè come nasce e come sussiste la fede.

[21] In questa parte del *Prologo* anticipiamo alcuni punti concernenti le indagini personali e collettive di alcuni teologi (prima di tutto Giuseppe Colombo, Pierangelo Sequeri, Giuseppe Angelini e Angelo Bertuletti, e poi anche Sergio Ubbiali e Roberto Vignolo) della cosiddetta «scuola milanese» della Facoltà Teologica dell'Italia Settentrionale di Milano. Le idee sulla fede sono raccolte in un progetto teoretico globale di vari autori in G. COLOMBO, ed., *L'evidenza e la fede*. Particolarmente significante è la fatica teologica se che elabora una teoria sulla coscienza credente, di cui ci occuperemo in uno dei capitoli seguenti, ma già qui vogliamo annunciarla come una convincente/promettente elaborazione che rappresenta uno dei fondamenti del nostro percorso. Per la sua teoria della coscienza credente e la logica dell'affidamento cfr. P. SEQUERI, *Il Dio affidabile*, 317-554 e *L'idea della fede*, 187-229.

struttura ed il carattere veritativo della fede. Così, il complesso discorso teologico/ontologico-antropologico in dialogo con la *verità* e la *libertà/storicità*[22] si potrebbe re-istruire con la fenomenologia della coscienza credente. Quest'ultima permette di realizzare un discorso sulla base della reciprocità con-costitutiva tra *passività/alterità* e *attività/libertà* dell'umano.

L'uomo non è pensabile senza la passività/alterità[23] che lo precede e che, coinvolgendo la sua attività/libertà, rende l'identità alla sua umanità. Questo risulta dal fatto che l'uomo, riconoscendo in sé il primato ontologico, raggiunge la coscienza di non essere origine di sé. Questo accade nel momento in cui prende coscienza di essere capace di atti e di decisioni, soprattutto si scopre capace di decidere di sé. Per arrivare a questo punto si deve assodare che la forma della coscienza[24]

---

[22] Questo incrocio della teologia fondamentale è identificato da molti teologi. Così per esempio G. COLOMBO, *La ragione teologica*, 11, legittima «la teoria dell'evidenza storica che nella contrapposizione all'evidenza sperimentale integra il duplice riferimento ineludibile alla verità assoluta e incondizionata nella sua trascendenza e alla libertà come esercizio necessario per il suo riconoscimento»; A. SCOLA, «Libertà umana e verità a partire dall'enciclica *Fides et Ratio*», 96, parla della necessità di «un'ontologia antropologica, capace di tener conto del carattere di evento storico proprio della verità che include intrinsecamente la libertà»; anche A. BERTULETTI, «Teologia fondamentale», 1711, dichiara che «la verità ha un legame essenziale alla storia... La categoria della storia non basta a giustificare il discorso teologico, se essa non è compresa nell'orizzonte della questione più radicale della libertà».

[23] L'istanza dell'alterità designa la coappartenenza all'originaria assolutezza (la cui azione si evidenzia nel momento passivo per poter rispondere liberamente nel momento dell'azione) da cui ha origine la differenza come forma propria dell'identità (cfr. A. BERTULETTI, «Pensiero dell'alterità e teologia della rivelazione»). Per il concetto di alterità nel senso della differenza sul livello ontologico cfr. M. HEIDEGGER, *Identità e Differenza*, il pensiero dell'alterità etica e la rottura del rapporto ontologico presenta E. LÉVINAS, *Dall'altro all'io*, e la radicalizzazione del concetto di alterità e la regressione alla forma metafisica del pensiero cfr. J. DERRIDA, *La voce e il fenomeno*; *La scrittura e la differenza*.

[24] Il concetto della coscienza può designare vari significati a livello dei processi cognitivi: la capacità di valutare le proprie azioni, le intenzioni o il valore morale dei propri atti. La coscienza si potrebbe definire come il giudizio ultimo o il dettame interiore mediante cui l'uomo, riconoscendo se stesso nella sua essenza e nei suoi cambiamenti e avendo una conoscenza riflessa delle cose, orienta il proprio comportamento (Cfr. A. ARTO, «Coscienza»). Essa non esprime semplicemente riferimento ad un atto speculativo-gnoseologico, ma ad un'autoattuazione libera di sé in ordine al bene promesso e desiderato, come descrivono dialetticamente le parole tedesche *Bewußtsein* e *Gewissen*. Noi la intendiamo come la dimensione legata all'evidenza/sapere «immediato», cioè non necessariamente e subito accompagnata dalla capacità

è designata da una duplice dimensione, *patico/passiva* e *pratico/attiva*, caratterizzate da un'essenziale reciprocità[25]. La qualità radicale del primo aspetto si attualizza nella sensibilità/ricettività dell'uomo (in modo particolare nell'esperienza della corporeità/spazialità), però il momento più importante della dimensione patica si concretizza innanzitutto quando lui riconosce di essere riconosciuto da un altro soggetto in una intersoggettività originaria. Il secondo momento include l'interrogazione/attestazione[26] fondamentale sulla verità/senso dei feno-

---

d'argomentazione riflessa (che non è neanche esclusa). Essendo sempre *coscienza-di* indica un legame con l'alterità (includendo l'Altro), ed essendo *cum-scientia* indica anche un processo riflessivo (e riflessivo di sé) ed autoidentificativo (per il suo innegabile carattere intersoggettivo dal punto di vista psicologico cfr. G. LIOTTI, *La dimensione interpersonale della coscienza* e per un interessante panorama del processo dello sviluppo e della comprensione della questione cfr. D. GALATI – C. TINTI, *Prospettive sulla coscienza*). È vero che al livello del legame patico avviene una prima e perciò decisiva identificazione, ma è vero anche che dal momento riflessivo-logico avviene la sua più adeguata configurazione. Indichiamo qui l'intuizione del cardinale J.H. Newman, una tra le poche figure della storia cristiana segnato dalla radicale conversione (accanto a Paolo, Agostino, Francesco d'Assisi, Ignazio di Loyola), che interpretava l'esistenza dell'uomo proprio a partire dalla coscienza, ossia nella relazione tra Dio e l'anima (per un'analisi cfr. F. MACERI, *La formazione della coscienza del credente*).

[25] Un sistema binario, a partire dalla *passività/attività*, riteniamo insostituibile a livello teorico per l'istruzione della questione, però per esprimere il momento del *sentire* dell'uomo (anche al livello affettivo-estetico della sensazione-percezione) che non comporti una corrispettiva «azione» del soggetto impieghiamo il termine *patico*. A. MASULLO, «Patico/praticità», sulla scia di Henry, lo comprende come il fenomeno straordinario dell'emozione assoluta e il principio della vita come vita vissuta, indicando la necessità di «fenomeno-patie», più che di «fenomeno-logie». La fatica della sua proposta, indebolita nel momento della originarietà/primordinarialità affettiva con la tendenza impersonale, si evidenzia nel rapportare il momento patico e il momento logico e perciò l'autore intitola un suo articolo «Al di qua del linguaggio, il patire». Quanto al termine *pratico*, la scuola milanese si è impegnata nell'articolazione teorica della forma pratica della coscienza, intesa quale forma di sé nel duplice senso: nel senso che la verità universale non è indipendente dall'atto in cui il soggetto si attua e nel senso della libera disposizione del soggetto, cioè nell'autoattuazione. In altre parole la forma pratica della coscienza avrebbe la duplice dimensione, passiva ed attiva nella loro reciprocità. Cfr. A. BERTULETTI, «Teologia fondamentale», 1714. Noi, però, riteniamo migliore e più felice la formulazione del *patico/passivo* e *pratico/attivo*, siccome il patico non si perde o non si stempera nel pratico.

[26] Un carattere specifico della coscienza è di *interrogare*, di porre questioni su tutto, intendendo attuarsi attraverso la verità come l'istanza referenziale ultima, cercando contemporaneamente il suo senso. La reciprocità e inseparabilità della *verità*

meni vissuti, e prende forma dalla circolarità del riconoscimento e del con-senso. Si potrebbe, dunque, affermare che la coscienza, fondata in un rapporto reciproco, sottintende una struttura *patico/pratica*, avendo nel patico la sua *identificazione* e nel pratico la sua *attualizzazione*. Inoltre, l'altra decisiva caratteristica originaria della coscienza è che essa vive delle forze degli *affetti*[27], che esprimono un legame sentito cui si acconsente, e di *simboli*[28], che esprimono il legame all'Altro

---

e *senso* si trova di più che nella loro differenza ontologica, Heidegger, si trova nella loro derivazione di Husserl, siccome la verità è irriducibile al senso, ma il senso non è esterno alla verità. Il termine ricœuriano di *attestazione* qui vuol dire che l'evidenza originaria della coscienza si colloca al di qua delle distinzioni di teorico e pratico, ontologico ed etico e designa il tipo di certezza che riguardano il modo di essere del soggetto in quanto capace di agire, implicando così una dimensione cognitiva e giudicativa del potere/dovere. Cfr. P. RICŒUR, *Soi-même comme un autre*, 27-38, ID., «L'attestation. Entre phénoménologie et ontologie»; ID., *Justice et vérité*, 51-71.

[27] L'affetto implica una qualità gnoseologica particolare caratterizzata da: 1. una evidenza non riducibile alla conoscenza teorica, all'ispirazione etica od alla pura sublimazione estetica ; 2. una capacità sintetica precedente la differenziazione logica o etica di cogliere la qualità di valore delle cose e delle persone. Si può affermare che l'affetto è ricco di significati conoscitivi sensati, ma anche d'ambivalenza (per questo il sentire non è la totalità del conoscere autentico, cfr. D. GOLEMAN, *Intelligenza emotiva*) e perciò deve essere considerato all'interno di una dimensione antropologica globale. L'uomo non percepisce semplicemente a livello emotivo i valori positivi o negativi, ma può consentire o dissentire, secondo i gradi di diversificazione assiologica (cfr. R. DE MONTICELLI, «L'anima e il sentire», 287; per la sistemazione dei significati dei vari termini come sentimenti/passioni/emozioni, e il collegamento del *páthos* greco e del *sentire* latino in un moto dell'animo nella forza dell'*affectus* cfr. G. BARBAGLIO – G. BOF, «Sentimento», 1505, o per una chiara e acuta fenomenologia del sentire e l'analisi del significato dei nomi sensazione-percezione/emozione/Stimmung/sentimento/Passione e la scelta di affettività/affetto cfr. *Appendice* in R. MAIOLINI, *Tra fiducia esistenziale e fede in Dio*, 455-474; D. D'ALESSIO, «VII. La verità del cristianesimo. Libertà, verità, affetto», 342-349). Comunque, siccome l'affetto decisivamente intona l'apertura all'altro ed è la dimensione originaria ed originante della coscienza umana, tutta la dimensione del sentire trova nel legame corrisposto la struttura identificativa ed identificante dell'umano.

[28] L'esperienza umana è evidenza radicalmente simbolica che si riferisce alla esperienza storica della verità assoluta. È necessaria una chiarificazione fenomenologica del simbolo, dei suoi elementi costitutivi e le sue prospettive, che qui soltanto abbozziamo. Tra gli attenti teorici della prospettiva antropologica fondamentale segnaliamo C. SINI, *Il simbolo e l'uomo*, nel quale si confronta con Alleau, Cassirer, Creuzer, Detienne e Peirce mostrando una certa debolezza della comprensione del simbolo come se fosse l'uomo il loro creatore ponendosi fuori del contesto metaforico; in realtà il gesto metafisico che origina la distinzione tra soggetto e

dell'/nell'altro che permette lo spazio dell'identificazione e del riconoscimento soggettivo ed intersoggettivo.

La coscienza del legame originario con la passività/alterità indubbiamente ha la qualità dell'affidabilità, perché si origina e si struttura nell'incontro e come incontro con la passività/alterità cui si affida, e per questo si potrebbe dire che la coscienza dell'uomo è di qualità credente. La fiducia, infatti, rappresenta l'orizzonte di cui si nutre ogni vita sensata, siccome ogni singola decisione si basa su un affidamento che rinvia alla *fiducia originaria*[29] verso se stessi e verso l'A/altro. Tale

---

oggetto non è di natura concettuale. Infatti, i simboli non sono invenzioni del concettuale/razionale, perché sono i sensi ad istituire il simbolico, ovverosia istituiscono il sé come la reciprocità con l'altro. Secondo alcuni autori autorevoli come Ricœur, Moltmann, Rizzi, Henrici, Splett, nella dinamica del simbolico, nella quale viene messo allo scoperto il suo doppio fondamento, *trascendentale* e *storico*, come pure nell'orizzonte del suo autodivenire, può accedere l'esperienza dell'altro, del trascendente. Per facilitare il nostro orientamento nella comprensione del simbolo, la simbolizzazione si potrebbe designare come un processo di autoconseguimento della *libertà*, come processo di *percezione* o come insorgenza *interpersonale* del mondo (per la costruzione della teoria del simbolo dal punto di vista cristiano E. SALMANN, «Monachesimo e filosofia»). In una panoramica delle interpretazioni attuali del simbolico, H. WAHL, *Glaube und symbolische Erfahrung*, studia la rinascita del simbolico nella psicoanalisi, nella semiotica, nella linguistica, nell'ermeneutica e nella filosofia del linguaggio, ritenendo che solo nell'intreccio di tali prospettive si può riuscire a designare una fenomenologia dell'esperienza simbolica, la quale presenta una delle basi per la prassi della fede.

[29] La fiducia originaria, indetta in noi allorché siamo circondati di amore nei primi anni d'infanzia, anzitutto grazie a un felice rapporto con la madre, è la base determinante oltre che per il discorso psicologico anche per il discorso teologico, è in questo momento che comincia a prendere forma la struttura originaria dell'essere dell'uomo. Una interpretazione poderosa e geniale si trova in R. MAIOLINI, *Tra fiducia esistenziale e fede in Dio*, che nella ricerca della struttura originaria della coscienza credente mette a confronto il pensiero di H.U. von Balthasar, P. Sequeri e H. Küng e li arricchisce e completa con gli elementi antropologico-psicologici e simbolico-ermeneutici di H. Maldiney, J. Lacan e P. Ricœur. Tra il lavoro di Maiolini (che in alcuni argomenti ci servirà come la base) e il nostro lavoro c'è la grande *similitudine* per quanto riguarda lo stile dello scrivere, le categorie chiavi e la struttura dei capitoli, ma pure la *differenza* e *complementarietà* perché la struttura affettivo-simbolica della coscienza credente presentata da Maiolini (il momento piuttosto teorico-antropologico) noi cercheremo di studiare nel rapporto vivo/vissuto con Dio nella prospettiva della genesi della fede (il momento pratico-teologico) e di trarne le conseguenze per l'impostazione della teologia fondamentale (il momento teorico-teologico). L'uomo si riconosce come depositario di una fiducia fondamentale ed elementare che precede le sue scelte esplicite e le rende possibili (cfr. B. WELTE, *Che cosa è credere*), è questa

«affidarsi», cioè «sapere» originario, nella sua origine ancora non ha il carattere della decisione riflessiva e in fondo acconsente a quella verità riconosciuta come capace di *promettere*[30] una soddisfacente anticipazione che mantiene aperta la possibilità del compimento avvenire. Ciò, però non significa una fiducia ingenua, che debba essere razionalmente corretta o sostenuta, perché l'uomo *sa* che la fiducia nei confronti della passività/alterità originaria permette e promette all'umano di potersi dare/essere come libertà effettiva e come identità singolare ed unica.

Nel rapporto *sapere-libertà*[31] è possibile abbozzare una teoria dell'evidenza in cui l'apertura alla verità comporti l'aprirsi alla libertà e viceversa. La prima forma di questo «sapere» accade nell'apertura originaria dell'uomo all'essere nell'*intuizione simbolica*, caratterizzata dalla percezione intuitiva della totalità (nella quale l'uomo si percepisce come insieme di identità e differenza, inseparabile dalla totalità), colta anticipatamente come svelamento/velamento simbolico. La seconda, si realizza con la *riflessione concettuale* il cui procedimento ha la funzione di portare la conoscenza simbolica a chiarezza attraverso la concettualizzazione[32] e la sintesi predicativo-giudicativa.[33] Per ricono-

---

fiducia che spinge l'uomo a cercare e ad interrogarsi sui limiti esistenziali e alla fine sul fondamento ultimo. Se lo trova, si apre a Lui come al fondamento meritevole di una fiducia senza riserve, realizzando e attualizzando in modo supremo la fiducia originaria. Cfr. F. ARDUSSO, *Imparare a credere. Le ragioni della fede cristiana*, 23-28.

[30] La promessa e il compimento costituiscono oggi, sia per i teologi, particolarmente gli esegeti, sia per gli ermeneuti, una questione decisiva per la comprensione dei testi biblici e di tutta l'economia cristiana. Si supera l'argomento della pura realizzazione delle profezie, che costituiva uno dei capitoli chiave dei trattati di teologia fondamentale (cfr. P.-M. BEAUDE, «I. Promessa e compimento»), e si può trovare il loro radicamento saldo a livello antropologico-fondamentale nella logica della plausibilità e convinzione. Così F. GIL, *La logica della convinzione*, distingue tra credenza (il sapere epistemico soggettivo che comprende il fondamento), verità (il sapere epistemologico oggettivo che spiega i fondamenti) e convinzione, che unisce le prime due essendo la certezza originaria che cognitivamente si esprime nell'assenso. Nonostante questa semplificazione del problema e l'uso del registro dualistico, se ne deduce che la fiducia originaria sta a fondamento del registro logico/razionale e che quest'ultimo permette di pervenire alla convinzione e alla spiegazione che la certezza della coscienza credente è vera.

[31] Al rapporto sapere-verità si lega un problema cronico dell'intreccio esistente tra due modi di realizzare la conoscenza, la teoria e la prassi. Cfr. A. BERTULETTI, «Il concetto di esperienza», ID., «Sapere e libertà. Il concetto di fede e il sapere teologico».

[32] Si intende «tradurre» i simboli in concetti. Il termine concetto deriva dall'espressione latina *cum-capio* (che significa *raccolgo, prendo assieme*) da cui

scere l'originaria struttura simbolica da cui il pensiero nasce e di cui il pensiero vive, la riflessione, con un caratteristico distanziamento critico, deve ritornare sull'originaria e prioritaria unità simbolica. La *ratio*, dunque, agisce nel momento *successivo* alla coscienza credente perché ritornando a tale struttura originaria si deduce la modalità/possibilità d'accesso a questa qualità della passività/alterità originaria. Ma, allo stesso tempo, la ragione è *necessaria* perché, essendo lo strumento di accertamento della coerenza intrinseca della coscienza credente e della sua rilevanza antropologica, è al servizio dell'esplicitazione dell'universalità e della sua verità. Concludiamo che la forma dell'evidenza originaria può essere saputa e riconosciuta solo in una polarità intrinseca tra *affidamento*, mosso dalla verità che precede, e *consenso*, come il momento decisivo in cui la libertà si dispone ad avere accesso alla verità.

Con gli apporti dell'antropologia fondamentale nell'analisi della struttura umana abbiamo una solida base per la re-istruzione della fede alla luce della coscienza credente che supera le derive esclusive *razionalistiche*, *decisionistiche* e *volontaristiche* corrispondenti ad un tentativo di dichiarare la fede non evidente[34]. In questa direzione, a livello di

---

deriva anche il termine *comprendere*, significante la facoltà innata che hanno gli esseri umani di raccogliere e sintetizzare gli stimoli provenienti dalla percezione simbolica della realtà esterna ed utilizzarli per crearsi una propria rappresentazione ermeneutico-linguistica della realtà stessa.

[33] La psicoanalisi ha dato un contributo epocale al sapere antropologico, e noi ne traiamo vantaggio riprendendo l'idea di alterità di J. Lacan che permette la relazione di «due» (come fa anche P. SEQUERI, «L'alterità come esperienza fondativa?»), facendo però chiara distinzione tra l'Altro come l'altro assoluto trascendentale e l'unico che si riconosce in senso totale e l'altro come qualsiasi soggetto/oggetto contingente. In questo senso possiamo dire che il «sapere» primariamente accade nella struttura *inconscia simbolica* (l'unità originaria che, senza separare, distingue l'Alterità dell'altro), la quale prevede anche la possibilità del *conscio riflessivo*.

[34] «Questo vuol dire, che nella prospettiva cristiana, la fede si determina, si sviluppa e si articola dentro la struttura originaria dell'uomo», conferma C. CALTAGIRONE, «III. Teologia della fede e antropologia fondamentale», 342 (cfr. ID., ed., *Antropologia e verità dell'uomo*, F.G. BRAMBILLA, «L'uomo nella luce della fede cristiana»). In questo modo, l'evidenza della fede, determinando l'impossibilità di appoggiare l'atto del credere su qualcosa di estrinseco alla fede stessa, inscrive la forma della fede nell'atto di apertura originaria dell'uomo alla trascendenza. Ciò indica una dignità antropologica irriducibile della struttura originaria della fede in quanto essa è insieme figura della rivelazione e della scelta, del riconoscimento e

fenomenologia dell'umano, si riconosce come fondamentale una *fiducia esistenziale*, che comincia a maturare (però non perdendo la sua natura) per formare una vera *coscienza credente* nel momento in cui avviene il riconoscimento della passività/alterità originaria, che fonda la possibilità dell'uomo e lo costituisce, o in altre parole lo riconosce. Quando quest'ultima è riconosciuta e nominata, ma anche formata/conformata cioè vissuta alla luce della singolare esperienza formativa/conformativa di Gesù di Nazareth, che è la verità di Dio e dell'uomo (e perciò porta in se anche l'esperienza paradigmatica della fede dell'uomo), si può parlare di *fede cristiana*. Per capire non solo la natura della fede, ma di più, la via della sua nascita e sussistenza, si deve riflettere sull'archetipo che avrebbe valido e permanente per tutti gli uomini di tutti i tempi.

2.3 *Fides Jesu e l'esperienza filiale del Figlio di Dio e figlio degli uomini come l'archetipo originante la coscienza credente*

La giustificazione della figura della coscienza credente, cioè l'esperienza credente della realizzazione/attuazione della struttura originaria con cui l'uomo si apre coscientemente e volontariamente alla realtà/verità, e l'identificazione della sua formazione, tra lo statuto dell'essere riconosciuto ed essere riconoscente, è possibile delineando la connessione della *cristologia* con *l'insieme del discorso su Dio*, determinando il rapporto tra *cristologia* ed *antropologia*, ed analizzando la natura della *fede di Gesù* e la sua *duplice esperienza filiale*.

Tra la cristologia e la questione della rivelazione di Dio, occorre mantenere una distinzione, però *senza confusione* né *separazione*, e anche la distinzione tra i due tempi della Rivelazione in mutua corrispondenza; manifestazione nella primordiale creazione e, in seguito, quella più personale che, lungo la storia della salvezza, progredisce sino all'avvento di Gesù Cristo, Figlio di Dio. Bisogna anche dire che *teocentrismo* cristiano, rivelato e trinitario, e *cristocentrismo* sono tutt'uno nella realtà, proprio perché l'impronta del Dio trinitario ci è resa nota solo mediante la rivelazione in Gesù Cristo. Dall'altra parte, il cristocentrismo esprime la «singolarità» di Gesù che si accorda propriamente con la rivelazione della Trinità, poiché essa si definisce me-

---

della volontà (cfr. P. SEQUERI, *L'idea della fede*, 196), quindi, il criterio della fede non appartiene che alla coscienza credente e alla sua effettiva relazione con la verità.

diante la relazione singolare di Gesù con il Padre[35] e con lo Spirito Santo e di conseguenza, mediante la condizione singolare secondo cui Gesù esiste *con* e *per* gli uomini.

La cristologia moderna si fonda e si struttura, non soltanto sulla teologia trinitaria, ma anche sull'antropologia, come proprio principio di comprensione, soprattutto nel campo della soteriologia. La caratteristica fondamentale dell'uomo è che lui è dotato di *libertà* e di *volontà*, ed è capace di comprensione delle verità/autoriflessione e affidamento/fede, e perciò si può dire che la fede suppone nell'uomo la capacità di dare una *risposta* e di *aprirsi* a Dio, dimostrando la trascendenza propria della persona umana. Inoltre, la vera umanizzazione dell'uomo raggiunge il vertice nella sua *divinizzazione*[36], cioè nell'amicizia/familiarità e nella comunione con Dio, e perciò in Gesù Cristo, insieme Dio e uomo, raggiunge la misura della sua dimensione adulta e della sua pienezza (cfr. Ef 4,13) e manifesta l'identità dell'uomo e la sua vocazione sublime (cfr. GS 22)[37]. Perciò, ogni parlare adeguato

---

[35] La rivelazione cristologica, originale, imprescindibile, singolare e incomparabile, è il modo storico e libero con cui Gesù di Nazareth configura la relazione con il Padre (in una comunione così stretta da poter dire che chi vede lui vede il Padre, cfr. Gv 14,9) che è decisiva per la stabilizzazione del rapporto filiale fedele, ovverosia anche umanamente credente, nella sua dis-posizione (nella disponibilità totale perché non è venuto a fare la sua volontà, ma la volontà del suo Padre, cfr. Lc 22,42) alla predisposizione del Padre. Per un testo suggestivo circa sulla cristologia col stampo filiale cfr. F. MANZI – G.C. PAGAZZI, *Il Pastore dell'essere. Fenomenologia dello sguardo del Figlio*.

[36] L'assioma della soteriologia patristica che il Verbo di Dio si è fatto uomo perché l'uomo diventasse Dio (cfr. ATANASIO, *De Incarnatione*, 54, 3) viene oggi spesso spiegato come una esaltazione della suprema «umanizzazione» dell'uomo. Il vertice della realizzazione dell'idea che esprimono i termini di *deificatio, theosis, theopoiesis, homoiosis theo*, si raggiunge nell'*incarnazione* perché il Verbo incarnato assume la nostra carne mortale affinché, liberati dal peccato e dalla morte, l'uomo abbia *parte alla vita divina*. Dunque, con Gesù Cristo e nello Spirito Santo, siamo *figli* e quindi coeredi (cf. Rm 8,17), partecipi della natura divina (2 Pt 1,4). La *Redenzione*, però, non cambia semplicemente la natura umana in qualcosa di divino, ma la eleva secondo la misura di Gesù Cristo, grazie alla sua grazia. Per la sobria e profonda presentazione dell'atteggiamento cattolico sui fondamenti e contesto della cristologia suggeriamo CTI, «Teologia, cristologia, antropologia».

[37] La sintesi cristologica dell'antropologia che si trova nella *Gaudium et Spes* 22 rappresenta il culmine della relazione tra queste due dei testi magisteriali, affermando la ricapitolazione del mistero dell'uomo nel mistero di Cristo. Tra le numerose interpretazioni del testo conciliare, probabilmente più citato, segnaliamo una chiara ed intelligente sintesi di L. LADARIA, «L'uomo alla luce di Cristo nel Concilio Vaticano II». F.G. BRAMBILLA, «Antropologia teologia», 103-188, tale titolo indica il suo aspetto metodologico e contenutistico, e presenta la visione *'cristica'* dell'uomo,

dell'uomo e della normativa figura credente, dal punto di vista cristiano, dovrebbe essere determinato dall'evento singolare di Gesù.

Nel dogma cristologico di Calcedonia[38], e la rispettiva affermazione dell'umanità di Gesù compresa nel contesto della *historia Jesu*[39], troviamo un'inspirazione incoraggiante ed una spinta promettente per poter pensare la *fides Jesu*[40]. La non-riconciliabilità della comprensione

---

evidenziando però la difficoltà ad elaborare un'antropologia che si fondi nell'evento singolare di Gesù Cristo, se non nell'analisi della struttura antropologica della coscienza credente. Per questo scopo si indica, da un lato, la fondazione del sapere teologico capace di trovare nell'evento di Gesù Cristo il compimento ineducibile e assoluto della coscienza credente, e dall'altro, la legittimazione dell'antropologia cristiana capace di produrre una comprensione teologica della visione dell'uomo emergente da una cristologia che parte dalla singolarità di Gesù.

[38] Il Concilio di Calcedonia del 451 d.C., volendo mostrare una sintesi della trascendenza (la distinzione delle nature) con l'immanenza (l'unione ipostatica), afferma che la relazione tra il divino e l'antropologico in Gesù è da ragionarsi secondo i seguenti quattro avverbi: *senza confusione, immutabili, indivise, inseparabili* (cfr. DS 301-302). In detti avverbi, oltre ad esserci una concentrazione di significato sulla questione natura/persona (cfr. R. MAIOLINI, *Tra fiducia esistenziale e fede in Dio*, 424) in essi si può vedere, giustamente e perspicacemente, non solo il vertice della definizione dogmatica, ma anche l'espressione teoretica di quello che avviene a livello fenomenologico nella struttura della reciprocità tra passività/alterità originaria ed attività/libertà della coscienza credente. In tale senso, il legame con-costitutivo dell'identità di ogni uomo avviene in un legame senza divisione/separazione con l'Alterità dell'altro, senza che questi comporti alcun mutamento/confusione dell'identità filiale con l'Alterità paterna.

[39] L'affermazione dogmatica dell'umanità di Gesù di Calcedonia è, infatti, una luminosa cristallizzazione della narrazione evangelica, e in tale quadro l'ontologia teologale di Gesù è ostinatamente esplicitata e custodita nell'orizzonte della sua iscrizione dentro il realismo fenomenologico dell'evento fondatore, cioè nella *historia Jesu*.

[40] La questione sulla *fides Jesu* suscita oggi molte polemiche nel dibattito teologico che, nonostante sembrano rimaste irrisolte, hanno portato diversi contributi e approfondimenti. Da una parte, alcuni teologi sostenendo l'approccio veritativo/scolastico escludono la possibilità della fede di Gesù (cfr. A. AMATO, «Fede di Gesù?»; F. DREYFUS, *Gesù sapeva di essere Dio?*; J. GALOT, *La conscience de Jésus* e *«Gesù ha avuto la fede?»*; A. VANHOYE, «Pistis Christou: fede in Cristo o affidabilità di Cristo?»), altri, invece, trovano che sia nel padre della scolastica, san Tommaso d'Aquino, che nella tradizione patristica, le tracce che rendono possibile il discorso sulla *fides Jesu* (cfr. F.G. BRAMBILLA, «Gesù autore e perfezionatore della fede»; P. CODA, «Fede di Gesù?»; F. BERGAMELLI, «'Fede di Gesù Cristo' nella lettere di Ignazio di Antiochia»), mentre certi mostrano come si possa/debba intendere Gesù come un credente (cfr. P. SEQUERI, *Il Dio affidabile*, 229-260; G. GIORDANO, «La riflessione biblica sul credere», 87-97; P. BERNARDI, «La fede come obbedienza a

della fede della teologia classica, nella prospettiva della conoscenza, con la considerazione della costituzione ontologica di Cristo, in termini di unione ipostatica, e la rispettiva impostazione del problema della (auto)conoscenza[41] di Gesù, partecipante alla conoscenza stessa del Padre e quindi non caratterizzata dall'oscurità, impediva di parlare della fede di Gesù. Le ragioni che rendono possibile parlare di nuovo della fede di Gesù, oltre che nelle formule neotestamentarie[42], si trovano nell'intendere la fede anzitutto come dedizione/consegna fiduciosa a Dio, anziché come *cognitio obscura*, e pure nella ripresa della *cristologia narrativa* dei vangeli, in modo particolare nella preghiera di

---

Gesù Cristo», 192-194). Noi, comunque, usiamo qui il concetto della *fides Jesu*, solo nel senso della sua coscienza credente come modo di essere e vivere/sapere la relazione filiale/paterna e il legame con-costitutivo di *passività/alterità* e di *attività/libertà* propria dell'essere umano, e non nel senso stretto del significato della fede come virtù teologale.

[41] La teologia classica poneva il problema nella possibilità e nella giustificazione del conoscere umano di Gesù, sulla base della distinzione di un triplice livello di scienza: *scientia visionis* (beatifica), *scientia infusa* (particolarmente conoscenza profetica) e *scientia acquisita* (sperimentale e quindi più problematica, soprattutto in questa epoca, se si applica a Gesù); dalla quale si deduceva l'assenza della fede (come l'assenso intellettuale a ciò che è creduto) di Gesù. Il passaggio al periodo moderno ha posto in dubbio la compatibilità dell'immagine evangelica con quella sostenuta dalla teologia scolastica, mettendo essenzialmente in discussione la possibilità dell'affermazione della *visio beatifica* nella condizione viatrice di Cristo. Ora, il tema della fede di Gesù si pone a vedere se il sapere di Gesù a proposito della sua missione, nella quale Dio lo invia come il Figlio che riconcilia gli uomini, si dà nella forma di un sapere della fede, anzi di quel sapere della fede che è proprio di Gesù. Per la cornice storica e le proposte contemporanee cfr. F.G. BRAMBILLA, «Gesù autore e perfezionatore della fede», che distingue tra il paradigma scolastico, il paradigma di singolarità (di H.U. von Balthasar che dalla relazione singolare di Gesù, che *in statu viae* non ha un carattere beatifico, deduce una *fides Christi*, diversa rispetto alla nostra) e il paradigma antropologico (di K. Rahner della coscienza come *visio immediata* e di L. Malevez che passa dalla *visio immediata* alla *fides Jesu* come abbandono esistenziale).

[42] Bisogna dire che le formule del Nuovo Testamento nelle quali si usa l'espressione πίστις Χριστοῦ (cfr. Fil 3,9; Rm 3,22.26; Gal 2,16.20; 3,22.26; Ef 3,12) esegeticamente vengono interpretate non solo nel senso del genitivo oggettivo/soggettivo, ma anche come la fede istituita da Gesù, ovvero da lui stesso direttamente inaugurata in singolare, inconfondibile e insostituibile pienezza. Per questa ragione R. VIGNOLO, «La fede portata da Cristo», 67, traduce questo sintagma come la fede *attuata* o la fede *istituita* da Cristo, ma anche come la fede *portata* da Cristo, nel ruolo quindi di singolare soggetto di fede e come istituente di una fede correlata e affidabilmente fondata su di lui.

Gesù al Padre[43]. Abbiamo già parlato prima della necessità che si ha di cambiare prospettiva, passare da una concezione di fede esclusivamente come assenso intellettuale prestato all'autorità di Dio, ad una visione che risulta più vicina alla «cristologia dal basso», cioè quella che identifica nel Vangelo la duplice relazione di Gesù con Dio/*Abbà*, ed è in questa prospettiva che individuiamo il punto d'appoggio della nostra tesi. Infatti, in questa correlazionalità si rivela/manifesta la verità/identità di Dio, che per primo riconosce (genera, ama) per essere riconosciuto, e la verità/identità di Gesù, come Figlio di Dio e figlio degli uomini, che per primo è cosciente di essere riconosciuto (generato, amato) per poter riconoscere, che corrisponde ad essere liberamente e volontariamente riconoscente. Questa vicenda storica di Gesù, sperimentata nella singolare relazione, nella sua relazione/fiducia ed obbedienza/dedizione filiale al Padre/*Abbà*, nel suo momento passivo ed attivo e nel suo conoscere e agire, si attua come figura archetipa della coscienza credente.

Per istituire il rapporto tra la fede di Gesù e la fede degli uomini, si deve ribadire che non si enfatizza un semplice prolungamento o l'esplicità attuata dell'implicità nascosta, ma si dimostra *l'identità di struttura* nella diversità radicale e inattingibile di attuazione, fondata in entrambi i casi sulla *relazione filiale*. Gesù realizza 'nella carne' il suo

---

[43] La *preghiera* è il primo e privilegiato atto della fede, l'atto *par excellence* della coscienza di *essere riconosciuto* ed *essere riconoscente* (nel senso di qualcuno che riconosce la divinità/paternità di Dio/Padre ed esprime/formula la propria riconoscenza a Lui). Perciò, con questo lavoro vogliamo dare anche un contributo decisivo nell'identificazione della preghiera come un *locus theologicus* nell'*analysis fidei*, e del suo ruolo determinante nel camino verso la fede. La *preghiera di Gesù*, attestata nel Vangelo, è un 'roveto ardente' che rivela la sua *fides*. Gesù ha imparato a pregare secondo il suo cuore d'uomo e lo apprende da sua madre, nelle parole e nei ritmi della preghiera del suo popolo, ma la sua preghiera sgorga da una sorgente ben più segreta, come lascia presagire già all'età di dodici anni («Io devo occuparmi delle cose del Padre mio», Lc 2,49). Qui comincia a rivelarsi la novità/esempio della preghiera nella pienezza dei tempi: *la preghiera filiale*, che il Padre aspettava dai suoi figli, viene finalmente vissuta dallo stesso Figlio unigenito nella sua umanità, con e per gli uomini. È significativo ed interessante come il Vangelo di Luca, che sottolinea l'azione dello Spirito Santo e il senso della preghiera nel ministero di Cristo, presenta Gesù proprio come un *orante*, che prega prima dei momenti decisivi della sua missione (il Battesimo, 3,21; la Trasfigurazione, 9,28; il compimento del Disegno di amore di Padre, 22,41.44) e anche della missione dei suoi Apostoli (la scelta e chiamata, 6,12; la confessione di Pietro 9,18-20; per la fede di Pietro 22,32). La preghiera di Gesù è la manifestazione di un'adesione fiduciosa della sua volontà umana alla volontà piena d'amore del Padre, di una vera coscienza credente.

essere-Figlio, e in noi si attua 'nella storia' il nostro *diventare-figli-come-lui*, cioè la libera conformità alla volontà del Padre, del riconoscimento reciproco, per opera dello Spirito. La forma filiale di Gesù, autore [αρχηγός] e perfezionatore [τελειωτές] della fede (Eb 12,2), è *exemplum et sacramentum* del nostro diventare figli, e siccome proprio nel Figlio diventiamo figli, tra i due poli della duplice riconoscenza del suo rapporto con Dio vediamo lo *spazio* della genesi della fede degli uomini. Egli non è solo il compimento della relazione credente con Dio, bensì ne è il *fondamento*. Coerentemente non si può assumere un concetto generico di fede per applicarlo poi a Gesù, ma la figura della coscienza credente di Gesù (nella sua dimensione *patica* e *pratica* evidenziando la sua essenza nella *dinamica* vitale e concreta tra coscienza di essere riconosciuto ed essere coscientemente riconoscente) diventa *paradigma* di quella degli uomini.

PARTE PRIMA

**PENSATORI ORIGINARI.
LO SFONDO OSCURO E LIMPIDO
DEL MISTERO**

CAPITOLO I

Hans Urs von Balthasar.
La fede come percezione/riconoscimento della *Gestalt* di Gesù Cristo ed imitazione della sua fedeltà/riconoscenza al Padre

Il teologo svizzero Hans Urs von Balthasar (1905-1988), benché non abbia mai avuto una cattedra universitaria, con la sua ampia ed originale opera[1] ha però dato uno dei contributi più recenti e più importanti all'universo teologico[2]. Lo scopo fondamentale della sua intera

---

[1] Il suo *opus*, certamente senza alcuna intenzione di sintesi, si compone di 119 opere monografiche, 532 articoli di diversa qualifica, 114 saggi di Commento, 110 traduzioni, 29 studi antologici, 103 Introduzioni a diverse opere, 93 recensioni, 13 lavori editoriali per un totale di 1113 titoli (cfr. R. FISICHELLA, «Hans Urs von Balthasar», 784-785). Il suo dialogo/confronto con la teologia, la filosofia e la letteratura, sia antiche, che moderne e contemporanee, è stato oggetto di numerose analisi utili per la presentazione della sua figura e opera cfr. E. GUERRIERO, *Hans Urs von Balthasar*; A. SCOLA, *Hans Urs von Balthasar: uno stile teologico*; T. KRENSKI, *Hans Urs von Balthasar*; K. LEHMANN – W. KASPER, ed., *Hans Urs von Balthasar. Figura e opera*; M. SCHULZ, *Incontro con Hans Urs von Balthasar*; e gli atti di due simposi recenti R. FISICHELLA, ed., *Solo l'amore è credibile. Una rilettura dell'opera di Hans Urs von Balthasar*; A.-M. JÉRUMANIS – A. TOMBOLINO, ed., *La missione teologica di Hans Urs von Balthasar*. Per l'ampia bibliografia secondaria su von Balthasar, aggiornata ogni sei mesi, cfr. http://mypage.bluewin.ch/HUvB.S.Lit (accesso effettuato il 20 settembre 2007).

[2] Balthasar avrebbe «integrato la riflessione teologica con lo sfondo di una comprensione dell'epoca di rara ampiezza e di sicura originalità, contribuendo così, in modo determinante, all'accredito del pensiero teologico nell'ambito della tradizione occidentale ed europea in modo particolare» (ISTITUTO PAOLO VI, «I. Hans Urs von Balthasar. 1984», 10).

produzione teologica, come pure della missione a cui lui sentiva legata la sua vita, era «rendere credibile e accettabile il messaggio cristiano al mondo»[3] contemporaneo. L'assolvere a questo compito sottintende il riorientamento teologico a partire dalla centralità e dalla singolarità di Gesù Cristo. In relazione a tale bisogno di centralità si pone anche la riaffermazione dell'importanza della chenosi trinitaria e il bisogno di riconoscerla concretamente nell'esperienza presente ha portato a tutto un movimento di conseguente rinnovamento della Chiesa attraverso la formazione di nuove comunità che «uniscono la vita cristiana radicale secondo i consigli evangelici con l'esistenza in mezzo al mondo»[4]. Per svolgere questo compito, da una parte Balthasar sviluppa tutto il suo impianto a partire da una densa rielaborazione incentrata sull'argomento cristologico-trinitario della fede cristiana, che articola nella sua imponente *Trilogia* il cui centro assiologico è da identificarsi con la seguente affermazione: «il mostrarsi e il dirsi culminano nell'assoluto darsi»[5] divino; dall'altra parte questo lavoro teologico presenta anche un profondo radicamento esistenziale. L'interesse ad unire sia l'aspetto cristologico che quello esistenziale ha poi portato il nostro autore a fondare – insieme ad Adrienne von Speyr – l'Istituto secolare San Giovani (*Johannesgemeinschaf*) nel 1944, fatto che ha anche confermato l'inseparabilità dell'opera e della missione[6] dei due.

---

[3] *Solo l'amore è credibile,* 17.
[4] «Ancora un decennio», 76.
[5] *Epilogo*, 146.
[6] Lo stesso Balthasar riteneva la sua opera *inseparabile* e *complementare* rispetto a quella di Adrienne von Speyr, medico convertita dal protestantismo, (pensiero ribadito per esempio in «Piccola pianta dei miei libri», 30-31 e «Resoconto», 72-73 e argomentato in «Primo sguardo su Adrienne von Speyr» ed *Il nostro compito*). Convinto dell'autenticità dei doni carismatici della veggente (A. VON SPEYR, *Erde und Himmel. Ein Tagebuch*, 200) si è spesso fatto interprete del significato teologico delle sue affermazioni collegandole alla grande tradizione cristiana (*Prüfet alles - das Gute behaltet*, 88; dei suoi libri ha preso in esame innanzitutto *Il Cuore del mondo*, *Die Gottesfrage des heutigen Menschen, Teologia dei tre giorni*). Balthasar, soprattutto dopo l'uscita dalla Compagnia di Gesù nel 1950, si dedicò alla missione comune della *Johannesgemeinschaf* e al lavoro presso la casa editrice, espressione dello stesso spirito, traducendo i classici del pensiero cristiano, pubblicando i libri di Adrienne e anche sviluppando e completando la propria opera teologica, pur considerandola secondaria rispetto all'opera comune. In ambedue i casi la fonte inesauribile del teologare appare la *preghiera* e l'*adorazione della Trinità*. A favore di una teologia così *integrativa* e *feconda*, J. Ratzinger in modo positivo afferma che «Hans Urs von Balthasar è impensabile senza Adrienne von Speyr», ribadendo che «i nuovi veri progressi che portano a nuove grandi teologie non provengono dal lavoro razionale

Il nostro interesse specifico, una volta mostrate alcune impostazioni di fondo del teologare balthasariano (*1. Coordinate generali del pensiero balthasariano*) e trovate le tracce dei percorsi della teologia della fede nell'analisi della struttura della *Trilogia* (*2. Articolazione teologica particolare: estetica, drammatica e logica*), è di identificare l'articolazione teologica alla base del discorso sulla genesi della fede. A questo scopo risulta imprescindibili la rilettura dell'evento storico di Gesù di Nazareth in vista della fede (*3. La* fides Christi *come figura archetipa della fede*) e l'individuazione della qualità antropologica dei momenti originanti la fede (*4. L'accesso umano alla realtà di Dio: dal sorriso della madre al rapporto con il Padre*).

1. Coordinate generali del pensiero balthasariano

L'ampia produzione balthasariana, che passa attraverso lo studio e l'interpretazione concreta della modernità, compreso il dialogo e il confronto con la letteratura e la filosofia contemporanea, nonché la riscoperta del patrimonio patrologico e scritturistico, offre gli elementi per far emergere una nuova proposta teologica specifica. Il suo sistema teologico ripercorre (*1.1*) le problematiche/tensioni ma anche le sfide/disposizioni del pensiero dell'uomo moderno e contemporaneo alla luce (*1.2*) della Rivelazione cristiana e della sua verità universale, concreta e personale che si dimostra essere l'unica vera soluzione e risposta alle sue problematiche più profonde, egli si distanzia così criticamente dalla svolta *antropologica* del modernismo rivalutando in modo nuovo la svolta *cristologica* cristiana, e (*1.3*) costruendo conseguentemente una nuova configurazione dello strumentario e del modello *teologico*.

1.1 *Antropologiche: la drammaticità della modernità*

Balthasar, in *Die Gottesfrage des heutigen Menschen*[7], propone una

---

della teologia», che riesce forse solo a sistemare meglio le verità conosciute e a rilevare aspetti più sottili, «bensì da una spinta carismatica e profetica» («Das Problem der christlichen Prophetie», 183).

[7] Quest'opera, scritta nel 1956 ed ampliata nell'edizione francese *Dieu et l'homme d'aujourd'hui* del 1961, risulta allo stesso tempo problematica e costruttiva. Infatti lo stesso Balthasar nel 1965 si è distanziato da essa, deluso dal suo prodotto (cfr. «Resoconto», 66; sembra non tanto sul piano *contenutistico*, quanto piuttosto *metodologico*, innanzitutto perché l'analisi della situazione spirituale dell'uomo d'oggi e le

fenomenologia dell'uomo moderno e contemporaneo che rispecchia non solo il suo interesse per l'uomo concreto, ma anche la profonda conoscenza che ha dell'uomo stesso. Nella prima parte, dedicata ai rapporti tra scienza e religione, emerge come il moderno sviluppo della scienza e della tecnica metta in primo piano la libertà dell'uomo e ponga in modo radicale la domanda circa il significato di tale libertà. La seconda parte invece, dedicata alla religione e al cristianesimo, confronta la domanda dell'uomo moderno con quanto il cristianesimo afferma circa il Verbo di Dio fatto uomo.

L'analisi storica balthasariana indica come chiave di lettura della modernità il passaggio dall'*era cosmologica* (antico-medievale, dove l'uomo è inserito nella natura come nel suo grembo) a quella *antropologica* (moderna, dove l'uomo a causa dallo sviluppo scientifico stabilisce con la natura un rapporto di dominio). Questo processo, positivo e storicamente necessario nonostante le indubbie e gravi conseguenze, come effetto principale ha non solo di porre l'uomo e la sua libertà al centro dell'evoluzione, ma anche e soprattutto di mettere in rilievo la sua responsabilità di fronte a se stesso, alla natura e a Dio. In questo contesto, l'ineluttabilità delle responsabilità e la coscienza della propria fragilità si dimostreranno positive per lo spirito religioso e porteranno l'uomo a cercare di più Dio. L'affermazione nietzschiana emblematica che Dio è morto, culminata con il fallimento di ogni tentativo di restaurare la religione naturale da parte del liberalismo sostituendo l'universalismo cristiano con l'universalismo secolarizzato del mondo profano,

---

precompressioni storico-culturali [a partire dalle quali interrogare il mistero centrale della fede cristiana] occupa non solo la prima parte dell'opera, ma anche parte della seconda e lascia poco spazio a una illustrazione teologicamente adeguata della risposta cristiana). Nonostante tale mancanza bisogna però riconoscere che proprio grazie ad essa è maturata la sua idea, insuperabile nel cristianesimo sia per l'uomo d'oggi che per quello di ieri, di una trilogia (la *Trilogia* infatti tenta di essere una risposta, teologicamente articolata, a quelle domande che *Die Gottesfrage* ha inquadrato in una prospettiva storico-teologica). Per ultimo si deve anche dire che la poca e scarna critica disponibile per questo testo evidenzia solo nominalmente la sua importanza (cfr. A. MODA, *Hans Urs von Balthasar*, 138-141; E. GUERRIERO, *Hans Urs von Balthasar*, 196). L'opera presenta infatti una vera fenomenologia antropologica applicata alla teologia (cfr. M. IMPERATORI, *H.U. von Balthasar: una teologia drammatica della storia*, 36-53; R. SALA, *Dialettica dell'antropocentrismo*, 23-80). Queste qualità sono state inoltre confermate da Rahner che ritiene Balthasar «un apologeta nel senso migliore del termine, che risponde con comprensione ai problemi su Dio dell'uomo contemporaneo» (K. RAHNER, «Hans Urs von Balthasar», 882).

mette in primo piano un elemento essenziale della domanda su Dio. Possiamo subito osservare che in ambedue i casi si tratta di una duplice esigenza: la necessità di pensare in modo rigoroso *l'alterità di Dio* come risposta della teologia alla crisi della religione naturale ed il conseguente affermarsi dell'ateismo moderno. Questa stessa alterità infatti non è che il frutto dell'*emergere della libertà* nell'intimità stessa della relazione tra Dio e l'uomo, tra la teologia e l'antropologia, la storia della salvezza e la storia profana, tra cristianità e modernità; tutti aspetti che assumono in tal modo un carattere esplicitamente *dialettico*[8] e *drammatico*[9], che domanda di essere teologicamente pensato. Qui non si tratta affatto di opporsi al mondo moderno ma di mostrare la bellezza

---

[8] Ci sono due forme dialettiche smascherate e denunciate da Balthasar, in modo particolare nei tre volumi dell'*Apokalypse der deutschen Seele* (per un'ampia analisi della dialettica come *cifra riassuntiva* di questa opera balthasariana cfr. la tesi di R. SALA, *Dialettica dell'antropocentrismo*): una di matrice *prometeica* (cioè la *dialettica del superamento*, che consiste nel continuo slancio dell'uomo verso il proprio superamento, dove tutte le possibili sintesi sono sempre superate e superabili nel senso che le sintesi compiute non sono mai punto dio arrivo ma sempre punti di partenza per sintesi più alte) e l'altra di matrice *dionisiaca* (cioè la *dialettica della contraddizione*, che consiste nell'accettazione della paradossalità dell'esistenza segnata dalla lotta tragica tra spirito e vita). Confrontando la prima lettura della realtà, *logico-speculativa* (rappresentata da Hegel con la sua pretesa del sapere assoluto) e la seconda, provocata dalla prima, *esistenziale-paradossale* (sia nella linea vitalistica di Nietzsche, che vede nell'autotrascendimento l'essenza della contraddizione umana, votata al mantenimento del superuomo che non ha altro scopo che se stesso, sia nella linea pseudo-cristiana di Kierkegaard, che relega nell'assoluta paradossalità dell'intervento di Dio, lontano dal destino degli uomini completamente perduti), Balthasar rifiuta le esagerazioni antropocentriche moderne e ritiene necessaria l'irruzione della teologia dialettica di Barth. A suo giudizio però l'unica pacificazione delle dialettiche moderne può essere raggiunta nell'incrocio delle travi della croce di Cristo.

[9] La stessa idea di Sala, che ritiene che il pensiero balthasariano si è venuto costruendo in un serrato confronto con l'epoca moderna, è anche ripresa nella tesi recente di M. IMPERATORI, *H.U. von Balthasar: una teologia drammatica della storia* che mostra persuasivamente come la dimensione storico-teologica, con una valenza eminentemente *drammatica*, permea tutta la produzione di Balthasar e può perciò senz'altro rappresentare un'altra chiave di lettura del suo *opus* (Così anche P. HENRICI, «Un'incontro tra cultura e la fede: la teologia di Hans Urs von Balthasar», 24.26). Nella Teodrammatica, opera centrale del suo trittico, in cui si possono trovare elementi di tutti i trattati teologici tradizionali, compresa dell'antropologia teologica, colpisce, non tanto l'ordine poco abituale della loro disposizione, bensì il fatto che vengono riletti alla luce di un volume di «Prolegomeni» in cui Balthasar percorre quasi tutta la letteratura drammatica occidentale, al fine di sviluppare una sua propria drammatologia in chiave teologica.

dell'esistenza cristiana a partire dalla risposta che Dio ha dato in Gesù di Nazaret alle domande dell'uomo.

Concretamente, l'epoca moderna caratterizzata dall'ateismo contemporaneo e dal dramma della solitudine e delle sofferenze dell'uomo contemporaneo, segnata dal profondo grido di dolore provocato dai diversi regimi totalitari, costituisce per il cristianesimo un vero e proprio *kairos*, un tempo caratterizzato dall'urgenza di un radicale bisogno di risposte e che però ha il privilegio di potersi riconoscere nei temi centrali del cristianesimo: *l'abbandono di Gesù sulla croce* e la sua *discesa agli inferi* come fondamento di una nuova speranza per l'uomo d'oggi[10]. In questa prospettiva, la solitudine dell'uomo contemporaneo appare come un riflesso, fondato sull'*analogia personalitatis*, della solitudine divina, ed i paradigmi cristologici di questo rinnovato incontro con Dio sono quelli del *Venerdì* e *Sabato Santo*. In altre parole, dalla domanda sulla «morte di Dio» (che può essere definita il «venerdì» della modernità - caratterizzata dal declino della metafisica classica e della corrispettiva immagine di Dio e dal trionfo presuntuoso dell'antropologia sulla teologia), Balthasar trae la categoria che si dimostrerà fondamentale per interpretare e rileggere il cuore della stessa proposta/risposta cristiana e per elaborare la sua *theologia crucis* come l'unica, vera, possibile e adeguata ermeneutica della modernità. Inoltre, a partire dalla condizione spirituale moderna di angoscia, solitudine e sofferenza simbolicamente identificabile con l'inferno (che potremmo definire il «sabato» della modernità – particolarmente segnato dall'as-senza di Dio e dal conseguente senso di solitudine, abbandono e angoscia dell'uomo, e perdita della speranza), la teologia balthasariana, ispirandosi ai fenomeni mistici delle notti oscure, soprattutto grazie alle esperienze mistiche di Adrienne von Speyr, applica una rilettura degli eventi e della storia contemporanea a partire dal dolore, dalla morte e particolarmente dalla discesa agli inferi di Gesù, vedendo in questo il momento culmine della rivelazione di Dio (perché *autodonazione* e *solidarietà* divina) e la condizione di possibilità della nascita di una nuova speranza cristiana come risposta all'ateismo moderno.

Riconosciamo, dunque, che: da una parte il contesto storico della modernità ha influenzato e provocato decisivamente la proposta teolo-

---

[10] Cfr. l'interessante e ben argomentata tesi di A. TONIOLO, *La theologia crucis nel contesto della modernità*, che mette in rilievo proprio l'opportunità *kairologica* e la centralità del mistero della croce all'interno della modernità.

gica di Balthasar[11], essendo con essa in un continuo rapporto dialogico-dialettico; e dall'altra, che l'alterità di Dio (quale valore centrale teologico) e la libertà dell'uomo (quale valore centrale per l'uomo moderno) costruiscono un *drammatico rapporto* all'interno del quale Balthasar, partendo da una esplicita presa in considerazione del dramma vissuto da Gesù, Figlio di Dio e figlio dell'uomo, sulla croce e nella discesa agli inferi, cerca la risposta cristiana adeguata al dramma della modernità.

1.2 *Cristologiche: dalle domande dell'uomo alla rivelazione in Cristo*

L'invito a ritrovare il nucleo stesso della fede cristiana, implicitamente contenuto nella modernità e recepito dalla teologia, viene colto a pieno da Balthasar che trova una possibilità di risposta nel suo teologare impostato su una certa prospettiva rovesciata e focalizzando l'attenzione, anziché sulle interrogazioni dell'uomo e il dialogo col mondo moderno, sul discorso teologico e le verità cristologico-trinitarie[12] della rivelazione (integrando, però, così le domande dell'uomo all'interno dell'atto teologico stesso). Una tale evoluzione[13]

---

[11] Il confronto di Balthasar con la modernità è troppo spesso interpretato superficialmente o unilateralmente in modo negativo (cfr. A. MODA, «Balthasariana», 546; ID., «La ricezione dell'opera di Hans Urs von Balthasar in Italia», 44-46); talvolta ritenuto poco attento al soggetto e perciò poco storicamente plausibile (cfr. G. RUGGIERI, «Per un discorso su Dio», 18-20; «Il principio estetico nella teologia di Hans Urs von Balthasar», 352-353; A. RIGOBELLO, «Hans Urs von Balthasar», 670), non in un vero dialogo con gli autori moderni, ed incapace di cogliere criticamente i processi storico-culturali della modernità restando «consapevolmente inattuale» (cfr. E. PRATO, «Senza filosofia nessuna teologia», 329-344). La comprensione balthasariana della modernità è in realtà molto più profonda di quello che è apparso ad alcuni, cosa che appare evidente alla recente produzione critica e che viene chiaramente riconosciuto in modo speciale dalla tesi di A. Toniolo, M. Imperatori e R. Sala. È più appropriato affermare che l'opposizione moderno-antimoderno è ermeneuticamente del tutto insufficiente ad intercettare l'intenzione del pensiero balthasariano (cfr. R. CARELLI, «I fondamenti del metodo teologico di Hans Urs von Balthasar», 41) e ancor più inadeguata per parlare invece di una «integrazione dialettica» (cfr. G. MEIATTINI, «La 'teologia esperienziale' di H. U. von Balthasar», 423-448).

[12] «Nel cristianesimo, l'approfondimento dell'antropologia dipende dal perfezionamento della teologia della Trinità e della cristologia» («Perché sono ancora cristiano», 44). Perciò, nella tentazione di dare «una formulazione al metodo proprio ed allo specifico contributo teologico di Hans Urs von Balthasar», M. Quellet parla del *cristocentrismo trinitario* («Il mistero dell'uomo, immagine della Trinità», 168-169).

[13] I diversi itinerari teorici non rappresentano affatto un punto di rottura, ma uno sviluppo interno e conseguente/integrante al suo pensiero, la cui approssimazione è riconoscibile già dall'inizio degli anni '60 (come vedremo nelle prossime due note).

del suo pensiero, innanzitutto logica e giustificata, è stata causata e determinata da più fattori: a) l'analisi della modernità ha portato alle conoscenze necessarie per comprendere l'uomo contemporaneo, ma il suo sistema, chiuso in se stesso, non è stato in grado di indicare una via d'uscita plausibile[14]; b) la via cosmologica e la via antropologica si sono manifestate metodologicamente troppo limitate ed insufficienti per raggiungere il vero piano teologico[15]; c) il ruolo significativo delle posizioni esistenziali-teoriche dei suoi maestri, Guardini[16] per la

---

In questo senso si potrebbe parlare di una «continuità discontinua» tra le opere precedenti e la *Trilogia* (cfr. R. SALA, *Dialettica dell'antropocentrismo*, 78).

[14] Proprio questo è il cuore di *Il tutto nel frammento* (1963), la prima delle opere programmatiche di Balthasar, dove indica che dalla frammentarietà dell'esperienza/conoscenza umana non si può risalire ad una totalità (intanto meno divina), ma la totalità (il «tutto») si può/deve dare come irruzione gratuita nella temporalità/storicità («nel frammento»). Cfr. M. IMPERATORI, «Postmodernità e pretesa di verità cristiana. Il 'Tutto nel frammento'».

[15] Il secondo lavoro programmatico *Solo l'amore è credibile* (1963) espone i due approcci del cristianesimo storicamente praticati: il primo, definito come *la riduzione cosmologica* od anche riduzione ontologica religiosa (119), ha caratterizzato l'epoca patristica, medievale e rinascimentale, presentando il cristianesimo come compimento dell'interpretazione del mondo data dall'antichità (17-32); il secondo, definito come *la riduzione antropologica*, caratterizza sostanzialmente l'epoca moderna, presentando il cristianesimo come la più profonda interpretazione dell'uomo (33-51). Entrambe queste vie sono, infatti «riduzioni», perché assumono realtà esterne al cristianesimo (l'apriori cosmologico e l'apriori antropologico) come criteri di giustificazione della rivelazione, che invece ha *in sé* ed esibisce *da sé* la sua giustificazione. Per presentare e giustificare la rivelazione cristiana all'uomo d'oggi, Balthasar propone la terza via, che individua nell'*amore* come centro del cristianesimo e principio della sua intelligibilità. Da qui risulta chiaro che il teologo svizzero non combatte tanto la modernità in quanto tale, ma piuttosto ogni assolutizzazione della realtà intramondana come chiave dell'ermeneutica del fatto cristiano e dell'umano stesso.

[16] Il teologo svizzero, come il giovane studente di germanistica, seguì il seminario di Guardini su Kierkegaard e poi gli ha dedicato una monografia *Romano Guardini. Riforma delle origini* (1970). Questo filosofo/teologo italo-tedesco è senza dubbio uno dei più grandi ispiratori di Balthasar, tanto da potersi evidenziare un grande parallelismo tra le loro teorie almeno riguardo ai punti più importanti: la *modernità*, la cui epoca si riconosce finita e la sua impostazione antropologica fallita (cfr. R. GUARDINI, *La fine dell'epoca moderna*); l'*estetica*, espressa nell'idea della *Forma* (*Gestalt*) e il suo apprendimento attraverso la *percezione* (cfr. ID., «La funzione della sensibilità nella conoscenza religiosa»); la *drammatica*, riconoscibile nella teoria dell'*op-posizione polare* (cfr. ID., *L'opposizione polare*) tra soggetto e oggetto (dove l'opposizione non è contraddizione ma tensione vitale); il *cristocentrismo*, perché solo Cristo dona la piena luce sull'uomo e sul senso della condizione umana (cfr. ID.,

Weltanschauung cattolica, de Lubac[17] per la teologia soprannaturale, l'incontro con la dialettica del protestante Karl Barth[18] e con la convertita e mistica Adrienne von Speyr; d) il clima postconciliare attraversato da un certo «progressismo», ritenuto molto pericoloso e di orientamento troppo liberale[19].

L'essenza del cristianesimo); lo stile monografico-interlocutorio (Socrate, Agostino, Dante, Bonaventura, Pascal, Hölderin, Kierkegaard, Rilke, Dostoevskij); la *sequela*, come vero frutto del riconoscimento di Cristo con il programma del «distintivo cristiano».

[17] Nel 1933 Balthasar venne inviato a Lione, sulla collina di Fourvière, dove, grazie proprio all'incontro con de Lubac, si dedicò allo studio delle fonti patristiche (soprattutto Origene, Gregorio di Nissa e Massimo il Confessore) cercando un rinnovato incontro tra la rivelazione e la cultura contemporanea (cfr. *Il padre Henri de Lubac. La tradizione fonte di rinnovamento*), sostenuto da ciò che il promotore della *nouvelle théologie* offriva con il *paradosso* e *mistero* antropologico del desiderio naturale del soprannaturale (contro la teoria della natura pura, secondo la quale l'ordine naturale scorre parallelamente all'ordine soprannaturale; cfr. H. DE LUBAC, *Il mistero del Soprannaturale*). Sembra, però, che anche de Lubac nella sua opera *Il dramma dell'umanesimo ateo*, abbia trovato aiuto nell'*Apocalisse* del suo brillante studente, almeno nel capitolo consacrato al confronto Nietzsche-Kierkegaard e Nietzsche-Dostoevskij (rispettivamente, 58-91 e 225-252), nonostante non lo citi.

[18] Nel 1949-1950, sotto invito di Barth, Balthasar tenne all'*Akademische Arbeitsgemeinschaft* di Basilea dieci conferenze sulla teologia di Barth, raccolte e pubblicate in un volume *La teologia di Karl Barth*, punto fermo per la ricezione e il confronto con il teologo evangelico in ambito cattolico. Balthasar inizia il confronto lì dove si era interrotto nel precedente tentativo del gesuita Erich Przywara. Questi nella teologia dialettica di Barth aveva individuato una strettoia cristocentrica (un pericolo di ineffabilità circa la realtà creata che ultimamente avrebbe portato al silenzio dell'ateismo), e per superare questa *impasse* aveva richiamato l'attenzione sulla *analogia entis* (che nella tradizione teologica, in particolare tomista, aveva garantito le condizioni epistemologiche del discorso umano su Dio; cfr. E. PRZYWARA, *Analogia entis. Metaphysik*). Per il timore che il criterio di verità per la conoscenza di Dio divenisse non la rivelazione ma l'esperienza dell'uomo, a partire dal suo essere, Barth rispose categoricamente proponendo l'*analogia fidei*, ritenendo la rivelazione di Dio l'unico fondamento pensabile della conoscenza di Dio (cfr. E. MECHELS, *Analogie bei E. Przywara und K. Barth*). Balthasar, da una parte, si dichiara sostanzialmente favorevole alla posizione barthiana, in particolare così come è esposta nella *Dogmatica ecclesiale*, dall'altra invece critica ogni assolutizzare di qualsiasi filosofia, tanto quella trascendentale-idealistica (di cui si serve Barth), quanto quella tomistico-essenziale (di cui si serve Przywara). Proprio per dimostrare la possibilità di percorrere una strada che salvi sia il cristocentrismo e l'universalismo barthiani, che l'autonomia dell'ordine naturale, Balthasar scrive *Teologia della storia*.

[19] Lo stesso Balthasar, che era visto come un «progressista» in epoca preconciliare, perché favorevole a smantellare i bastioni nei quali la Chiesa era asserragliata da

Da questo insieme di ragioni viene la decisione, che permea tutta la sua opera successiva, di interpretare Gesù Cristo come la chiave di volta ed il vertice assoluto della storia e dell'essere umano, con l'intenzione fondamentale di «dimostrare la realtà di Cristo come la cosa insuperabilmente massima, *id quo maius cogitari nequit*, perchè... è l'estremo amore di Dio nella gloria del suo morire, affinchè tutti oltre se stessi vivano per lui.»[20] Con la scelta metodologica del *cristocentrismo*, Balthasar delinea da una parte la concezione del rapporto *natura-grazia*, che supera ogni estrinsecismo tra i due termini (senza per questo pervenire a una vanificazione della legittima autonomia della natura e, correlativamente, della ragione, ma questa è vista non come presupposto estrinseco della grazia ma come interno e allo stesso tempo distinto da essa, e dall'altra ribadisce la *singolarità* di Gesù Cristo (che consiste nel fatto che la sua umanità è il luogo in cui l'archetipo stesso, il Figlio – l'Icona perfetta del Padre – si trasferisce nell'immagine senza cessare di essere l'archetipo, il nesso strettissimo tra *Trinità* e *Cristologia*)[21], restituendo la priorità ed il primato assoluto all'*oggetto rivelato* (l'evento di Gesù Cristo) rispetto al *soggetto credente*[22].

---

secoli (cfr. *Abbattere i bastioni*), subito dopo il Concilio si spostò a difesa dell'istituzione (cfr. *Nuovi punti fermi*), contro la quale nel frattempo venivano lanciati ogni sorta di strali. I suoi numerosi richiami muovevano dalla convinzione che la Chiesa è anzitutto indispensabile sacramento vitale che unisce a Cristo. Per questo non possiamo condividere le posizioni di A. Moda che pur lodando Balthasar per le sue produzioni teologiche, tuttavia tenta di neutralizzare i giudizi del nostro autore circa la situazione teologica post-conciliare a causa dell'eccessiva polemicità che metterebbe in evidenza «un aspetto inquietante della personalità balthasariana» e addirittura «la tendenza ad una visione in cui la tradizione vivente si trasforma sempre più in semplice passato» (A. MODA, «Balthasariana», 585-594).

[20] «Resoconto», 48-49.
[21] *TeoDrammatica*, II, 141-242, in particolare 206-214 (*analogia entis* cristologica) e *TeoLogica*, II, 191-321, in particolare 272-280 (*Verbum-caro* e Analogia).
[22] Questa impostazione della teologia balthasariana si caratterizza secondo i seguenti aspetti: (a) non misconosce l'importanza e la decisività antropologica della rivelazione (cfr. *Gloria*, VII, 80-81); (b) cambia la prospettiva così che la priorità prima appartenente alle domande dell'uomo ora si sposta alla rivelazione di Dio (cfr. *Epilogo*, 107-114); (c) guarda il mondo, l'uomo e Dio stesso *da* Dio, cioè dalla rivelazione e non da una speculazione umana (cfr. *TeoDrammatica*, V, 415-444; *TeoLogica*, II, 330-333); (d) evita l'interpretazione dell'elemento antropologico come determinante dell'elemento teologico e il ragionamento (teo)logico umano (in senso hegeliano) come perfezionatore della fede; (e) apre lo spazio a tutta la drammaticità dell'incontro tra la libertà umana finita e la libertà divina infinita, tra la libertà della

1.3 *Teologiche: verso la teologia della fede cristiana*

Visto che per Balthasar il principio proprio del cattolicesimo è l'*oggettivismo*, in quanto la rivelazione ha *in sé* il suo centro e lo esibisce *da sé* (contro qualsiasi dissezione della forma della rivelazione, sia storico-critica che antropologico-trascendentale) e che la sua prospettiva si attiene rigorosamente fenomenologicamente alla forma propria della rivelazione, cioè al suo *in sé* irradiante bellezza, bontà e verità e coinvolgente *da sé* nell'assenso e nell'azione (contro la presentazione della rivelazione a partire dalle istanze razionalistiche e scientifiche dell'uomo), evidenziamo a questo punto lo strumentario trovato adeguato per salvaguardare questa impostazione.

Il punto di partenza è la teoria della *percezione della forma*, perché prima di ogni interpretazione e presa di decisione viene la percezione, come capacità di cogliere il vero[23] e che sempre mira alla totalità - alla forma come struttura strutturante la totalità[24]. In altre parole, sulla via della fede il primato teologico appartiene al modo in cui Dio si rivela concretamente e storicamente all'uomo, e perciò *l'evidenza oggettiva*, sempre sorprendente[25] e non determinata soggettivamente, deve precedere/determinare *l'evidenza soggettiva*, e non il contrario. Per giustificare teoricamente questa condizione gnoseologica, Balthasar vuole mostrare che l'oggettività di tale evidenza è ontologicamente la manife-

---

ricerca umana e la libertà della rivelazione gratuita divina (cfr. *TeoDrammatica*, II, 183-316; *TeoDrammatica*, IV, 69-76).

[23] «L'atto comprensivo, che contiene in sé l'ascolto e la fede, è una *percezione*, nel senso forte del termine: come *accoglimento di un vero che offre se stesso*» (*Gloria*, I, 105).

[24] Così, quando dice che «il nostro occhio, ridotto ormai ad un insieme di faccette, come ommatidi di insetti, è adattato al quantitativo, allo sbriciolamento operato dalla divisione; siamo diventati analisti del mondo e anche dell'anima, e non siamo più in grado di cogliere la totalità» (*Gloria*, I, 16-17), Balthasar pone un forte accento sulla necessità di percepire la totalità e la profondità della realtà come condizione imprescindibile per poter teologare davvero.

[25] È all'interno dell'evidenza oggettiva, che si lascia percepire dal soggetto con la prima reazione dello *stupore* e della *meraviglia* che si trova già la forza che spinge l'uomo a riconoscerla come *bella* e quindi *buona* e *vera*, e perciò piena di senso per poter essere seguita. Però, bisogna notare subito, che lo stupore antropologico che corrisponde all'apparizione teologica e si riferisce primariamente alla *forma passiva* della coscienza (nel senso di «lasciarsi rapire/prendere»), se non vuole rimanere chiuso nell'autosufficiente estetico (e così unilateralmente teologico), deve contare sulla consistenza effettiva della storicità/libertà dell'uomo, cioè sulla sua *forma attiva* (che nella prospettiva della Gloria ancora non appare esplicitata).

stazione piena dell'oggetto, e ciò appare nella figura storica del Cristo, come Verbo di Dio fatto carne e rivelazione della gloria di Dio. Lo strumento logico-linguistico che Balthasar impiega per indicare una forma singolare in cui si esprime la visibilità dell'Invisibile, una «delimitata totalità», una «contratta rappresentazione dell'*assoluto*»[26], capace di imporsi con la sua evidenza al soggetto (ri)conoscente sarà la *Gestalt*.

La *Gestalt*, per la sua capacità di restituire l'interezza, indica al tempo stesso la bellezza e la gloria dell'Assoluto, ma assicura anche la singolarità del particolare[27]. Il recupero del *pulchrum*, a livello epistemologico, richiede una sua corrispondente forma di conoscenza, quella della percezione. Nella proposta balthasariana proprio l'autopresentazione dell'essere come *pulchrum* è ciò che permette di vedere attuata l'identità del fenomeno e la realtà in sé. In altre parole, ciò che appare è la realtà stessa in sé, così come si presenta al soggetto storico e non esiste quindi distinzione tra essere e ciò che è costituito dall'apparizione del *pulchrum* (ciò che appare «fenomenologicamente» è ciò che «ontologicamente» è)[28]. Il soggetto si trova, quindi, in una condizione di pura passività davanti all'oggetto, e in nulla il soggetto può giudicare la bellezza della *Gestalt*, ma essa gli si pone come pura alterità e come ciò che sfugge ad ogni sua possibile operazione tendente ad una completa razionalizzazione o ad una esaustiva definizione del fenomeno. In questo momento prende il via anche il rapimento[29], la contemplazione estetica della *Gestalt*. Perciò, nella teoria di Balthasar, l'apparizione (*Erscheinung*), la percezione (*Wahrnehmung*) e la forma (*Gestalt*) costituiscono/definiscono la teologia fondamentale come «dottrina della percezione»; cioè «l'estetica (nel senso kantiano) come

---

[26] *Gloria*, IV, 34.

[27] La concezione di *Gestalt* in Balthasar, di ispirazione goethiana (cfr. *Quel che devo a Goethe*), elaborata in *Gloria*, I, 278-336 e sintetizzata in «La forma cristiana», è usata secondo un uso differenziato che risente dei diversi utilizzi della storia del pensiero filosofico, dal versante fenomenologico a quello metafisico. Esso è un felice strumento teorico, perché questa categoria è contemporaneamente espressione sia dell'immanenza che della trascendenza; trascendenza che si apre alla differenza ontologica manifestando così l'unicità e singolarità della *Gestalt* stessa.

[28] Questa indissolubilità tra la figura dell'apparizione e ciò che essa è in se stessa permette a Balthasar di confermare che la verità della figura non è riconducibile alle varie interpretazioni del soggetto che percepisce; essa la porta invece con sé, nel suo stesso autopresentarsi. Conseguentemente, la forma di conoscenza data dalla percezione del *pulchrum* crea una relazione tra soggetto e oggetto e conduce al punto cruciale.

[29] Cfr. *Gloria*, I, 4, 111.

dottrina della percezione della forma del Dio che si rivela»[30]. La bellezza, che è in stretta relazione con la forma, in ambito teologico è la gloria di Dio, qual è apparsa a noi in Gesù Cristo[31]. Così, adesso risulta comprensibile la presentazione balthasariana di due evidenze: *soggettiva*, ovverosia la percezione della forma[32] ed *oggettiva*, ovverosia Gesù Cristo, lo splendore della gloria di Dio, la rivelazione della gloria nell'incarnazione, «il centro della forma della rivelazione», cioè colui che dà connessione e comprensibilità alla rivelazione nella sua

---

[30] *Gloria*, I, 110. La feconda ispirazione kantiana, alla quale si richiama Balthasar, si potrebbe evidenziare anche nella metodologia parallela/trittica di entrambi. Nel proprio percorso, sia Kant che Balthasar hanno un itinerario che include il logico (*Critica della ragion pura* – *TeoLogica*), il pratico (*Critica della ragion pratica* – *TeoDrammatica*) e l'estetico (*Critica del giudizio* – *Gloria*). Un'interessante elaborazione di quest'ultimo aspetto ce lo offre I. RAGUŽ, *Sinn für das Gott-Menschliche*, che corregge con Balthasar il fenomenismo estetico kantiano e con Kant l'oggettivismo estetico balthasariano, ma purtroppo lascia del tutto da parte l'aspetto del *dramma* (con il «soggettivismo» della libertà/storicità dell'uomo, il solo capace del possibile/necessario compimento dell' «oggettivismo» estetico di Balthasar).

[31] L'estetica teologica balthasariana, elaborata in sette tomi sotto il titolo di *Gloria*, anzitutto tenta di prendere visione della rivelazione in genere di Dio, riconosciuto nella sua signoria e sovranità tramite ciò che Israele chiama *kabod* e il Nuovo testamento *gloria*. Per Balthasar, il *glorioso* sul piano teologico corrisponde a ciò che sul piano filosofico è il *bello* trascendentale (cfr. *Resoconto*, 66-67). Convinto che solo un approccio mediante l'estetica può cogliere la forma conclusiva e la giusta interpretazione di ciò che la rivelazione ci offre di se stessa (*I. Percezione della forma*), e cercando di dimostrare che una teologia consapevole della sua storia viene realmente irradiata e animata dal profondo dalla gloria di Dio (*II. Stili ecclesiastici* e *III. Stili laicali*), il teologo svizzero ripercorre la storia del pensiero umano cogliendo gli aspetti specifici cristiani (*IV.-V. Nello spazio della metafisica*) per poi finire con l'analisi biblico-dogmatica della gloria (*VI. Antico Patto* e *VII. Il Nuovo Patto*).

[32] L'evidenza soggettiva è la fede, che include due momenti, quello dell'*illuminazione* (che avviene attraverso quattro passaggi in successione: la testimonianza di Dio in noi; la testimonianza di Dio nella storia; la testimonianza esterna e interna; la forma e il segno di Cristo [*Gloria*, I, 115-200]) e quello dell'*esperienza* (che è invece sostanzialmente la disponibilità umana a lasciarsi trattare da Dio come «materia malleabile per l'impressione dell'immagine divina» [205] e che conosce tre momenti: quello della mediazione; quello archetipale; quello sensitivo [201-392]). È da ricordare qui il lavoro di M. NERI, *La testimonianza in H. U. von Balthasar*, che ha provato a riconfigurare la ragione teologica balthasariana alla luce di una teoria della testimonianza, che sarebbe l'elemento centrale e trasversale di tutta l'opera di Balthasar. Con la rilettura del rapporto tra fede e rivelazione egli guadagna il raggiungimento di una nuova teoria che istituisce un rapporto fra istanza estetica ed istanza etica, rimettendo al centro, come suo nucleo originario ed originante, la nozione di coscienza.

totalità[33]. Questa figura cristologica è la forma concreta e storica dell'incontro tra Dio e l'uomo, la forma singolare ed insuperabile, indicata da Balthasar come archetipo, perché, da un lato, l'esperienza di Dio di Gesù Cristo si iscrive nella nostra, e dall'altro essa con la sua forma esemplare ed indeducibile, è misura delle nostra[34].

Qui, ancora un elemento appare imprescindibile nella teoria balthasariana, quello che nella figura cristica del mostrarsi corrisponde al darsi e che indica come l'*estetica* è anche *drammatica*[35]. Ad una totalità di

---

[33] L'evidenza oggettiva è la forma della rivelazione che si dona *evidentemente* ma anche nel *nascondimento*, cioè si compie *sub contrario* (una volta percepita la *Gestalt*, essa rimane ancora più nascosta e così il paradosso umano tocca il culmine della duplice esperienza): Dio è sempre *id quo maius cogitare nequit* e il credente si pone davanti a lui nell'atto del *rationabiliter comprehendit incomprehensibile esse*. La via da seguire qui, proposta da Balthasar, sarà quella tracciata da Anselmo: la *venerazione* e l'*adorazione*. Cfr. *Gloria*, I, 393-635.

[34] In Cristo, «l'uomo...fa nella propria totalità l'esperienza di ciò che è Dio...fa però come Dio l'esperienza di ciò che è l'uomo». Quest'archetipo determina così ad un tempo «se stesso e l'altro da se stesso, senza che l'uno e l'altro possano essere ricondotti sotto un concetto comune superiore. Egli determina così ad un tempo se stesso (ciò che può e deve veterotestamentariamente essere chiamata la sua fides, il suo atteggiamento verso Dio), e la fede dei suoi discepoli. Egli, dall'altra parte, determina la fede cristiana, corrispondente a questo mutuo rapporto tra Cristo e la Chiesa, e la fede veterotestamentaria orientata a lui» (*Gloria*, I, 280-281).

[35] È vero che l'estetica segna la prima e perciò determinante dimensione della teologia di Balthasar. Però, affinchè l'autopresentazione e la percezione della *bellezza* non sia statica e non porti ad una situazione di stallo nella presentazione del mistero, deve trovare forma nell'azione di una prassi di vita che permetta la percezione della *bontà* (perché «la rivelazione di Dio non è... un oggetto da contemplare, ma è l'agire di Dio nel mondo e sul mondo, e che da parte del mondo può avere risposta solo agendo, e solo agendo lo si può comprendere» [*TeoDrammatica*, I, 19]). Proprio a questa richiesta risponde la seconda parte della trilogia balthasariana, cinque volumi della *TeoDrammatica*, che spiegano che cosa esprime il dramma: libertà dalla distinzione tra platea e attore, possibilità di percepire se stessi come co-attori perché immersi nel pieno della logica rappresentativa vivendo un coinvolgimento radicale nelle questioni che toccano l'esistenza. Attraverso la storia del teatro (particolarmente le due vie, quella del ruolo dell'uomo nella rappresentazione del teatro antico e quella idealista incentrata sul sacrificio) nonché la filosofia dialogica di Ebner, Buber e Rosenzweig (*I. Prolegomena*), Balthasar arriva al cuore del dramma cristiano, lo scontro tra la libertà divina infinita e la libertà umana finita (*II. Le persone del dramma: l'uomo in Dio*) che si incontrano in Cristo, mediatore e attore principale, la cui missione è la salvezza del mondo nell'obbedienza e nel completo abbandono al Padre (*III. Le persone del dramma: l'uomo in Cristo*). Dal sacrificio di Cristo scorre una storia di grazia che vince sui tanti limiti umani di finitezza, temporalità e morte (*IV. Azione*) e si svella la speranza cristiana nella verità escatologica (*V. L'ultimo atto*).

donazione della *Gestalt Jesu*, come archetipo e norma di ogni risposta di fede, deve corrispondere un «comportamento globale mediante il quale l'uomo si trova in corrispondenza, nella forza e nella grazia, all'interpellazione della rivelazione divina»[36]. Questo vuol dire che «l'attore» invita «lo spettatore» a prendere il suo ruolo nel teatro del mondo e sul palcoscenico della vita ed a diventare «co-attore»[37]. La fede, quindi, perché risposta globale e totale a Dio che si mostra/dà, dovrebbe essere l'atto che, coinvolgendo la libertà umana, sottintenda sia il contemplare che l'agire, cioè l'istanza *evidenziale-estetica* e *drammatico-etica*. Essa, quindi, non è solo un riconoscimento teorico e passivo della manifestazione di Dio ma anche un coinvolgimento diretto e pratico nel dramma dell'incontro tra le due libertà. Resta da vedere se Balthasar è davvero riuscito ad articolare questo insieme.

2. Articolazione teologica particolare: estetica, drammatica e logica

La *Trilogia*, famosa e complessa opera balthasariana suddivisa in quindici volumi, rappresenta il tentativo del teologo svizzero di esporre, in un modo organico[38], il discorso teologico-fenomenologico del manifestarsi (*Gloria*), darsi (*TeoDrammatica*) e dirsi (*TeoLogica*) di Dio nell'evento Gesù Cristo, secondo una struttura basata sui trascendentali del bello, del buono e del vero, proponendoci allo stesso tempo una sua rilettura e riarticolazione della questione dell'*analysis fidei*.

Una rilettura dell'*analysis fidei* richiede però precedentemente una rilettura metodologico-teorica[39] della struttura della Trilogia e la sua

---

[36] *Gloria*, I, 117.
[37] «Una concezione di Dio, del mondo, dell'uomo sarà sviluppata a partire... dal dramma già da Dio stesso inscenato con il mondo e con l'uomo, dramma nel quale noi già ci ritroviamo coattori» (*TeoDrammatica*, II, 17).
[38] Questa imponente opera di Balthasar è da alcuni considerata come una *Summa theologiae* contemporanea (così per esempio P. HENRICI, «Un'incontro tra cultura e fede: la teologia di Hans Urs von Balthasar», 24; ID., «La structure de la Trilogie de Hans Urs von Balthasar», 21; e R. FISICHELLA, «Rileggendo Hans Urs von Balthasar», 514), anche se in realtà essa non é tanto un lavoro sistematico (cfr. M. ALBUS, «Geist und Feuer», 73) quanto organico (come riconosce M. IMPERATORI, *H.U. von Balthasar: una teologia drammatica della storia*, 245; e conferma R. MAIOLINI, *Tra fiducia esistenziale e fede in Dio*, 41).
[39] Varie sono le ragioni/critiche perché gli autori non riescono a trovare e definire chiaramente un proprio metodo balthasariano: perché Balthasar «raramente porta allo scoperto i presupposti metodologici del suo teologare formalizzandoli ed esplicitandoli» perché essi spesso vanno riconosciuti solo nell'esercizio concreto del suo

adeguata interpretazione. Balthasar propone una visione che può apparire ovvia e scontata, il cui contenuto ci viene già imposto dai singoli titoli delle tre parti, essa segue la strutturazione metodologica secondo i trascendentali e appare più problematicamente *il*-logica che opportunamente *teo*-logica. Innanzitutto, perché praticamente capovolge la sua pianificazione teorica della precedenza assoluta del momento teologico rispetto a qualsiasi altro, e qui, invece, risulta che l'idea filosofica determina il discorso teologico, come se gli fosse previa e suprema. Inoltre, nella teoria dell'universalità dei trascendentali rimane nascosta/latente la giusta insistenza balthasariana sulla singolarità/primato della storicità/fatticità dell'evento cristologico. Per di più l'ordine dei trascendentali perde uno stabile punto di vista, siccome ognuno di loro può pretendere per se un primato[40]. Riteniamo che la retta interpretazione del trittico balthasariano non si debba cercare né in chiave *contenutistico-strutturale*[41], perché gli stessi temi si riprendono più volte e a

---

pensare e scrivere (così G. MEIATTINI, «La 'teologia esperienziale' di H. U. von Balthasar», 424); perché alla «pertinenza dell'intuizione» non corrisponde sempre «il rigore dell'argomentazione» (così M. NERI, *La testimonianza in H. U. von Balthasar*, 42) o perché in filosofia egli «non è uno specialista, ma un generalista» e il suo pensiero assomiglia più «al discernimento degli spiriti che all'enunciazione dottrinale» (E. TOURPE, «La logique de l'amour», 229.203). Dall'altra parte, alcuni tentativi di richiamare semplicemente i capisaldi metodologici di Balthasar, come fa R. CARELLI, «I fondamenti del metodo teologico di Hans Urs von Balthasar», sviluppando tutto il pensiero di Balthasar secondo il concetto dell'«analogia», sono interessanti e originali, ma sembrano troppo forzati. Si può dire che la valutazione dello stile teologico di Balthasar, ancorché approdi a un giudizio di discredito sulla scientificità della sua teologia, richiede uno sforzo ermeneutico particolarmente attento a recepire il significato integrale delle sue affermazioni, onde evitare di irrigidirne le premesse o dedurne conclusioni errate.

[40] Lo stesso Balthasar, che nel percorso della Trilogia intenzionalmente usa la scansione dei trascendentali nella linea *bello-buono-vero* (cfr. *Gloria*, I, 3-5; *TeoDrammatica*, I, 19-26), nella *TeoLogica 1* legge l'essere secondo l'ordine opposto *vero-buono-bello*. Questa instabilità nella lettura dei trascendentali è comprensibile se si prende in considerazione che la parte introduttiva della *TeoLogica* è riedita con la pubblicazione del 1947 (purtroppo non riscritta e quindi non adeguatamente inserita nel corpo e nella logica dell'opera intera) e che nel frattempo (negli anni '50 e '60) l'approccio filosofico è stato superato e sostituito da quello teologico.

[41] Non si dovrebbe forzare una strutturazione secondo il contenuto, proprio perché si perderebbe la visione più completa dei temi trattati e si cadrebbe facilmente in un esclusivismo errato, come è successo a K. J. WALLNER, «Ein trinitarisches Strukturprinzip in der Trilogie Hans Urs von Balthasars?», che propone di leggere l'*Estetica* quale trattato sul Padre, la *TeoDrammatica* quale trattato sul Figlio, e la

diversi livelli, né in chiave *centralistico-parziale*[42], perché cercando il cuore della struttura si rischia di leggerla in un modo impertinente e riduttivo marginalizzando così l'integralità dell'opera, bensì va fatta una lettura attraverso la già indicata chiave *metodologico-complementare* della reciprocità/integralità. Essa però non deve semplicemente svilupparsi a partire dai trascendentali (come tenta inefficacemente in *TeoLogica 1* ed *Epilogo*), ma dal momento estetico/passivo-oggettivo e drammatico/attivo-soggettivo (come suggerisce in modo più promettente *Gloria 1* e *TeoDrammatica 1-2*) completati poi da quello logico/teorico[43].

Balthasar, affermando che «solo l'attacco mediante l'estetica... può cogliere il divino in quanto tale»[44], attribuisce al momento estetico la precedenza fondativa nel discorso teologico-cristologico (l'originario reale-storico della figura cristologica, nella quale Dio si autopresenta, si dà in una manifestazione/mediazione), rispetto all'antropologico (l'originario oggettivo-riconoscitivo dell'esperienza umana che è chia-

---

TeoLogica quale trattato sullo Spirito Santo, come se lo stesso Balthasar non conoscesse l'opera quando dice che «in tutte le tre parti si parla della Trinità di Dio» (*TeoLogica*, I, 24).

[42] La ricerca di un punto centrale rischia sempre di sopravalutare una parte della Trilogia, o un aspetto particolare, sul conto delle altre sottodeterminate, di definire il loro rapporto come se fosse propedeutico-focale-commentario, o di perdere l'integralità estetico-drammatico-logica con un riduzionismo unilaterale. Però, demarcando il momento drammatico come aspetto culmine (cfr. *Epilogo*, 146), lo stesso Balthasar ha provocato delle interpretazioni del genere.

[43] Questo progetto rimane, però, insufficientemente articolato e spiegato, perché proprio nella conclusione *teologica* manca un'adeguata spiegazione della giusta precedenza del momento *estetico*, insieme all'altrettanto giusta priorità del momento *drammatico*. Infatti, nonostante Balthasar riconosce la necessità della fondazione metodologica dei singoli trascendentali (particolarmente mancante nell'approccio drammatico, come egli stesso confessa nella *TeoDrammatica*, I, 27.123) e tenta di giustificare teoricamente la loro reciprocità/complementarietà (come ampiamente fa nella *TeoDrammatica*, II, 35-132), è ovvia una certa oscillazione e una certa mancanza di coerenza metodologica/sistematica nella presentazione delle posizioni dei tre momenti della *Trilogia*: così, *Gloria* comincia con la soluzione teorica (I) e prosegue nell'illustrazione storico-biblica (II-V e VI-VII) e similmente anche *TeoLogica* offre subito la base teorica (I) e, saltando il momento storico, arriva alla proposta biblica (II-III), ma nella *TeoDrammatica*, invece, si inverte l'ordine e si parte prima con un percorso storico (I) per finire con la soluzione teorica (II-III) e la proposta biblica (IV-V).

[44] «Resoconto», 67.

mata a percepire la forma della manifestazione/mediazione)⁴⁵. La «ragione estetica» balthasariana, istituita in una prospettiva puramente teocentrica, risolve dunque la reciprocità attività-passività in riferimento all'oggettivo della *Gestalt* così che l'attività si riferisce al polo teologico e la passività al polo antropologico, ma ancora non né toccata né risolta la questione del soggettivo, cioè dell'attivo basato sulla libertà umana. Per questo, Balthasar ribadisce il momento drammatico, nel quale l'agire di Dio nella storia richiama l'attivazione della libertà e l'interazione dell'uomo, quindi non solo la contemplazione dell'evento rivelativo ma pure una partecipazione all'azione. La dimensione pratica/attiva della «ragione drammatica» balthasariana è perciò proprio una complementazione (metodo)logica dell'apporto dell'estetica in ambedue i poli, teologico-cristologico (la libertà di darsi di Dio e offrirsi nella libertà/storia di Gesù Cristo) ed antropologico (la libertà dell'uomo di determinarsi/decidersi nel confronto della verità percepita/ riconosciuta).

La comprensione della dinamica dell'atto di fede, che corrisponde quindi alla triplice reciprocità, estetica tra attività e passività, drammatica tra libertà infinita e finita, e quella più costitutiva tra estetico e drammatico, necessariamente richiede un'argomentazione teorica e un

---

⁴⁵ In tal modo, Balthasar *assicura* alla *teologia* il primato dell'oggetto trascendente (manifestazione della *Gestalt* della rivelazione di Dio), un approccio di tipo esperienziale (la percezione/contemplazione della presenza unica e singolare di Gesù) e il rinvio all'unità originaria della coscienza (cui corrisponde la possibilità di una fenomenologia della verità) e *propone* alla *teologia fondamentale* una sua rilettura e riarticolazione della questione dell'*analysis fidei*. Sulla base della *reciprocità* tra il momento *estetico* e *drammatico* non si deve parlare di esclusività ma di interscambiabilità, una lettura teologica potrebbe infatti essere fatta sia a partire dal primo (cfr. M. HARTMANN, *Ästhetik als Grundbegriff fundamentaler Theologie*; E. KUNZ, «Conoscenza della credibilità e fede (analysis fidei)», 512-516; R. GIBELLINI, «Hans Urs von Balthasar: una teologia trinitaria»; A. SCHÜTZ, *Phänomenologie der Glaubengenese*, 277-302; B. KÖRNER, «Fundamentaltheologie bei Hans Urs von Balthasar», 129-152) sia con il secondo (cfr. L. GADIENT, *Wahrheit als Anruf der Freiheit*; N. REALI, *La ragione e la forma*, 74-75; M. IMPERATORI, *H.U. von Balthasar: una teologia drammatica della storia*, 540), la sua proposta consiste (al primo posto, ma non solo) nell'inscindibilità di *fides qua* (percezione oggettiva e rapimento sorprendente del soggetto credente) e *fides quae* (oggettivo/contenuto rivelato/manifesto come condizione dell'esperienza della fede) e (al secondo posto, ma inseparabile dal primo) la necessaria e corrispettiva attuazione/attivazione della libertà/storicità umana nel vivo e drammatico rapporto bilaterale (cfr. molto bella nota 3 in P. MARTINELLI, *La morte di Cristo come rivelazione dell'amore trinitario*, 124).

chiarimento fenomenologico della figura/evento cristologico e dell'esistenziale/esperienziale antropologico.

3. La *fides Christi* come figura archetipa della fede

Nel teologare balthasariano Gesù Cristo non è solo il punto centrale della rivelazione, ma è l'evento singolare che dà connessione e comprensibilità alla rivelazione nella sua totalità, e di conseguenza la figura cristologica esprime la forma concreta singolare ed esemplare dell'incontro/rapporto tra Dio e l'uomo. In questo quadro trova la sua collocazione il tema della *fides Christi* che veniva proposto cautamente già nel 1961, successivamente spesso ripresa[46], come (*3.1*) costituzione fenomenologica della reciprocità gnoseologico-drammatica dell'atto di fede, esplicitata nell'autocoscienza filiale di Gesù e nella sua coscienza della missione ricevuta dal Padre, e come (*3.2*) figura archetipa e fondativa della fede dei credenti.

3.1 Fides Jesu *fa coincidere l'autocoscienza filiale con la sua coscienza della missione*

Per avviare il discorso sulla fede di Gesù, Balthasar riprende criticamente la proposta di M. Buber[47] di leggere la figura di Gesù di Nazaret secondo la genuina concezione *ebraica* della fede, compresa primariamente come atteggiamento globale dell'uomo verso Dio, rispetto alla forma *neotestamentaria* della fede, da lui vista innanzitutto come accettazione di eventi storici attestati come *kerygma*, di un credo articolato dogmaticamente e composto da proposizioni a cui aderire. Il nostro autore condivide l'intento buberiano, che gli permette di ricuperare la figura di Gesù nel contesto di una *fede integrale*, ma mostra che la fede neotestamentaria si basa proprio sulla *fides Christi* come *prototipo* e come massima *realizzazione* della fede integrale/globale dell'Antico Testamento. La giustificazione di questa premessa si trova in primo luogo nella ricostruzione della *fenomenologia dell'esperienza di Gesù*, offertaci dal Nuovo Testamento e soprattutto dal vangelo di

---

[46] La tematica del saggio «Fides Christi», pubblicato dapprima come premessa al *Commento alle lettere cattoliche* di Adrienne von Speyr e lo stesso anno riedito in versione ampliata nella raccolta di saggi *Sponsa Verbi*, è progressivamente cresciuta e sviluppata: cfr. *Gloria*, I, 278-304; *Gloria*, VII, 109-149; *TeoDrammatica*, III, 141-189; *TeoDrammatica*, IV, 297-327.

[47] Cfr. M. BUBER, *Due tipi di fede*.

Giovanni. In altre parole, l'intera vita di Gesù, la predicazione profetico-escatologica del Regno, i miracoli compiuti, il confronto con la legge e la sua interpretazione, l'accettazione assoluta della volontà del Padre fino al sacrificio sulla croce, Balthasar la legge come un costante atto di fiducia, fedeltà e obbedienza incondizionata e totale al Padre, cioè caratterizzata dall'atteggiamento fondamentale del Figlio di fronte al Padre, che in sintesi ci mostra la fede.

Nonostante questa linea basata sulla fede integrale, vissuta dal Cristo a guisa di prototipo che si propone nelle lettere seguite poi dai Padri Apostolici, la teologia posteriore arriva a negare al Cristo la fede[48]. Opponendosi alla riflessione teologica che rifiuta qualsiasi idea di fede in Gesù, perché teorizzata come qualcosa di meramente epistemologico-razionalistico, come conoscenza umana imperfetta e perciò né fondabile né applicabile (d)all'esperienza di Dio di Gesù che già sulla terra avrebbe avuto la *visio beatifica*[49], Balthasar offre un'interpretazione più ampia e un *profillo più alto della fede*. Intende la fede come (1) *rapporto adeguato* dell'uomo con Dio (che proprio Gesù ha avuto al massimo livello), e (2) spiega questo rapporto non più sulla base di un puro registro conoscitivo, bensì *essenziale-esistenziale* (manifestato nella (auto)coscienza di Gesù dell'*identità* filiale e della *missione* affidatagli).

Assumendo il concetto di missione come il «concetto fondamentale» e «centrale», ovvero come filo «conduttore ermeneutico per la descrizione della persona di Cristo»[50], Balthasar riprende il discorso sulla fede e indica come Gesù la possedesse «nell'intuizione della sua mis-

---

[48] La tradizione agostiniano-tomista così, pur tenendo conto di alcuni argomenti contrari — (1. la fede è una virtù più elevata delle virtù morali e quindi doveva convenire al Cristo; 2. se si dice del Cristo che è *auctor et consummator fidei*, doveva avere egli stesso la fede a un grado massimo; 3. la glossa a Rom 1,17 spiega la fede non solo come legata alle parole e alla speranza ma anche nel contesto della realtà e della visione) — li ha rifiutati sulla base del principio che ritiene l'oggetto della fede divino e che Cristo fin dal suo concepimento sia stato dotato della visione beata di Dio.

[49] Balthasar non condivide questo parere ed afferma audacemente che «non c'è più bisogno di temere che nella coscienza di Gesù una 'visione immediata' debba essere relegata nella suprema cima dell'anima, per non compromettere la normale umana vita spirituale di Gesù», ed in seguito asserisce anche che «poiché Gesù non vede il Padre in *visio beatifica*, ma la missione del Padre gli è rappresentata dallo Spirito Santo, poiché dunque diventa consapevole, immediatamente, solo della sua missione, si rende per lui possibile lo stato di tentazione» (*TeoDrammatica*, III, 184, 188). Vedremo presto come il ruolo dello Spirito viene indicato come decisivo anche per il riconoscimento di ogni credente.

[50] *TeoDrammatica*, III, 141.

sione di fronte al Padre» e come non apparisse che «l'atteggiamento di Gesù verso il Padre... vissuto nella sua perfezione»[51]. La missione, così, diventa misura del *sapere* e della *libertà* di Gesù[52]: questa consapevole/cosciente e libera/volontaria riconoscenza e realizzazione della sua missione articolata nella massima e totale dedizione, obbedienza[53] ed adesione alla volontà del Padre secondo Balthasar è proprio la fede massima. La massima espressione della *fides Jesu* si dimostra quindi nel momento centrale e di massima espressione della sua missione, ossia con l'evento pasquale: nella *kenosi* del Figlio[54], che è espressione della massima *fede* e *amore* del Figlio verso il Padre, e la risurrezione e la glorificazione di Gesù come espressione dell'*amore* assoluto del Padre verso il Figlio. Visto che Gesù, abbracciando assolutamente la volontà del Padre, «trova la sua identità più profonda come identità sempre del Figlio»[55], Balthasar fa coincidere

---

[51] *TeoDrammatica*, III, 161.

[52] Rispettivamente, *TeoDrammatica*, III, 180-185 e 185-189.

[53] Il tema dell'obbedienza al Padre di Gesù di Nazaret è molto importante nell'opera balthasariana perché proprio in essa, fino alla morte, si rivela il suo essere Figlio di Dio (cfr. P. MARTINELLI, *La morte di Cristo come rivelazione dell'amore trinitario*, 279-314; ed è questo un tema che ha molto ispirato Balthasar A. VON SPEYR, *Il libro dell'obbedienza*).

[54] Affrontando tutta la complessa problematica dell'interpretazione soteriologica della morte di Cristo, Balthasar segue il percorso teologico-storico dall'*admirabile commercium* dei Padri, che offre l'inconsapevole delimitazione secondo cui soltanto ciò che è stato assunto (da Dio in Cristo) può essere redento (lo «scambio dei posti» che misconosce la relazione di Cristo con il peccato stesso dell'uomo), attraverso il «pro nobis» nel medioevo che esprime la delimitazione divenuta indispensabile (il concetto di «soddisfazione» di Anselmo ripreso poi da Tommaso d'Aquino), fino alla «solidarietà» e «sostituzione» dell'epoca moderna, di fronte alla quale mostra la necessità di una più adeguata percezione dell'aspetto rivelativo della morte di Cristo. Pensiamo che non sia troppo temerario affermare che il modo con il quale Balthasar presenta il «pro nobis», che esprime la dimensione costitutiva dell'«ora» e così anche dell'intera missione di Gesù, rivela una struttura *trinitaria* ed illustra il significato dell'*amore/riconoscenza* reciproco tra il Padre e il Figlio, e perciò rappresenta la chiave di lettura per comprendere ogni rapporto filiale con Dio. Cfr. *TeoDrammatica*, III, 225-293; *TeoDrammatica*, IV, 213-221. Simile e compatibile a questa interpretazione, M. JÖHRI, Descensus Dei, propone di considerare la «croce» come *il tema* della teologia dogmatica e come il *criterio* della teologia fondamentale. Come pure un'eccellente elaborazione di tale tema lo offre la poderosa opera di P. MARTINELLI, *La morte di Cristo come rivelazione dell'amore trinitario* (per questo contesto particolarmente 315-366).

[55] *TeoDrammatica*, III, 187.

l'autocoscienza filiale di Gesù con la sua coscienza della missione ricevuta dal Padre[56].

Nell'interpretazione balthasariana la *fides Jesu* diventa così archetipo della fede cristiana che è

> determinata inseparabilmente e insieme in modo inconfondibile sia dall'*atteggiamento del Figlio di fronte al Padre*, sia dall'*atteggiamento del Padre verso il Figlio*, che è grazia per il mondo nella misura in cui esso fa dell'atteggiamento del Figlio il principio metafisico che impronta *ogni atteggiamento verso Dio.*[57]

Viene così confermata, anche nel caso esemplare della fede di Gesù, la reciprocità necessaria per la fede: della sua *dimensione estetica* della propria (auto)coscienza filiale (ovvero ciò che noi chiamiamo *essere riconosciuto/amato* dal Padre) e della *dimensione drammatica* del volontario compimento della missione affidatagli (ovvero ciò che noi chiamiamo *amare/essere riconoscente* al Padre).

3.2 Fides credentis: «*Venire alla fede significa credere come Gesù*»

Visto che «quest'archetipo è al tempo stesso ciò che non può e ciò che deve essere imitato»[58] qui si pone la seguente questione: come è possibile parlare dell'esperienza della *singolare* relazione tra Gesù ed il Padre (cioè unica e irrepetibile) come esperienza del Figlio unigenito, quale figura *archetipa* (cioè universalmente partecipabile ed imitabile)?

Per sciogliere questo nodo, Balthasar ricorre alla teoria della *Gestalt*[59]: Gesù è la forma dell'incontro tra Dio e l'uomo che allo stesso

---

[56] «Il sapere di Gesù circa se stesso coincide perciò con il suo sapere circa la missione ricevuta» e «la *missio* è radicata in una primordiale *processio* da Dio» (*TeoDrammatica*, III, 145).

[57] «Fides Christi», 55. Il corsivo è nostro.

[58] *Gloria*, I, 280.

[59] Già abbiamo accennato che la *Gestalt* è percepibile in quanto è il risultato di un movimento costitutivo nel quale l'essere si dispiega lasciando riconoscere il suo fondamento, ed il termine di questo movimento, nel quale il fondamento stesso si mostra. Con esso Balthasar vuole salvaguardare il momento storico della rivelazione cristologica, e nello stesso tempo esplicitare le qualità che permettono ad una forma singolare di essere automanifestazione dell'assoluto. R. VIGNOLO, *Hans Urs von Balthasar: estetica e singolarità*, mostra proprio che la «singolarità» è la chiave formale dell'ermeneutica della *Gestalt* balthasariana, però non construendo organicamente una inesistente cristologia sistematica del teologo di Basilea (come sembra che tenti di fare il lavoro di G. MARCHESI, *La cristologia trinitaria di Hans Urs von Balthasar*)

tempo può liberamente determinare il suo proprio atteggiamento verso Dio. Nella terminologia balthasariana la *fides* di Gesù è la condizione per avere una vera esperienza di Dio nella sequela, ed è quindi necessario poter iscrive la propria *fides* nella *fides credentis*[60], la quale consiste nella fede in Cristo (e con Cristo in Dio) e nella visione umana del Cristo (e con Cristo del Padre nello Spirito Santo). *Fides Christi*, in altre parole, è la cifra di una «sopraffede»[61] dell'esistenza singolare di Gesù Cristo come Figlio di Dio, ed è intanto una misura impartecipabile/inimitabile, ed è la cifra dell'esperienza archetipa della *fides* del Figlio dell'uomo che misura/dà forma alla fede umana, ed è intanto partecipabile/imitabile[62].

---

bensì confermando l'intento balthasariano di presentare la *Gestalt* cristica, confrontandola con le forme umane, come *Un-Gestalt* (non-forma) oppure *Über-Gestalt* (sopra-forma) di Dio, cioè come archetipo, paradossale ma reale (per il fondamento cfr. *Gloria*, I, 428; e per una interpretazione teo-logica cfr. P. MARTINELLI, *La morte di Cristo come rivelazione dell'amore trinitario*, 123-152).

[60] Condividiamo la posizione di F.G. BRAMBILLA, «Gesù autore e perfezionatore della fede» (su Balthasar e il suo paradigma di singolarità 79-99) quando con ragione afferma «la *figura archetipa di Gesù* ci dice che, da un lato, la *sua* esperienza di Dio si iscrive nella nostra (quella biblica dell'antico testamento; e quella ecclesiale, sullo sfondo dell'esperienza religiosa di Dio), ma, dall'altro, essa è misura della nostra e ne è misura con la sua forma *esemplare* e *indeducibile*, e quindi *partecipabile* nella misura in cui la *nostra* esperienza di fede si lascia misurare e trasformare dall'archetipo. Da ciò consegue che la figura archetipa della *fides Jesu* deve avere la forma dell'esperienza (di fede) che, iscrivendosi nella nostra, la *assume*, la *purifica* e la *trascende* a tal punto da non poter essere estrapolata a partire dall'esperienza religiosa. Per questo non si può parlare che di esperienza di fede a proposito di Gesù, ma essa ha una portata fondamentale che la pone come 'esperienza archetipa'» (*Ibid*, 84, sottolineatura nostra).

[61] *Gloria*, I, 282. Essa, infatti, coincide con la visione che Gesù ha del Padre ed è quindi forma della fede superiore/singolare rispetto a quella di tutti gli altri uomini.

[62] Nella ricapitolazione balthasariana di questa esperienza archetipa di Dio di Gesù, è affermata l'importanza della fede: 1) *perché* è *Parola di Dio* e testimonia ciò che come Figlio unigenito del Padre ha ascoltato e visto e che il Padre gli ha insegnato e ordinato; 2) *perché* è la *Parola incarnata* e l'esperienza di Dio che egli ha fatto può essere imitata corporalmente da uomini che sono in rapporto con lui; 3) *perché* si dà agli uomini come esperienza che *discende dal Padre* e perciò rimanda l'uomo credente all'imminente ascesa al Padre, per cui trasmette un'esperienza di Dio che non sé ferma in se stessa, ma è in azione ed aperta. Tuttavia, l'uomo, nel suo rapporto con Cristo, è realmente e sensibilmente da Dio stesso in Cristo guardato/interpellato/toccato, e può quindi a sua volta guardare/interpellare/toccare Dio in Cristo. Cfr. *Gloria*, I, 304.

Su questa base, la *fides credentis* è il vedere/percepire estetico della *Gestalt* di Gesù Cristo e la sequela/imitazione etica della sua obbedienza e fedeltà al Padre: venire alla fede dei credenti significa partecipare alla esperienza della *fides Christi*, cioè avere come meta il credere come Gesù. Perciò siccome l'esperienza della *fides Christi* deve essere accessibile e assicurata a ogni generazione umana, la *Gestalt* richiede un garantito sistema di mediazione: «l'esperienza di Dio del Figlio incarnato è l'esperienza del mediatore e quindi dev'essere mediata»[63], e questo sia in ambito *scritturistico*[64] che *ecclesiale*[65]. Dunque, la *fides credentis* (postapostolica) realizza il suo programma della partecipazione all'esperienza della *fides Christi*, grazie alla mediazione dei testimoni oculari della storia di Gesù Cristo e alla mediazione della *fides Ecclesiae*. In tal modo, la fede dei credenti partecipa della dinamica mediatrice nella forma della fede, ovvero nell'atteggiamento dell'incon-dizionata e totale fedeltà al Padre. Una disposizione determinata dalla preferenza assoluta della sua volontà, perseveranza irremovibile nel suo disegno, abbandono, fiducia, fede nel miracolo, fede nella preghiera, coraggio di prendere sul serio l'onnipotenza di Dio e la certezza che Dio esaudisce, convincimento che Dio è in realtà vicino e

---

[63] *Gloria*, I, 281.

[64] Proprio in questo contesto Balthasar afferma che «ogni *forma teologica* si riduce nella mediazione *dell'immagine canonica della Scrittura*, alla *forma del Signore* stesso» (*Gloria*, I, 521), e perciò dalla teologia (o se si vuole da quella fondamentale) giustamente si deve esigere una decisiva orientazione e apertura secondo i seguenti sintetici punti: 1) esistenziale, perché si fondi sull'esercizio vitale di ciò che ha *ascoltato* e *compreso* (perché solo il santo, che fa ciò che pensa e comprende è teologo cristiano nel vero senso); 2) ecclesiologico, perché si integri con l'esercizio globale del *pensare ecclesiale* (anche quando questa depersonalizzazione impone al singolo studioso la rinuncia ascetica delle proprie opinioni); 3) meditativa, perché abbia al centro l'atto globale della *preghiera* e di *adorazione* della Chiesa orante e contemplativa. Cfr. *Gloria*, I, 495-521.

[65] La Chiesa nella sua forma istituzionale è la mediazione della forma della rivelazione di Dio in Cristo, nell'interpretazione balthasariana vengono però indicati soprattutto in punti centrali: il culto *eucaristico* come luogo di nascita e centro della Chiesa; gli altri sacramenti, in particolare *battesimo* e *penitenza*; il rapporto della fede cattolica con il *kerygma* e il dogma (si segnala una significativa riflessione sulla comunicazione/ricezione dell'annuncio fondamentale nel lavoro di M. TIBALDI, *Kerygma e atto di fede nella teologia di Hans Urs von Balthasar*); la *predicazione* della Chiesa come decisiva per lo sviluppo della fede. Cfr. *Gloria*, I, 522-581.

non lontano nonostante inarrivabile nella pienezza[66], ma indubbiamente imitabile per il dono dello Spirito.

Questa conquista metodologica prospetta la forma cristiana della fede non solo come riferita a Cristo (fede in Cristo) ma anche legata in tutto a Cristo stesso: credere come Cristo[67] (fede di Cristo) e a motivo della fede di Cristo (genitivo complesso o di relazione), proprio nel senso della *fides Christi* come fede istituita da Gesù, ovvero «da lui stesso direttamente inaugurata in singolare, inconfondibile e insostituibile pienezza, e in forza dell'universale inclusività... instaurata *pro nobis* come universalmente partecipabile»[68].

4. L'accesso umano alla realtà di Dio: dal sorriso della madre al rapporto con il Padre

Di fronte alla scelta metodologica di porre l'aspetto teologico (della rivelazione) come unico punto di partenza per un discorso all'altezza dell'evento cristiano, e ritenendo il discorso cristologico (della *fides Christi*) come fondamentale/archetipale per il discorso sulla fede umana, rimane la necessità di trovare all'interno della produzione balthasariana una corrispondente antropologia[69], capace di offrire sia *(4.1)*

---

[66] Comunque, lo stesso Balthasar è qui cosciente di sfiorare il limite del linguaggio, e perciò si richiama anche a una certa cautela a parlare di *fides Jesu*: «Senza dubbio perché questo atteggiamento prototipico è stato nel suo foro interiore così perfetto e quindi così inesprimibile che il designarlo con lo stesso termine in uso per l'imitazione che ne facciamo noi, rischia di sopprimere la distanza tra l'uno e l'altra» («Fides Christi», 48).

[67] J. GUILLET, *La fede di Gesù Cristo*, fortemente critica questo termine: «l'azione [di Gesù] non è quella di credere», però conferma comunque la tesi secondo cui essa ha il potere e il fine «di inglobare la fede, dalla sua origine al suo termine, di suscitarla e conferirle la sua fisionomia propria, creandone l'universo e segnandone l'identità» (17). Balthasar non esita ad adoperare il verbo *credere* applicato a Gesù («venire alla fede significa: ...credere come Gesù», «Fides Christi», 58), però lo fa attribuendoli un senso particolare e singolare, come abbiamo già visto, traducibile perciò anche nella *credibilità* della sua *fides*.

[68] R. VIGNOLO, «La fede portata da Cristo», 66.

[69] Non è facile individuare una proposta antropologica balthasariana perché egli non la costruisce sistematicamente, ma solamente offre degli indizi/tracce per una sua eventuale ricostruzione posteriore. Oltre alle annotazioni dell'«Ultimo rendiconto» ed *Epilogo*, dove riconosce la necessità di una «filosofia religiosa» come «meta-antropologia» (89), intendendo con tale espressione evitare l'orientamento metafisico-cosmologico rispetto all'antropologico con l'uomo quale centro dell'esperienza e riflessione davanti alla rivelazione (spiega bene M. BIELER, «Meta-anthropology and

delle coordinate teorico-dogmatiche che degli elementi per una (*4.2*) fenomenologia esistenziale-esperienziale del rapporto uomo-Dio.

4.1 *L'antropologia teologica*

Di fronte agli assunti preliminari dell'antropologia balthasariana, presentata prevalentemente in *TeoDrammatica 2*, che ruota intorno all'asse libertà finita-libertà infinita, dove l'uomo appare come libero soggetto davanti a Dio, in grado di giocare un suo ruolo e di essere co-attore nel teatro del mondo, è possibile ritrovare la risposta sulla questione chi sia l'uomo, chi sia in sé e per sé questo partner di Dio.

Per avvicinarci al significato dell'uomo Balthasar suggerisce di partire dall'interpretazione della sfera creaturale[70], che infatti significa partire dalla *imago Dei* o *imago Trinitatis* insita nell'uomo. La definizione dell'uomo come immagine di Dio lo pone in un speciale rapporto di '*parentela*' con Lui, gli permette di essere *Abbild* di un *Urbild*, che rinvia al carattere spirituale dell'uomo o al suo essere persona dotata di ragionevolezza e libertà. Nell'avanzare questa libertà finita con una decisione autentica e libera di dire *sì* alla libertà infinita, l'uomo passa dalla *imago* alla *similitudo*[71] (certamente la libertà offre la possibilità anche di dire *no*, e in questo senso l'esistenza umana può diventare o essere-per o essere-contro, mostrandosi paradossale/aporetica). Balthasar perciò afferma (con Ireneo) che in quanto creati da Dio gli

---

Christology»; mentre esagera con le sue applicazioni ontologiche A. SCOLA, *Hans Urs von Balthasar: uno stile teologico*, 29-45; e riconosce/critica giustamente la debolezza/insufficienza antropologica nella *Trilogia* N. REALI, *La ragione e la forma*, 13-69), *TeoDrammatica*, II, in modo particolare 199-230, offre una cornice dell'elaborazione della questione antropologica. Questa analisi la compie, purtroppo più descrittivamente che criticamente E. BABINI, *L'antropologia teologica di Hans Urs von Balthasar*, che per primo offre una presentazione sistematica dell'antropologia balthasariana nella quale correttamente parte proprio dal fatto del dramma inscenato da Dio nel quale il problema antropologico viene risolto dalla cristologia. Un'altra analisi, anche questa di aspetto più retorico che altro, viene tentata da F. TOPIĆ, *L'uomo di fronte alla rivelazione nel pensiero di Hans Urs von Balthasar*, il cui titolo promette molto di più di quello che in realtà l'opera offre.

[70] È incomprensibile come A. MODA, «Recensione di Teologica», 425 presume di poter trovare in Balthasar una cesura ancora più profonda tra l'ordine creaturale e quello teologico, quando Balthasar pur riconoscendo la loro discontinuità, ispirandosi alla teologia di Barth, afferma e parte qui proprio dalla continuità, ispirandosi alla teologia della grazia di Henri de Lubac, in base all'esistenza dell'unico fine soprannaturale.

[71] Cfr. *Gloria*, VI, 79-182; *TeoDrammatica*, II, 298-316; *TeoDrammatica*, IV, 168-176.

uomini sono *figli del Padre* per così dire 'per natura', ma in senso più profondo lo diventano solo attraverso l'obbedienza, cioè nella *conformazione* all'archetipo cristico. A livello teologico l'obbedienza è una categoria equivalente alla progressiva corrispondenza/conformazione/ adeguazione al Figlio di Dio fatto uomo, nella quale l'uomo viene trasformato nell'immagine e somiglianza piena di Dio, che unica lo rende capace dell'autentica relazione filiale/interpersonale.

L'atto originario della vita spirituale, nella sua concreta esperienza di libertà, è l'*incontro originario*, un «io» che viene interpellato da parte di un «*tu*», e quindi un'incontro di cui emergono tre aspetti costitutivi: la scoperta che l'essere un «io» è inseparabile dall'essere debitore dell'esistenza all'altro (essere *non da sé*, ma essere *dall'altro*); la consapevolezza che nell'esperienza fondamentale della libertà come possesso di sé l'io attinge/riceve l'essere, senza però che possa esaurire in sé questo essere (*essere origine* ma *non all'origine* della propria libertà); in terzo luogo troviamo il libero gesto d'amore di un «tu» che interpella e a cui è allo stesso tempo donata e richiesta una risposta (essere *dall'altro*, ma anche *verso altro*). Così, l'uomo è dipendente dal suo archetipo e solo in direzione di esso può venir compreso e interpretato, e può giungere al suo compimento, all'attuazione piena, alla realizzazione di se stesso, dato che in se stesso, nelle proprie tensioni (spirito-corpo, uomo-donna, individuo-collettività[72]) essenzialmente rimarrebbe inadempibile.

Lo svolgimento dell'antropologia balthasariana ci mette di fronte a un fondamentale nesso che sta alla base di tutta la sua visione antropologica: il nesso tra l'uomo e Cristo, il rapporto che lega profondamente/inscindibilmente il primo Adamo e il secondo. L'antropologia quindi può raggiungere la sua piena forma e il suo completo dispiegamento solo nella *cristologia*. È stato necessario, perciò, trovare un parametro esterno all'uomo, che non sia egli stesso a produrre, per poterlo misurare e cogliere in un modo adeguato, non è infatti possibile progettare un'antropologia neutrale, ma si deve realizzare un'antropologia strutturata analogamente all'avvenimento storico di Gesù Cristo, cosicché una teoria sull'uomo può essere portata a termine solo da una cristologia che la integri. Quindi, la distinta pluralità dei singoli rimane, ma viene rapportata ad un punto di unità che è universale e

---

[72] Cfr. *TeoDrammatica*, II, 327-370.

concreto[73]. All'interno di questa unità essa conserva la sua molteplicità, ma in funzione di un unico punto di partenza che è Cristo, il quale è allo stesso tempo *integrazione/inclusione organica*[74] di tutti i destini singoli e sorgente da cui scaturisce e prorompe all'esterno l'organica pienezza dei carismi, delle missioni, dei compiti umani e delle *vie verso la fede*.

Siamo così giunti ad un punto nodale della speculazione balthasariana: la questione della costituzione/fondazione della persona umana. Spostando il baricentro dal campo *filosofico* greco, che mette in gioco il concetto di «individuo» e «soggetto spirituale», al campo *teologico*, Balthasar teoricamente rende possibile una *individuazione*: il soggetto spirituale non può trarre la sua origine dalla sfera del mondo impersonale (che conferisce contrassegni empirici) o dalla sfera comunitaria (che assume personalità e individualità), ma unicamente a partire dal soggetto assoluto, da Dio[75]. Solo Colui che ha creato l'uomo, lo ha chiamato scegliendolo, elevandolo alla comunione con sé, può dirgli

---

[73] Esplicitamente, questo è il nucleo teorico che si trova alla base dei più famosi volumi di Balthasar: *Gloria*, I; *TeoLogica*, I; *TeoDrammatica*, III-IV; *Il tutto nel frammento*.

[74] Per una buona sintesi sull'*inclusione dell'uomo in Cristo*, che può riconoscersi come uno che è stato co-generato nella grazia insieme al Figlio assoluto, in una prospettiva cristologica, pneumatologica e trinitaria, cfr. Á. CORDOVILLA PÉREZ, «Il mistero dell'uomo nel mistero di Cristo»; M. QUELLET, «Il mistero dell'uomo, immagine della Trinità».

[75] La rivelazione cristiana, infatti, comincia e finisce ripetendo che «il Dio infinito ama infinitamente il singolo uomo, e lo dimostra coi fatti, soprattutto dal momento in cui Dio, fatto uomo, muore sulla croce per redimere ogni 'tu' umano. La filosofia poteva al massimo avanzare ipotesi e tesi sul 'che cosa' è l'uomo, ma non rispondere alla domanda vertente 'chi sono io', nella mia unicità e singolarità inconfondibile e irrepetibile. La teologia che accoglie e riflette sulla rivelazione cristiana può invece offrire la risposta: Chi 'io' sia non mi è noto da un universale *gnòthi sautòn* e *noverim me*, ma precisamente dal contraccolpo dell'atto di Cristo che mi dice in una sola volta due cose: come io sia degno di Dio e quanto mi fossi perduto lontano da Lui. E l'atto di Cristo è la notificazione dell'eterno amore di Dio, del Padre mio, perché un uomo mio prossimo, un 'tu' si è impegnato fino all'estremo per me, mi ha redento rappresentandomi in funzione vicaria e mi ha ricondotto nel godimento della *figliolanza divina*. Il mio 'io' è dunque il 'tu' di Dio, e può essere un 'io' *solo* perché Dio vuol farsi un 'tu' per me» («Chi è l'uomo?», 12; cfr. pure *Solo l'amore è credibile*, 89ss; *Punti Fermi*, 63-75; «Sul concetto di persona»). Alla domanda «Perché io sono proprio io?», Balthasar afferma che «la risposta può suonare solo così: Dio mi ha pensato, mi ha voluto, mi ha amato, mi ha scelto» («Chi è l'uomo?», 21) ovvero, in parole nostre, io sono riconosciuto. Cfr. E. BABINI, «L'apporto di von Balthasar al concetto di persona».

chi egli in realtà sia, abilitandolo ad essere suo *partner*, o più esattamente *co-attore* nel dramma universale umano-divino. L'uomo diventa dunque da soggetto spirituale una «persona», grazie alla chiamata di Dio e grazie alla missione che riceve, cioè nella definizione della propria *personalità/identità* (il momento *estetico*) e nella destinazione del proprio *ruolo/compito* (il momento *drammatico*) che coincide con l'archetipico di Gesù Cristo e mostra come decisivo il carattere della relazionalità *filiale* e *interpersonale* dell'uomo con Dio.

4.2 Il *rapporto filiale come momento originante ed originale della fede*

La questione del rapporto dell'uomo con Dio, Balthasar non l'affronta in chiave gnoseologica e formale (già dimostrata insufficiente), che parte dalla nostalgia/bisogno di Dio, dalla struttura dello spirito umano o dalla religiosità naturale mitologico-filosofica, bensì in chiave analogica e reale, l'unica credibile, che parte dall'*amore*[76] come cifra riassuntiva dell'esperienza fondamentale *inter-personale* (corrispondente alla struttura dell'evento rivelativo legata alla struttura antropologica). Così, l'*accesso alla realtà di Dio*, l'uomo credente[77] lo

---

[76] L'*amore* nell'interpretazione di Balthasar non è solo la «terza via» della conoscenza di Dio, l'unica credibile (rispetto all'alternativa cosmologica ed antropologica; cfr. *Solo l'amore è credibile*, 10.48.61.91.96), ma è anche la modalità con cui si rivela pure l'autorità/maestà di Dio (45), essa è rivelata/manifestata al massimo nel Cristo (62.79.83) ed è emanata dallo Spirito (66.100). Sulla stessa linea si trova anche la *fede* che permette di riconoscere «che esiste un amore assoluto e che questo è l'ultimo punto d'arrivo e che al di là non esiste altro» (85) e dare «la risposta elementare all'amore che si è fatto sacrificio per me» (84) e solo la fede «mi concede gli occhi per vedere... che io stesso, in virtù della morte di Cristo per me, vivo in Dio e perciò devo interpretare tutte le cose secondo la norma di quest'amore... guardare con l'occhio dell'amore di Cristo» (94-95). In altre parole, oltre al principio gnoseologico, l'amore deve essere interpretato a livello teologico, cristologico, ontologico ed antropologico, e quest'ultimo sotto la visione estetica e drammatica (cfr. *TeoDrammatica*, II, 43-55; *TeoLogica*, II, 40-54). Vi sono quindi diversi tentativi di leggere proprio la logica dell'amore come principio dell'opera di Balthasar: cfr. M. ALBUS, *Die Wahrheit ist Liebe*; M. LOCHBRUNNER, Analogia caritatis; R. FISICHELLA, *Hans Urs von Balthasar. Dinamica dell'amore e credibilità del cristianesimo*; J. O'DONNELL, «Tutto l'essere è amore»; H.O. MEUFFELS, *Einbergung des Menschen in das Mysterium der dreieinigen Liebe*; T. KRENSKI, Passio Caritatis; E. TOURPE, «La logique de l'Amour».

[77] Il più esplicito in merito alla questione e il più esaustivo rispetto all'intera produzione balthasariana è il saggio *«L'accesso umano alla realtà di Dio»*, scritto all'ultimo momento e per questo difficilmente collocabile all'interno dell'*opus* balthasariano.

trova nella sua esperienza esistenziale originaria dell'amore che si offre in due forme basilari, quella degli sposi e quella della madre verso il bimbo, quest'ultima – *filiale* – per Balthasar risulta fondante e fondativa per accedere sia alla realtà antropologica che teologica. L'espressione primaria e l'esperienza originaria dell'amore è il *sorriso della madre*[78] che *sveglia la coscienza* del bambino, ed è in questo incontro che *gli si apre* anche l'orizzonte di tutto l'essere infinito e la realtà di *Dio stesso*[79].

Offrendo una fenomenologia di questo momento così importante/decisivo per la vita d'ogni singolo, Balthasar nel sorriso della madre riconosce innanzitutto la sua *positività originaria* e il suo valore in quanto atteggiamento fiducioso, amoroso e benevolo verso il bimbo (il contrario, la negatività nel senso della delusione e della deficienza, sarebbe solo una deviazione), che precedendolo, si dona/dispone spontaneamente e gratuitamente. Il risveglio o l'evocazione alla coscienza ancora non costituita, infatti, si con-costituisce solo nella *reciprocità interpersonale* del rapporto dell'«io» con l'altro: cioè nell'azione riflessiva del bimbo di ripresa dell'amore della madre; ma vale anche come effetto reciproco, cioè la madre stessa è risvegliata alla profondità dell'amore e dell'esistenza proprio dall'interazione con il suo bimbo. Inoltre, Balthasar afferma che nel sorriso della madre al bambino *gli si apre la realtà intera* e così riconosce che non è il bambino ad aprirsi alla realtà ma è l'azione stessa del movimento della realtà a realizzare tale apertura.

Qui, Balthasar dà per scontato che l'esperienza dell'amore umano sia «un lampo originale con un raggio tanto chiaro e sano da includere *anche* una manifestazione di Dio»[80], manifestazione che corrisponde ad un'immediatezza dell'apertura a Dio in qualsiasi stadio dell'esperienza umana, compresa quella originaria «innata». Di fronte ad una *incapacità* umana, data dalla mancanza di linearità tra l'esperienza filiale umana e l'esperienza di Dio o a causa di una distorta esperienza originaria dovuta a un non adeguato contributo genitoriale, Balthasar sottolinea che in ultima istanza *solo* Dio crea per *grazia* la *capacità* umana

---

[78] Cfr. *Solo l'amore è credibile*, 78; *TeoDrammatica*, II, 270.348; *TeoDrammatica*, III, 165-170; *TeoDrammatica*, V, 549; *TeoLogica*, II, 47-49, 153, 220-221; *TeoLogica*, III, 186, 198.

[79] Cfr. «Ultimo rendiconto», 89.

[80] «L'accesso umano alla realtà di Dio», 20.

di riconoscerlo[81]. È reso capace di riconoscerlo solo per il dono previo della grazia - il dono previo della *diposizione* all'esperienza dell'amore: proprio dell'esperienza dell'amore, *originario* di Dio e *creato* in tutte le sue espressioni (che sono «eco» di quello primario, compreso anche quello della madre verso il bimbo) si serve Balthasar per fare il salto dalla questione antropologica a quella teologica.

5. **Ripresa critica del pensiero balthasariano**

Balthasar, nella rivelazione definitiva/culminata in Gesù Cristo – vero Dio e vero uomo – vuole offrire all'uomo contemporaneo una ragione cristiana credibile (*1.*), e davanti a questa manifestazione/azione/dizione di Dio (*2.*) come atteggiamento esemplare ed archetipo d'ogni uomo propone la figura fondamentale e fondativa della *fides Jesu* (*3.*), cercando di trovare ed identificare la corrispondente logica antropologica (*4.*). Alla fine del percorso attraverso la proposta teologica balthasariana, riprendiamo adesso sinteticamente i punti cruciali della sua teoria mettendone in evidenza i pregi e i limiti in merito al nostro tema.

5.1 *I guadagni teoretici dell'impostazione balthasariana*

L'approccio balthasariano è innanzitutto fenomenologico-teologico[82]

---

[81] «In quanto siamo sue creature, il germe dell'amore – come immagine (*imago*) di Dio – è assopito dentro di noi. Ma come nessun bambino si sveglia all'amore se non è amato, così nessun cuore umano può destarsi alla comprensione di Dio senza il libero dono della sua grazia – nell'immagine del suo Figliolo» (*Solo l'amore è credibile*, 62). In questo senso, Balthasar in *Epilogo*, 121 non parla di «una fiducia fondamentale da bimbo» né di «*fides Jesu*», ma di «fiducia fondamentale degli oggetti» nei confronti dell'uomo.

[82] La fenomenologia teologica di Balthasar offre i suoi momenti più brillanti, a livello di impianto metodologico, con la reciprocità tra *estetica* e *drammatica*, a livello dell'evento cristologico, evidenziando la reciprocità *libertà-obbedienza*, ed a livello dell'esserci umano nella reciprocità *identità-alterità*. Per un approfondimento sul carattere «fenomenologico» del modo di fare teologia di Balthasar cfr. R. MAIOLINI, *Tra fiducia esistenziale e fede in Dio*, 64; P. HENRICI, «La filosofia di Hans Urs von Balthasar», 314; P. CODA – N. REALI, «Statuto e metodo della teologia», 63-67; W. LÖSER, *Im Geiste des Origenes*, 9-10; B. KÖRNER, «Fundamentaltheologie bei Hans Urs von Balthasar», 138; V. HOLZER, *Le Dieu Trinité dans l'histoire*, 29; A. BERTULETTI, «Teologia fondamentale», 1709; P. EICHER, *Offenbarung. Prinzip neuzeitlicher Theologie*, 339-340; J. GREISCH, «Un tournant phénoménologie de la théologie?». C'è da notare l'osservazione di Brito che

concentrato sull'identificazione e giustificazione del mostrarsi/darsi/dirsi della Trinità nella storia e come storia[83], cerca di affermare l'universalità dell'evento cristiano come universale concreto cristologico in contrapposizione ad ogni riduzione della storia/libertà ed astrazione della verità.

L'argomentazione di questa sfera tematica *a livello teologico* ha portato Balthasar a riconoscere sia la continuità tra creazione e redenzione che la discontinuità radicale tra l'ordine teologico e quello antropologico. Per non cadere né in un teomonismo eccessivo né nell'antropocentrismo restrittivo, la proposta teologico-antropologica balthasariana cerca di armonizzare il profilo soprannaturale dell'avvicinamento libero di Dio all'uomo (soprattutto nell'evento di Gesù Cristo) ed il profilo naturale della risposta libera dell'uomo (soprattutto nella possibilità di accostarsi o di opporsi a Dio), e questo con il discorso della paradossalità/drammaticità dell'incontro tra i due ordini di realtà.

L'uscita da questo intreccio Balthasar l'ha cercata *a livello cristologico* con la presentazione della *fides Jesu* come atteggiamento archetipale dell'uomo davanti a Dio, affermando che l'identità di Gesù coincide con l'aderire alla missione che il Padre gli affida e con la sua libera obbedienza ed accettazione/compimento della volontà del Padre, stabilendo così la reciprocità dinamica tra la passività e l'attività come momenti imprescindibili della relazione autentica d'ogni uomo con Dio.

Il rapporto tra passività ed attività rimanda a riconoscere *a livello antropologico* la reciprocità tra il momento estetico e il momento drammatico come costitutiva dell'umanità dell'uomo perché: da una parte afferma l'evidenza oggettiva della *verità* che si mostra/si dà/si dice (e questo incondizionatamente, liberamente e storicamente) e così precede e rapisce l'uomo; e dall'altra perché permette di mettere in gioco la capacità (appartenente all'ordine della grazia soprannaturale) e la libertà/storicità (appartenente all'ordine naturale) dell'uomo di rico-

---

trova un parallelismo tra il tragitto balthasariano, che passa dalla fenomenologia della percezione alla drammatica dell'esistenza, e il passaggio heideggeriano che va dall'intuizione fenomenologica all'ermeneutica della fatticità (cfr. BRITO, *Heidegger et Hymne du sacre*, 712-719). Allo stesso modo la somiglianza riguarda anche l'impianto generale perché sia in Balthasar che in Heidegger il discorso veritativo viene instaurato ad un livello teologico/ontologico così marcato da sottodeterminare la reciprocità dell'antropologico (cfr. R. MAIOLINI, *Tra fiducia esistenziale e fede in Dio*, 79).

[83] Cfr. M. IMPERATORI, *H.U. von Balthasar: una teologia drammatica della storia*, 581-584.

noscersi originato dall'altro e verso l'altro (il profilo passivo-estetico) e di decidersi per o contro l'altro (il profilo attivo-drammatico).

5.2 *L'apporto del pensiero balthasariano al percorso della ricerca*

La geniale ed eccezionale rilettura complessiva dell'evento cristologico-trinitario offerta da Balthasar, indica una più implicita che esplicita dipendenza e cooriginarietà della fede rispetto alla rivelazione[84] ed all'interno della produzione balthasariana risulta possibile ricostruire una teoria della genesi della fede su due livelli:
– *a livello teorico-esistenziale*. Per Balthasar è impossibile parlare veritativamente dell'uomo se non all'interno di un discorso rigorosamente ed esclusivamente cristologico. La *figura cristologica*, di conseguenza, nel teologare balthasariano esprime la forma concreta e singolare dell'incontro tra Dio e l'uomo e l'archetipo della sua esperienza di Dio (*fides Jesu*) che si iscrive nella nostra e che misura la nostra. Perciò, la *fede* disegna percepire/riconoscere la *Gestalt* di Gesù Cristo (cogliere la rivelazione guardando «con occhi semplici»[85], capaci dell'evidenza oggettiva – momento estetico) ed imitare la sua fedeltà/riconoscenza al Padre (coinvolgimento del soggetto nell'agire di Dio e diventare «co-attore»[86], attuando la propria libertà nella storia e seguendo il protagonista/»attore» principale della storia – momento drammatico).
– *a livello pratico-esperienziale*. La chiave d'accesso alla realtà antropologica e teologica Balthasar la indica nel *rapporto filiale*, e questo: *a*. nell'esperienza fondamentale dell'amore genitoriale (momento passivo ovvero «*essere riconosciuto*»), intuita nell'esperienza originaria del sorriso della madre (che sveglia la coscienza del bambino ed in cui gli si apre tutta la realtà e Dio stesso) che rispecchia e rimanda al livello più alto della relazione con il Padre; *b*. nella risposta dell'uomo (momento attivo ovvero «*essere riconoscente*») all'amore/sorriso della madre (il profilo antropologico) con l'amore/sorriso ed all'amore/ riconoscimento manifestato del Padre (il profilo teologico) con

---

[84] In questo senso per l'affermazione del momento libero dell'autocoscienza umana e la corrispondenza soggettiva rispetto all'aspetto oggettivo cfr. R. VIGNOLO, *Hans Urs von Balthasar: estetica e singolarità*, 54-59; 84-85; 108-110. N. REALI, *La ragione e la forma*, 78-79; T. CITRINI, *Hans Urs von Balthasar*, 193.
[85] Cfr. «*La fede dei semplici*»; *Con occhi semplici*; «*La facoltà visiva dei cristiani*»; «*Gli occhi di Pascal*»; *La semplicità del cristiano*; *Se non diventerete come bambini*.
[86] Cfr. soprattutto *TeoDrammatica*, I, 19-50 e *TeoDrammatica*, II, 25-132.

l'amore/riconoscimento espresso prima di tutto nella *preghiera*[87] e poi nell'*azione* dell'uomo, o più semplicemente in una parola - nella *santità*[88]. In questo senso credere significherebbe pregare ed agire come

---

[87] «La preghiera, della Chiesa o individuale, ha quindi posizione preminente rispetto ad ogni azione: non primariamente come sorgente psicologica di forze ('andare a fare il pieno', dicono i contemporanei), ma come un atto di adorante glorificazione che all'amore è dovuto in cui si mostra originariamente il tentativo di una risposta disinteressata e quindi di aver compreso la Rivelazione divina» (*Solo l'amore è credibile*, 90). Davanti alla tragicomica situazione dei cristiani della nostra epoca, che vogliono lasciar perdere questa preminenza elementare a favore di un puro e semplice incontro con Cristo nel prossimo o addirittura nel lavoro mondano, Balthasar sottolinea la preghiera come il primo atto del riconoscimento di Dio e afferma che «colui che non conosce il volto di Dio dalla contemplazione, non lo riconoscerà nell'azione» (91). La preghiera, che include in se una dinamica tra il momento *attivo* del rispondere umano e *passivo* del lasciarsi disporre a Dio, è una vera presa di coscienza dell'esistenza/identità cristiana che a sua volta comporta un'appropriazione progressiva della gioia e della bellezza della rivelazione, dell'infinità e verità, della maestà e amore di Dio (cfr. *La preghiera contemplativa*; *Nella preghiera di Dio*). «La fede giunta al suo compito è ancor sempre, e proprio allora la fede orante» (*La preghiera contemplativa*, 91). Riteniamo che teologo/credente, quindi, non sia colui che solo parla *di* Dio, ma colui che prima di tutto parla *con* Dio. Per una elaborazione del tema più completa cfr. P. SPILLER, *La preghiera cristiana negli scritti di Hans Urs von Balthasar: dalla riflessione teologica alla prassi*.

[88] Proprio la santità, che per Balthasar è il luogo della prova della centralità e della reciprocità tra momento estetico-etico-logico (sono significative in questo senso le figure dei Padri della Chiesa come Ireneo, Origene, Gregorio di Nissa, Dionigi l'Areopagita, Massimo il Confessore e le figure mistiche di Teresa di Lisieux e di Elisabetta di Digione), è un elemento decisivo per tutta la sua opera. Il santo è inteso come 'cristiano integrale, contemplativo attivo, vero filosofo e teologo totale' (cfr. *Teologia e santità*, 200-229), o in altre parole «l'esistenza dei Santi è teologia vissuta» (224) ed essa è per essenza atto di adorazione e di preghiera così come definisce il suo statuto epistemologico: legare la totalità dell'esistenza a Dio. Per una collocazione della santità all'interno del discorso teologico cfr. G. LOMBARDA, *La santità vissuta come 'locus theologicus'* (su Balthasar 145-217). Per Balthasar, infatti, non esiste una teologia senza una vita di santità e di testimonianza (cfr. «La sede della teologia»; «Spiritualità»; *Sorelle nello spirito. Teresa di Lisieux e Elisabetta di Digione*), ed è per questo che egli personalmente stringe esistenzialmente e teologicamente un legame fortissimo con Adrienne von Speyr, a tal punto da trovare spesso difficile discernere in numerosi passaggi del suo procedere teologico il momento riflessivo da quello mistico. Su questo tema e la sua presentazione cfr. A. SICARI, «Hans Urs von Balthasar: teologia e santità»; E. GUERRIERO, *Hans Urs von Balthasar* (1991), 185-194; A. ŠTRUKELJ, «Dalla teologia 'seduta al tavolino' alla teologia 'prostrata in ginocchio'»; per una riflessione più sistematica cfr. A. KONDA, *Das Verhältnis von Theologie und Heiligkeit im Werk Hans Urs von Balthasar*. Balthasar

figli di Dio, dove la dinamica/crescita della fede dipenderebbe dalla dinamica di conformazione all'immagine dell'unigenito Figlio di Dio ovvero alla *fides Jesu*.

5.3 *La necessità di un completamento teorico*

Di fronte all'imponente e profonda produzione balthasariana e le rispettive numerose interpretazioni, sia unilaterali[89] e non convincentemente argomentate che costruttive[90] e capaci di individuare le vere mancanze dell'impostazione balthasariana, a nostro giudizio l'autentica

---

distingue inoltre due tipi di missione di santi: una santità «abituale» ed una santità «differenziata». Mentre le prime hanno carattere di conferma di quanto il popolo di Dio sta vivendo, le ultime contengono un elemento dirompente ed ineducibile e vanno ad influenzare la ricerca dei teologi. Per i teologi essi sono «una nuova spiegazione della rivelazione, un arricchimento della dottrina, un approfondimento di verità lasciate finora piuttosto in disparte» (*Sorelle nello Spirito*, 28). In questo senso ci sembra particolarmente apprezzabile qunto affermato da Chenu circa il legame imprensindibile di una determinata teologia con una determinata spiritualità, ritenedo che in fondo i sistemi teologici non sono altro che l'espressione della spiritualità (cfr. M.D. CHENU, *Le Saulchoir*, 59).

[89] Ci riferiamo ad alcune critiche che non condividiamo e che vedono nel suo pensiero, mal interpretandolo, una serie di punti negativi: un «eccesso di oggettività» che avrebbe «fagocitato il necessario e insostituibile ruolo del soggetto» (così R. FISICHELLA, «Hans Urs von Balthasar», 785), cosa pensabile solo se si prescinde dal momento drammatico a favore dell'esclusivismo estetico; un certo «cristomonismo» balthasariano (così G. RUGGIERI, «Il principio estetico nella teologia di Hans Urs von Balthasar», 353) che sembra che nasca da un certo isolamento e fraintendimento del tema della singolarità della forma della rivelazione, soprattutto vista separatamente dall'insieme dell'opera balthasariana; troppa insistenza sulla restituzione teorica dell'impianto balthasariano «a livello di costituzione dell'umano» (così R. MAIOLINI, *Tra fiducia esistenziale e fede in Dio*, 79, che presenta una critica giusta e corretta; cfr. la nota seguente) che rischia di non solo legittimamente complementare ma anche scorrettamente condizionare il discorso teologico con quello antropologico-filosofico-psicologico.

[90] Le critiche che riteniamo condivisibili riguardano: la non sufficiente articolazione della reciprocità esistente fra teologia/cristologia ed antropologia perché «manca una valorizzazione dell'antropologico in sede teologica» a vari livelli (così R. MAIOLINI, *Tra fiducia esistenziale e fede in Dio*, 82); un'impostazione troppo programmatica della ripresa fenomenologico-sistematica della situazione dell'uomo, che in Balthasar «è ancora troppo l'uomo universale e troppo poco l'uomo così come oggi si presenta» (così G. MEIATTINI, *Sentire cum Cristo*, 396) o in un certo senso «premoderno» o forse possiamo dire non-aggiornato (cfr. I. RAGUŽ, *Sinn für das Gott-Menschliche*, 487-488).

critica al pensiero teologico di Balthasar, perché al posto di una plausibile ed integrale teoria della fede, rischia di dare luogo a una teoria astratta ed intellettuale, può essere articolata intorno alla questione metodologica, teorica e fenomenologica:
– *metodologicamente*: perché da una parte sceglie la cornice filosofica dei trascendentali bello/buono/vero non appropriata al discorso teologico e dall'altra prescinde dalla cornice sociologica della situazione concreta dell'uomo contemporaneo;
– *teoricamente*: perché evita di trattare il profilo antropologico-gnoseologico per istituire la questione immediatamente sotto un profilo cristologico-ontologico; e perché mette in luce sia l'achetipicità che la differenza qualitativa della *fides Jesu* rispetto alla *fides credentis*, ma fenomenologicamente non mostra la loro reciprocità e il modo con cui la prima si inscrive nella seconda;
– *fenomenologicamente*: perché partendo della *fides Christi*, non riesce a dare consistenza teorica all'emblematico «sorriso della madre» in riferimento alla possibilità di avere un accesso a se stessi, agli altri, all'essere, a Dio; e perché non riporta la complessa fenomenologia di ciascuno dei livelli indicati né nel momento dell'esperienza umana originaria (che corrisponderebbe all'*initium fidei* nel contesto del discorso sulla genesi della fede) e neppure nelle successive fasi della vita umana (che corrisponde al dinamismo libero della coscienza umana e alla rispettiva crescita/sviluppo della fede nel medesimo contesto).

La fenomenologia balthasariana segnala, forse per la prima volta sul serio nella teologia cattolica, la necessità di cogliere l'evidenza oggettiva della figura cristologica della fede quale archetipo della figura antropologica: la questione della fede può essere correttamente istruita solo togliendola dal semplicistico profilo gnoseologico (non si tratta di una conoscenza meno perfetta) per istruirla su un piano ontologico-teologico molto più radicale (l'identità costituente il cristologico e l'antropologico). In questa prospettiva, però, egli parte unilateralmente dal teologico-cristologico per guadagnare poi l'antropologico, facendo così dell'antropologico una via inconcludente e fuorviante per l'accesso al teologico.

La *fenomenologia dell'accesso a Dio* presentata da Balthasar a nostro avviso rimane *incompleta* perché pur indicando l'essere svegliato alla coscienza, alla realtà, a Dio come un evento concomitante/reciproco, egli, purtroppo, non argomenta la dinamica e il passaggio dell'apertura da uno all'altro, né offre una copertura fenomenologica di tutti i salti logici del discorso. Inoltre, malgrado indichi una possibilità interessante e pertinente di argomentare la reciprocità tra l'antropologico e il teologico, egli non costruisce una teoria chiara sulla struttura fondamentale dell'umano a partire dalla quale chiarificherebbe l'accesso umano a Dio. Tradotto in altre parole, la reciprocità tra la precedenza del sorriso della madre (momento estetico) e la risposta libera del bimbo (momento drammatico), fenomenologicamente qui resta solo intuita/indicata ma teoricamente non compiuta/spiegata e perciò difficilmente adeguatamente/ analogicamente trasferibile al rapporto uomo-Dio. Comunque, quello che ci pare che egli mostri a sufficienza è la grande pertinenza di numerose annotazioni sulla *relazione filiale* come momento originante ed originale della fede e l'utilizzo del rapporto filiale come immagine del livello più alto della relazione con il Padre.

CAPITOLO II

**Karl Rahner.
L'essenza dell'essere è costituita dalla coscienza come unità
originaria tra «conoscere» ed «essere conosciuto»**

Il gesuita tedesco Karl Rahner (1904-1984)[1], comunemente ritenuto il teologo cattolico più autorevole del secolo XX, è stato animato dal desiderio, presente in tutta la sua vasta opera teologica[2], di dire il

---

[1] Karl Rahner, nato a Friburgo, nel 1922 entrò nel noviziato della Compagnia di Gesù a Feldkirch (Austria). Dal 1948 al 1964 fu professore ordinario di Teologia dogmatica e di Storia dei dogmi presso la Facoltà teologica di Innsbruck, nello stesso periodo in cui Guardini ricevette la cattedra di «Weltanschauung cristiana» e di Filosofia della religione a Monaco, fino al 1967 quando passò a Münster per insegnare teologia. Nel 1959 egli fu chiamato a far parte della Commissione preparatoria per la disciplina dei sacramenti in vista del Concilio Vaticano II e poco dopo Giovanni XXIII lo nominò perito teologico del Concilio. Dal 1969 al 1972 fu membro della Pontificia commissione teologica. Dopo il pensionamento, nel 1971, fu professore onorario di Questioni al confine tra teologia e filosofia alla Scuola superiore di filosofia di Monaco. Il 30 marzo 1984 morì a Innsbruck.

[2] La bibliografia degli scritti di Rahner, al 1° maggio 2008 comprende 5029 titoli, risistemati in numerosi volumi di vario spessore e comprendenti i diversi campi, teologico fondamentale, dogmatico, cristologico, spirituale, ecclesiologico, pastorale, mariologico e filosofico. La programmata edizione dell'Opera Omnia in lingua tedesca - *Sämtliche Werke*, a cura di K. LEHMANN, K.H. NEUFELD, J.B. METZ, A. RAFFELT e H. VORGRIMLER (Freiburg-Zürich) - prevede 32 volumi (finora ne sono usciti 23). Inoltre Rahner fu collaboratore e coeditore di alcune famose opere di teologia, come la seconda edizione del *Lexikon für Theologie und Kirche* (1957-65) in dieci volumi, il manuale *Handbuch der Pastoraltheologie* (1964-68) in 5 volumi, il lessico *Sacramentum Mundi* (1967-69) in 4 volumi e il *Dizionario di Teologia* (1968), giunto alla 10ª edizione nel 1976. Per una introduzione generale all'opera di Rahner

cristianesimo all'uomo contemporaneo in modo ragionevole e convincente. Rahner ha ben chiara la responsabilità della teologia non solo rispetto alla comprensione e all'articolazione del discorso *teo-logico* sull'essenza del cristianesimo, ma anche nel concepire ed esplicare il contenuto e la legittimazione della verità del messaggio cristiano in modo che questi mantenga la sua validità anche nell'orizzonte *antropologico* della struttura umana e nell'orizzonte filosofico. La necessità di parlare alla coscienza secolare e alla cultura moderna lo ha quindi spinto a costituire il suo pensiero su una valida base *teologico-fondamentale*:

> In fondo noi vogliamo soltanto riflettere su questa semplice domanda: 'Che cos'è un cristiano e perché oggi possiamo vivere questo essere cristiani con onestà intellettuale?'... ma riflettere anche su questa realtà del nostro cristianesimo e giustificarla di fronte alla nostra coscienza, in maniera da saper 'render ragione della speranza che è in noi' (1Pt 3,15). [3]

---

cfr. H. VORGRIMLER, *Comprendere Karl Rahner*; ID. *Karl Rahner. Gotteserfahrung in Leben und Denken*; R. SIEBENROCK, *Wer sich Gott naht, dem naht sich Gott. Studien zum Werk Karl Rahners in fundamentaltheologischer Perspektive*; K.H. NEUFELD, *Hugo e Karl Rahner*; A. RAFFELT – H.VERWEYEN, *Leggere Karl Rahner*; I. SANNA, *Teologia come esperienza di Dio*; K. LEHMANN, «Karl Rahner»; J.B. METZ, «Karl Rahner»; M. SCHULTZ, *Incontro con Karl Rahner*; F. ARDUSSO, «Karl Rahner». Per una lettura critica elementare della teologia rahneriana, volta a mettere in luce l'attualità e l'apertura di interessanti prospettive quali il problema della razionalità postmoderna, la fecondità dell'ontologia trinitaria o il ruolo salvifico di Cristo, ma anche la problematicità delle sue tesi principali che affronteremo in seguito, cfr. saggi che compongono il volume di I. SANNA, ed., *L'eredità teologica di Karl Rahner*. Le bibliografie rielaborate e una panoramica sistematica approssimativa della sua opera, nonché la bibliografia secondaria in forma aggiornata e completa, sono reperibili su internet nel sito «Fachreferat Theologie der Universitätsbibliothek Freiburg» (http://www.ub.uni-freiburg.de/referate/04/rahner/rahnerma.htm).

[3] *Corso fondamentale sulla fede*, 19. Rahner inoltre afferma che sempre ha fatto teologia «affinché nell'uomo crescesse un po' di fede, di speranza e di amore per vivere il cristianesimo nella vita quotidiana» (*Parole per una esperienza di fede*, 7). Qui si chiarisce subito il grande interesse rahneriano per uno dei massimi problemi della teologia fondamentale, nonché della prassi della fede, cioè il rapporto tra la rivelazione e l'esperienza. In questo senso, Rahner legittimamente riconoscerà la dimensione contemplativa della ragione, che non è meramente analitica, astratta o speculativa, ma sa cogliere e intravedere, alla luce della rivelazione, l'impatto positivo tra esperienza intima e banale della vita con la presenza confortante dello Spirito divino.

CAP. II: KARL RAHNER

Nonostante venga considerato il protagonista della «svolta antropologica» della teologia, ancor più sembra pertinente riconoscerlo come il teologo che ha saputo ricondurre la comprensione delle verità cristiane alla verità centrale del cristianesimo, cioè a Gesù Cristo nella sua identità di autocomunicazione storica di Dio. In tal senso egli ha sviluppato una teologia finalizzata a lanciare un ponte tra l'autocomprensione della persona umana e l'annuncio cristiano, che trova il suo punto mediano appunto in Gesù Cristo, nel quale è dato vedere l'esito di un'esistenza umana aperta consapevolmente a Dio che si rivela.

Nel presentare la teologia rahneriana della fede, e la rispettiva via da essa proposta, una volta riconosciute le basi filosofiche e antropologiche caratterizzanti l'impostazione teologia di Rahner (*1. La ricerca del punto di partenza*), cercheremo di indagare sulle condizioni di possibilità e sulla natura della divina rivelazione (*2. L'autocomunicazione esistentiva, originaria e storica di Dio*) evidenziandone le particolarità, quindi la fenomenologia rahneriana, la cristologia trascendentale e l'accesso personale a Gesù Cristo (*3. Il rapporto dell'uomo con Dio portato a compimento dall'Uomo-Dio Gesù Cristo*). In fine, sulla base del concetto di natura trascendente dell'uomo, individueremo le vie dell'esperienza religiosa e del rapporto con Dio (*4. Il mistero dell'uomo dinanzi al mistero di Dio*).

1. La ricerca del punto di partenza

Il pensiero teologico-fondamentale di Rahner è caratterizzato da un'evoluzione ininterrotta, ma disomogenea. Nei suoi lavori possiamo individuare la costante ricerca ed evidenziazione (*1.1*) del fondamento e della necessità del rapporto filosofia-teologia, profilato in una teoria disegnata dalle particolarità (*1.2*) del metodo trascendentale e (*1.3*) dell'approccio antropologico. Tali teorie però sono sottoposte ad una graduale trasformazione concettuale e funzionale.

1.1 *Intreccio di filosofia e teologia*

Davanti alle sfide del modernismo[4], Rahner è convinto che non sia

---

[4] Il trauma della crisi del modernismo ha lasciato uno tra i più complicati nodi storici. Esso rappresenta un problema teorico scottante della teologia del secolo scorso, ma proprio per questo è anche un momento favorevole e una sfida promettente: l'occasione per rispondere nuovamente alla domanda sul rapporto tra esperienza e fede, storia umana e rivelazione divina. È convincente in questo senso l'opera

possibile fare teologia scientifica senza un contenuto filosofico[5]. Però, la comprensione del rapporto tra filosofia e teologia nel pensiero del gesuita di Friburgo vive uno sviluppo e una maturazione, la cosa si evidenzia soprattutto dall'analisi del suo pensiero a partire dalla sua prima opera *Spirito nel Mondo*[6], passando per *Uditori della parola*[7], sino al

---

di S. VISINTIN, *Rivelazione divina ed esperienza umana. Proposta di George Tyrrell e risposta di Karl Rahner*, che sullo sfondo del teologo più sistematico del modernismo offre la rilettura delle intuizioni rahneriane nel loro piglio moderno e nella loro ortodossia, dimostrando il suo fiuto teologico ed ecclesiale.

[5] Nonostante Rahner si senta propriamente solo teologo, tanto da meravigliarsi che la sua opera abbia suscitato delle ricerche filosofiche, come lui stesso attesta (cfr. «Semplice chiarimento a riguardo della propria opera», 733-734) egli afferma che «la teologia implica necessariamente una *filosofia*...l'importante è che la filosofia si renda conto della propria riflessione e si inserisca nella teologia dopo tale riflessione filosofica» (*Confessare la fede nel tempo dell'attesa*, 74-75) e anche più chiaramente e precisamente ripete che «la stessa teologia implica un'*antropologia filosofica*, che fa sì che questo messaggio sorretto dalla grazia possa essere elaborato in maniera genuinamente filosofica e lo affida alla responsabilità propria dell'uomo» (*Corso fondamentale sulla fede*, 47). Quando parla, infatti, della necessità di elaborare una *antropologia* quale presupposto per l'ascolto e la comprensione dell'autentico messaggio del cristianesimo, Rahner non si preoccupa di distinguere metodologicamente, in modo puro, tra procedimento teologico e filosofico (cfr. *Filosofia e teologia*).

[6] Nell'opera *Spirito nel mondo* (1939), con la quale Rahner ha invano cercato di ottenere il titolo di dottore in filosofia con il prof. Martin Honecker, prende in esame un testo della *Somma Teologica* di san Tommaso: *utrum intellectus possit actu intelligere per species intelligibiles quas penes se habet, non convertendo se ad phantasmata* (*S.Th.*, I, q.84, a.7), a partire dalla quale vuole dimostrare che il conoscere umano si compie in primo luogo e principalmente nel mondo dell'esperienza, poiché lo spirito umano è sempre legato all'esperienza ed è volto al fenomeno. Qui «spirito» sta a significare la forza umana che, protendendosi al di sopra del mondo sensibile, conosce ciò che è metafisico, mentre il termine «mondo» designa la realtà che è accessibile all'esperienza immediata dell'uomo.

[7] Il volume intitolato *Uditori della parola* (1941) nasce da un ciclo di 15 lezioni che Rahner, nell'estate del 1937, tenne alla Settimana delle Scuole Superiori a Salisburgo, sviluppando una sua antropologia metafisica in stretto rapporto con la teologia fondamentale. J.B. Metz rielaborò questa opera (1963), ampliandone il contenuto con processi di pensiero che chiariscono il concetto di rivelazione e di esperienza della trascendenza, (l'edizione italiana del 1967 si rifà proprio al testo rivisto di Metz). Metz infatti voleva integrare l'opera con gli ultimi sviluppi del pensiero di Rahner nel campo della dottrina sulla grazia e voleva quindi continuare a sviluppare in modo omogeneo quanto espresso in *Uditori della Parola*. Questo tentativo lo possiamo però ritenere fallito, soprattutto per motivi di logica di sistema, e affermiamo che la concezione della teologia fondamentale esposta in *Uditori della*

Corso fondamentale sulla fede[8].

---

parola non rappresenta neanche tipologicamente il vero pensiero teologico-fondamentale rahneriano, come spesso si sostiene (ciò è dimostrato in modo convincente da W. WERNER, *Fundamentaltheologie bei Karl Rahner*, 298-310 e confermato da M. SECKLER, «La dimensione fondamentale della teologia di Karl Rahner», 57-60). In questo opuscolo, infatti, Rahner ancora non si interessava dell'integrazione della grazia nella natura dello spirito, né della giustificazione ontologica come una tendenza attiva della natura dello spirito verso la grazia. Egli si occupava solo dell'aprirsi ontologico della natura dello spirito alla parola di Dio in forma di *potentia oboedientialis* che accompagna la struttura naturale dello spirito. Una prova potrebbe essere il fatto che contemporaneamente a *Uditori della parola*, Rahner sviluppò il teorema dell'»esistenziale soprannaturale» e lo presentò nella sua lezione sulla grazia intitolata *De gratia Christi* (1937/38), ma siamo del parere che lui non voleva collocare il discorso teologico all'interno della filosofia, bensì proprio il discorso filosofico all'interno della teologia. Infatti, il problema rahneriano fondamentale, nell'esplicazione di una teologia cristiana, fu sempre quello della «filosofia nella teologia» e non il contrario.

[8] Il *Corso fondamentale sulla fede* (1979; sviluppato a partire dal 1964), giustamente illustrato dal sottotitolo *Introduzione al concetto di cristianesimo*, può essere considerato una sintesi delle idee e delle tesi rahneriane sulla totalità del cristianesimo divisa in nove sezioni. Partendo dall'uomo come un «uditore del messaggio» (1), che da sempre è rivolto ad accogliere una eventuale rivelazione divina, si passa a Dio come mistero assoluto (2), che si rivolge all'uomo radicalmente minacciato dalla colpa (3), ma che in quanto tale può sperimentare l'evento dell'autocomunicazione libera e perdonante di Dio (4). Questo rapporto tra Dio e uomo si instaura, non in uno spazio astorico, ma nella storia della salvezza e della rivelazione (5), che raggiunge il suo culmine assoluto in Gesù Cristo (6). La Chiesa è la comunità di coloro che credono in Gesù Cristo, i quali trasmettono il messaggio sul regno di Dio attraverso il servizio della parola, nella celebrazione dei sacramenti e nella carità fraterna (7) e particolarmente nella vita cristiana (8) si ha la manifestazione concreta dell'essere cristiani nel mondo e nella storia, la quale avrà il suo perfezionamento nell'escaton (9). È interessante che il *Corso fondamentale sulla fede* di Rahner sia uscito nella stessa epoca dell'*Introduzione al cristianesimo* (1968) di J. Ratzinger che manifesta una rilevante preoccupazione pastorale ed apologetico-fondamentale. Entrambi gli autori, quindi, espongono la stessa preoccupazione nel presentare il cristianesimo al mondo culturale contemporaneo; però, mentre Ratzinger si preoccupa di presentare la fede cristiana all'uomo moderno, Rahner tenta di presentare allo stesso uomo la fede '*nel* pensiero moderno' e '*con* il pensiero moderno e contemporaneo'. (cfr. le interessanti osservazioni riportate in M. BORDONI, «Recezione della riflessione cristologica di Karl Rahner in Italia», 294-296). È curioso pure che la visione del corso sulla *nuova* teologia fondamentale cattolica corrisponde ai postulati avanzati dal teologo protestante G. EBELING, «Erwägungen zu einer evangelischen Fundamentaltheologie» (particolarmente il concentramento del dato cristiano sul fondamento della fede e localizzazione della fede nella vita concreta). Comunque, si tratta di una «concentra-

La prima opera vorrebbe far luce sul ruolo della filosofia nella teologia e trovare un solido fondamento filosofico complementare alla valenza teologica della spiritualità ignaziana[9], secondo gli orientamenti della *Teologia degli esercizi* di Erich Przywara e delle opere di Joseph Maréchal. Infatti, l'impiego della dimensione sensibile nella vita della

---

zione della fede» (per il significato cfr. *Corso fondamentale sulla fede*, 569-582; W. KASPER, *Introduzione alla fede*, 111-115; K. LEHMANN, «Confessione di fede e formule abbreviate di fede», 129-237) come una delle condizioni fondamentali per l'annuncio, la trasmissione e la crescita della fede stessa.

[9] La dimensione mistica della teologia rahneriana, spesso mette in evidenza (cfr. K.P. FISCHER, *Gott als des Geheimnis des Menschen*, 1-23; J. SPLETT, «Mystisches Christentum? Karl Rahner zur Zukunft des Glaubens», 258-271; I. SANNA, *Teologia come esperienza di Dio*, 41-48; nonostante giustamente avverte H. VORGRIMLER, «Ein Brief zur Einführung», 13, che la teologia di Rahner «è la teologia dell'esperienza mistica di Dio, e colui che volesse attribuirgli un punto di partenza trascendental-filosofico la falserebbe sostanzialmente», questo non risulta chiaro subito dalle sue prime opere teologiche e perciò a questo si arriverà alla fine) la profonda incisività che su di essa ha esercitato la formazione spirituale della Compagnia di Gesù. Già dai primi anni egli affronta nei suoi scritti il tema degli *Esercizi spirituali* ignaziani e delle esperienze fondamentali ad essi legate (cfr. «Warum uns das Beten nottut»; «I 'sensi spirituali' secondo Origene»), mai trascurate né lasciate ai margini (cfr. soprattutto «Die logic der existentiellen Erkentnis bei Ignatius von Loyola» in *Das Dynamische in der Kirche*, «Betrachtungen zum ignatianischen Exerzitienbuch»; *Einübung priesterlicher Existenz*; e anche M. SCHNEIDER, «L'orizzonte della spiritualità ignaziana della teologia di Karl Rahner»; A. ZAHLAUER, *Karl Rahner und sein «produktives Vorbild» Ignatius von Loyola*; A. DULLES, «The Ignatian Experience as reflected in the Spiritual Theology of Karl Rahner»). Con ciò non viene messo in dubbio che Rahner nel suo primo «periodo filosofico» (*Spirito nel mondo* e *Uditori della parola*) abbia pensato filosoficamente. Infatti, se si trascura la tensione fra metafisica e teologia, fra necessario chiarimento contestuale ed esperienza mistica, si perviene a un'interpretazione unilaterale dell'istanza di Karl Rahner. Così, l'affermazione di Fischer, che «la metafisica teologica di Rahner vuole essere interpretazione e impiego della spiritualità ignaziana», è di certo limitata e potrebbe apparire come una riduzione avventata della teologia rahneriana (K.P. FISCHER, *Der Mensch als Geheimnis*, 67). Dall'altra parte Wagner sottolinea persino come lo stesso Karl Rahner si sarebbe schierato contro un eccessivo uso della tesi spirituale (cfr. H. WAGNER, *Rahner, Karl*, 111-117), mentre Miggelbrink non ritiene corretto ridurre la teologia di Karl Rahner alla sua origine ignaziana e agli Esercizi Spirituali (cfr. R. MIGGELBRINK, *Ekstatische Gottesliebe*, 248). Parimenti indifendibile è l'affermazione di Schenk secondo il quale «l'interpretazione che Rahner fa di Ignazio è piuttosto 'secondaria' rispetto alla sua primaria istanza teologica» (R. SCHENK, *Die Gnade vollendeter Endlichkeit. Zur transzendentaltheologischen Auslegung der thomanischen Anthropologie*, 42).

fede, come quello dell'esperienza della grazia, richiede una concezione di fondo della dimensione sensibile come luogo di una possibile rivelazione divina. La seconda opera affronta il problema metafisico e teologico allo stesso tempo, alla cui base sta la riflessione sull'essenza dell'uomo e la sua *potentia oboedientialis* rispetto alla rivelazione di Dio trascendente: se e come l'uomo è aperto ad una rivelazione di Dio, anche quando questa rivelazione rimane «nascosta» nella storia umana attraverso il così detto «silenzio di Dio»[10]. Rahner vede l'uomo come l'ente dotato di una «*spiritualità ricettiva*, aperta sempre alla *storia* e nella *sua libertà* in quanto tale si trova di fronte al *Dio libero* di una possibile rivelazione», la quale, nel caso che si verifichi, si effettua sempre mediante 'la parola' nella sua storia[11]. In merito al rapporto tra filosofia e teologia, nella terza opera, è evidente che la stessa formulazione originaria della Rivelazione e la sua predicazione sono avvenute attraverso concetti e parole umane che lasciano trasparire una comprensione filosofica dell'uomo, e quindi una comprensione che precede la stessa rivelazione. Inoltre, la rivelazione presuppone, come condizione della sua possibilità, colui per il quale tale rivelazione avviene in maniera gratuita e libera.

Di fronte a questo circolo ermeneutico che vede coinvolte sia la teologia che la filosofia, Rahner nell'analisi della situazione culturale e teologica individua alcuni elementi caratterizzanti: a) in una società secolare e pluralista gli enunciati della fede non raggiungono facilmente gli uomini; b) un ampliamento delle conoscenze in tutti i campi del sapere rende difficile fare delle sintesi[12] sulle questioni ultime e fondamentali, sia in filosofia che in teologia; c) a queste difficoltà

---

[10] L'analisi dell'esistenza umana fatta da Rahner, che individua nell'esistenza un'apertura costituzionale nei confronti di una parola di Dio comunicata storicamente, presuppone e implica un ascolto della rivelazione che tiene eventualmente conto anche di un silenzio totale di Dio. Tale idea, che scaturisce da una profonda esperienza di Dio, alla quale le obiezioni filosofiche non riescono più a tener testa, la incontriamo, nella sua forma più eloquente, nella raccolta di preghiere *Tu sei il silenzio* (1937). Cfr. anche «La mistica ignaziana della gioia del mondo», 203-230.

[11] *Uditori della parola*, 208-209.

[12] Rahner nega la possibilità di una filosofia pura a livello pratico, che finirebbe infatti in una «*concupiscenza gnoseologica*», e cioè in un'incapacità a condurre in un'unità sistematica il pluralismo delle cognizioni. Cfr. «Filosofia e procedimento filosofico in teologia», 81; «Riflessioni sul metodo della Teologia», 103; «Motivazione della fede oggi», 22-32; «Sul rapporto intercorrente tra teologia e scienze naturali», 139-148 (qui 140); «Fede tra razionalità ed emozionalità», 124.

dell'annuncio cristiano e del far teologia si deve aggiungere una sorta di indurimento e di fossilizzazione dei concetti teologici che, rimasti immutati da secoli, non corrispondono più alla mutata situazione della vita e della cultura dell'uomo moderno. Perciò, profondamente convinto dell'insufficienza del metodo scolastico praticato, Rahner vuole mettere in atto un ripensamento dei concetti teologici proponendo una teologia con approccio antropologico e basata sul metodo trascendentale[13].

1.2 *La metodica trascendentale*

Il contributo di Rahner alla teologia ed a una nuova riflessione sulla fede è segnato in modo particolare dal termine «trascendentale»[14]. Per il teologo tedesco di fronte a tutte le proposizioni della teologia e della fede bisogna sempre chiedersi anche, *come* e *perché* l'uomo – in base alla essenza concreta e quindi inevitabilmente posta già da sempre sotto la grazia dell'autocomunicazione divina – sia colui che può e deve affrontare realmente tali proposizioni. Ciò non significa dunque che nella sua teologia l'uomo sia il soggetto della fede e della religione

---

[13] Cfr. R. GIBELLINI, *La teologia del XX secolo*, 237-253. Questa interpretazione trova conferma, in maniera molto sistematica, nella tesi dottorale di P. EICHER, *Die anthropologische Wende. Karl Rahners philosophischer Weg vom Wesen des Menschen zur personalen Existenz*, che sviluppa la sua riflessione in quattro parti significative: 1) introduzione all'antropologia filosofica trascendentale, che espone i presupposti storici e metodologici della concezione rahneriana; 2) la svolta antropologica nel suo impianto metodologico e nel suo fondamento speculativo; 3) la costituzione antropologica dell'uomo, al fine di determinare la sua costituzione ontologica quale è richiesta dalle condizioni ontiche del suo essere-nel-mondo, dall'oggettivazione e dall'unità dell'uomo soggiacenti a tutti i comportamenti vitali; 4) il dispiegamento dell'antropologia secondo l'impianto dinamico della dottrina dell'essere di Kant. Su quest'ultima parte però, nonostante si può ammettere che Rahner come Kant fonda la conoscenza umana su due potenze: la *sensibilità* e lo *spirito*, non siamo d'accordo con Eicher che attribuisce a Kant la matrice filosofica di Rahner, più ammissibile è invece l'influsso decisivo che ha avuto su di lui Maréchal.

[14] È da rilevare come l'accento sul trascendentale non si trovi in maniera esplicita all'inizio del suo cammino accademico. Per evitare interpretazioni infelici e fuorvianti a riguardo Rahner pubblicò nel lessico *Sacramentum Mundi* l'articolo «Teologia trascendentale»: «Spesso la mia teologia è stata designata come una teologia trascendentale. Non ho nulla contro una simile caratterizzazione, qualora però essa venga intesa nel senso giusto e non dia l'impressione di conglobare tutto l'insieme della mia teologia» (*Sacramentum Mundi*, VIII, 62; cfr. pure «Riflessioni sul metodo della Teologia»). Tra tante le presentazioni della teologia trascendentale rahneriana si ritiene che quella più corretta si possa ritrovare in K.H. NEUFELD, «Metodo trascendentale rahneriano: analisi e prospettive».

soltanto nella sua astratta trascendentalità e non nella sua storicità e storia, ma in quanto essere storico egli è il soggetto della fede nella sua storia concreta. Appunto, tale affermazione Rahner cerca di dimostrarla con una riflessione trascendentale[15].

Il metodo trascendentale in questo contesto sottintende: a) il mondo delle esperienze e delle azioni/conoscenze umane è acquisito/*aposteriori* e riflesso/tematizzato/*categoriale*, ma risulta sotteso da un non-acquisito/*apriori* dato con l'esistenza umana ed irriflesso/a-tematico/*trascendentale* che è la condizione della possibilità di tali esperienze; b) l'esperienza umana nell'esercizio della conoscenza e della libertà mette in atto la sua dimensione trascendentale che è, infatti, l'apertura dello spirito finito all'infinito. In altre parole, la *transcendentalità* è la *struttura apriorica dello spirito umano* che, nella sua apertura radicale al mistero con il suo orientamento dinamico verso l'infinito, rappresenta l'orizzonte di comprensione entro cui si iscrivono le varie esperienze: cioè essa è *l'esperienza originaria* che accompagna tutte le altre e che sola rende possibili le molteplici esperienze della vita d'ogni giorno e anche la Trascendenza – la stessa realtà oggettiva di Dio[16].

---

[15] «Bisogna dimostrare che la storia ha realmente una rilevanza salvifica per il soggetto spirituale, il quale è sempre qualcosa di più dello spazio e del tempo. Bisogna, in fondo, dimostrare che la storia dell'uomo *non* è qualcosa, che egli realizza *anche* e *accanto* alla propria trascendentalità verso Dio, essere assoluto e mistero; ma che essa è realmente storia in cui può verificarsi la salvezza, proprio in quanto storia libera di questa trascendentalità» («Teologia trascendentale», 62).

[16] La terminologia rahneriana rimanda all'analisi kantiana della *Critica della ragion pura* e al problema centrale della filosofia moderna circa la possibilità di una conoscenza sicura. Bisogna però notare che Kant ammette solo un trascendentale sul piano orizzontale (ogni soggetto umano è dotato di strutture apriori che assicurano la validità universale della conoscenza scientifica, esclusa però la via metafisica e Dio), mentre Rahner, in linea con la filosofia trascendentale elaborata dal gesuita belga J. Maréchal (cfr. *Il punto di partenza della metafisica*), ammette un trascendentale in linea verticale che funziona anche in orizzontale (l'apertura all'infinità del mistero è la condizione di possibilità di ogni esperienza umana). Per Kant perciò la categoria fondamentale è «conoscenza trascendentale», e per Rahner invece «rivelazione trascendentale» (Cfr. N. KNOEPFFLER, *Der Begriff «transzendental» bei Karl Rahner. Zur Frage seiner Kantischen Herkunft*, 184). L'originalità di Rahner, dunque, consiste non tanto nell'elaborazione della filosofia trascendentale, ma nell'aver introdotto in teologia il metodo trascendentale in un modo consistente (cfr. «Sulle vie future della teologia», 73). Sorprende la spiegazione della terminologia rahneriana che offre Lorizio, e che fa coincidere il trascendentale con 'la storicità' e il categoriale con 'gli eventi' (G. LORIZIO, «Il trascendente nella teologia del dopo Concilio», 107). Sappiamo, infatti, che l'espressione *categoriale* indica la realtà concreta, empirica,

L'utilità e la fecondità del metodo trascendentale si riscontrano in modo particolare nelle sue applicazioni al modo di determinare che cosa sia *l'esperienza religiosa* e al *modo di fare teologia*. L'esperienza trascendentale è una con-conoscenza del soggetto conoscente, perché fa parte delle strutture necessarie del soggetto conoscente e perché consiste nel superamento delle categorie - essa è l'esperienza della trascendenza. Però, per Rahner tale esperienza trascendentale non è limitata alla pura conoscenza, ma si estende anche alla volontà e alla libertà, che posseggono il medesimo carattere trascendentale[17]. La teologia trascendentale rahneriana disegna quindi una teologia sistematica che si serve dell'apparato di una filosofia trascendentale per tematizzare le condizioni *a priori* nel soggetto credente per la conoscenza di importanti verità di fede. Questa messa al centro del soggetto nel processo della (con-)conoscenza di sé e di Dio, nella teologia cattolica contemporanea collegata direttamente a K. Rahner, si indica con il nome di svolta antropologica.

1.3 *La svolta antropologica*

Rahner sostiene che «la svolta antropologica è necessaria in tutta la teologia»[18], così da poter individuare per ogni punto dottrinale un corrispondente *spunto antropologico*[19]. Il metodo trascendentale trova la sua

---

spazio-temporale dell'uomo, la storia dell'uomo, mentre il termine *trascendentale* significa un metodo di pensare e di riflettere, una condizione di possibilità della conoscenza, aggettivo che si riferisce alla trascendenza o sostantivo che indica i trascendentali dell'essere.

[17] Cfr. *Corso fondamentale sulla fede*, 40-41.
[18] «Teologia e antropologia», 59.
[19] La sintesi organica rahneriana che attua una «svolta antropologica», possiamo fondamentalmente trovarla in due suoi testi: «Teologia e antropologia», 45-72; e «Fondazione generale della protologia e dell'antropologia», 9-30 (cfr. anche *La grazia come centro dell'esistenza umana*). Per capire che la centralità del soggetto nel processo della conoscenza non è una novità rahneriana straordinaria, basta ricordare la teologia agostiniana e la sua riconduzione della conoscenza di Dio all'interiorità dell'uomo: *noverim me, noverim te* o *ambula per nomine et pervenies ad Deum* (di fatto Agostino dovrebbe costruire la terza componente accanto a Maréchal e Heidegger del fondamento filosofico della teologia rahneriana che include il concetto di «*lumen intellectus agentis*»; cfr. «Die Illuminationslehre des heiligen Augustinus»; cfr. A. BATLOGG – A. ZAHLAUER, *Rahner in 32 Bänden. Anmerkung zum Start der Karl-Rahner-Gesamtausgabe*, 385, nota n. 24); Nelle sue opere ritroviamo non solo la proposta spirituale ignaziana della necessità di una esperienza personale di Dio, ma

più profonda applicazione proprio nella dottrina rahneriana dell'«*esistenziale soprannaturale*» così che la sua svolta antropologica potrebbe essere formulata come *esperienza trascendentale dell'esistenziale soprannaturale* dove emergono quattro elementi costitutivi: l'esistenzialità come determinazione essenziale della soggettività umana, la gratuità come modalità costitutiva, l'esperienzialità come interesse diretto al vissuto concreto e la trascendentalità come indice della relativa struttura apriorica[20].

Il termine heideggeriano esistenziale *filosofico/ontologico* viene assunto da Rahner nella sua accezione formale di determinazione dell'essere dell'uomo (*Seinsbestimmung des Menschen*)[21], che per lui però è «l'evento dell'assoluta autocomunicazione di Dio»[22] ovvero dell'esistenziale *soprannaturale*. In altre parole la trascendentalità dello spirito umano come apertura radicale alla Trascendenza è infatti apertura al mistero santo della vicinanza di Dio, che si rivela liberamente e gratuitamente e si comunica all'uomo. Per capire questo bisogna prendere in considerazione che Rahner non parla della realtà umana come solamente «naturale», ma come già impregnata dalla

---

anche i contributi della mistica medievale eckhartiana e della teologia evangelica della (ri)conoscenza personale - cosa Gesù Cristo è *per me*, e i parallelismi dell'espressione rosminiana dell'«antropologia soprannaturale» e dell'impostazione teologica newmaniana della coscienza di sé.

[20] Per l'analisi di ognuno di questi aspetti, sia del loro significato che del collegamento presente tra loro, cfr. A. MARGARITTI, «Svolta antropologica e istanza kerigmatica», 246-271.

[21] I rapporti tra Rahner e Heidegger, del quale ha seguito il corso *Introduzione alla metafisica* nel 1935 e che ha definito come il suo maestro *par excellence* (cfr. R. WISSER, ed., *Colloquio con Martin Heidegger*, 59-60), a volte vengono sopravvalutati, ma senza dubbio sono di matrice heideggeriana una serie di questioni trattate da ragne: la forte problematica dell'essere, il concetto di esistenziale come di una determinazione essenziale dell'esistenza umana, la concezione della struttura della storicità dell'essere umano, lo sfondo di una precedente conoscenza (anche se implicita) dell'essere in genere di ogni affermazione; questi elementi però non sono utilizzati da Rahner in senso filosofico-fenomenologico (cfr. M. HEIDEGGER, *Essere e tempo*, 45-46; *Kant e il problema della metafisica*, 23) bensì in una prospettiva teologico-trascendentale (cfr. soprattutto la prima edizione di *Uditori della parola*). Infine, a differenza di Heidegger, Rahner ritiene di poter dimostrare l'esistenza dell'essere assoluto come contenuto della comprensione dell'essere, in quanto sua condizione di possibilità. Sul rapporto dell'«esistenziale soprannaturale» rahneriano con l'«esistenziale» heideggeriano si veda P. EICHER, *Offenbarung. Prinzip neuzeitlicher Theologie*, 397, e O. MUCK, «Heidegger e Karl Rahner».

[22] *Corso fondamentale sulla fede*, 161.

grazia «soprannaturale», ovvero non considera il *lumen fidei* solo come una grazia attuale che si riceve in preparazione allo stato della giustificazione, ma lo considera come una realtà offerta già da sempre a ciascuno.[23] Il concetto della grazia come esistenziale soprannaturale comporta dunque: a) una realtà soprannaturale, data indebitamente e gratuitamente/libe-ramente come autocomunicazione di Dio all'uomo; b) realtà su-esistente all'uomo così da costituire un *apriori* e un *trascendentale* umano (che accompagna il suo divenire storico *aposteriori*), e umanamente interiormente con-determinato nelle sue facoltà di *intelligenza* e di *libertà* (in modo così profondo che essa resta presente e operante nell'uomo, anche quando questi la rifiuta)[24]. Il rapporto natura-grazia[25], nell'interpretazione rahneriana, costituisce uno dei motivi dominanti della dottrina dell'esistenziale soprannaturale, secondo la quale ogni uomo (sia colui che crede in Gesù Cristo sia colui che non lo conosce) non è mai un puro «uomo naturale» (in cui vi è solo una possibilità astratta che la grazia, come dono gratuito, lo tocchi) ma è un uomo con la vocazione soprannaturale (che la sua permanente apertura verso la «grazia soprannaturale», verso il «dono dello Spirito Santo», costituisce l'elemento più intimo del suo essere). È proprio dalla dottrina rahneriana dell'esistenziale soprannaturale che deriva la sua peculiarità/originalità del concetto di rivelazione trascen-

---

[23] «La mia convinzione teologia fondamentale ... è che quel che noi denominiamo grazia è sì ovviamente realtà che viene da Dio in un rapporto dialogicamente libero ed è quindi indebita e soprannaturale. Ma per me la grazia è contemporaneamente una realtà che è data sempre e dappertutto nel centro più intimo dell'esistenza umana – fatta di conoscenza e di libertà –, nel modo dell'offerta, nel modo dell'accettazione o del rifiuto, cosicché l'uomo non può mai uscire da questa caratteristica trascendentale della sua essenza» (*La grazia come centro dell'esistenza umana*, 28-29).

[24] Cfr. *Corso fondamentale sulla fede*, 174-175; 165-171.

[25] A proposito del rapporto natura-grazia, alcuni studiosi di Rahner (cfr. per es. A. RAFFELT – H. VERWEYEN, *Leggere Karl Rahner*, 103-108) sostengono che quando nel 1950 stava per essere pubblicata l'enciclica *Humani generis*, che conteneva una chiara condanna: «Altri snaturano il concetto della '*gratuità*' *dell'ordine soprannaturale* quando sostengono che Dio non può creare esseri intelligenti senza ordinarli e chiamarli alla visione beatifica» (DS 3891), indubbiamente rivolta contro la «*nouvelle théologie*» (influenzata da Blondel e sviluppatasi intorno a de Lubac), Rahner ritenne di dover distinguere chiaramente la propria posizione dalle affermazioni messe in discussione, e proprio per questo avrebbe utilizzato l'espressione-chiave «esistenziale soprannaturale». L'opera del teologo finlandese T. MANNERMAA, *Lumen fidei et obiectum fidei adventicium*, con il sottotitolo *La spontaneità e recettività della conoscenza di fede nelle prime opere di Karl Rahner* dimostra come questa tesi sia infondata.

dentale, la soluzione data al problema delle religioni non-cristiane e la dottrina del cristianesimo anonimo.

Sebbene abbiamo individuato che una delle prime caratteristiche che distinguono il modo rahneriano di fare la teologia dagli altri teologi contemporanei sia l'approccio antropologico, preferiamo qui seguire il nostro schema classico, cioè analizzare il fondamento teologico/trinitario e cristologico della sua teologia della fede, per poter più completamente affrontare la figura antropologica della fede, che in Rahner è, infatti, contemporaneamente sia il punto di partenza che il punto di arrivo.

2. L'autocomunicazione esistentiva, originaria e storica di Dio

Il cuore della concezione cristiana dell'esistenza nel linguaggio di Rahner è *l'autocomunicazione libera e gratuita di Dio all'uomo* – una comunicazione del mistero assoluto[26] e personale[27] all'essere personale

---

[26] Rahner abitualmente parla di Dio come Mistero assoluto che sempre ci trascende e supera, che è sempre rivelato e nascosto, ma con questo non si colloca nell'ambito delle incoerenze logiche o dei nascondimenti enigmatici. Secondo la giusta opinione di Fischer, tutti gli scritti di Rahner conducono alla «reductio in mysterium» quale principio organizzativo del lavoro teologico (cfr. K.P. FISCHER, «Philosophie und Mystagogie. Karl Rahners 'reductio in mysterium' als Prinzip seines Denkens»), poiché, a rigore, tutti i «misteri» (al plurale) non sono che variazioni dell'unico Mistero Assoluto che è Dio stesso. Cfr. *Corso fondamentale sulla fede*, 72-126.

[27] È interessante la tesi dottorale di D. KOWALCZYK, *La personalità in Dio. Dal metodo trascendentale di Karl Rahner verso un orientamento dialogico in Heinrich Ott*, per il quale uno dei compiti più urgenti per la teologia è il recupero del concetto personale di Dio, senza il quale entra in crisi tutto ciò che la tradizione cristiana ci dice sull'essere divino. Questa convinzione l'ha portato allo studio della questione della personalità in Dio in analogia con le caratteristiche della personalità umana. Egli analizza – seguendo Karl Rahner – le esperienze fondamentali (trascendentali) dell'uomo in quanto appare in esse la dimensione personale dell'essere assoluto e evidenzia alcune ambiguità e limiti dell'approccio trascendentale al tema della personalità in Dio. La sua critica in particolare si concentra su due problemi: 1) la legittimità del passaggio dall'essere assoluto al Dio personale, 2) la questione del «Tu» reciproco all'interno della Trinità. Alla fine viene presentato il tentativo di H. Ott (nato nel 1929 e dal 1962 succeduto a K. Barth all'Università di Basilea) di correggere e integrare il metodo trascendentale in direzione personalistica. Tale tentativo è rimasto però incastrato tra le coordinate dell'assetto trascendentale di Heidegger e non ha portato a conclusioni radicalmente nuove. L'autore giustamente conclude che è rimasta la necessità di approfondire l'approccio trascendentale-dialogico, indicando come promettente una nuova impostazione filosofica che, accanto al concetto di «reciprocità», metterebbe in risalto l'«alterità», con una rilettura del messaggio biblico non tanto nella chiave ontologica, quanto in quella etica.

e spirituale. Questo concetto significa, da una parte, che ciò che viene comunicato e partecipato è realmente Dio nel suo proprio essere, e, dall'altra, che la comunicazione consiste in un afferrare e in un accogliere Dio nella vicinanza/visione immediata[28] e nell'amore/conoscenza[29]. Le implicazioni conseguenti per Rahner sono due: che (*2.1*) la Trinità è per l'uomo una realtà salvifica accessibile e che, per questo, (*2.2*) esiste un rapporto particolare tra storia della salvezza e storia del mondo.

2.1 *Assioma teologico: la Trinità «economica» è «immanente» e viceversa*

Il concetto di autocomunicazione, che può essere considerato come il compendio della teologia di Rahner, ha la sua rilevanza particolare nell'ambito trinitario. Anche se l'enunciato «*la Trinità economica è la Trinità immanente e viceversa*»[30] ha un'unità interna, presenta due affermazioni che richiedono due distinte riflessioni e valutazioni teologiche. La tesi che sostiene l'identità tra la Trinità economica (*storico-salvifica*) e la Trinità immanente (*realtà eterna intradivina*), per le sue implicazioni epistemologiche, soteriologiche e teologiche, è ampiamente accettata: a) il Dio rivelato «*per noi*» nell'avvenimento Gesù Cristo e nel dono dello Spirito Santo è l'unico punto di partenza per avere una conoscenza di Dio «*in sé*»; quindi, alla Trinità economica va riconosciuta una priorità nell'ordine della conoscenza e uno statuto di principio normativo nell'elaborazione del discorso teologico sulla

---

[28] Cfr. *Corso fondamentale sulla fede*, 163-174.

[29] Questo binomio, nel quale l'amore rappresenta l'illuminazione della conoscenza, spesso presente nel pensiero rahneriano, è esplicitamente espresso in *Uditori della parola* (particolarmente 135-145). Il soggetto che conosce si trascende in un soggetto che ama e questo trascendersi amante del soggetto che conosce è operato da Dio nella sua autocomunicazione trinitaria all'uomo, avvenimento nel quale la capacità naturale dell'essere umano di conoscere, si trasforma, in virtù della grazia, in un amore *ek-statico*, ossia in un amore per Dio che non comprende né domina il suo fondamento (Dio). Cfr. R. MIGGELBRINK, *Ekstatische Gottesliebe im tätigen Weltbezug*.

[30] Questa tesi la troviamo presentata esplicitamente in «*Il Dio trino come fondamento originario e trascendente della storia della salvezza*», 401-507 (qui 414). Cfr. *Corso fondamentale sulla fede*, 183-188. Per l'interpretazione e la recezione del *Grundaxiom*, oltre al dettagliato e specifico studio di M. GONZALES, *La relación entre Trinidad económica e inmanente*, basta rinviare alla recente e puntuale presentazione dello *status quaestionis*, L. LADARIA, *La Trinità. Mistero di comunione*, 13-86, e al saggio di S. DEL CURA, «Tra mistero ed esperienza. La dottrina trinitaria dopo Karl Rahner». La sua recezione è anche attestata dal Documento della Commissione Teologica Internazionale «Teologia – Cristologia – Antropologia».

Trinità immanente; b) la prima affermazione dell'assioma consente anche di riconoscere agli avvenimenti storici, di cui Gesù Cristo è protagonista, la densità teologica che è loro propria e il loro valore soteriologico per gli uomini; c) di conseguenza non si può giustificare una separazione tra cristologia e Trinità (come avviene nella teologia neoscolastica): Gesù è il Figlio di Dio fatto uomo e la sua condizione filiale è tanto importante quanto la sua condizione divina, per riconoscere la storia vissuta da lui come autocomunicazione della Trinità. Minore unanimità e maggiori critiche suscita invece la seconda parte dell'assioma – «e viceversa» – cioè l'affermazione che *la Trinità immanente è la Trinità economica*, richiesta oltretutto dalla coerenza con la prima parte dato che solo se la Trinità immanente è la Trinità economica si può riconoscere nell'avvenimento Gesù Cristo l'autocomunicazione di Dio. L'insoddisfazione rispetto a questa seconda parte ha a che vedere con la portata reale da attribuire al verbo «è» in relazione al carattere libero e gratuito della storia salvifica e con la dimensione escatologica della rivelazione e della salvezza che ancora continuano ad essere oggetto di speranza.

Possiamo però ammettere che Rahner certamente non ha messo in discussione la realtà della Trinità immanente, da una parte, perché il suo interesse principale per la teologia trinitaria era in relazione all'incarnazione, all'accedere alla grazia e alla significatività dell'autocomunicazione di Dio per l'uomo; e dall'altra parte perché, infatti, un certo *apofatismo* davanti al Mistero attraversa tutto il suo lavoro teologico: egli ha sempre mantenuto le distanze da qualsiasi pretesa di addentrarsi in un presunto dramma intradivino, basato sulle analogie intersoggettive e sul ricorso senza complessi al linguaggio delle tre persone o anche dei tre soggetti. Convinto che, in questioni di dottrina trinitaria, nella maggioranza del popolo cristiano è diffuso una specie di «triteismo» irriflesso e inconsapevole (legato all'uso tradizionale dell'espressione «tre persone» in un contesto di profonde modificazioni semantiche del termine), Rahner per far riferimento all'autocomunicazione di Dio preferisce le espressioni modi-di-stare-qui (*Daseinweise*) o forme-di-farsi-presente/reale (*Gegebenheitsweise*) nella storia da parte del Dio unico e cerca di mettere in evidenza una corrispondenza fra i due modi in cui il Padre si fa presente nella storia salvifica (*Logos* e lo *Spirito Santo*) e le due dimensioni spirituali fondamentali dell'essere umano (la sua storicità e la sua transcendentalità). A questo proposito, Rahner parla dell'autocomunicazione del Dio unico come *Verità* e come *Amore*, in quanto forme dell'unica e totale autodonazione divina all'essere umano: forme che consentono di parlare del Logos divino (come la parola definitiva del Padre), e dello Spirito Santo (come la concessione ultima del suo Dono)[31]. Però, per il fatto che la rivelazione permette di formulare affermazioni sulla realtà di Dio «in sé stesso», Rahner preferisce servirsi dell'espressione modi-di-sussistere (*Subsistenzweise*) quale espressione che garantisce le due modalità dell'autocomunicazione di Dio appartenenti all'ambito divino (e non a quello delle creature finite) e per completare o sostituire il linguaggio delle persone. Questa proposta di Rahner, per molti rischia di cadere nel *(neo)modalismo*[32], sia esplicito, sia nascosto, che come un'ombra incombe sulla dottrina trinitaria. Non troviamo i motivi sufficienti a sostenere i verdetti categorici che nella proposta rahneriana ci troveremmo di fronte alla semplice ripetizione di un'eresia già rifiutata nella sua prima configurazione storica e risuscitata ora con una veste leggermente diversa[33].

---

[31] Cfr. *Mysterium Salutis*, II, 389.

[32] I motivi per cui i teologi rimproverano Rahner di modalismo sono diversi e tutti più o meno giustificati e convincenti: l'uso stesso dell'espressione «modi» invece di «persone» (cfr. E. GUTWENGER, «Zur Trinitätslehre von 'Mysterium Salutis' II»), la negazione di una soggettività psicologica delle sussistenze individuali per identificare la persona con un'essenza astratta (cfr. W.J. HILL, *The Three-Personed God: The Trinity as a Mystery of Salvation*, 144s.179.254s, il quale si è poi avvicinato a Rahner in *Search for the Absent God*), l'assunzione dell'individualismo estremo e non relazionale che caratterizza la moderna comprensione della persona come possesso di sé libero e individuale (cfr. J. MOLTMANN, *Trinità e Regno di Dio. La dottrina su Dio*, 165-168, 173-174), la preferenza di un modalismo storico-salvifico disinteressato alla Trinità immanente (cfr. Y.M. CONGAR, *Credo nello Spirito Santo*, 30s) l'indifferenza per l'aspetto relazionale come senso dell'essere e della considerazione di ogni persona divina come capace di parlare e di attuare (cfr. G. GRESHAKE, *Il Dio unitrino. Teologia trinitaria*, 368s), l'ignoranza del pensiero personalista e dell'importanza di comprendere la personale come essere in relazione (cfr. W. KASPER, *Il Dio di Gesù Cristo*, 144s), l'accusa esplicita e diffusa di conservare diverse opinioni eretiche, tra cui quella del modalismo (cfr. H.J. VOGELS, *Karl Rahner im Kreuzverhör*, 16s; D. BERGER, «Abschied von einem gefährlichen Mythos», 82s). Per le posizioni a favore dell'ortodossia di Rahner cfr. M.A. PUGLIESE, «Is Karl Rahner a Modalist?», 229-249, e per una riflessione contraria ad equiparare la posizione di Rahner con il modalismo sabelliano cfr. R. MIGGELBRINK, «Modalismusvorwurf und Personbegriff in der trinitätstheologischen Diskussion».

[33] Il semplice fatto di ricorrere all'espressione «modi di esistenza», senza rifiutare del tutto l'uso della categoria «persona», non basta di per sé a giustificare l'accusa di «modalismo» eterodosso. Ricordiamo che lo stesso Tomaso d'Aquino in *S.Th.* I, 30, 4, 2 usa, a volte, il termine *modus* per indicare la persona trinitaria. D'altra parte il modalismo che negava la distinzione reale tra Padre, Figlio e Spirito Santo non è del

Comunque, nonostante la perplessità che accompagna il suo rifiuto di parlare di un «Tu» intradivino e la sua preferenza per il termine Logos al posto di Figlio, egli stesso ha lasciato molti testi di preghiere e di meditazioni in cui usa forme di allocuzione ed espressioni personali che, infatti, corrispondono al tripersonalismo trinitario e all'intersoggettiva/interpersonalità come elementi costitutivi della persona. La discussione ancora una volta conferma l'interesse particolare e la collocazione costante di Rahner nell'intreccio teologico-filosofico[34], qui della comprensione moderna di «persona» e delle sue implicazioni trinitarie.

2.2 La storia della salvezza/rivelazione come coestensiva alla storia del mondo

Come si è potuto già osservare, la riflessione teologica di Rahner è caratterizzata da due tratti metodologici: da una parte egli riflette sulle condizioni di possibilità che permettono all'uomo di poter accogliere il messaggio cristiano (*approccio trascendentale-antropologico*), e dall'altra egli riflette sui dati della concreta storia della salvezza e sull'autocomunicazione di Dio, nonché sulla sua mediazione nel mondo e nella storia (*approccio storico-salvifico e cristologico*). Similmente nell'analisi del rapporto della storia della salvezza con la storia del mondo e con la storia della rivelazione egli distingue l'aspetto trascendentale e l'aspetto categoriale dell'autocomunicazione divina[35].

---

tutto equiparante ai «modi di sussistenza» di cui parla Rahner; egli non rifiuta la realtà di una Trinità immanente (*distinkte Subsistenzweise*), anche se il suo interesse ruota attorno alla Trinità economica e all'evento della grazia come autocomunicazione di Dio. Infine, Rahner non parla mai di un'unica «sussistenza assoluta», ma di tre modi concreti di sussistere. Per la discussione sulla proposta rahneriana che non ha mai avuto un consenso unanime né incondizionato si segnala B.J. HILBERATH, *Der Personbegriff der Trinitätstheologie in Rückfrage von Karl Rahner zu Tertullians «Adversus Praxean»*, P. SCHOONENBERG, «Eine Diskussion über den trinitarischen Personbegriff: Karl Rahner und Bernd Jochen Hilberath».

[34] Nonostante Rahner abbia indicato più volte i confini dell'istanza filosofica e teologica (cfr. «Filosofia e teologia», «Filosofia e procedimento filosofico in teologia», «Sul rapporto odierno tra filosofia e teologia»), il problema del rapporto tra le due non trova facile riscontro nei suoi scritti. La cosa non avrebbe dovuto stupire oltremodo all'epoca della composizione, ma in un periodo come il nostro, in cui filosofia e teologia hanno ripreso con vigore l'identità epistemologica che le caratterizza, essa non crea poche difficoltà soprattutto se, lasciata in disparte la contestualizzazione storica, si entra in merito ai contenuti.

[35] Cfr. *Corso fondamentale sulla fede*, 189-233.

Per primo, bisogna dire che la *storia della salvezza* è *coesistente* alla storia generale dell'umanità, che per Rahner non significa che coinciderebbero perché la storia conosce anche la perdizione, la colpa e l'opposizione a Dio. Inoltre, una tale storia della salvezza, in corrispondenza alla natura dell'uomo intero (quale spirito/anima e corpo, ovvero trascendenza e storia), presenta essenzialmente due momenti mutuamente condizionanti: a) essa è l'evento dell'autocomunicazione divina nell'accettazione o nel rifiuto da parte dell'uomo dotato di libertà – momento *metastorico/trascendentale*; b) questo stesso evento fa parte della storia e si verifica nella storia – momento *storico/categoriale*. Così, concludiamo che l'aspetto trascendentale e l'aspetto categoriale dell'autocomunicazione divina stanno in un rapporto reciproco: l'autocomunicazione trascendentale viene sempre mediata attraverso la storia, mentre la mediazione categoriale non può essere accolta dall'uomo come autocomunicazione soprannaturale se non alla luce dell'autocomunicazione trascendentale.

La storia universale della salvezza, che in quanto autocomunicazione propriamente soprannaturale è coesistente e coestensiva alla storia del mondo, è nel contempo anche la *storia della rivelazione*. A tal proposito, Rahner distingue tra storia della rivelazione *trascendentale generale*, implicita/a-tematica che raggiunge ogni uomo nella sua esperienza trascendentale, e storia della rivelazione *categoriale particolare*, esplicita/tematica che si esprime in concetti e si trasmette storicamente attraverso l'annuncio cristiano e che ha il suo culmine nell'evento Gesù Cristo.[36]

3. Il rapporto dell'uomo con Dio portato a compimento dall'Uomo-Dio Gesù Cristo

Il tentativo di Rahner, di mostrare una via antropologica della fede che possa anche includere una spiritualità capace di custodire la tra-

---

[36] «Rivelato è Dio come colui che si comunica come Dio in vicinanza assoluta di perdono, quindi come mistero assoluto (*rivelazione trascendentale*); rivelata è la mediazione storica di questa esperienza trascendentale, come valida, come quella che fa avvenire e dà la conferma assoluta dell'esperienza di Dio; rivelata è l'unità assoluta e irrevocabile, nel culmine già raggiunto, irrepetibile e definitivo, di questa storia della rivelazione tra l'autocomunicazione trascendentale di Dio all'umanità e il suo storico essere comunicato nell'uno Uomo-Dio Gesù Cristo il quale, Dio egli stesso in quanto comunicato, è l'accettazione umana di questa comunicazione e ad un tempo la definitiva apparizione storica di questa promessa e di questa accettazione» (*«Rivelazione»*, 205).

scendenza dell'iniziativa divina[37], si fonda sulla dimensione cristologica, ed è per questo che la teologia rahneriana restituisce Cristo all'uomo e l'uomo a Cristo[38]. Da una parte, questo significa che egli riconosce il fondamento cristologico dell'antropologia, considerando l'antropologia una cristologia incompiuta e la cristologia un'antropologia compiuta (mettendo così in evidenza come la creazione e il destino dell'uomo trovino la loro ultima giustificazione nell'Incarnazione)[39]. Dall'altra parte, Rahner vuol dire che la via d'accesso alla cristologia classica calcedonese è il cammino dell'uomo verso Dio (ritenendo così che ogni ricerca cristologica parte da una dimensione antropologica concreta).

Il modo che Rahner predilige e presenta come suo proprio nel realizzare una cristologia è quello basato su una struttura trascendentale,

---

[37] Una chiara dimostrazione del tentativo di stabilire il legame del *momento teologico* col *momento antropologico* lo troviamo in un saggio che tratta del posto di Dio nella teologia, dove Rahner afferma che «abbiamo da un lato la *storia della rivelazione e della salvezza* (quindi l'essenza della teologia) come autopartecipazione di Dio; dall'altro *l'essenza umana trascendentale* 'ex-centrica', è chiamata sin da principio ad una obbedienza di fede nei confronti di Dio che si è reso partecipabile, un 'essenza che è 'presso di sé' soltanto se si *riconosce 'data'* da questo mistero incomprensibile, ma che non troverebbe il vero Dio se si limitasse a concepirlo nel suo 'ad nos' con misure puramente umane, senza accettarle umilmente da lui» («Dottrina su Dio nella dogmatica cattolica», 200; corsivo nostro).

[38] «In Cristo, la natura è portata definitivamente alla sua salvezza assoluta e quivi solamente è ricondotta a se stessa ed è resa manifesta per l'uomo» («Considerazioni fondamentali per l'antropologia e la protologia nell'ambito della teologia», 26).

[39] «La cristologia è l'inizio e la fine dell'antropologia nella sua più radicale realizzazione, cioè la cristologia è in eterno teologia: la teologia, anzitutto, che Dio stesso ha detto pronunciando la sua Parola come nostra carne nel vuoto del non-divino e del peccato, la teologia della quale poi noi stessi ci occupiamo nella fede, a meno che non crediamo di trovare Dio non curandoci dell'uomo Cristo e pertanto dell'uomo in generale. Dopo l'incarnazione, l'antropologia dovrebbe essere sempre letta come cristologia incompleta e la cristologia come meta e fondamento primo dell'antropologia, poiché in Gesù si è manifestato storicamente ed è dato insuperabilmente e cosa e chi sia l'uomo» («Teologia dell'Incarnazione», 114-115). Questa formula che potrebbe compendiare l'intera teologia rahneriana solleva con estrema chiarezza alcuni interrogativi critici. Kasper giustamente osserva che, avanzando una teologia e cristologia in chiave antropologica, c'è il rischio di ridurre il cristianesimo storico unilateralmente ad un dato metafisico e di eliminare con la speculazione filosofica lo scandalo della singolarità di Gesù Cristo (cfr. W. KASPER, *Gesù il Cristo*, 62-63). Cfr. la tesi di I. BOKWA, *Christologie als Anfang und Ende der Anthropologie. Über das gegenseitige Verhältnis zwischen Christologie und Anthropologie bei Karl Rahner*.

perché ritiene che sia la più adatta a chiarire la situazione dell'uomo in rapporto con Cristo e animato da un desiderio naturale della visione di Dio. Il compito specifico della *cristologia trascendentale* rahneriana[40], quindi, è quello di far comprendere l'evento di Cristo in tutta la pienezza, descrivendo il mistero dell'uomo alla luce del mistero di Cristo, e presentando il mistero di Cristo alla luce del mistero dell'uomo. Così, a partire dall'incontro con Cristo, la cristologia rahneriana, da una parte si interroga sulle possibilità aprioriche che l'uomo ha di comprendere il dogma cristologico, preservandolo da deformazioni mitologiche, e perciò dall'altra parte opera il passaggio da una cristologia *ontica* aposteriorica/categoriale, che illustra *ciò che è* l'evento del Cristo, ad una cristologia *ontologica* esistenziale, che mira a dare *la comprensione di ciò che è* l'evento del Cristo. Rahner vuole eliminare alcuni malintesi come l'idea secondo cui Dio si sarebbe trattenuto sulla terra travestito da uomo o quella secondo cui Dio si sarebbe trasformato in forma d'uomo. Per raggiungere una comprensione più chiara delle affermazioni di Calcedonia sulle due nature in Gesù Cristo[41] si deve tenere maggiormente conto degli aspetti protolo-

---

[40] Lo stesso Rahner, sia alla voce *Gesù Cristo* per il dizionario *Sacramentum Mundi* (1968) che nella sesta sezione del *Corso fondamentale sulla fede* (1976), dopo aver parlato negli scritti precedenti di cristologia «dal basso», definisce la sua cristologia una cristologia trascendentale. Su questa linea rimane Maurice affermando che l'insistenza troppo unilaterale sulla connotazione antropologica della cristologia rahneriana non terrebbe conto dell'evoluzione del suo pensiero e perciò preferisce la connotazione trascendentale che esprimerebbe meglio i rapporti esistenti tra teologia fondamentale, filosofia, teologia, spiritualità e cristologia. (É. MAURICE, *La christologie de Karl Rahner*). Però, J. McDermott avanza delle critiche ulteriori e sostiene che, per il fatto che la sua cristologia dal basso (o dall'incarnazione) non sarebbe riuscita a riconciliarsi con quella dall'alto (o dalla risurrezione), si deve parlare non di una ma di più cristologie di Rahner (cfr. J. MCDERMOTT, «The Christologies of Karl Rahner», 87-123.297-327). Noi invece condividiamo qui la convinzione di Sanna che ritiene che la dimensione trascendentale particolare sia inclusa in quella più ampia e generale antropologica (cfr. I. SANNA, *Teologia come esperienza di Dio*, 153) e di Kasper, secondo il quale la qualificazione cristologica «dal basso» ripropone, in pratica, l'istanza della cristologia trascendentale sempre presente in Rahner, ma spesso viene interpretata in modo errato (kantiano) quasi come se Rahner intendesse dedurre aprioristicamente il contenuto della cristologia del pensiero umano, dell'azione umana e dell'esistenza (cfr. W. KASPER, *Gesù il Cristo*, 61).

[41] Rahner tenta di accedere alle affermazioni di Calcedonia sulle due nature di Gesù, non confuse e indivise, per mezzo di una teologia del simbolo. L'umanità concreta di Gesù per Rahner rappresenta il simbolo reale di Dio, ovvero la presenza quasi sacramentale di Dio nel mondo. Così, l'umanità di Gesù è l'*alter ego* del *Logos*,

gici delle loro interpretazioni, della legittima cristologia della coscienza di Gesù, del rispetto dell'umanità di Gesù e del suo significato nel nostro rapporto con Dio.

Nel lungo corso dello sviluppo della sua cristologia[42], la nota

---

cioè una realtà diversa dal *Logos* e, pur essendo distinta, unita ad essa. In tal modo il *Logos* divino, rimanendo immutabile in sé, può tuttavia subire un destino e può «diventare» attraverso il suo «simbolo» storico a cui egli è unito, anche se è distinto da lui. Si potrebbe dire che nel sacramento si incontrano (cosa che Rahner stesso non tematizza) i due nuclei concettuali rahneriani - il simbolo e il mistero. Se si accentua l'aspetto simbolico, si può ricavare una teologia simbolica, sorretta dal metodo trascendentale; e se, invece, si accentua l'aspetto del mistero, si può ricavare l'approccio mistagogico, radicato nei misteri della vita di Cristo secondo la dottrina degli esercizi ignaziani. Per un confronto con questa interessante idea cfr. E.G. FARRUGIA, «La teologia di Karl Rahner. Simbolo o mistero?». Cfr. anche K. LEHMANN, «Karl Rahner. Ein Porträt», 40-52; J.H.P. WONG, *«Logos-Symbol» in the Christology of Karl Rahner*.

[42] *Il primo periodo* del percorso cristologico di Rahner (1934-1953), particolarmente rappresentato da un breve articolo sul cuore di Gesù presso Origene («Cœur de Jésus chez Origène» [1934]), dalla sua tesi di laurea («E latere Christi» [1936]) e da un saggio sulla cristologia tedesca protestante («Die deutsche protestantische Christologie der Gegenwart» [1936], è designato da una ricerca del volto umano del Figlio d Dio. L'interesse particolare per l'umanità del Cristo e il suo cuore come centro originario di questa realtà umana è ribadito da tre saggi del 1953, «La risurrezione della carne», «Ecco quel cuore» e «Il significato perenne dell'umanità di Gesù nel nostro rapporto con Dio». *Il secondo periodo* (1954-1968) è caratterizzato dalla pubblicazione del saggio programmatico a partire dal dogma calcedonese («Calcedonia. Inizio o fine?»), del «Saggio di uno schema di dogmatica» e del «Problemi della cristologia d'oggi»: in essi emerge la considerazione della cristologia come il compimento unico e specifico del rapporto Creatore-creatura ed è in base a ciò che la cristologia è vista come un'antropologia che si autotrascende e la cristologia come una cristologia incompiuta; inoltre, si evidenzia la necessità di formulare una cristologia della coscienza utilizzando al meglio tutte le espressioni che descrivono il rapporto di Gesù con il Padre (Gesù è l'unico che conosce il Padre, porta il suo messaggio, fa sempre la sua volontà, è sempre da lui ascoltato…) con l'applicazione al rapporto tra una cristologia ontica ed una cristologia ontologica. Una prima tessera di questo mosaico cristologico è posta con la riflessione su una cristologia dell'Incarnazione («Teologia dell'Incarnazione» [1958]) che rappresenta un tentativo di cristologia ontologica, elaborata a partire dal concetto chiave di mistero, e con l'applicazione di una prospettiva trascendentale. La seconda realizzazione parziale del programma si concentra in due saggi del 1962: «Considerazioni dogmatiche sulla scienza e coscienza di Cristo», nel quale si afferma che Gesù di Nazaret ha coscienza di essere il Figlio di Dio attraverso la mediazione della sua umanità e gode di una visione immediata/diretta, ma non necessariamente beatifica, e «La cristologia nel quadro di una concezione evolutiva del mondo», dove in base all'unità della storia

dominante che la caratterizza è l'*Incarnazione* del Figlio di Dio, evidente in Rahner in modo speciale nel suo insistere sulla centralità del termine *cuore*[43] che rappresenta il filo rosso e il termine conduttore nella sua ricerca di una base comune tra la nostra umanità e quella di Cristo. Questo mistero centrale ed inesauribile di tutta la vita cristiana rappresenta il punto supremo e unico del compimento della natura

---

del cosmo e di quella dell'uomo si cerca il rapporto tra la possibilità dell'autotrascendenza comune a tutti gli esseri umani e la realizzazione storica di essa avvenuta nell'Incarnazione del Figlio di Dio. La redazione sistematico-dogmatica della voce «Gesù Cristo» (1968) per l'enciclopedia *Sacramentum Mundi* costituisce una prima sintesi sistematica del suo pensiero cristologico trascendentale: concisamente espone i contenuti della cristologia della Tradizione e del Magistero, riprende i punti essenziali dei suoi saggi precedenti come la riflessione sulla teologia dell'incarnazione, sulla scienza e coscienza di Gesù e la relativa libertà ed infine sulla cristologia all'interno di una concezione evolutiva del modo, finalizzata alla descrizione della comparsa del salvatore assoluto Gesù Cristo. La particolarità si trova nella proposta di uno stretto legame tra teologia dogmatica e teologia fondamentale attraverso l'integrazione delle molteplici dimensioni della cristologia come quella di una cristologia esercitata nella vita cristiana (cristologia esistenziale/vissuta nella preghiera della Chiesa, nel culto del Cristo risorto, nella partecipazione al suo destino, nella vita di fede e di amore) o la cristologia in atto di ricerca (articolata in tre appelli: all'amore verso il prossimo, ad essere pronti a morire, alla speranza del futuro). *Il terzo periodo* (1969-1984) comprende le uniche due opere sistematiche scritte da Rahner: *Cristologia. Prospettiva sistematica ed esegetica* (1972) e il *Corso fondamentale sulla fede* (1976), con le quali ha approfondito l'umanità di Gesù in tutte le sue dimensioni e il suo ruolo come Salvatore assoluto, cercando così di offrire un certo equilibrio tra una prospettiva di incarnazione e risurrezione, tra il peso della storia e il ruolo della fede, tra cristologia trascendentale e quella classica, tra la teologia fondamentale e quella dogmatica. Per l'analisi del percorso/sviluppo dettagliato della cristologia rahneriana cfr. I. SANNA, *Teologia come esperienza di Dio*, 161-226; E. MAURICE, *La christologie de Karl Rahner* e E.G. FARRUGIA, *Aussage und Zusage*.

[43] Proprio nel cuore si evidenzia la funzione del centro della vita umana e, di conseguenza, con questo termine si vuole indicare anche la funzione di centro originale della realtà umana del Figlio di Dio. Rahner sottolinea con vigore e originalità il carattere unico dell'uomo e la concreta e reale umanità del Cristo, e quasi anticipa il testo conciliare quando afferma che Gesù ha lavorato con mani d'uomo, ha pensato con intelligenza d'uomo, ha agito con volontà d'uomo, ha amato con cuore d'uomo (cfr. particolarmente *Teologia del Cuore di Cristo* e *GS* 22). Per la ricezione dell'idea cfr. A. TALLON, «The Meaning of Heart Today: Reversing a Paradigm according to Levinas e Rahner»; ID., «The Heart in Rahner's Philosophy of Mysticism»; A. CALLAHAN, *Karl Rahner's Spirituality of Pierced Heart: a Reinterpretation of the Devotion to the Sacred Heart*; K.H. NEUFELD, «Karl Rahner. Il cuore nel pensiero cattolico».

umana: l'unione dei due momenti, la spogliazione di Dio e l'apertura dell'uomo; qui si chiarisce e approfondisce il rapporto fondamentale tra cristologia e antropologia di Rahner[44]. Lo si conferma soprattutto con la concezione dell'uomo come un essere con una disposizione ontologica fondamentale in comune con Cristo: è interessante rilevare un certo sviluppo nella definizione rahneriana dell'uomo che da «essere indefinibile per natura», diventa poi «il mistero riferito alla pienezza divina» ed è infine descritto come «la cifra di Dio», perché intanto esiste in quanto doveva esistere il Figlio di Dio. Nel caso concreto di Cristo, la sua coscienza è, in quanto in relazione immediata con Dio, la disposizione ontologica fondamentale del suo spirito, che implica una vera storia ed il rispettivo passaggio dall'irriflesso al riflesso. Nel caso d'ogni uomo, la *potentia oboedientialis* proprio per l'unione ipostatica, espressa dal concetto di apertura della natura umana al mistero assoluto di Dio, fa sì che l'assumibilità di questa natura umana da parte della Persona del Verbo di Dio non sia una possibilità accanto a tante altre possibilità, ma l'unica e comune possibilità per l'essenza dell'uomo. In definitiva, la traduzione ontologica rahneriana dell'asserto «il Verbo si è fatto carne» è una deduzione trascendentale della credibilità storica di Gesù di Nazaret, a partire dalla natura dell'uomo. Di conseguenza, proprio perché la natura umana trascendente è assunta dall'Uomo-Dio ed è da Lui portata a compimento, ogni uomo ha la possibilità del rapporto personale/autentico con il Padre.[45]

Rahner si oppone, quindi, alla tendenza di trascurare il rapporto tra la persona di Gesù Cristo «in sé» e la sua rilevanza «per noi», sottolineando così pure l'unità della cristologia e della soteriologia. La domanda iniziale è come sia possibile che una concreta figura storica abbia un'importanza particolare nella mediazione salvifica per tutta l'umanità

---

[44] Cfr. le recenti tesi dottorali di D.D. WOUNG, *L'unicité et l'universalité de Jésus-Christ chez Karl Rahner : herméneutique du «devenir-homme de Dieu», pour une affirmation de l'unité de la protologie et de l'eschatologie* ; J.P. POTTAKKAL, *The incarnation according to Karl Rahner (1904-1984)*.

[45] Per evitare ogni equivoco, bisogna ribadire che il fatto che la natura umana in Rahner sia presentata come la possibilità stessa dell'Incarnazione non significa che l'unione ipostatica si possa dedurre aprioristicamente o che essa si debba realizzare in ogni uomo. Forse è utile ricordare che Rahner non segue il cristomonismo di Barth, per il quale si ricava tutto ciò che è umano da Gesù Cristo stesso. Egli invece sostiene che quando ci avviciniamo a Cristo disponiamo già delle categorie e delle immagini antropologiche della nostra esperienza concreta: la nostra esperienza è verificata, confermata ed elevata da Gesù Cristo, in quanto egli è uomo (cfr. «Antropologia»).

(ovvero come si possa illustrare in forma antropologica la funzione soteriologica di Gesù) [46]. Secondo la visione rahneriana l'evento di Cristo può essere causa della salvezza in doppio senso: a) da una parte, esso è *causa finale* della redenzione, in quanto la vita, la morte e la risurrezione di Gesù costituiscono implicitamente lo scopo di tutta la storia ed esplicitamente il culmine intrastorico dell'azione salvifica di Dio; b) d'altra parte, esso è la *causa simbolica/reale* (quasi sacramentale) della redenzione, in quanto l'esistenza di Gesù, e all'interno di essa in modo eminente la sua morte in croce, è il segno storico che fa intravedere la manifestazione storica/definitiva sia della promessa di Dio sia della sua accoglienza effettiva.

4. Il mistero dell'uomo dinanzi al mistero di Dio

Abbiamo già constatato che al centro della sua dogmatica, Rahner mette l'uomo quale destinatario delle parole e delle gesta di Dio trino e unico. L'avvicinamento analitico al concetto di uomo (*4.1*) è possibile realizzarlo attraverso un duplice passaggio che permea la produzione rahneriana – ontologico in quanto «essere trascendente» e teologico in quanto «essere mistero» – per poter in seguito affrontare più esplicitamente l'avvicinamento concreto/vissuto dell'uomo al mistero assoluto di Dio (*4.2*).

4.1 *L'uomo come essere trascendente ed essere mistero*

L'aspetto del tutto particolare della condizione umana è da Rahner indicato con l'espressione di *esperienza trascendentale*, che implica contemporaneamente l'*autopossesso* (momento ontologico-generale) che il soggetto ha di sé e la coscienza (momento antropologico-metafisico) della propria *illimitata apertura* alla realtà:

> l'essenza dell'essere è conoscere ed essere conosciuto in una unità originaria, che noi vogliamo chiamare coscienza o trasparenza dell'essere di ogni ente. ... L'essenza dell'uomo è l'assoluta apertura all'essere in genere, in una parola l'uomo è spirito.[47]

---

[46] Cfr. A. AMATO, «Il Salvatore assoluto e la singolarità storica di Gesù Cristo nella visione cristologica di Karl Rahner»; W. LÖSER, «'Universale concretum' come legge fondamentale dell''oeconomia revelationis'».
[47] *Uditori della parola*, 66.

Questa affermazione è possibile se si pensa al fondamento ontologico per cui l'essenza dell'essere è costituita dall'unità inscindibile e originaria tra «*conoscere*» ed «*essere conosciuto*». L'essere, nella misura in cui è essere, è conoscere e viceversa poiché: a) essenza dell'essere sarà, allora, il riferimento conoscitivo a se stesso e viceversa e b) conoscere sarà essere-presso-di-sé, cioè auto appartenersi, quindi essere trasparente a se stesso. La conoscibilità dell'essere, pertanto, è da ritenere come la determinazione trascendentale dell'ente, nel quale essere e conoscere sono proporzionali: nella misura in cui si partecipa dell'essere si conosce.[48] In questo senso, il primo concetto dell'autopossesso (*Selbstbesitz*) indica la forma di conoscenza spirituale del soggetto – «una conoscenza in cui il soggetto conoscente, conoscendo, possiede se stesso e la propria conoscenza»[49] – e trova riscontro in una duplice fase: anzitutto, nell'aprirsi del soggetto verso la realtà circostante e, successivamente, nel ritornare a se stesso. Nel compiere questo movimento di uscita e rientro, il soggetto si autopercepisce e si autocomprende come «uomo», vale a dire come spirito incarnato/finito segnato di apertura/comunicabilità. La seconda parola-chiave è l'apertura illimitata (*Vorgriff*, percezione previa) che indica la capacità dello spirito umano di tendere verso i singoli oggetti: il soggetto comprende che da ogni singola realtà che i sensi gli fanno percepire può estrarre l'essenza stessa. Il soggetto, infatti, nella sua attività gnoseologica astraendo va oltre il limite che percepisce, cioè egli comprende che sta percependo il limite, quindi ha conoscenza dell'illimitatezza. L'esperienza trascendentale, pertanto, si esprime come l'esperienza di una «possibilità infinita», perché il soggetto pone necessariamente e continuamente in discussione ogni possibile risultato che la propria conoscenza ha raggiunto. Conseguentemente, «egli è spirito, egli è domanda che fin che rimane in se stesso non sarà mai sufficientemente risposta, mai troverà una risposta adeguata, egli è '*l'essere della trascendenza*'».[50]

Quest'analisi dell'esperienza trascendentale deve essere ampliata con un'altra categoria, piuttosto teologica, del pensiero rahneriano – il concetto di *mistero*[51]. L'uomo si scopre nella sua essenza e nella sua

---

[48] Cfr. *Uditori della parola*, 67-68.
[49] *Corso fondamentale sulla fede*, 37.
[50] *Corso fondamentale sulla fede*, 56.
[51] Per Rahner, il mistero non è una realtà che appartiene all'ambito gnoseologico come un qualcosa di sconosciuto, esso è piuttosto una realtà impenetrabile offerta

natura come mistero, e questo non perché egli sia l'infinita/inesauribile pienezza del mistero in sé (cioè la forma originaria di ciò che *per noi* è mistero), bensì perché egli nella sua vera essenza, nel suo fondo originario e nella sua propria natura, è cosciente di sé come dipendente da questa pienezza ed orientato ad essa (la forma del mistero che *siamo noi* stessi).[52] L'esistenza umana si decifra quindi come accettazione o rifiuto sia del mistero che rappresentiamo dinanzi a noi stessi, sia della dipendenza dal mistero che comprendiamo oltre il mistero di noi stessi:

> L'uomo deve venir definito come l'essere del mistero, così che questo mistero costituisca la relazione tra Dio e lui e pertanto anche il compimento dell'essere umano sia il compimento del suo essere-per-il-mistero-perenne.[53]

Così, per Rahner, la conoscenza *originaria* di Dio non è frutto di una realtà esterna al soggetto, ma è frutto dell'esperienza trascendentale e in quanto tale essa è una conoscenza atematica e anonima che non esiste solo dal momento in cui si comincia a parlarne.[54] Quest'esperienza atematica e costantemente operante è il fondamento permanente da cui emerge la conoscenza tematica di Dio che si attua esplicitamente nell'attività religiosa e nella riflessione filosofica e che rende possibile anche il proseguire la nostra analisi della concretizzazione rahneriana del cammino dell'uomo come mistero aperto/accogliente verso Dio come mistero assoluto/donante.[55]

---

gratuitamente come l'ineliminabile orizzonte di ogni comprensione che fa comprendere altre cose mentre nasconde se stesso come l'esistente incomprensibile ed orizzonte innominabile. Cfr. «Teologia dell'Incarnazione», 100; *Uditori della parola*, 95.

[52] Cfr. «Teologia dell'Incarnazione», 99-101.
[53] «Sul concetto del mistero nella teologia cattolica», 418.
[54] Cfr. *Corso fondamentale sulla fede*, 41.
[55] Vediamo che all'incontro dell'uomo con Dio, Rahner giunge attraverso l'analisi delle condizioni di possibilità che formano l'esistenza e la realizzazione stessa dell'uomo in quanto spirito e alla luce dell'esperienza trascendentale. «L'uomo è del tutto aperto all'essere in genere in una differenza ontologica incompiuta… è il primo degli esseri finiti dotati d'intelligenza, che sono di loro natura aperti all'assoluta autotrasparenza dell'essere, tanto che questa apertura condiziona e rende possibile ogni singola conoscenza. […] Questa costituzione fondamentale dell'uomo, che egli afferma implicitamente in ognuna delle sue conoscenze e azioni, noi in una parola la chiamiamo spiritualità. L'uomo è spirituale, cioè vive la sua vita in una continua tensione verso l'assoluto, in una apertura a Dio…anche nelle azioni banali della vita

4.2 Incontrare il Cristo nella fede

L'intera opera di Karl Rahner è segnata dal rapporto fra teologia e mistica, teologia scolastica e spiritualità ignaziana, fra teologia trascendentale e logica esistenziale, cercando sempre un'unità interiore fra teologia e vita di fede[56]. Siamo del parere che proprio l'esperienza degli Esercizi abbia condotto Rahner a una nuova interpretazione della fede cristiana tramite *l'approccio mistagogico*[57]. In questo senso, Rahner si è occupato del significato che i *santi* rivestono nella vita e nella dottrina della Chiesa, affermando che è necessario introdurre nella riflessione teologica la realizzazione della vita cristiana come è rappresentata nella vita dei santi che sono creatori di nuovi stile di vita cristiani.[58] Come esiste la storia dello sviluppo dei dogmi, la storia dell'acquisizione della verità così esistono storie uniche e irripetibili di assimilazione della grazia di Dio, di partecipazione alla santità divina, ovvero della genesi della fede che deve nascere nell'uomo pian piano[59]. Perciò, gli Esercizi ignaziani e la loro logica pratica si basano sull'esperienza concreta e unica dello Spirito o sull'incondizionata accettazione del santo, nell'attesa di sperimentare concretamente la possibilità che Dio condivida con lui la sua volontà[60]. I criteri che danno al singolo la

---

quotidiana...lo sappia o no espressamente, lo voglia o no. [...] Ora, una rivelazione di un Dio è possibile solo quando il soggetto a cui si deve dirigere, offre da se stesso a tale possibile rivelazione un orizzonte aprioristico, in cui possa alla fine verificarsi» (*Uditori della parola*, 97-98).

[56] Rahner giustamente, ribadisce fortemente la necessità di una più grande unità fra momento fondamentale e quello dogmatico nella teologia secondo l'opzione metodologica che chiede di dare «priorità all'attuazione viva dell'esistenza nei confronti della riflessione su di essa» (*Corso fondamentale sulla fede*, 378). Di grande validità per l'argomento, dal punto di vista storico, rimane l'opera di J. MOUROUX, *L'expérience chrétienne*, tesa ad uscire da una immagine separata di teologia ed esperienza.

[57] L'obiettivo principale della teologia rahneriana, infatti, è stato quello di permettere a quante più persone è possibile una genuina e profonda esperienza di Dio. Questa esperienza di Dio come afferma sant'Ignazio (cfr. *Discorso di Ignazio di Loyola ad un gesuita odierno*, 524-525) non è un privilegio particolare riservato a pochi individui, ma è accessibile a tutti gli uomini ed è in qualche modo, secondo Rahner, promossa proprio dagli *Esercizi*.

[58] Cfr. «Die Kirche der Heiligen», 111-126. «Se la teologia deve svolgere un compito per la vita cristiana, allora questa mancanza nella teologia danneggia la vita di fede» (*Ibid*, 112).

[59] Cfr. «Motivazione della fede oggi».

[60] Cfr. *L'elemento dinamico nella Chiesa*.

certezza/chiarezza necessaria per la ricerca della *volontà divina*, cioè della chiamata alla sequela, secondo Rahner non possono essere di natura categoriale perché Dio stesso non lo è. Dio infatti riconosce l'uomo entrando nel mondo esperienziale dell'uomo, ma viene riconosciuto in un atto che va al di là delle categorie: si tratta di una esperienza di immediata evidenza fondamentale (marchiata/contraddistinta in modo trascendentale e non attraverso categorizzazioni). Questa esperienza diviene, nella seconda settimana degli Esercizi, la misura ultima e la norma assoluta del discernimento degli spiriti. Tutte le regole per il discernimento degli spiriti, Rahner le sostanzia nell'impegno concreto e nell'approccio regolato dell'evidenza fondamentale vissuta: se l'oggetto scelto ha il conforto originale dell'esperienza fondamentale e coincide con essa, il soggetto deve considerare la chiamata che lo riguarda come certa e voluta da Dio. L'ulteriore sviluppo del cammino personale di vita nella sequela del Signore si ottiene attraverso lo studio delle *parole e* delle *opere della vita di Gesù*[61]. Rahner sostiene che la persona umana trova la propria autodefinizione solo nel rapporto tra trascendenza e storia e questo significa che il singolo deve esaminare se stesso e la propria vita alla luce dei singoli misteri della storia della salvezza. Quindi, la vita concreta di Gesù, ossia la sua quotidianità, si rivela il criterio definitivo e oggettivo della ricerca della forma concreta della propria sequela nella propria quotidianità[62]. Detto in breve, l'interpretazione rahneriana degli Esercizi, nel contesto della via verso la fede, si potrebbe tradurre in necessità della presenza dell'aspetto mistagogico nella teologia[63] col riferimento biografico (nella quale

---

[61] Cfr. A.R. BATLOGG, *Die Mysterien des Lebens Jesu bei Karl Rahner. Zugang zum Christusglauben*, 57-74; PH. ENDEAN, *Karl Rahner and Ignatian spirituality*.

[62] La realtà semplice d'ogni giorno (lavorare, camminare, sedere, vedere, ridere, mangiare, sognare) asconde in sé il miracolo eterno e il mistero silente, che chiamiamo Dio e la sua grazia. Cfr. *Cose d'ogni giorno*; H. VORGRIMLER, «Gotteserfahrung im Alltag. Der Beitrag Karl Rahners zu Spiritualität und Mystik»; H. D. EGAN, *The Spiritual Exercises and the Ignatian Mystical Horizon*; ID., *Karl Rahner: The Mystic of Everyday Life*.

[63] Attraverso i suoi differenti appelli mistagogici Rahner propone le classiche vie di accesso al mistero Dio: la *via eminentiae* e la *via negationis*, come due aspetti (e non due tappe successive) di un'unica esperienza. In una meditazione sulla Pentecoste «Esperienza dello Spirito Santo», 293-298, Rahner elenca in modo molto suggestivo diverse vie attraverso le quali è possibile arrivare a Dio: «*Dove* ... esiste la speranza unica e totale, che abbraccia delicatamente tutti gli slanci, ma anche tutte le cadute, accompagnandole con una promessa silente, *dove* si accetta e si tiene fede liberamente a una responsabilità, pur sapendo che non propizierà utilità alcuna né sarà occasione

l'autorità dei santi acquisterebbe un significato gnoseologico) e con una nuova valutazione della quotidianità (nella quale la teologia e la spiritualità soddisferebbero le esigenze delle varie fasi della vita come nel catecumenato).

Lo specifico e originale elemento teologico che ha offerto Rahner all'interno del discorso sul cammino dell'uomo verso Dio e sulla venuta alla fede è una *cristologia che cerca*[64]. Partendo dal fatto che il mistero dell'uomo è rapportato al mistero umano-divino di Gesù Cristo, Rahner riconosce una sorta di continuità ideale tra mistero di Gesù e mistero dell'uomo e vede proprio in questo l'unità e la continuità tra Gesù e l'uomo, in ultima analisi tra Dio e l'uomo, che rende possibile un incontro dell'uomo con Gesù. Siccome il *quaerere Deum* è una risposta interiore all'esigenza più profonda dell'esistenza umana,

---

di successo, *dove* un uomo sperimenta e accetta la sua libertà ultima, che nessuna costrizione terrena può strappargli, *dove* ancora una volta accogliamo tranquillamente la caduta nell'oscurità della morte come l'avvento di una promessa incomprensibile, *dove* riteniamo come buona la somma di tutti i conti della vita ... perché ci fidiamo di un 'Altro' incomprensibile, *dove* viviamo e accettiamo l'esperienza frammentaria dell'amore, della bellezza e della gioia semplicemente come promessa dell'amore, della bellezza e della gioia pura e semplice, ... *dove* sopportiamo serenamente l'amara, deludente ed effimera realtà quotidiana sino alla fine, sorretti da una forza, la cui ultima sorgente non riusciamo a scoprire e quindi a sottometterci, *dove* osiamo pregare, rivolti ad un'oscurità silente, e ci sappiamo in ogni caso esauditi, anche se dall'al di là non sembra pervenirci alcuna risposta, su cui poter ragionare e discutere, ... *dove* l'uomo affida tutte le sue conoscenze e tutti i suoi problemi al mistero silente che tutto avvolge, al mistero ch'egli ama più di tutte le singole conoscenze, ... *dove* nella vita quotidiana ci esercitiamo a morire impegnandoci così a vivere come vorremmo morire, cioè con calma e con tranquillità, *là* ci sono Dio e la sua grazia liberatrice, *là* sperimentiamo quel che noi cristiani chiamiamo Spirito Santo ... *là* è nascosta la mistica della vita quotidiana, il ritrovamento Dio in tutte le cose». Per i „sommari dell'esperienza della grazia» contenuti nelle diverse opere di Rahner cfr. nota n. 35 in R. SIEBENROCK, «*Gnade als Herz der Welt. Der Beitrag Karl Rahners zu einer zeitgemässen Gnadentheologie*», 63. Si veda anche l'opera molto interessante di A. WOLLBOLD, *Teresa di Lisieux: interpretazione mistagogica della sua biografia* nella quale costruisce un circolo ermeneutico-mistagogico tra Teresa e Rahner.

[64] Cfr. «Che significa oggi credere in Gesù Cristo?», 210-230; La cristologia che cerca ha il compito specifico di trovare il salvatore assoluto nella storia e perciò deve *cercare* e *interrogare*. «La fede che interroga, che manifesta continuamente il suo non capire e che continuamente soffre a causa dell'incompleta assimilazione del messaggio che le è stato annunciato è la vera fede... *L'interrogare* accanito, lucido, tormentoso – se così deve essere – è già un atto della pietà, un atto che viene comandato al cristiano spiritualmente sveglio» (*Io credo in Gesù Cristo*, 8-9).

devono esistere dei modi, degli itinerari, delle strade per arrivare dall'uomo a Dio, dall'uomo a Gesù[65]. Rahner indica tre appelli esistenziali: *l'amore del prossimo, l'esperienza della morte* e *la speranza del futuro assoluto*, che sono da lui visti come un eco della chiamata di Dio rivolta ad ogni uomo e che, secondo il metodo trascendentale, partono dal cuore dell'uomo per terminare nel cuore di Dio. Questo vuol dire che chi si domanda *come* può amare il prossimo incondizionatamente impegnando in maniera radicale la propria esistenza per lui, *come* tale amore possa non essere vanificato neppure dalla morte, *come* sia possibile trovare nella morte non la fine, bensì il perfezionamento nel futuro assoluto, denominato Dio, costui, lo sappia o no, cerca Gesù[66]. In ogni atto dell'esistenza umana finalizzata dalla grazia al contatto immediato con Dio, infatti, l'uomo tiene lo sguardo rivolto verso il Salvatore assoluto e, anche quando non è espresso tematicamente, dice di sì alla sua esistenza/venuta presente/futura. In questo contesto trova la sua collocazione la tesi dei *cristiani anonimi*[67], basata sulla convinzione

---

[65] La migliore esposizione del problema è offerta da Rahner nell'opuscolo *Io credo in Gesù Cristo* (1968) dove sono raccolte tre prediche che l'autore tenne su invito della Comunità Studentesca Cattolica nella cattedrale di Münster. In esso ha affrontano i seguenti temi: la fede in Gesù Cristo intesa come atto ed evento che avviene nello stesso credente; Gesù Cristo in quanto è colui che viene creduto in questa fede; cioè il contenuto ed il senso del dogma cristologico; il rapporto personale del singolo nei confronti di Cristo. Cfr. *Corso fondamentale sulla fede*, 377-383; *Confessare la fede nel tempo dell'attesa*, 41-43.

[66] «Lo scandalo biblico della fede in Gesù Cristo non può essere confuso con l'esistenza di affermazioni cristologiche che sono divenute incomprensibili e che si schiudono soltanto con difficoltà verso nuove formulazioni. Se l'uomo vuole incontrare il Cristo nella fede, in tal caso egli deve percorrere in primo luogo la via di un amore che confidi in modo radicale ed assoluto nell'altro. Quest'uomo, il quale viene affermato, nell'evento di un affidarsi senza riserve ad un altro, in quest'altro, è Gesù di Nazareth – sia egli già trovato col suo nome oppure cercato senza che abbia ancora un nome. È quel Gesù di Nazareth che il dogma della Chiesa professa come l'incarnato Verbo di Dio» (*Io credo in Gesù Cristo*, 88).

[67] La tesi rahneriana del cristianesimo anonimo è sintetizzata dall'affermazione che ogni uomo può essere cristiano, anche se non in maniera esplicita, e questo a causa della volontà salvifica universale di Dio e del dinamismo interiore dell'uomo basato sulla teoria dell'esistenziale soprannaturale (cfr. «I cristiani anonimi»; «Osservazioni sul problema del 'cristiano anonimo'»; «Cristianesimo anonimo e compito missionario della Chiesa», «La parola della poesia e il cristiano»). Il problema della necessità della fede per la salvezza di quanti non conoscono o non accettano la rivelazione cristiana, Rahner lo risolve teologicamente distinguendo tra rivelazione esplicita/categoriale e rivelazione implicita/trascendentale. In realtà, Rahner non è stato il primo ad usare l'espressione «cristiani anonimi» per le persone giustificate ma

che ogni uomo è aperto all'assoluto, che ogni uomo può incontrare Dio nella sua coscienza e nel suo retto operare e permanente cercare, che la storia esplicita degli uomini è la storia implicita di Dio.

Lo specifico della vita cristiana, quindi, consiste in un essere chiamato/riconosciuto da Dio, unicamente, irrevocabilmente e singolarmente; in tal modo questa chiamata viene comunicata mediante l'incontro con Gesù Cristo che avviene concretamente nell'amore. Arriviamo, quindi, alla conclusione che la proposta rahneriana della genesi della fede coincide proprio con una 'mistica dell'amore'[68], che si realizza sempre e completamente in maniera unica/inconfondibile per ogni singolo e si realizza nella comunità, composta da coloro che amano nella fede, chiamata Chiesa. Tutto questo è affermato da Rahner quando dice che a colui che tenta/osa di amare/riconoscere realmente Gesù,

---

non battezzate, questo fu l'arcivescovo di Malines, Goossens (1827-1906), e poi all'epoca del Vaticano I anche il teologo belga Dechamps (cfr. B. VAN DER HEIJDEN, *Karl Rahner. Darstellung und Kritik seiner Grundpositionen*, 255). Pure Blondel parlava di un «soprannaturale indeterminato», di una «presenza anonima» di un soprannaturale immanente in ogni essere umano (cfr. il commento del M. BLONDEL in «*Annales de philosophie chrétienne*» 3 (1907) 595; H. BOUILLARD, *Blondel et le Christianisme*, 140). La tesi ha suscitato dure critiche, sia sulla stessa terminologia, che sarebbe in se stessa contraddittoria, sia per il rischio di relativizzare il cristianesimo storico, sia per il pericolo di annettere indebitamente alla fede cristiana altre fedi e altre religioni.

[68] *Riassumendo*, si può dire che l'intera opera di Rahner ha una ispirazione *mistica*, per il fatto che riesce a unire l'autocomunicazione universale di Dio, in quanto esperienza umana fondamentale, con la storia della salvezza; riesce ad unire, cioè, l'esperienza personale di Dio, propria di ogni uomo, con l'esperienza storica dei fatti storico-salvifici dell'evento cristiano di salvezza. L'analisi dell'esperienza mistica si conclude con la scoperta di Dio che crea *nell'amore* e *per amore*. Il patrimonio rahneriano, originale per le idee, le motivazioni e gli orientamenti, lo riconosciamo, quindi, valido per la teologia e ricco di spunti/contributi per una rinnovata elaborazione teologica. In esso crediamo che sia di grande importanza soprattutto: fare riferimento costantemente ai grandi santi e ai grandi mistici come ad una fonte teologica; riportare ad una radice comune le esperienze mistiche presenti nella profezia della vita quotidiana e quelle straordinarie vissute dai testimoni privilegiati dell'assoluto; riportare ad uno stesso denominatore comune l'esperienza di Dio, l'esperienza di se stessi, l'esperienza del prossimo; mettere come punto di partenza della condizione umana trascendentale-spirituale e dalla fede cristiana vissuta e tradotta in valori, l'antropologia teologica; presentare i diversi misteri cristiani come derivanti dall'unico mistero fondamentale di Dio che si autocomunica nella storia; e nel sottolineare che la ragione teologica deve avere il suo inizio e il suo fine nella preghiera.

in modo personale, mediante l'incontro che viene fatto con lui nella Scrittura e nel sacramento, in modo particolare nella celebrazione della sua morte, e mediante la vita vissuta nella comunità dei suoi fedeli ... ma anche nella preghiera solitaria e nelle supreme decisioni della coscienza, Gesù si concede come il Cristo ed immediatamente, in lui, si concede Dio.[69]

5. Ripresa critica del pensiero rahneriano

Karl Rahner, a partire da una personale interpretazione del tomismo, inizialmente rielaborata mediante l'integrazione della prospettiva kantiana del trascendentale con l'interpretazione metafisica della filosofia dell'esistenza proposta da Heidegger, nel suo programma teologico-fondamentale ha ri-trattato la tradizionale materia teologica nella linea di una descrizione *antropologico-trascendentale* del nesso fra metafisica e storia (*1.*). In tale quadro, il problema di come una '*storia parti-*

---

[69] *Io credo in Gesù Cristo*, 74, 76. È da ribadire qui che l'obiettivo spirituale e pastorale della teologia di Rahner è più chiaramente percepibile, anche nella sua presentazione linguistica, nella *preghiera*, una preghiera cha *parte* dall'esperienza e *porta* all'esperienza, che traduce in voce del cuore le parole/riflessioni dell'intelligenza/ragione. Cfr. la tesi dottorale di J. REISENHOFER, *Ich glaube, weil ich bete: Fragmente zu einer Theologie des Gebets bei Karl Rahner*; cfr. anche M. MARIANI, *Credo perché prego*; R. STOLINA, «Unmittelbare Gotteserfahrung im Gebet. Zur Theologie des Gebetes bei Karl Rahner»; I. SANNA, «La preghiera in Karl Rahner», 9-20. Addirittura, Vorgrimler ha ragione quando afferma che la prima via per capire Karl Rahner e la sua teologia sarebbe l'esame e la lettura delle sue preghiere che «sono anche teologia: accertamento e interpretazione delle esperienze di Dio» (H. VORGRIMLER, *Comprendere Karl Rahner*, 12-13). Non a caso, il primo testo pubblicato da Rahner reca il titolo «Warum uns das Beten not tut» (1924), e il suo ultimissimo testo è intitolato «Gebet um die Vereinigung aller Christen» (1984). Inoltre i libri *Tu sei il silenzio*, *Preghiere per la vita*, *Necessità e benedizione della preghiera* portano alla luce i suoi diversi sentimenti che nessun ragionamento filosofico o teologico possono lasciare neppure intravedere, essi mostrano la pietà verso Gesù Cristo e la dimensione mistica dell'esistenza umana avvolta nel mistero di Dio, manifestano la convinzione che riteniamo fondamentale che la preghiera è *la via primaria di ogni autentica esperienza del soprannaturale, ed in ultima analisi della presenza e dell'opera di Dio*. Proprio per questo le parole che il teologo «deve dimostrare con la sua vita che crede veramente e agisce secondo la fede, conscio di avere a che fare con la realtà inverosimilmente grande del Dio a noi vicino e che a noi si è rivelato; che, essendo per lui, almeno ad un certo punto, *naturale pregare*, riesce a dare significato alla propria vita facendo riferimento al Cristo crocifisso e risorto» (*Confessare la fede nel tempo dell'attesa*, 5; corsivo nostro) suonano plausibili. Perciò Rahner con pieno diritto può essere definito come un «maestro della preghiera» (cfr. J. SPLETT, «Mystisches Christentum? Karl Rahner zur Zukunft des Glaubens», 268).

colare' possa elevare la pretesa d'essere il luogo della manifestazione e realizzazione della '*salvezza universale*' viene acquisito come questione fondamentale per l'intelligenza della fede (*2.*). Perciò, Rahner ritiene che la rivelazione di Dio nell'evento storico di Gesù possa imporsi all'attenzione di ogni uomo quale possibile luogo della risposta/*verità* (*3.*), perché l'uomo – a partire dall'analisi delle condizioni trascendentali del suo stesso esistere – è necessariamente orientato a cercare nella *storia* effettuale una risposta a quel problema che egli è per la propria natura/apertura/*libertà* (*4.*).

5.1 *I guadagni teoretici dell'impostazione rahneriana*

La soluzione prospettata dall'autore che a partire dall'intelligenza della rivelazione storica di Dio (intesa come auto-comunicazione salvifica di Dio stesso) suppone l'istituzione della necessità antropologico-trascendentale (*apriori*) del rinvio della storicità effettiva (*aposteriori*) come luogo della manifestazione del senso assoluto dell'esistere, ha offerto alla teologia alcuni pregi significativi.

Un'importanza fondamentale *a livello teologico* in primo luogo è da attribuirsi alla *dottrina trinitaria* rahneriana, non solo per il valore proprio, ma anche per le implicazioni reciproche di questa con altre questioni teologiche essenziali. Al di là del fatto che la Trinità è stata sempre considerata il mistero centrale della fede cristiana, in realtà il principio trinitario non aveva grande rilevanza nella vita pratica del cristianesimo occidentale (che spesso sembra professare un monoteismo non trinitario), né grande incidenza nel corpo globale della teologia (dove il trattato appariva solo nella connessione con gli altri). Come se il mistero trinitario fosse stato comunicato da Dio all'uomo semplicemente per mettere alla prova la sua umiltà intellettuale e non avesse una stretta connessione con il mistero della storia della salvezza. Per uscire da questa situazione di 'splendido isolamento'[70], particolare rilievo ha avuto il suo assioma dell'identità fra il Dio «pro nobis» e il Dio «in sé», fra la Trinità economica e quella immanente e viceversa, a tal punto da determinare lo sviluppo della teologia trinitaria postconciliare. In secondo luogo qualcosa di simile si può dire del concetto di *autocomunicazione di Dio* che permette di formulare più chiaramente l'unità e la

---

[70] Un consenso è facilmente possibile trovare nelle espressioni analoghe nel discorso teologico odierno quando si parla del «esilio» della Trinità (cfr. B. FORTE, *Trinità come storia*, 13) o della «afasia» trinitaria (cfr. N. CIOLA, «Teologia trinitaria», 13).

distinzione fra l'ordine della creazione e quello della grazia, ed implica il fatto che Dio non solo è il creatore efficiente, ma anche colui che rende possibile la rivelazione storica come autocomunicazione salvifica; cioè l'incarnazione e la grazia provengono dal disegno divino di autocomunicarsi «verso fuori». Questo concetto, quindi, ha una particolare importanza per comprendere l'avvenimento Gesù Cristo come rivelazione definitiva del Dio trinitario e come punto centrale della storia della salvezza. Qui sottolineiamo uno dei contributi di Rahner dimostrati con maggiore fecondità teologica per il profondo significato salvifico e spirituale che il dispiegamento trinitario dell'autocomunicazione comporta per l'essere umano concreto. Infatti, se l'autocomunicazione trinitaria di Dio significa immediatezza divina, dinamismo vitale, fedeltà incrollabile all'essere umano, allora l'uomo risulta essere, al fondo della sua essenza personale, qualcuno che da Dio stesso è portato e spinto all'incontro immediato con lui; allora ciò che chiamiamo grazia non è altro che la peculiarità e la verità più propria di un essere trascendentale aperto al Mistero divino. Se è così, conseguentemente l'esperienza[71] salvifica di un Dio «per noi» nel suo mistero di alterità non è qualcosa di riservato esclusivamente alle elite privilegiate, ma un cammino aperto ad ogni essere umano nella quotidianità della sua esistenza.

A partire dalla cristologia trascendentale – il lemma che sintetizza gli sforzi di Rahner per una giusta comprensione della persona di Gesù Cristo da parte dell'uomo – si aggiunge all'importo rahneriano maggiore *a livello antropologico*: l'individuazione di quelle possibilità apriori nell'uomo che gli permettono di accogliere il messaggio di Cristo. L'uomo è, da una parte, un essere necessariamente *trascendentale*, un essere che anticipa l'eternità in ogni suo atto di conoscenza e di

---

[71] Il concetto di esperienza è uno dei più ricorrenti, ma anche dei più imprecisi nell'uso generico e nell'utilizzazione circoscritta ai contesti filosofici, religiosi e teologici (cfr. W.J. HOYE, *Gotteserfahrung? Klärung eines Grundbegriffs der gegenwärtigen Theologie*; G. HAEFFNER, «Erfahrung – Lebenserfahrung – religiöse Erfahrung. Versuch einer Begriffserklärung», 161-192; O.H. PESCH, «Glaube – Erfahrung – Theologie», 5-49; G. KRUCK, ed., *Gottesglaube, Gotteserfahrung, Gotteserkenntnis*). La polivalenza significativa non impedisce, tuttavia, di collegare giustamente la teologia di Rahner all'esperienza di Dio (come in modo particolarmente chiaro, sistematico e plausibile dimostra I. SANNA, *Teologia come esperienza di Dio*; cfr. anche H. VORGRIMLER, *Karl Rahner. Gotteserfahrung in Leben und Denken*; M. DELGADO – M. LUTZ-BACHMANN, ed., *Theologie aus Erfahrung der Gnade. Annäherungen an Karl Rahner*).

libertà, e dall'altra parte, un essere necessariamente *storico* che osa sperare che la meta della sua anticipazione non rimanga per sempre lontana/irraggiungibile, ma che sia una meta che si dà interamente come compimento dell'esistenza umana. Data la reciprocità della trascendenza e della storicità nell'esistenza umana, tale speranza umana è come la stessa autocomunicazione divina mediata dalla storia. Ogni singolo che spera, quindi, cerca quella promessa definitiva e irreversibile di Dio nella storia (anzi, nel suo momento temporale/spaziale della storia), la trova nell'evento salvifico assoluto, portatore assoluto della salvezza, nella persona di Gesù Cristo (alla quale si dovrebbe quindi aver accesso reale/personale). Sotto questo profilo trascendentale-storico, ottiene i suoi contorni anche il discorso rahneriano sulla *fede*. Secondo Rahner, la fede consiste principalmente nell'accettazione dell'autocomunica-zione di Dio allo spirito umano. La caratteristica fondamentale dello spirito umano, dotato di apertura/libertà e di conoscenza/amore, Rahner la vede nel suo orientamento all'assoluto trascendente. Ogni uomo ha una visione intuitiva di Dio (come l'unica meta capace di soddisfare pienamente il dinamismo interno dello spirito), e solamente Dio può portarla a compimento, può condurre l'uomo alla visione beatifica (come risultato dell'unione dell'essere umano con se stesso e del costante e universale dono della grazia): Dio eleva e soprannaturalizza quindi il dinamismo della natura umana, rendendo accessibile sempre e per tutti la sua grazia. Così, secondo Rahner, sarebbe possibile avere una *fede trascendentale* (implicita/anonima) senza alcuna conoscenza esplicita di Cristo o della rivelazione biblica, alla quale basta l'accettazione del proprio dinamismo verso il Trascendente (che sarebbe un dono gratuito – il momento della grazia – che avrebbe valore salvifico a condizione che sia vivificata dalla speranza/amore – il momento del merito). La fede però possiede sempre un dinamismo intrinseco verso la propria realizzazione esplicita, e perciò rimane anonima fino a che non perviene, attraverso l'annuncio evangelico, a un esplicito riconoscimento di Dio come propria fonte e meta trascendete, e di Cristo come insuperabile automediazione di Dio. Avere la *fede esplicita* perciò significa, da una parte, l'accettazione del vangelo e del «credo», e dall'altra, integrazione dei loro contenuti nell'esperienza della libera autocomunicazione di Dio nella grazia. In altre parole, la fede esplicita è riconoscere in Gesù la risposta definitiva alla questione che gli esseri umani sono per se stessi. Il concetto della fede nella teoria rahneriana, nonostante sia usato in senso ampio, provocando sia fraintendimenti che critiche, nel fondo ci offre una chiara conferma della nostra tesi in due punti sostanziali: indica chiaramente sia il *dinamismo della venuta alla fede* (prima nel passaggio dalla sua implicitezza alla sua esplicitazione, e successivamente nella sua permanente integrazione nella vita concreta) sia la logica del *riconoscimento reciproco come il suo fondamento* (nell'interpretazione rahneriana dei rapporti *incarnazione-redenzione*, per il riconoscimento da parte di Dio e per il riconoscimento da parte dell'uomo[72]).

5.2 *L'apporto del pensiero rahneriano al percorso della ricerca*

Quello che ci sembra più interessante, dell'eredità rahneriana, in rapporto al nostro tema, è un'unità salda e inseparabile tra la teologia teorica/dogmatica e la pratica/vissuta[73], che nell'epoca neo-scolastica e anti-modernista ha quasi ceduto il posto a una dicotomia tra dottrina e spiritualità. Le coordinate basilari del suo sistema teologico si focalizzano sia sulla riflessione teologica, proposta in modo autorevole/argomentativo, che sull'esperienza della grazia divina, mostrando la sua straordinarietà nell'ordinarietà/quotidianità[74] e la sua individualità entro la collegialità/ecclesialità:

---

[72] La giustificazione di questi binomi secondo l'interpretazione rahneriana l'affronteremo nell'ultimo sottotitolo (*5.3*).

[73] Si può parlare, a proposito di Rahner, di una correlazione fra «Dio sperimentato» e «Dio pensato», come con eleganza e intelligenza sinteticamente mostra K.H. NEUFELD, «Worte ins Schweigen. Zum erfahrenen Gottesverständnis Karl Rahners», 427-436. È curioso come i termini «parola», «silenzio» e «uditore», spesso presenti nei titoli e nelle opere di Rahner, allo stesso tempo indicano una certa corrispondenza e anche una contrapposizione particolare, che rispecchiano bene il dinamismo linguistico-teorico, esperienziale-pratico e esistenziale-misterico. La correlazione in parola è il filo conduttore di tutto l'itinerario biografico e teologico di Rahner e la parte della sua eredità con maggiore proiezione verso il futuro. Detto in altro modo, visto che la teologia rahneriana è nata dall'atteggiamento proprio di un orante, condividiamo la convinzione che il lavoro teologico può e deve portare a termine il proprio compito come una forma concreta del riconoscimento adorante di Dio sul piano del pensiero, come lode umile dell'intelligenza credente, cioè sempre fare il passaggio dall'ana-logia alla dosso-logia (cfr. E. SALMANN, «La preghiera: monologo e dia-logo come cammino in-a-davanti a Dio»; ID., *Die Vernunft ins Gebet nehmen: philosophische-theologische Betrachtungen*; R. SCHAEFFLER, *Das Gebet und das Argument*; W. SCHÜSSLER, «Das Gebet im Horizont des Verhältnisses von Philosophie und Religion»; J. WERBICK, «Was das Beten der Theologie zu denken gibt oder: Ein Versuch über die Schwierigkeit, ja zu sagen»).

[74] Si potrebbe dire che Rahner a differenza della teologia balthasariana dei tre giorni istituisce una «teologia feriale», proposta soprattutto in due suoi capolavori *Cose d'ogni giorno* e *Io credo in Gesù Cristo*.

– *a livello teorico-esistenziale*. Senza misconoscere il valore di un'impostazione storico-salvifica, né rifiutare il merito di una proposta fenomenologico-drammatica, Rahner preferisce mettere al centro della sua dogmatica l'uomo quale destinatario delle parole e delle gesta di Dio. A questo scopo Rahner addotta un doppio approccio/contributo: dal punto di vista *ontologico-trascendentale*, egli scorge dietro l'essenza dell'essere, costituita dalla coscienza come unità originaria tra «conoscere» ed «essere conosciuto» e l'uomo quale essere che crede/spera/ama, quell'esistenziale soprannaturale, che nel linguaggio cristiano viene chiamato Grazia o più precisamente ancora Dio; dal punto di vista *epistemologico-trascendentale*, si individuano le condizioni trascendentali che rendono intelligibile un tema dogmatico allo spirito dell'uomo.

– *a livello pratico-esperienziale*. Il discorso/pensiero teo-logico per Rahner giustamente *parte* dall'esperienza di Dio e *porta* all'esperienza viva di Dio, entro la quale ogni momento/situazione della vita diventa la possibilità di avvicinarsi a Dio e di incontrarlo. Proprio la preghiera è l'esperienza per eccellenza che abbraccia tutta la realtà sia trascendentale che sensoriale-corporale dell'essere umano: è qui che paradossalmente lo stesso Dio ci si avvicina nella sua immediatezza ed è qui che accade la grazia come esperienza autocomunicativa del Dio trinitario. Il cammino della fede appare così come un processo di mistagogia (anzi una «mistagogia dell'esilio»[75]) per imparare concretamente a stare vicino a Dio: mistagogia in quanto introduzione al Mistero, accesso alla profondità del Dio ineffabile, di cui fa parte il riconoscimento di Gesù Cristo come il crocifisso/risorto salvatore assoluto.

5.3 *La necessità della comprensione teorica*

Per quanto brillante sia la sintesi rahneriana, è irreale ed impossibile che essa riesca a guadagnarsi un consenso generale; però ne merita almeno una comprensione corretta, e conseguentemente non merita delle critiche infondate, ciò riguarda specialmente i due punti più

---

[75] L'espressione è come un prolungamento del discorso rahneriano su una situazione di «diaspora», nel senso che il Popolo di Dio non fa solo l'esperienza dell'esodo, come cammino che lo conduce verso la terra promessa, ma anche l'esperienza dell'espatrio e dell'esilio (cfr. N. SCHWERDTFEGER, «Exilische Mystagogie. Anmerkung zu einer notwendigen Aufgabe»). Ma se l'esilio è il motivo di domande angoscianti, come fu per Israele, è anche l'occasione per scoprire la presenza di Dio legata alla fedeltà della sua promessa e della sua attuazione.

discussi e più fondamentali della teoria del gesuita tedesco: il rapporto natura-grazia e il rapporto Cristo-uomo.

– *Il rapporto teologia-antropologia*. La prima premessa di Rahner è l'uomo *reale*, non quello che *sarebbe potuto* esistere, ma quello che Dio *ha* creato, e non la «natura pura», ma la situazione attuale dell'uomo nella grazia; confermiamo quindi che proprio all'«essenza concreta» di questo uomo appartiene il suo essere ordinato a Dio[76]. La seconda premessa è la grazia che deve essere definita in se stessa, poiché l'autocomunicazione non dovuta di Dio, non si può definire a partire dalla natura, siccome non c'è nulla nella natura che possa attrarla né alcun desiderio che possa esigerla. La conclusione è indubbiamente la capacità di accogliere Dio come il centro dell'essere concreto dell'uomo, ma a sua volta questo amore di Dio deve essere ricevuto come un dono. La cosa che spesso si trascura/misconosce qui è che proprio questo bene non dovuto è ciò che Rahner lecitamente chiama «esistenziale soprannaturale»[77], nel senso che la realtà che rimarrebbe sottraendo questo esistenziale soprannaturale, sarebbe la natura umana dal punto di vista teologico, però una natura i cui contenuti non possono essere precisati con esattezza, perché l'essere umano si trova sempre nell'ordine della grazia. Quindi, l'uomo, in virtù della sua natura spirituale, non può essere definito/delimitato come gli esseri

---

[76] Cfr. «Rapporto tra natura e grazia», 47-49, «Natura e grazia». Da una parte, la «natura pura» dell'uomo è solo un concetto, legittimo e necessario, ma astratto e residuale (*Restbegriff*) perché designa quello che rimarrebbe se potessimo sottrarre da noi stessi e dalla nostra esperienza tutto ciò che appartiene all'ordine della grazia. Dall'altra parte, l'ordinazione al fine soprannaturale non può essere costitutiva della «natura» dell'uomo, perché in questo caso quest'ordinazione non sarebbe gratuita. Neppure con la nozione di spirito si può avere la sicurezza di incontrare la «natura» umana perché nella nostra analisi possono entrare elementi derivanti dalla natura storica, in quanto si parla dell'«essenza concreta». Per una interessante analisi e confronto delle posizioni vertenti sulla teoria della «natura pura», alla ricerca della migliore argomentazione a difesa della gratuità specifica del soprannaturale cfr. F. GIANFREDA, *Il dibattito sulla «natura pura» tra H. de Lubac e K. Rahner*.

[77] Così H. Verweyen sorprendentemente tratta dell'"esistenziale soprannaturale' quasi esclusivamente in ordine alla «questione del rapporto tra la ragione e la rivelazione». Egli riconosce una *insufficiente determinazione* dell'ordinamento trascendentale dell'uomo alla rivelazione» (H. VERWEYEN, *La parola definitiva di Dio*, 293) e così mostra di rimanere prigioniero di un'idea della filosofia prima/pura con il compito presunto della determinazione trascendentale della ragione umana, trascurando sia l'aspetto della fede che la dimensione soprannaturale (cfr. H. VERWEYEN, «Wie wird ein Existential übernatürlich? Zu einem Grundproblem der Anthropologie K. Rahners», 115-131).

infraumani perché nella sua essenza indefinibile può essere conosciuto come «potentia oboedientialis», e questo non solo come mera non opposizione alla elevazione, ma come positiva ordinazione ad essa. La natura quindi bisogna vederla sempre come un momento intimo dell'unica cosa voluta da Dio, perché egli volle l'uomo qual'è amato nel suo Figlio. Solo da qui si può capire perché Rahner ha rinunciato all'analisi *filosofico*-trascendentale di un simile «esistenziale naturale» in favore di una tematizzazione *teologico*-trascendetale dell'uomo ordinato alla rivelazione/fede.

– *Il rapporto cristologia-antropologia*. Come Rahner ha più volte affermato, l'antropologia è veramente una cristologia incompiuta, ossia non ancora portata a termine, imperfetta, mentre la cristologia è l'antropologia compiuta, perché si presenta come descrizione di un essere umano eccezionalmente completo e riuscito. La risposta alle obiezioni che sono state avanzate a Rahner sull'impossibilità di una deduzione trascendentale del fatto storico dell'Incarnazione[78] è contenuta nella costatazione che una possibilità di rivelazione da parte di Dio in Gesù Cristo è sempre e necessariamente legata all'evento storico, e senza di questo non sarebbe stata né scoperta né scopribile. Solo a partire dalla realtà del fatto storico accaduto nell'Incarnazione/Redenzione[79], la riflessione trascendentale può mettere in evidenza le condizioni più concrete per la possibilità di questa piena autocomunicazione[80]. La cristologia rimane, quindi, norma e fondamento dell'antro-

---

[78] Cfr. W. KASPER, *Gesù il Cristo*, 66; J.B. METZ, *La fede, nella storia e nella società*, 151-163.

[79] Il Thüsing propone una correzione quando fa notare che l'Incarnazione nel Nuovo Testamento non è mai presentata isolatamente, come secondo lui viene presentata nella cristologia trascendentale rahneriana, ma certamente sempre in funzione della redenzione (cfr. W. THÜSING, «Approcci neotestamentari a una cristologia dialettico-trascendentale», 129-131). Bisogna dire che Rahner non ha mai ignorato la necessità di stabilire l'unità inseparabile tra cristologia e soteriologia e perciò afferma che «la cristologia deve essere in partenza una soteriologia... cercare – partendo dal Nuovo Testamento – una formulazione dell'essenza e del senso di Gesù che-sia in partenza un'affermazione soteriologica ed esprima nel contempo in fondo in maniera ortodossa l'essenza di Gesù Cristo» («Unità fra cristologia e soteriologia», 323-324).

[80] Una critica accusa Rahner di «un preciso scompenso», perché da un lato descrive l'uomo come «possibile fratello di Cristo» e «possibile automanifestazione di Dio», e dall'altro lato dice che questa possibilità umana può essere realizzata una sola volta è non più, mettendo così due verità immediatamente una accanto all'altra, benché siano tra loro in una certa tensione (cfr. A. SCHILSON – W. KASPER, *Cristologie, oggi. Analisi critica di nuove teologie*, 90). Non ci sembra che il fatto che la possibilità

pologia e certamente non viceversa[81]. Infatti, solo se l'orizzonte trascendentale della comprensione umana è aperto a Cristo, l'uomo può venire alla fede, cioè recepire l'annuncio dell'Incarnazione come un compimento della sua esistenza e non come una verità ideologica.

umana dell'Incarnazione si sia verificata solo una volta, tolga qualcosa alla validità del riscontro antropologico dell'Incarnazione stessa, perché il percorso compiuto da Rahner è dalla storia alla possibilità trascendentale, e non viceversa (vedi I. SANNA, *Teologia come esperienza di Dio*, 295).

[81] Nella teoria di Rahner noi non troviamo nessun tentativo/pericolo di riduzione della cristologia all'antropologia, come potrebbe invece presagire alcuni critici (cfr. A. SCHILSON – W. KASPER, *Cristologie, oggi*, 94; H.U. VON BALTHASAR, *Cordula ovverosia il caso serio*, 95-107, C. FABRO, *La svolta antropologica di Karl Rahner*, 194-205).

PARTE SECONDA

**TRASPOSIZIONI ACCADEMICHE.
L'INVERAMENTO
AFFETTIVO-SIMBOLICO E
METAFORICO-SPERIMENTALE**

CAPITOLO III

Pierangelo Sequeri.
La coscienza credente come struttura originaria
della disposizione fiduciale al riconoscimento

Convinto che il discorso della teologia fondamentale non si può esaurire con la 'questione epistemologica', il teologo milanese Pierangelo Sequeri (1944-)[1] cerca di offrire una soluzione migliore nel trattato *De fide*. La sua intenzione è quella di rendere ragione alla reciprocità tra la figura teologica della fede cristiana e la figura antropologica della coscienza dell'uomo[2].

La visione che egli presenta nel trattato *De fide*[3] si può sintetizzare

---

[1] La biografia e la bibliografia di Sequeri, sacerdote, professore ordinario di teologia fondamentale presso la Facoltà Teologica dell'Italia Settentrionale di Milano e docente di estetica presso il Dipartimento di arte Sacra Contemporanea (Accademia di Brera), sono rintracciabili sul sito http://www.teologiamilano.it/sequeri.html (accesso del 25 gennaio 2007). L'attività della sua ricerca scientifica è prevalentemente rivolta alla teoria teologica della fede, rispettando gli apporti della filosofia, della psicologia, dell'estetica e della musica, senza escludere l'interesse per le opere di carattere meditativo e per la qualità dell'esperienza cristiana nei suoi molteplici aspetti spirituali e pastorali.

[2] Che l'autore indica come primo compito odierno della teologia fondamentale; cfr. *L'idea della fede*, 61. Ed è sulla base di tale reciprocità che si costruisce una solida base per l'elaborazione della questione epistemologica.

[3] La prospettiva teologico-fonfamentale Sequeri la presenta in due distinte opere: nella sua opera accademica maggiore *Il Dio affidabile*, nella quale l'*introduzione* si occupa del modello teorico tra ragione apologetica e ragione teologica per discutere il rapporto fede-ragione-rivelazione (19-155), la *prima parte* è dedicata alla fenomenologia e teologia della *memoria Jesu* (157-240), la *parte seconda* all'analisi teologico-

qui come una elaborazione della teologia della fede, intesa come forma peculiare della conoscenza e dell'apertura alla verità/giustizia (*1. Il superamento del canone moderno e la ragione teologica*), istituita ed esistente in relazione all'evento cristologico (*2. Dalla fenomenologia dell'evento fondatore al riconoscimento del Figlio*), attuata e mediata nella forma della fede ecclesiale (*3. Fides ecclesiae: tra la fede-che-salva e la fede testimoniale*), avendo come suo presupposto antropologico la dimensione affettivo-etica della coscienza credente (*4. Teoria della coscienza credente*).

1. Il superamento del canone moderno e la ragione teologica

Il progetto della trattazione sequeriana della teologia fondamentale come teologia della fede non mira a diminuire l'impegno di legittimazione teorica di questa disciplina[4], ma piuttosto a integrare l'istruzione teologica, necessariamente critica, con l'idea cristiana della fede vista come modalità originaria e pratica della *coscienza* che *riconosce* la sua capacità di conoscere la verità nell'*affidabile* rivelazione dell'Abbà-Dio[5].

---

dogmatica dell'*actus/affectus fidei* (241-313), la *parte terza* alla teoria della coscienza credente (315-554) e la *parte quarta* alla fede testimoniale (555-770); nell'opera *L'idea della fede*, concepita come sussidio per l'attività didattica in ambito accademico, pubblicata a distanza di 5 anni, Sequeri decide una diversa impostazione. Il *primo capitolo* è dedicato al «canone moderno» e alla visione della fede nell'orizzonte della grazia salvifica e della rivelazione storica (1-71) [una sintesi corrispondente all'introduzione e alla parte seconda del *Dio affidabile*], il *secondo capitolo* all'evento fondatore (73-123), il *terzo capitolo* alla fede testimoniale (125-183), il *quarto capitolo* alla coscienza credente (185-229) e conclude con una sintesi ed una bibliografia argomentata (231-246). La distinzione e sistematizzazione strutturale di *L'idea della fede* risulta più chiara e più logica nel suo ordine rispetto a quella del *Dio affidabile*. La trattazione dell'*Idea della fede* appare semplificata e appare più chiara la relazione con le materie parenti, nonostante *Il Dio affidabile* risulti più sostanziosa e più approfondita per l'analisi scientifica. Nella nostra esposizione seguiamo una combinazione strutturale-contenutistica di entrambe le opere realizzate da Sequeri.

[4] Nell'affermare l'assenza del consenso generale sulla questione dell'identità della teologia fondamentale Sequeri segue principalmente il ragionamento di M. SECKLER «Teologia fondamentale: compiti e strutturazione, concetto e nomi», ma anche di tanti altri teologi di spicco come Bouillard, Geffré, Fries, Verweyen, Neufeld... Egli, invece, per quanto riguarda la diagnostica dello snodo possibile di questa disciplina e dell'idea di fede cristiana, esponendo la sua proposta originale va oltre.

[5] Cfr. *Il Dio affidabile*, 12.

Partendo dallo sviluppo storico dell'esercizio della disciplina si coglie un orientamento unitario al quale, di fatto, si ispira la pratica teologico-fondamentale, nel quale si identificano due funzioni principali, *fondativa* e *apologetica*[6]. La prima funzione sarebbe di riconoscere ed elaborare criticamente i fondamenti, che già sostengono la realtà della fede cristiana. Inoltre, nella seconda delle funzioni la teologia fondamentale si confronterebbe con le contestazioni che vengono mosse dal 'mondo esterno' al cristianesimo, al fine di mediare in modo critico-sistematico la risposta di legittimazione che scaturisce dalla forza di verità iscritta nel *lógos* cristiano verso gli ambienti intellettuali e i mondi razionali esistenti fuori del cristianesimo. Siccome il cristianesimo è intrinseco alla natura di verità rivelata, perciò conoscibile/riconoscibile, Sequeri giustamente prova a ridefinire coerentemente la teologia in base al superamento dell'estrinsecismo fra il *lógos* della ragione e l'*episteme* della fede.

Perciò, la sua idea guida è che il sapere della verità, virtualmente costitutivo della libertà, può essere identificato e pensato nelle sue obiettive condizioni di possibilità secondo la correlazione fra il momento fenomenologico/fondativo della *memoria Jesu* e quello ermeneutico/regolativo del *sapere della fede* che ne esplicita la verità. In questo modo al tempo stesso si verifica e invera la destinazione originaria della coscienza ad una positiva relazione con la verità/giustizia dell'essere, percepita nell'incondizionato appello affettivo della sua istanza, che suscita il desiderio della sua affidabile corrispondenza.

In questi progetti teorici si identifica l'evento di Gesù Cristo come il punto di partenza del suo teologare[7], ed il pensare/presentare la verità

---

[6] Provando a superare dei limiti della trattazione tradizionale, Sequeri nel suo progetto teologico-fondamentale dell'idea di fede vuole sapere anzitutto *che cos'è la fede* e *che cosa fa*, e per questo si occupa anche, in modo peculiare, del tema delle condizioni di credibilità della rivelazione (egli perciò cerca di afferrare la struttura essenziale dell'evento della fede e dei suoi principi, sia rivelatrici sia antropologici). Questi aspetti sono elaborati in duplice prospettiva: *ad intra* (in autonomo discernimento autocritico della coscienza credente) e *ad extra* (in apertura critica e testimoniale verso il contesto del pensiero contemporaneo). Cfr. la parte introduttiva dell'*Idea della fede*, XI-XV.

[7] Su questa base, si può rilevare che la teologia della *fides* di Sequeri si costituisce di tre momenti: a. un'ermeneutica fenomenologicamente del *principio cristologico* della rivelazione e della fede; b. *theo-loghia* della *coscienza credente* fondata sulla *homousia* del Figlio, come struttura originaria e universale della fede; c. l'illustrazione della fede-sequela che attesta e rappresenta l'effettualità della *homousia* di Gesù come principio/possibilità permanente della *fides*.

del vangelo come la questione/compito fondamentale per la contemporaneità. Proprio il significato e la comprensione della «*verità*», e in particolare quella storica, fonda la premessa teoretica imprescindibile per la costruzione della teoria dell'autore. La cristianità indubbiamente ha a che fare con la storicità e la libertà, dato che essa pretende di indicare nell'evento storico di Gesù di Nazaret la manifestazione definitiva della verità di Dio. Perciò, la parte introduttiva della sua impostazione teologica Sequeri la dedica alla rilettura critica della riflessione occidentale e della ragione apologetica (*1.1*), che artificialmente ha istituito la ragione come principio prioritario e regolativo della verità, indipendentemente dalla libertà e storicità, ed alla necessità di una ragione teologica (*1.2*), attribuendo al sapere della fede il sapere della verità per eccellenza.

1.1 *Il canone moderno e la sua critica*

L'idea di canone moderno si riferisce al modello teorico teologico che si costituisce nell'epoca successiva all'illuminismo, il quale focalizza il tema del rapporto tra credere e sapere[8]. Il pensiero filosofico del tempo, che è arrivato alla legittimazione teorica della ragione come organo esclusivo del sapere la verità, indipendente dalla fede, ha influenzato anche la visione moderna storico-teologica e la rispettiva teoria apologetica della *analysis fidei*, orientata a sviluppare modernamente soprattutto la questione della componente razionale dell'atto di fede (come funzione previa/preambolare e formalmente estrinseca).

L'impostazione moderna della *analysis fidei* ha prodotto una tensione e un impianto virtualmente dualistico, che è riuscito a soprav-

---

[8] Le coordinate di una interpretazione storica e teoretica della vicenda che ha causato il luogo ormai comune della reciproca esteriorità/estraneità del sapere e del credere è stata designata in «La ragione teologica e la cultura della modernità»; «L'insopportabile eredità del moderno»; «Idee per la rifondazione della teologia fondamentale» e A. BERTULETTI – G. COLOMBO – P. SEQUERI, «Teologia, ermeneutica e teoria». La situazione storico-sociale medievale, con la presente tentazione di concepire il cristianesimo come entità politica, e i conflitti e le guerre di natura religiosa in buona parte hanno motivato lo spostamento del tema dal campo teologico alla *ratio philosophica*, con graduale esclusione della fede a favore della ragione. Il culmine illuministico di questo processo giustificava quella separazione attribuendo alla *ratio* la figura dell'umanesimo, mentre la *fides* appariva rinunciataria dell'umano. La razionalità filosofica, anche quando non si opponeva direttamente alla fede e ne accettava le verità trascendentali, finiva per ridurre la fede a qualcosa di parziale rispetto al sapere razionale ed all'*ethos* civile.

vivere nei secoli successivi. Da una parte la ragione, obbligata ad istruire i presupposti del credere, finiva così per essere concepita come l'unico vero fondamento della verità (a tal punto che la fede cristiana, in assenza di specifiche certezze razionali estranee alla stessa fede, rischiava di scadere nel mero fideismo). D'altro lato la fede cristiana, concepita in senso soprannaturale, come adesione all'autorità di Dio rappresentata dogmaticamente dalla Chiesa, priva di un'intrinseca evidenza razionale del contenuto del credere.

Dalle osservazioni di Sequeri, è possibile individuare due critiche fondamentali di questa impostazione[9]. Il primo sbilanciamento di questa teologia della fede è la deriva sopranaturalistica e dottrinalistica della nozione di rivelazione, che viene considerata sempre meno nella sua forma storica e cristologica, trascurando altresì la doverosa illustrazione dello spessore storico e antropologico dell'atto di fede cristiano. Il secondo sbilanciamento sta nell'impostazione estrinsecista dell'idea di ragione che argomenta le premesse giustificative dell'atto di fede, collocata in una dimensione tendenzialmente naturalistica, estranea al piano soprannaturale del sapere della fede. Con questa strutturazione teorica si è circoscritto l'atto del credere a una figura connotata dall'assenza di evidenze argomentabili e separato dall'ambito del sapere che sempre più appare come una dimensione alternativa alla fede.

Per il superamento del canone moderno e l'esercizio di un autentico *intellectus fidei* la teologia doveva ricuperare e mettere in evidenza il carattere storico, cristocentrico, salvifico ed esistenziale della rivelazione ed una corrispondente intonazione personale e globale dell'adesione alla fede, capace di mettere fondamenta alla propria evidenza.

---

[9] Qui facciamo una sintesi critica molto sintetica e semplificata dell'autore. Infatti, tra le eredità della modernità si potrebbero indicare anche le «debolezze» come la perdita del profilo etico originario dell'intenzionalità cognitiva dal quale scaturisce ogni volontà di sapere; l'assenza di una ripresa fenomenologica delle strutture della coscienza credente e il suo rapporto con la verità secondo modalità essenzialmente mediate da un apprezzamento estetico ed etico; la sottovalutazione dei sentimenti e delle emozioni nell'analisi della motivazione e del consenso, rispettando gli apporti della psicologia e della sociologia (per non parlare della linguistica e della semiotica o anzi del momento estetico). A questo problema Sequeri dedica una buona parte del suo *opus*: Cfr. *Il Dio affidabile*; 45-118; *L'idea della fede*, 34-71; *Estetica e teologia*, 7-11.

1.2 Il progetto di una ragione teologica

Confrontando queste circostanze, Sequeri riconosce l'urgenza di riconvertire la ragione apologetica ed, attraverso la completa restituzione della fede alla rivelazione[10], tenta di offrire una nuova ragione teologica basata sull'idea dell'unità della teologia come sapere della fede e il rispettivo nesso tra coscienza e verità, considerate nella loro forma essenziale.

La scarsa qualità della riflessione sulla figura globale della fede cristiana, a motivo della distrazione (neo)apologetica ha comportato la perdita di una quantità di strutture fenomenologiche e antropologiche del sapere (come sentire e apprezzare, amare e desiderare, rammemorare e immaginare, agire e patire), a vantaggio della ragione. Il compito teologico, in questo contesto, è quello di riportare la rivelazione e la fede e il loro rapporto nell'ambito epistemologico del sapere, però senza riduzioni razionalistiche. Al centro c'è l'idea di ragione teologica, che cerca di dare la debita dignità alla struttura originaria del sapere (prendendo in considerazione anche i nessi fondamentali che collegano il sapere alla vita affettiva, etica, simbolica e rituale). Proprio in questo punto si trova il nucleo dell'innovazione teorica di Sequeri che identifica la struttura originaria del sapere riferito alla verità come strettamente determinato dalla coscienza credente[11]. In altre parole, il

---

[10] La restituzione della teologia alla struttura originaria della ragione teologica (e la corrispondente reintegrazione del sapere della fede con la struttura originaria della relazione giustizia/verità che articola la coscienza riflessa delle figure storiche della ragione) imprescindibilmente deve rispettare il primato della rivelazione (e questa nella sua qualificazione cristologica e per ciò storica) come principio/oggetto della teologia (che consente di liberare la fede dalla pregiudiziale riduzione del proprio oggetto specifico ad un elenco puro di formule). Nonostante le variazioni epistemologiche, si deve riconoscere alla fede un proprio specifico sapere e fondamento (e quello critico), cioè il suo principio (la conoscenza di Gesù Cristo e la relazione che Dio istituisce in lui con l'uomo) e le sue ragioni (il processo dinamico nel quale la coscienza riconosce e accoglie la fiduciosa *homologhía* e *homousía* della verità di Dio). Cfr. *L'idea della fede*, 119-155.

[11] La struttura della coscienza credente, che è più elaborata nel punto quarto, per l'artificiale contrapposizione ragione-fede offre un'intelligente ri-soluzione. Essa, infatti, appare come il luogo dal quale la ragione stessa trae la forza di osare l'istruzione critica della domanda intorno alla verità. Successivamente, la ragione è a casa sua nell'ambito della fede: perché la fede, a motivo del legame che essa stabilisce fra la coscienza e la rivelazione, è dimora della verità; e perché la ragione le consente di non uscire di sé confondendosi con la verità e con il suo fondamento. La fede è pertanto animata dal desiderio di tenere bene in vista la rivelazione che le ha

suo nucleo teorico risiede prevalentemente in una precisa concezione del rapporto fra l'uomo e la verità, il cui principio costitutivo è la libertà, che cerca e trova corrispondenza storica e pratica, l'autorizzazione per la propria razionale e giusta destinazione che è la verità nelle effettive intenzioni di Dio. Per fare questo ha dovuto riformulare la gnoseologia e la metodologia, e ricuperare il momento pre-riflessivo della conoscenza umana, rispettando la libertà e la struttura antropologica. Su tale base è possibile stabilire che la modalità secondo la quale la coscienza vive l'effettualità è la fede come *affectus*[12] ispirata e generata dal libero riconoscimento e acconsentimento all'affidabile Iddio, cioè alla Verità.

2. Dalla fenomenologia dell'evento fondatore al riconoscimento del Figlio

L'essenza fenomenologica della fede cristiana è indicata nell'evento fondatore della rivelazione di Dio in Gesù di Nazaret, la cui evidenza è necessaria per la fede sia dal punto di vista genealogico/istitutivo, sia sotto il profilo strutturale/costitutivo.

Sulla base del fecondo sviluppo dell'esegesi storico-critica e della teologia biblica e grazie alla riscoperta della storicità nella teologia cattolica, particolarmente favorita dall'impostazione teorica storica rahneriana e dalla paradossale singolarità di Gesù espressa nella formula dell'*universale concretum* nel pensiero balthasariano e anche dall'ispirazione schillebeeckxiana della deduzione fenomenologica della cristologia, Sequeri costruisce la sua prospettiva cristologica. Con questo approccio fenomenologico, che riconcilia intrinsecamente l'ontologia e l'ermeneutica, si rende possibile la ricostruzione della

---

consentito di venire a sapere la verità e la edifica come dimora della verità (e perciò il suo sapere riguarda proprio l'essenziale, e non i preamboli).

[12] La nozione di *affectus* offre una qualità gnoseologica particolare perché la sua evidenza non è riducibile alla conoscenza teorica, all'ispirazione etica o alla sublimazione estetica ridotta, non si tratta neanche di una irriflessiva rinuncia al pensare o di un riferimento ad una immediata presenza di un significato lontano da quello colto dalla mente; essa invece gode di una capacità sintetica di cogliere, attraverso le evidenze e i giudizi (però, non privi del pericolo dell'ambiguità), le qualità di valore. Cfr. R. DE MONTICELLI, «L'ordine del cuore. Per una teoria fenomenologica dell'affettività», 79-82. Per un'interessante visione delle ragioni del cuore in merito e il carattere sia oggettivo sia soggettivo di un atteggiamento generato da loro vedi anche P. RICŒUR, «Le sentiment». Cfr. «La normale drammatica dell'affectus fidei».

connessione fra storia e teologia e la corrispondete concezione teologale della fede. Perciò, il nucleo fondamentale della cristologia sequeriana si può vedere nell'attualità della manifestazione cristologica, come principio permanente e contenuto essenziale della rivelazione[13], alla quale è possibile fare ricorso in ogni momento della storia, mostrando così anche il principio fondamentale della sua comunicabilità[14] evidente e del simbolismo degli eventi.

Nel ricercare di individuare una *genealogia/istituzione* della fede, in primo luogo si deve approfondire l'analisi del legame originario/esemplare dell'evento iniziale: il legame tra Gesù Cristo e la fede apostolica dei suoi discepoli. Seppur il loro riconoscimento della verità cristologica di Gesù e l'interpretazione specifica nell'orizzonte del loro rapporto religioso e teologale con il divino, appartengono alla storia della loro relazione unica con Gesù, è vero anche che si deve valutare l'evento dal punto di vista fenomenologico. La dialettica che fa la distinzione contrastante fra ricostruzione storico-critica e tradizione testimoniale credente risulta esemplare data la qualità testimoniale del loro atto che può essere considerato il punto di partenza per la riflessione successiva sul processo storico. Tale atto di fondo attesta il loro compiuto riconoscimento della verità che si offre proprio tramite la fede, un evento che si propone alla nostra comprensione tramite la dimensione intelligibile dell'esperienza dei discepoli. La dialettica del riconoscimento si sviluppa tra due azioni quali l'*itinerarium mentis et vitae* dei discepoli. In altre parole la sequela prepasquale, segnata dalla crescente percezione/evidenza della singolarità del kerygma di Gesù, e il movimento regressivo della ripresa memoriale della *vita Jesu*, determinata dalla nuova forte esperienza/evidenza di relazione reale/imme-

---

[13] Cfr. «L'idea di 'rivelazione'»; «La 'storia di Gesù'»: «L'interesse teologico di una fenomenologia di Gesù»; «La storia di Gesù come rivelazione di Dio»; «La storia di Gesù e la rivelazione *dell'Abbà*-Dio»; «Storia e teologia: fenomenologia di Gesù e teologia della rivelazione».

[14] La mediazione cristologica, infatti, avviene tramite la rivelazione attraverso le varie forme storiche che mettono in luce lo spazio antropologico della comunicazione intersoggettiva, l'immediatezza singolare della qualità teologica delle molteplici rappresentazioni di Gesù e infine l'evidente fattore dinamico che consente di individuare una fenomenologia della manifestazione. «...evidenza significa, contro ogni requisizione naturalistica della nozione, nient'altro che manifestazione che consta come data. La manifestazione si dà in molti modi, e la costatazione comporta il problema della posizione idonea alla percezione del giusto senso - ontologico ed ermeneutico - di quel darsi» (*L'idea della fede*, 79).

diata/affettiva con Gesù risorto *post mortem*[15], formano la salda fede dei discepoli e chiarificano anche il processo della formazione dei vangeli (che a motivo della loro genesi vietano le facili contrapposizioni tra il Gesù storico e il Cristo della fede). In questa linea Sequeri è convinto che gli apostoli, in realtà, sono parte integrante e testimoni insostituibili sia dell'evento fondatore che della *memoria Jesu*, attestata nella *lectio evangelica* come il concentrato simbolico del processo storico che ha reso e rende possibile la fede cristiana[16].

Dalla dialettica individuata dalla questione della saldatura fra movimento storico della sequela e reinterpretazione credente della memoria sorge anche il profilo *strutturale/costitutivo* della fede. Nell'evidenziare le possibilità e le condizioni del riconoscimento del Figlio e dell'oggettività della fede per tutti, si arriva alla scoperta che il «fenomeno»/»dato» al quale si applica immediatamente l'esercizio del riconoscimento è l'appunto la *memoria Jesu*. Il riconoscimento della fede, fenomenologicamente parlando, è mediato dall'evidenza disponibile di Gesù mediante la memoria di lui, che ci rende in un certo senso perfetti contemporanei dei discepoli della prima ora[17]. Così, la fede degli apostoli e dei discepoli di tutti i tempi è la stessa, e non solo per i suoi contenuti dottrinali ma per la sua stessa costituzione. Essa si costituisce nell'interazione tra apporto del legame affettivo rivolto a Gesù e l'evidenza data dalla riflessione nella sfera teologica che mira a decifrare i segni oggettivi della sua manifestazione, che ri-ascolta la sua

---

[15] I racconti delle apparizioni fanno riferimento agli eventi del 'riconoscimento di Gesù' e come tali sono archetipici per l'evento della fede. L'evidenza che caratterizza l'esperienza degli apostoli è data in una *oggettività simbolica* (finalizzata a sollecitare la libera decisione di accogliere la verità mostrata) che coincide con la *soggettività teologica* di Gesù di Nazaret. Per questo l'itinerario della fede testimoniale è infatti lo stesso itinerario di quella relazione con Gesù, che si dispone come soggettività della sequela e si compie nella oggettività della testimonianza, e che attribuisce alla fede il carattere della coscienza della risurrezione.

[16] E questo in doppio senso: uno connotato affettivamente, riguarda il riconoscimento teologale di Gesù come il Figlio; e l'altro, eticamente determinato, riguarda la scoperta testimoniale di Dio come Abbà di tutti. La memoria di Gesù, del suo rapporto con l'Abbà-Dio e della sua missione orientata all'assoluta dedicazione di Dio nei confronti dell'uomo rende possibile la fede. In favore di questa interpretazione Sequeri di nuovo segue l'ispirazione di Balthasar usando la nozione di *fides Jesu* e il suo modo di identificarsi con l'intenzione dell'Abbà e la sua incondizionata dedizione per l'uomo. Cfr. *Il Dio affidabile*, 244-259; «Fede di Gesù e filiazione divina».

[17] Cfr. *L'idea della fede*, 90.189.562.

parola e ri-guarda i suoi gesti[18]. Una condizione perenne per la partecipazione al discepolato e per l'accesso alla fede resta comunque la libera adesione che permette l'inizio della conversione, ciò significa essenzialmente 'prestar credito' al lieto annuncio scorgendone i segni radicalmente persuasivi, ben sapendo che Dio si sottrae alle forme della necessità e si concede soltanto in quelle della libertà, cioè del desiderio/disposizione e della decisione/dedizione.

3. *Fides ecclesiae*: tra la fede-che-salva e la fede testimoniale

Per poter accedere all'interpretazione dell'aspetto e della natura ecclesiale della fede, dopo aver risolto la questione della sua struttura/costituzione, è necessario prima scorgere la dialettica tra l'*immediatezza* e la *mediatezza* della fede ed analizzare la sua fenomenologia. Siccome la struttura dell'aver fede è sempre la stessa in ogni possibile determinazione storica, inclusa quella apostolica, le sue condizioni rimangono le stesse. Essa è inizialmente mediata[19] dalla revisione della memoria storica di Gesù di Nazaret e successivamente diviene esperienza immediata[20], riconoscimento della verità cristolo-

---

[18] Il movimento della sempre più stretta adeguazione fra *ascoltare/affidarsi* cristiano e il *guardare/pensare* teologicamente Gesù è il frutto della piena reintegrazione della storicità di Gesù nell'orizzonte della fede. L'aspetto cognitivo/riflessivo specifico della fede si trova proprio in questo ricupero della metaforica percezione e visione come il sapere di una relazione fondamentale, che è insieme affettiva e pratica, storica e sociale. La metafora della visione è intenzionalmente sottratta alla sua versione intellettualistica, e non si pone in contrapposizione alla forma dell'ascolto, ma tende a riscattarla dalla artificiosa simmetria che si ha con la pura evidenza dell'oggetto della fede. Cfr. *Il Dio affidabile*, 168.

[19] Occorre subito rilevare che non si tratta di una semplice riproduzione delle verità di fede, ma di una riproduzione come mediazione credente e apertura alla confidenza con il Signore. La sequela autentica del Signore e l'azione dello Spirito e la profonda comunione con Esso, istruisce ed edifica il discepolo; la mediazione la intendiamo così in funzione dell'immediatezza.

[20] Lungo la storia del cristianesimo, dallo gnosticismo antico alla moderna dottrina della mistica, varie interpretazioni suggerivano il carattere immediato della fede come esperienza eccezionale, come una cosa di qualità 'superiore' della fede, non richiesta dalla condizione normale della fede ecclesiastica. Sequeri, a ragione, ritiene questo atteggiamento inaccettabile, proprio perché la storia personale del venire alla fede e vivere la fede conosce molti modi di realizzare l'evidenza personale del proprio rapporto con Dio (questo discorso, alla fine, è anche il nucleo centrale di questo lavoro). La fede, infatti, vive di una sua intrinseca immediatezza e non c'è fede senza spiritualità né senza mistica.

gica e trinitaria di Dio che si attua nella confessione della esistenza di Dio, nella decifrazione dei segni della sua presenza e, come culmine, in una personale - non delegabile e assolutamente insostituibile relazione con il Signore[21]. Questi due momenti del venire/vivere alla fede, perciò, non sono per la fede cristiana «figure di un'alternativa, bensì di un'integrazione»[22], come pure il duplice movimento del rinvio e dell'invio che creano il presupposto per le funzioni di attestazione e di rappresentazione della testimonianza[23] cristiana.

Nella teoria sequeriana, la forma ecclesiale della fede si inquadra proprio come testimonianza confessante e mediazione istituita. Quest'impegno confessante è inscindibile dalla sfera della memoria che scaturisce dall'esperienza dell'incontro con il Risorto e dal riconoscimento/evidenza della sua reale identità che è quella del Crocifisso conosciuto e amato perché si è mostrato e fatto riconoscere come vivente dopo la sua morte. Questo coinvolgimento personale ha fatto dagli apostoli i veri credenti/testimoni, non per trasmettere una semplice informazione su di Dio, ma per attestare la relazione esclusiva suscitata dalla sua rivelazione. Possiamo così dire che la verità rivelata è possibile che sia attestata attraverso la testimonianza dei credenti, garantendo allo stesso tempo la possibilità del massimo dell'immediatezza e del massimo della mediazione. Nell'illustrazione della

---

[21] Appunto qui, nella permanente offerta/possibilità di entrare in rapporto personale con Gesù, Sequeri vede il tema/centro proprio della fede: «Il Signore risorto è per ciascuno, qui ed ora, in grado di istituire una effettiva relazione personale: in cui la verità dell'*Abbà*-Dio si dispiega indirizzando alla persuasiva promessa di un radicale riscatto del male e di una compiuta giustificazione dell'*agape*» (*Il Dio affidabile*, 560).

[22] *Il Dio affidabile*, 563.

[23] Nel progetto sequeriano della teologia fondamentale la figura della testimonianza occupa uno dei posti centrali (come confermerebbe anche M. NERI, *La testimonianza in H.U. von Balthasar*, 304-324, che, proponendo un'originale ontologia della rappresentanza testimoniale e un'ermeneutica della testimonianza, legge tutta l'opera di Sequeri sotto la luce di questa nozione). Essa non è semplicemente tradizione/memoria che consegue alla fede apostolica, né semplice annuncio/notizia della manifestazione futura di Dio, ma soprattutto la realizzazione/attuazione della struttura della fede nell'ascolto della parola, nella fedeltà della relazione al Signore e nella celebrazione memoriale della *vita Jesu* (cfr. *Il Dio affidabile*, 568-590; «Esperienza della fede e testimonianza della rivelazione»; «Mediazione ecclesiale e attualizzazione della fede»). L'adesione alla responsabilità testimoniale e la mediazione del testimone sottintende/comporta una maturazione decisiva nel profilo della coscienza credente (che consiste nel riconoscimento e nell'assimilazione della struttura tipicamente testimoniale del sapere e della comunicazione della fede; cfr. «Coscienza credente e mediazione della testimonianza»).

fenomenologia testimoniale incontriamo un vero esempio della dinamica del riconoscimento che porta alla fede: da un lato c'è la testimonianza come un coinvolgimento passivo dell'oggettività (nell'esperienza alla quale il testimone non sta all'origine, che lo precede ed a cui si rimanda); e dall'altro c'è l'attuazione libera e soggettiva della testimonianza sia per chi la offre (che non semplicemente trasmette le informazioni ma, in quanto coinvolto personalmente, secondo la propria gestualità e stile, espone/testimonia come un'espe-rienza trasformante), sia per chi la riceve (dato che l'interlocutore si trova davanti alla propria libertà di giudizio ed è invitato ad accedere ed a riconoscere la verità, e ad accoglierla attraverso una esperienza altrettanto trasformante). Questo aspetto della (im)mediazione testimoniale riguarda anzitutto la coscienza in cui sorge l'attenzione a proposito del messaggio annunciato; esso per la sua natura è interlocutorio e istruttivo e trova nella *fides ecclesiae*, cioè nelle sue dimensioni, il luogo della sua propagazione e appropriazione.

La fede, nell'impostazione teoretica di Sequeri, si identifica secondo una duplice articolazione a secondo il suo carattere: la *fede-che-salva* e la *fede testimoniale*[24]. La forma della fede-che-salva è rappresenta dalla personale conversione del cuore alla verità dell'*Abbà*-Dio, e ha il suo archetipo e principio in Gesù Cristo (più precisamente, nel suo fiducioso esercizio dell'agape divino realizzato nella relazione filiale e nella dedizione fraterna)[25]. La forma della fede testimoniale comunica

---

[24] Il discorso sulla distinzione tra fede-che-salva e fede testimoniale è la soluzione teorica con la quale Sequeri vorrebbe dare una risposta a quella che è la separazione, in ambito ministeriale, tra identità cristiana esperienziale ed elaborazione teologica della natura/struttura della fede. Egli esplicita formalmente la diversa tipologia che la fede in Gesù assume: la fede testimoniale, in quanto istituita/autorizzata dal Signore, è appunto l'attestazione/rappresentazione (nella forma della sequela/imitazione) della *fede che salva* a partire dalla sua legittimazione che invece si ha nella dimensione teologica. La loro diversità consente, da una parte di riconoscere lo stato salvifico della relazione con il Signore Gesù (che si rivela e chiama chi vuole e quando vuole) nella diversità delle vocazioni, dall'altra di comprenderne la legittimazione dottrinale e teologica. Tutto ciò permette anche di non confondere la cristologia con l'ecclesiologia, ma di rispettarne le differenziazioni. Cfr. *Il Dio affidabile*, 244-245; *L'idea della fede*, 122-123; «Assolutezza e relatività del cristianesimo: universalità della fede che salva e particolarità storica della testimonianza»; «La fede che salva e la fede testimoniale: retractio catholica del tema dell'elezione divina».

[25] In questa nozione/comprensione della fede-che-salva possiamo chiaramente riconoscere gli apporti della teologia della *grazia*, alla quale l'autore inconsuetamente dedica la parte introduttiva del suo secondo trattato della teologia fondamentale

universalmente l'oggettiva possibilità di accedere al principio salvifico, attraverso la missione/confessione ecclesiale e la reale possibilità di entrare in una dinamica cristologica che nasce dall'incontro con Gesù nella memoria concreta che si ha nella relazione con Lui. Infatti, proprio l'esperienza trasformante dell'incontro e la seguente permanente relazione con il Signore risorto dei credenti, della *ekklēsía*, dà luogo alla istituzione/custodia della *parádosis* della verità evangelica. La fede del singolo e della comunità dei credenti (sopra)vive soltanto grazie alla possibilità di riaccedere sempre e nuovamente all'evento fondatore, e questo in una triplice modalità: nell'ordine della *parola* (attraverso la Scrittura come evento/istituzione di valore paradigmatico per la rivelazione della Parola di Dio e come centro della coscienza cattolica)[26]; l'ordine della *relazione* (attraverso la comunione apostolica, in modo particolare con i loro successori, e il legame con il Signore attraverso l'*agape* nella sua duplice indisgiungibile e irriducibile dialettica della fraternità e della dedizione)[27] e l'ordine del *sacramento* (attraverso il culto cristiano come profilo strutturante della fede, e non semplicemente come momento del suo esercizio pratico, e tra

---

osservando la fede, prima di tutto nell'orizzonte della salvezza (cfr. *L'idea della fede*, 3-33). Nonostante sia riconosciuta la necessità di oltrepassare i limiti di un'interpretazione sopranaturalistica e intellettualistica della coscienza credente (che con l'estrinseca contrapposizione, indotta dal modello del *duplex ordo cognitionis*, ha forzato il principio di una totale inevidenza del contenuto della fede [*fides quae*] e dell'assoluta irriducibilità dell'assenso relativo [*fides qua*] alla conclusione logicamente necessaria di un processo argomentativo), il rapporto tra la relazione salvifica istaurata dalla grazia e la determinazione storica della fede ancora non ha conseguito un assestamento adeguato. La libera iniziativa dell'autocomunicazione di Dio e l'illuminazione della grazia, che ne determina la percezione e l'accoglimento (cfr. P. ROUSSELOT, *Gli occhi della fede*; H.U. VON BALTHASAR, *Gloria*, I), evoca la reintegrazione degli aspetti cognitivi e antropologici nell'ambito della teologia della fede (con interesse anche per lo sviluppo dell'aspetto spirituale e trascendentale, etico e mistico, sapienziale e misterico della fede). Così, anche i problemi della Chiesa antica: gnostici, circa la conoscenza spirituale, e fenomenologici, con le questioni del rapporto fra la struttura ontologica e l'evidenza storica della relazione con Dio (che proprio la fede istituisce come *initium salutis*), sarebbero visti in una nuova luce. Sembra che l'idea di Sequeri si trovi appunto in questa linea (Cfr. *Il Dio affidabile*, 243-313).

[26] Cfr. «La struttura testimoniale delle scritture sacre: teologia del testo»; «Bibbia e teologia: il luogo del testo»; *Il Dio affidabile*, 611-700; *L'idea della fede*, 146-160.

[27] Cfr. *Il Dio affidabile*, 700-732; *L'idea della fede*, 161-171; «Il ministero presbiterale quale figura di vita cristiana»; «La parrocchia come figura concreta della carità fraterna».

questi specialmente la celebrazione dell'eucaristia costituisce l'archetipo e il rito fondatore che, nell'ambito credente, articola e rende attuale l'*ethos* fondamentale della fede testimoniale: essere memoria di Lui)[28]. Canone biblico, canone apostolico e canone eucaristico, nella loro intrinseca connessione e circolarità costituiscono il referente ultimo per la dimensione teologale attualizzata dal credente.

4. Teoria della coscienza credente

Il teologo milanese riconosce l'emergenza di una teoria teologico-fondamentale in grado di proporre e giustificare una *struttura/forma originaria* della *fede*, suscitata nell'incontro con la verità/giustizia[29] della rivelazione divina, vissuta nella dinamica istitutiva della relazione con il Signore e articolata/trasmessa nella testimonianza ecclesiale. A fronte del problema del protocollo fideistico della razionalità moderna (e la rispettiva spaccatura/contrapposizione tra fede e ragione, fra teologia e filosofia ed ultimamente tra verità e libertà), e davanti alla trappola intra-teologica di fondare la fede su qualche evidenza razionalistica (che esclude il carattere determinante di ogni apprezzamento di senso e la struttura di affidamento) nasce lo sforzo principale di Sequeri di rivedere la questione *epistemologica* della teoria del sapere umano e la questione *antropologica* dell'istituzione dell'umanità dell'uomo. L'idea che consente di riprendere il filo precocemente interrotto del rapporto radicale fra verità/giustizia e libertà e di riflettere sulla natura originaria del soggetto umano, l'autore lo trova nella nozione di coscienza (no)etica[30].

---

[28] Cfr. «Scrittura e rito: forme di attestazione della fede»; «Ma che cos'è questo per tanta gente?»; *Il Dio affidabile*, 733-770; *L'idea della fede*, 172-183; «La presenza e il fare: ritrazioni filosofico-teologiche sul modello liturgico della coscienza credente».

[29] La circolarità tra verità e giustizia nell'opera sequeriana è il fondamento istitutivo e trascendente della coscienza, che è il luogo del credere e sapere le medesime, e perciò spesso appaiono insieme. Sembra che l'ispirazione per tale visione l'abbia trovata nella parola biblica, dove l'elemento estetico della verità (come epifania) e quello drammatico della giustizia (come giudizio) sono indissolubilmente intrecciati. Cfr. *Il Dio affidabile*, 328-332.

[30] La complessità della comprensione della parola *coscienza* sta nel distinguere il suo significato etico da quello noetico. Il primo riguarda l'*essere responsabile* secondo la coscienza del giusto, mentre il secondo si riferisce all'*essere consapevole* di ciò che si mostra, dell'evidente e sperimentato. Cfr. *Estetica e teologia*, 16-17; *Il Dio affidabile*, 356.

L'idea originale/innovativa e il centro costruttivo della teologia sequeriana è l'elaborazione di una teoria della coscienza (e questa si manifesta sempre di natura credente), che qui presentiamo percorrendo la strada dell'approccio fenomenologico-trascendentale ed ermeneutico-(teo/onto)logico nei riguardi della esperienza in cui appare l'originario della coscienza credente. La riflessione sulla fenomenologia dell'evidenza della coscienza conduce a ricercare i presupposti e i modi della percezione/sapere ovvero del conoscimento di qualsiasi verità manifestata. L'ermeneutica, poi, apre la riflessione anche ad una lettura teologica della coscienza stessa, rendendo conto alla dialettica della forma dell'aver fede e dell'essere nella fede, come pure all'affidamento/consenso ovvero al ri-conoscimento della verità/giustizia ultima.

4.1 *Fenomenologia trascendentale della coscienza: evidenza estetico-etica*

L'uso del termine coscienza, sia per designare il punto di partenza della interrogazione filosofica, sia per indicare la forma polarizzatrice dell'umano nella sua essenza, si riveste dei diversi/opposti significati. L'idea moderna ha interiorizzato la persuasione radicale della fondamentale inaffidabilità della soggettività in ordine al riconoscimento della verità oggettiva, riducendo la coscienza ad una fonte di incertezze noetiche[31]. La novità postmoderna, dal punto di vista noetico, invece, sta nell'equivalenza fra fenomenologia apparente e coscienza soggettiva, intesa come immediatezza del sentimento di sé e connotata dalla capacità percettivo-emotiva del proprio (ben)essere[32]. In breve, la

---

[31] Nella prospettiva illuministica, il modello della ragione ha sostituito il modello della coscienza circa la questione della consapevolezza, che è stata quindi ricondotta al principio dell'evidenza logica e della sperimentabilità, lasciando invece alla coscienza solamente il principio autonomo della decisione etica (Cartesio). Inoltre, gli esponenti della schiera dei 'maestri del sospetto' (Feuerbach, Marx, Freud, Nietzsche) che hanno radicalizzato l'impostazione razionalistica dell'evidenza staccata dalla coscienza, causando l'imponente esposizione sia della certezza dell'apparire sia dell'affidabilità del consentire, erano infatti i precettori della sua emancipazione, pur essendo lontani dalla realtà della sua vera natura/capacità. Cfr. *L'umano alla prova. Soggetto, identità, limite*, 15-40.

[32] La postmoderna risoluzione della coscienza morale in una sovradeterminazione etica dell'immediatezza emozionale e dell'apparire allude alla sfera dell'intimità individuale che viene ad assorbire le forme della consapevolezza e del sentire in due processi: la razionalizzazione morale del senso/sentimento che appare nell'evidenza emotiva/affettiva del sé; e la rassegnazione allo strapotere destabilizzante dell'inconscio nei confronti dell'evidenza noetica.

coscienza morale si è vista condizionata dall'attuazione del modello noetico della conoscenza; e la presentazione dell'evidenza noetica tendeva, invece, a costruirla come il tema di una doverosa problematizzazione della coscienza e come luogo dell'apparire veritativo. La teoria sequeriana, ispirata alla filosofia e alla psicologia fenomenologica[33], offre la proposta di una coscienza che parte da una originale disposizione fiduciale e che, mediante l'esperienza pratica dell'agire responsabile, diviene consapevole della verità alla quale è giusto rispondere[34]. Una tale idea svela due principali nuclei dal punto di vista fenomenologico-trascendentale: la riconversione dell'*alterità* e della *soggettività*[35]. Da una parte, contro il movimento di autofondazione e autogiustificazione della coscienza, si deve pensare di nuovo l'*alterità* dell'origine e dell'originario: in questa prospettiva la coscienza è irriducibilmente relazionale (sia a partire dalla struttura originaria del senso dell'essere che ne istituisce l'incondizionatezza, sia a partire dalla alterità che ne istituisce la trascendenza)[36]. Dall'altra parte, il soggetto, concreto e storico, caratterizza l'originaria dimensione fiduciale e affettiva della coscienza che proprio in questo modo realizza l'ideale della libertà[37] (cioè cercando il riconoscimento dell'altro come simbolo di corrispondenza della verità e della giustizia al proprio desiderio di essere).

---

[33] Per la costruzione della sua proposta, il pensiero filosofico ha fatto sicuramente ricorso alla visione della coscienza come «un credere irriflettuto alla realtà saturata nei significati comuni della vita quotidiana; tali significati pongono le basi della fiducia nelle possibilità, anch'esse irriflettute, di prosecuzione dello scambio e della vita. Ciò conferisce al binomio identità-realtà uno spessore morale, indipendentemente dal fatto che le azioni svolte siano moralmente buone» (cfr. G. GIRARD, *Simulazione e identità debole*, 33). È evidente il suo interesse particolare analitico e teorico per la qualità affettiva della coscienza; cfr. U. GALIMBERTI, *Psichiatria e fenomenologia*.

[34] Su questa impostazione Sequeri può distinguere tre dimensioni della coscienza: *estetica* (in quanto luogo in cui traluce la promessa, pur mancata nella realtà, di una compiuta rivelazione dell'ente), *etica* (intesa come giudizio circa la giustizia di ogni rivelazione possibile) e *credente* (in quanto conferimento di credito rivolto alla affidabilità di ogni giustizia promessa). Cfr. *Estetica e teologia*, 12.

[35] Cfr. *Il Dio affidabile*, rispettivamente 317-329; 329-343.

[36] Cfr. *L'umano alla prova*, 65-86; «L'alterità come esperienza fondativa? Psicoanalisi, etica, teologia».

[37] «Una teoria della coscienza deve necessariamente integrare la forma della libertà in cui avviene ogni riconoscimento: precisamente in quanto l'attuazione della coscienza è appunto il modo in cui la libertà determina *le proprietà* e *la proprio-ità* della coscienza medesima» (*Il Dio affidabile*, 325).

Sequeri, audacemente, nella (o meglio al posto della) dialettica teorica calda fra persuasiva certezza della *fides* e l'argomentato dubbio circa le *rationes* introduce la coscienza credente, cioè la sua apertura alla verità manifestata/non posseduta e la rispettiva costitutiva correlazione tra dimensione *estetica*[38] e dimensione *etica*[39]. Quindi, la coscienza credente vive il proprio rapporto con la verità secondo modalità essenzialmente mediate tramite forme di evidenza simbolica capaci di impressionare affettivamente, ovvero in una dimensione estetica, e dall'affidamento e dal consenso rivolti ad una giustizia persuasiva, ovvero in una dimensione etica. Il primo aspetto estetico ha dunque a che fare col *semantico*, siccome l'evidenza dell'ente è sempre relativa all'apparire di un significato (e la rispettiva mediazione linguistica, e la prospettiva storico-sociale), cui il riconoscimento comporta di per sé un giudizio etico di affidabilità (che investe la scansione semantica della coscienza nell'orizzonte della presenza/realtà). Inoltre, la coscienza non è un puro riflesso o una visione del mondo nella *percezione* e nella *significazione* estetica, ma ella si accende nell'*emozione*[40] della percezione e nel *desiderio*[41] della significazione (che rivelano l'importanza dell'altro per esperienza di sé e la propria identificazione mediante il riconoscimento dell'altro);

---

[38] Un saggio eccellente circa l'originaria sapienza estetica che congiunge due mondi che nel pensiero moderno non si incontrano, quello delle apparenze mondane e quello dei sensi spirituali, è *L'estro di Dio*. Sequeri (nelle quattro parti del volume: *Estetica e Religione*, *Forma Ecclesiae*, *Figura Hominis* e *Bellezza e Salvezza*) indica e mostra il fascinoso tormento di un'estetica teologale e l'infallibile risonanza che essa genera nella coscienza di ogni uomo sensibile. Cfr. anche «La spiritualità del sensibile. Spunti per una educazione teologale all'estetico»; *Il Dio affidabile*, 375-388.

[39] Cfr. «Il sapere orientato al senso»; *Il Dio affidabile*, 389-406.

[40] Infatti, i due estremi della coscienza sono l'*intuizione* della trascendenza del compimento e il *sentimento* dell'ineludibile densità simbolica di ogni percezione le cui emozioni (ovvero l'universo della risonanza di ogni esperienza) seppur sono portate alla luce dalle parole le trascendono e rimangono aperte e offerte dal gesto e dalla rappresentazione.

[41] In merito al tema del desiderio, che nel contesto della coscienza religiosa vola o verso il basso (l'idea della concupiscenza) o verso l'alto (la visione metafisica o mistica del desiderio di Dio), Sequeri propone una propria triplice fenomenologia: sistemazione del desiderio nella sfera di una aspirazione che si apre al suo compimento nella forma del dono; il desiderio come richiesta di un legame affettivo che include la coscienza come legata all'attesa di una autorevole relazione di riconoscimento; l'originalità del desiderare umano configurata fra l'impulso del soggetto che cerca soddisfazione e l'appetibilità dell'oggetto che genera attrazione. Cfr. *Non ultima è la morte*, soprattutto 3-39.

perciò la coscienza è sempre un'apertura di credito rivolta all'essere che cerca la strada del proprio *intellectus*. Un aspetto successivo alla dimensione estetica è l'esperienza/fascinazione dell'anticipazione persuasiva della *bellezza*[42], capace di trascendere i limiti della ragione informativa e strumentale, che illumina la dimensione etica dell'esperienza a riguardo della verità/giustizia e di un senso/significato cui la coscienza desidera consentire. A livello fenomenologico-trascendentale, è possibile intravedere che due componenti/ momenti costitutivi/inseparabili dell'unità originaria della coscienza (*estetico* della percezione della realtà e *etico* dell'apprezzamento[43] del senso) così mettono in luce il ruolo costitutivo del nesso intrinseco di verità e di libertà. Il momento estetico della verità che si impone/propone ha un primato *logico* sull'etico della libertà umana che vi si dispone, perché c'è la verità che precede/con-costituisce la coscienza umana; ma dall'altra parte c'è il primato *concreto-pratico* del momento etico, perché la verità si riconosce come vera/giusta e accoglibile, e perciò degna dell'uomo, solo nella risposta/decisone libera dell'uomo che si affida ad essa. In questo modo si configura una struttura per cui la verità degna dell'uomo non sopporta d'imporsi in modo dispotico, né si abbassa a sedurre, ma desidera di essere onorata da una libera determinazione della coscienza, proprio perchè si presenta in modo persuasivo[44], affidabile e sensato.

Una tale rilettura fenomenologico-trascendentale della coscienza credente ci indica uno dei vantaggi essenziali dell'impianto sequeriano: la libertà che non appare più come forma astratta del possibile voluto o

---

[42] La bellezza, mediante l'omologia delle forme simboliche in cui è immaginata e grazie alla sua forza spirituale pervasiva attraverso cui è avvertita, entra nell'intreccio dell'estetica e del dramma che attraversano la coscienza credente nell'ordine degli affetti. La capacità del sentimento della bellezza di corrispondere all'idea di una felicità spirituale della gratuità del senso è fondata proprio sulla percezione soggettiva della sorprendente oggettivabilità nella sfera del desiderio puro. Cfr. *L'idea della fede*, 206-209; *L'estro di Dio*, 129-276; «La *via pulchretudinis*: limiti e stimoli di una spiritualità estetica».

[43] La capacità di apprezzamento di cui gode la coscienza si basa su due aspetti: uno è la teoria del *sentimento* (quale figura sintetica della percezione credente del valore e dell'esperienza morale dell'esistere) e l'altro è quello di una teoria del *desiderio* (inteso come condizione costitutiva della coscienza nei riguardi della verità, del creato e della esperienza inter-soggettiva dell'agire rivolto al senso). Cfr. *Il Dio affidabile*, 390-391.

[44] Nella dinamica estetico-etica, lo scambio della fiducia vicendevole è fondamentale, essa comporta la persuasività di Dio e la persuasione personale dell'uomo tanto che «Dio considera immorale infatti una fede priva di intima persuasione» (*Timore di Dio*, 75).

fatto, bensì come esperienza concreta del senso inteso (e dunque come il principio pratico del suo venire alla luce come significato concreto) ci consente di definitivamente superare le secche sulle quali si è arenata la tradizionale *analysis fidei*[45]. In altre parole, il sapere della coscienza credente che la libertà consente è relativo al carattere affidabile/inaffidabile dell'accadere simbolico e all'apprezzamento di tale provocazione. La struttura originaria della coscienza, dunque, vive del consenso della coscienza all'originaria attestazione del senso (si riferisce alla dimensione estetica della coscienza che sottintende la precedenza della verità) e della qualità umana che vi corrisponde (riporta alla dimensione etica della coscienza e la rispettiva necessità della libertà). Per questa ragione, ritornare di nuovo a pensare la *fides*[46], che costituisce e istituisce la coscienza, significa pensare la verità/giustizia nel modo della loro *attestazione*. Questo vuol dire che, da un lato, la *fides* si dà sempre non come scoperta pregiudiziale a priori, bensì come a posteriori di una rivelazione, accompagnata dalla sorpresa di esserne in qualche modo già disposti e orientati (rivelando la natura

---

[45] Con l'istituzione del sapere veritativo nell'orizzonte della coscienza credente e dell'esperienza della libertà, la vecchia eredità dell'*analysis fidei* riceve una nuova luce. La *ragione* (come momento riflessivo della coscienza nel quale viene riconosciuta ed esplicitata, istituita ed interrogata) viene restituita al suo compito naturale, cioè quello di sollecitare la coscienza verso una sempre rinnovata apertura nei confronti della struttura persuasiva e interlocutoria della verità/giustizia che la trascende e di tenere desta la sua percezione; di essere criterio di giudizio, nella giusta misura, per l'intelligenza dei legami suscitati dagli affetti; e di vegliare sulla ricorrente inclinazione a conferire autorità dispotica a parziali interpretazioni della *fides*. D'altro canto, la certezza della *fides* (come fiducia e come fedeltà, cioè come libera obbedienza alla manifestazione della verità non dispotica che promette salvezza) tiene ferma la qualità morale dell'esercizio del dubbio della ragione imponendogli di misurarsi con i legami degli affetti alla loro radice, cioè riconducendoli alla potenza dell'anima e al desiderio d'amore, dentro il quale esiste. Cfr. *Il Dio affidabile*, 374.

[46] Nella lettura sequeriana si può evidenziare una netta distinzione terminologica tra *fides* e fede. Dalla logica della sua impostazione, sembra che l'autore ripetutamente usa la forma latina per almeno due ragioni: il primo potrebbe essere un tentativo di sfuggire dal significato istituito nella comprensione del termine della fede nel modo in cui è presentato dalla così opprimente contrapposizione tra fede e ragione; il secondo è di non confondere la figura teologica e la figura antropologica della fede (siccome egli è interessato a quest'ultima per sottolineare la categoria dell'essere nella fede). Una simile logica segue anche la distinzione tra *affectus* (che si lega a livello teologico nelle forme di *affectus Dei* o *affectus fidei*) e affetto (come una dimensione antropologica generica globale dei sentimenti, passioni, emozioni o pulsioni). Cfr. *L'estro di Dio*, 42.

sempre credente della coscienza); e dall'altro che la *fides* emerga nella forma di un'attestazione consenziente della coscienza, irriducibile all'assoggettamento dell'io, dischiude la stupefacente infondatezza storica dell'ordine del senso e si apre ad un sapere sensato, affettivo e desiderato della verità/giustizia (il sapere della fede reso possibile dall'evidenza estetico-etica della coscienza credente). Di fronte a quest'apertura, resta da esplorare l'asse della referenza teologale.

4.2 *Ermeneutica teologale e ontologia fondamentale della coscienza credente*

A questo punto l'articolazione della esposizione sequeriana è duplice: al primo posto c'è la distinzione fra l'affidamento storico (in quanto evento anticipato ma discontinuo dalla *fides*) e la *fides* originaria (in quanto *affectus* costitutivo dell'orientamento alla giustizia/verità incondizionata); e in secondo luogo c'è l'articolazione della differenza teologica e della differenza ontologica nel loro reciproco ma non simmetrico rinvio. Le premesse della natura originariamente credente della coscienza e della sua struttura originariamente configurata nella reciprocità fra l'estetico e l'etico, ci rendono possibile di arrivare finalmente al punto cruciale della riflessione di Sequeri: la reciprocità tra la figura *antropologica* e la figura *teologica* della fede[47]. Se la ricerca della verità è il progetto originario della coscienza credente e l'essere-nella-verità, l'ideale della sua libertà, la condizione pratica della sua realizzazione è l'*affidabilità* che indica proprio la figura antropologica della fede (*essere-nella-fede*) come forma dell'apprezzamento/consenso e della accettazione/riconoscimento rivolta al proprio punto di vista, *saputo* quale mediazione intrascendibile dell'apparire dell'essere e *voluto* come luogo della verità/giustizia (in questo senso, l'essere-nella-fede è condizione normale/necessaria di ogni scelta/ decisione). Però, davanti all'incondizionato della verità (vale anche viceversa, cioè davanti alla verità dell'incondizionato) appare la forma dell'*avere-fede*, presupponente e trascendente il semplice essere-nella-fede, che implica la situazione della coscienza che aderisce all'evidenza simbolica dell'incondizionato della verità/giustizia. In altre parole, l'aver-fede si esprime nei termini della personale esperienza del soggetto (mantenendo la distanza dalla semplice evidenza e dalla pura fenomenica del suo darsi) vincolata alla oggettività di eventi fondatori e alla intersoggettività di istituzioni testimoniali, dove si costituisce la

---

[47] Cfr. *Il Dio affidabile*, 429-455.

figura teologica della fede (*avere-fede*) proprio perché si impegna con la verità/giustizia del punto di vista che 'dice Dio'. Sullo sfondo della mediazione estetica ed etica, decifriamo dunque che la struttura originaria del riconoscimento si trova davanti a un intreccio tra la differenza *teologica* (creatura-creatore, umanità-divinità) e la differenza *ontologica* (parzialità-totalità, finitezza-infinitezza, relatività-assolutezza), e così pone il problema della giustizia (e pertanto del *senso*) come figura determinante per l'apprezzamento-riconoscimento della verità della differenza. Inoltre, la qualità teologale della differenza (onde l'Assoluto è intrecciato nella *notitia Dei* intrinseca all'esperienza del *sacro*) im-pone l'unificazione di questa dialettica istituendola come tema specifico del pensare Dio.

Condividiamo la convinzione sequeriana che la teologia fondamentale con l'ontologia fondamentale può/deve riprendere confidenza al proprio interno, proprio perché è impossibile per il sapere critico della fede riconquistare una dignità più che retorica senza discutere/problematizzare i temi che l'ontologia assegna alla indagine sulle condizioni elementari dell'esperienza della realtà (aprendo/rintracciando la strada verso un'ontologia della coscienza credente). È il livello ontologico, che permette di avvicinarsi alla genesi e alla struttura della coscienza credente proprio perché la verità/giustizia è ciò che accende e rende possibile la coscienza umana. È significativo che essa incontra la verità/giustizia nella sua *storicità* e nella sua *relazionalità* che per-mettono/pro-mettono il suo affidamento nel momento in cui si decide per l'assolutezza di una verità/giustizia[48]. In questa linea si afferma che ciò che appare alla coscienza non è un semplice «dato» di qualsiasi verità/giustizia, ma una promessa orientata ed istituita dal *senso* e dal *con-senso* (prestato all'affidabilità di un orizzonte del senso)[49]. Infatti, l'accendersi della coscienza è sempre governato dall'originario sfondo di attese di senso determinate, e ciò esige il ricupero di una comprensione adeguata tra il rapporto fra *percezione*

---

[48] «L'ontologia deve riconoscere nella storia il luogo dal quale viene la possibilità di riconoscere il proprio reale fondamento. La storia deve riconoscere nell'ontologia la struttura che impone di comprendere l'evento come determinazione ineducibile e irriducibile di un fondamento sempre realmente anticipato e sempre realmente ulteriore rispetto ad essa. In questo senso abbiamo più volte ripetuto che la verità/giustizia dell'essere di Dio non ha un fondamento ermeneutico. E al tempo stesso – e proprio per questo – ha un'attuazione ermeneutica» (*Il Dio affidabile*, 538).

[49] Cfr. *Il Dio affidabile*, 465-471.

empirica (disegnata dall'omologia di percezione sensoriale di sentimento vissuto, articolati quindi nel cognitivo-affettivo[50]) e *apprezzamento simbolico*[51] della realtà (avendo il simbolo come la potenza *promettente*, in quanto ciò che presenta come reale non esaurisce la sua portata, ma rimanda ad altre dimensioni; e come la potenza *permettente*, perché non sostituisce il rapporto originario, bensì lo rende attualmente riconoscibile ed operante alla disposizione della coscienza umana, dalla quale ha bisogno di credito e di un'adesione al suo senso). In base all'intreccio originario fra percezione e consenso è possibile istruire una teoria dell'esperienza come riconoscimento dell'essere reale sempre determinato da una scelta relativa al suo livello referenziale.

La coscienza religiosa (e il rispettivo sapere della fede) si riconosce dentro un impianto ontologico che riconosce la differenza di Dio e del

---

[50] Il vecchio referente paradigma «scientifico» (asettico) è quello di una conoscenza della verità logica e fenomenologica del mondo la cui condizione di affidabilità è la totale indipendenza dei suoi costrutti nei confronti della libertà e degli affetti. Sequeri, invece, (come in buon grado anche l'odierna teoria del sapere scientifico, grazie alla moderna psicologia) riconosce l'inestricabile connessione degli affetti (anche nel legame con il rispettivo senso dei sensi e della corporeità) e del sapere nell'esercizio della conoscenza. Ancor.'oggi resta il problema dell'insufficienza della concettualità teologica e psicologica adibita all'analisi dell'esperienza *affettiva*, in cui la trascendenza del senso viene apprezzata e riconosciuta *sensibilmente* nella propria *assoluta* verità. Cfr. *L'estro di Dio*, soprattutto 35-78, *Il Dio affidabile*, 471-472.

[51] Lo sfondo sequeriano della nominazione simbolica è l'ordine del semantico, alludendo alla struttura dell'esperienza per la quale il mondo non è mai un insieme di dati, ma un insieme di significanti e di significati. La qualità simbolica da una parte riassume l'identificazione e stabilisce una chiave globale per l'interpretazione e l'accesso alla personalità dell'altro, e dall'altra possiede la capacità di aprire ad una terza dimensione, cioè l'apprezzamento di valore. La sfera del riconoscimento dell'altro rimanda alla sfera degli affetti (che sfugge alle connessioni logiche e fenomenologiche istituite nel semantico). Perciò, Sequeri riconosce il simbolico come «la forma di significazione che si imposta come idonea alla identificazione e alla integrazione di quell'ordine obbiettivo – ontologico e metafisico – della realtà che è costituito dal vincolo affettivo», *Il Dio affidabile*, 480. Perciò, l'esperienza entro la quale si produce la competenza della coscienza a percepire e decifrare il senso è dunque l'esperienza del simbolico. A sua volta, essa diviene accessibile alla coscienza mediante la relazione intersoggettiva dell'intenzionalità e la tradizione sociale, che stabilisce due modalità della costituzione simbolica: nell'ordine della *rappresentazione* (funzione evocativa) e nell'ordine dell'*esercizio* (funzione operativa/performativa) (cfr. *Logos, legami, affetti*, 93-95). Il luogo che riattiva la ricchezza semantica e l'energia trasformatrice che la vita degli affetti indirizza al senso ultimo è il *rito*, dove il simbolico polarizza il sentire intorno all'essenziale. Cfr. «Evidenza simbolica e ragione teologica: congetture e confutazioni».

mondo, indotta originariamente dall'esperienza del *sacro*[52] (saputo/ vissuto come insuperabile differenza e indissolubile unità per la quale la coscienza accoglie la *notitia Dei*). Una fenomenologia dell'esperienza religiosa, che proviene dall'incontro con il sacro (la cui mediazione è inquadrata nella struttura rituale), deve enucleare la sintassi dell'approccio *concettuale* alla realtà della manifestazione di Dio con l'esperienza *interlocutoria* della relazione con Lui nella preghiera[53]. È importante questo momento della proposta teologico-fondamentale di Sequeri che afferma che la struttura di relazione con Dio è possibile soltanto nella forma della ripetizione dell'atto della fede come preghiera. È la preghiera, come rapporto con l'assoluto, il luogo sottratto alla coscienza che mette in movimento il suo desiderio di conoscersi (cioè riconoscersi riconosciuto, o tradotto secondo la nostra tesi, di essere riconosciuto e di essere riconoscente). Il rapporto tra Dio e l'uomo (e il rispettivo rapporto assoluto tra la verità/giustizia e la libertà) determina l'*actus fidei*/affidamento che corrisponde all'affermazione realistica di Dio come obbedienza e libera intesa, ascolto e consenso reciproco, grazia e vincolo riconoscente da entrambe le parti. Il costruirsi della coscienza è iscritto nella differenza ontologica e nella costituzione ontica della creatura, presupposta dall'intenzione realistica della affermazione dell'uomo da parte di Dio, che nell'uomo suscita un appello al riconoscimento. Per questa ragione Sequeri non esita a definire la fede precisamente ed esplicitamente come «riconoscimento che si nutre di riconoscenza»[54].

5. Ripresa critica del pensiero sequeriano

Il percorso attraverso l'ampia e consistente proposta teologica di Sequeri[55] ci porta ad identificare chiaramente i due momenti essenziali

---

[52] Cfr. *Estetica e teologia, 75-165*; «Il sentimento del sacro: una nuova sapienza psicoreligiosa?»; *Il fascinans del sacro: estetica e teologia*; «L'estetico per il sacro. *Affectus fidei* e *ars musica*»; *Il Dio affidabile*, 455-465; 506-521.

[53] «La preghiera porta la coscienza all'altezza del rapporto essenziale che fa la verità della fede: ogni relazione dell'uomo procede dalla manifestazione di Dio e introduce nell'intimità di Dio» (*L'idea della fede*, 222).

[54] *Il Dio affidabile*, 541.

[55] Una rassegna della vasta opera di Sequeri si potrebbe sintetizzare nei sei volumi più significativi che rispecchiano tutto il pensiero del teologo milanese. 1. *Il Dio affidabile*, saggio di teologia fondamentale, la cui struttura l'abbiamo già presentata, in esso abbiamo il pentagono della teologia sequeriana costituito dai seguenti punti: (*a*) dall'*affetto* dinamico, empatico/estatico e affidatesi/affidabile che diventa (*b*) conso-

che costruiscono il suo approccio teorico: la prospettiva *storico-cristocentrica* della *rivelazione* che si allarga fino ad includere l'*esperienza ermeneutica* della *fede*, e una teoria ontologica della coscienza credente riferita alla struttura originaria del *sapere la verità*. Ciò sottendente il duplice rapporto tra *teologico* e *antropologico* su due diversi livelli: il primo riguarda la realtà ontologico-trascendentale e la rispettiva *differenza* tra teologico e antropologico, tra Dio e l'uomo siccome la verità di Dio precede l'uomo, ma si mostra universalmente accessibile e si attua nella libera relazione Dio-uomo, attuando così anche le libertà di ambedue soggetti; il secondo si riferisce alla *correlazione* tra la figura antropologica e teologica dentro la struttura dell'umanità dell'uomo e la rispettiva disposizione fiduciale originaria, che da una parte implica che solo nella fede l'uomo è nella verità/giustizia e la può riconoscere come tale, e dall'altra che essa raggiunge la sua piena realizzazione e il senso nel riconoscimento/

---

nanza/comprensione, inclinazione/impegno etico e ontologico collocato nell'ordine del *senso* che si raffigura simbolicamente e nasce dal contesto affettivo. In tale contesto si costituisce (*c*) la *coscienza credente* con i processi della coscientizzazione e la crescente consapevolezza dell'attendibilità degli affetti primordiali che vengono ritrovati nella (*d*) *fede di Gesù* e nella *fede in Cristo* avendo in lui il suo riscontro trans-soggettivo. Il cerchio si chiude con (*e*) una gestualità *testimoniale*-esistensiva e *rituale*-oggetivante della *prassi* cristiana, che da parte sua favorisce l'affetto. Un altro testo della stessa visione, simile e parzialmente semplificato, è *L'idea della fede*. Gli altri quattro libri, più piccoli, presentano in modo più chiaro e semplice tutta la genialità dell'autore. 2. *Estetica e teologia* è un tentativo riuscito di intravedere come l'estetica, l'estatica, l'etica e la mistica dell'esperienza potrebbero interagire in modo che l'affetto possa diventare luogo della presenza dell'indicibile. Come due luoghi primordiali dell'esperienza dell'uomo e del darsi dell'essere fanno emergere il sentimento sacro della dipendenza e l'emozione artistica oggi ben evidenziate, ma non inserite in una visione sistematica. 3. *Timore di Dio* offre un'immagine di Dio che si affeziona all'uomo e che prova una reazione affettiva, che contrasta la paura e il risentimento giudicante dell'uomo. Nelle parabole di Gesù, Sequeri trova l'impianto definitivo di questo intreccio tra affetto di Dio e anti-affetto dell'uomo. 4. In *L'estro di Dio*, saggio già menzionato, l'affetto è interpretato più simbolicamente, estetico e concreto, ma si evidenzia anche il suo carattere trasgressivo e riflessivo. 5. *Sensibili allo Spirito* presenta un'analisi critica della visione post-moderna e dell'affettività infinitizzata e smarrita, dimostrando che non c'è affettività né felicità senza apertura all'altro, al dono, al gesto, alla finitezza della solidarietà. 6. Tutti questi temi sono ripresi nel libro *L'umano alla prova*, che passa dalla logica e dinamica del desiderio, dell'affetto della libidine e della legge alla fecondità della con-creatività e di un rapporto, con una rilettura di Paolo e di Lacan dove il terzo appare come il liberante e garante dell'aspetto agapico ed etico (a differenza di Freud).

affidamento/consenso a Dio, cioè nella *fides*. La ragione teologica sequeriana per questo, come la struttura originaria del sapere verità, stabilisce la coscienza credente che si forma nella reciprocità tra momento estetico-percettivo e etico-valorizzativo, e attraverso la decifrazione del simbolico viene alla conoscenza affidabile e ad un affidamento sensato alla verità/giustizia.

Costatando l'insufficiente e mancante qualità della riflessione teologica sulla figura globale della fede, il pensiero dell'autore prima confronta le problematiche teoriche filosofiche e teologiche moderne e post-moderne e poi cerca di trovare le ispirazioni promettenti (soprattutto nel pensiero di Balthasar[56], di Rahner[57], e della 'scuola

---

[56] Tra gli «ispiratori» di Sequeri il primo posto lo merita Balthasar, a cui è debitore innanzitutto della prospettiva estetica (il primato dell'oggetto trascendentale rivelato; la forma esperienziale della sua apprensione nella signoria di Gesù e il rinvio all'unità originaria della coscienza con il sensibile corrispondente alla possibilità di una fenomenologia della manifestazione della verità assoluta), debito *esplicitamente* riconosciuto: ed illustrato: «La prospettiva aperta da Balthasar, soprattutto con il primo volume del ciclo di *Herrlichkeit*…è di singolare forza propulsiva per un pensiero sistematico della teologia fondamentale. Essa presenta…un esemplare profilo dei nessi costitutivi dell'oggetto teologico nella sua unità originaria» (*Estetica e Teologia*, 14). Cfr. «La Musa che è la grazia. Il musicale e il teologico nei 'prolegomeni' all'estetica teologica in H. U. von Balthasar»; «Prometeo e Mozart. Il teologo e il musicale in H. U. von Balthasar»; *Divertimenti per Dio. Mozart e i teologi*. Sequeri, è straordinariamente vicino al pensiero di Balthasar, ma gli ha dato una forma, uno statuto e una dinamica antropologica e fenomenologia, e soprattutto riguardo alle asserzioni di *Gloria I*, la logica dei sensi spirituali, del rapporto tra sensi e *Gestallt* (figura) e il concetto di evidenza che in Balthasar è rimasta insufficientemente chiarita e vaga. Tra i temi balthasariani *implicitamente* riconosciuti vi è il carattere assoluto e universale dell'evento storico e singolare di Gesù espresso con la formula dell' *universale concretum*, l'apprendimento dell'idea teologica della *fides Jesu* e l'idea dell'unità tra fede e sapere.

[57] Sembra che proprio le teorie rahneriane della *potentia oboedentialis* e dell'esistenziale soprannaturale creino lo sfondo per il tentativo teologico di Sequeri di superare il dualismo inerente alla classica dottrina dei due *ordines* (naturale e soprannaturale) e di conservare il dato della coscienza cristiana collocata tra l'insufficienza delle risorse finite dell'intelletto e della volontà in ordine al conseguimento della salvezza e l'assoluta e totale gratuità dell'offerta della grazia che salva. L'acquisizione teologica sequeriana dell'antropologia trascendentale rahneriana, che connette l'azione della grazia previamente offerta con l'esplicazione delle facoltà nelle quali si attua la struttura preriflessiva dello spirito creato, favorisce la conciliazione della metafisica (teologica) con la storicità (antropologica) della *gratia fidei*.

milanese'[58]) per un rinnovato approccio teologico che come suo nucleo avrebbe proprio l'*integrità della fede*, nella sua struttura originaria e nelle sue implicazioni ermeneutiche. Lo scopo della teologia di Sequeri non è semplicemente una ripresentazione di una disciplina teologica che enfatizzerebbe il problema della legittimazione razionale della fede, bensì una complessiva teologia della *fides christiana* (intesa come evento e struttura della coscienza credente cristiana) che supera gli interstizi della teologia dogmatica (o sistematica che dir si voglia), argomentata all'interno della differenziazione accentata tra *fides qua* e *fides quae*, e lo smembramento che si produce nella divaricazione fra le

---

[58] I teologi di spicco, G. Angelini, A. Bertuletti e G. Colombo assieme a Pierangelo Sequeri, grazie alla ricerca personale e collettiva, formano il cerchio fondante del pensiero teologico, che oggi spesso si riconosce come la 'scuola milanese' da cui proviene un manifesto teorico pubblicato sotto il titolo *L'evidenza e la fede*. Dal percorso fatto finora è evidente come ci siano molti influssi dei suoi colleghi, non ultima l'idea fondamentale, che ispira la *teoria della ragione teologica*, vista come: «…quella di *ricostruire la relazione fede-sapere* interrotta all'origine moderna. Coerentemente in questa prospettiva, la ragione non deve più considerarsi come l'alternativa della fede, bensì in funzione della fede. […] Consegue che a rinunciare al presupposto della alternativa occorre convincere non solo i filosofi, ma *anche i teologi* (sic!). […] La relazione strutturale rivelazione-fede genera la ragione teologica profilando contestualmente della teologia. Dimessa infatti l'accezione precritica della fede, che la definisce convenzionalmente nella semplice alternativa alla ragione, la fede si qualifica nella sua identità propria di *adesione alla rivelazione*. In quanto tale, cioè nella sua relatività alla rivelazione, la fede si propone come intrinsecamente soprannaturale e inoltre con le caratteristiche della *libertà* e della *razionalità*… Di fatto la libertà non è per definizione irrazionale. Al contrario solo agire libero è conforme alla natura razionale e libera insieme. D'altro lato, il carattere di necessità attribuito alla ragione, è solo una conseguenza della distrazione della ragione del suo compito originario» (G. COLOMBO, *La ragione teologica*, 68.86 – corsivo nostro). Inoltre, in favore alla nostra tesi è interessante come Sequeri condivide con i suoi colleghi il parere che il problema riguarda *il rapporto teologico-antropologico tra fede e l'esperienza umana*, cioè che «*l'unità fra il teologico e l'antropologico comporta una discontinuità* […] Le esperienze primordiali pongono l'uomo di fronte al fatto inaudito dell'esistere non hanno di per sé una portata veritativa. Esse pongono l'uomo in una alternativa la quale non può essere decisa dell'uomo. L'ambivalenza non può essere superata se non mediante un'interruzione, la quale sfugge alle possibilità dell'uomo. L'uomo è posto nella sua verità dall'interruzione che Dio produce nella sua esistenza. L'uomo, che in quanto originariamente fuori di sé è esposta al rischio di fare dell'approvazione di altri il mezzo della sua affermazione, *non diviene uomo che quando si sa riconosciuto da Dio in modo definitivo*. […] La verità dell'uomo è quella che l'uomo ha in Dio» (A. BERTULETTI, «Il concetto di persona e il sapere teologico», 120-121 – corsivo nostro).

trattazioni della teologia fondamentale e quella della teologia spirituale (perché l'una cerca di avvicinare l'idea cristiana della fede proprio a ciò da cui l'altra si preoccupa di allontanarla), svincolate dall'antropologia teologica[59]. Per questo l'architettura ideale del trattato *De fide* Sequeri la costruisce intorno al referente storico-cristologico della rivelazione (evento fondatore: la storia e la fede di Gesù), alla struttura confessionale/testimoniale della fede (fede-che-salva e fede testimoniale) e alla domanda della verità nell'orizzonte della coscienza credente (*actus-affectus fidei*).

5.1 *I guadagni teoretici dell'impostazione sequeriana*

Dall'impostazione teologica di Sequeri emergono alcuni suoi notevoli guadagni teoretici:
– Dio è nell'ordine dell'incondizionato/condizionante, libero/liberante, originario/originante, e come tale è il *fondamento* e l'*origine* dell'uomo e della sua *coscienza*. Egli, che con verità/giustizia *precede* l'uomo, si rende *accessibile*, in un modo specifico/eccezionale che presuppone la storicità e la libertà dell'uomo, che permettono/promettono alla coscienza umana di *riconoscere* Dio *a posteriori*;
– *Fides Jesu*, cioè la coscienza credente di Gesù – il quale è la verità di Dio – è la *figura archetipica* della libertà umana che si trova all'altezza della verità/giustizia che la origina. L'evento cristologico, unico, ineducibile e necessario, è il fondamento/modello autorizzativo/normativo per l'umanità cosciente dell'uomo chiamata al riconoscimento e attuata nelle figure dell'*agape* della dedizione incondizionata a Dio e dell'amore fraterno;
– Lasciarsi appassionare dal riconoscimento di Dio, (di)mostrato innanzitutto nell'evento cristologico, è il principio della coscienza estetico-

---

[59] «*L'idea sintetica* che guida questo trattato *De fide* è la seguente: il sapere della verità, virtualmente costitutivo della libertà che si attua nella fede-che-salva, può essere identificato e pensato nelle sue obbiettive condizioni di possibilità seguendo le istruzioni che scaturiscono dalla correlazione fra il momento fenomenologico/fondativo della *memoria Jesu* e quello ermeneutico/regolativo del sapere della fede che ne esplicita la verità. L'attuazione della fede, onticamente istituita nell'evento cristologico come principio universale ed effettivo della fede-teologale e ontologicamente mediata nella forma della fede-testimoniale, intrinsecamente correlata, verifica e invera al tempo stesso la destinazione originaria della coscienza ad una positiva relazione con la verità/giustizia dell'essere, percepita nell'incondizionato appello *affettivo* della sua istanza, che suscita il desiderio della sua *affidabile* corrispondenza» (*Il Dio affidabile*, 16).

etica, che introduce l'omologia del «vedere e gustare» con il «riconoscere e comprendere», che nella pratica teologale disegna infatti la conciliazione tra l'*intellectus* e l'*affectus fidei*[60] e così sta a monte della divisione tra intelletto, volontà, emozione, sentimento e desiderio;
– L'accesso a Dio presuppone il collegamento originario tra il riconoscimento di Dio e il fatto che questo riconoscimento avviene attraverso i *simboli dell'immaginazione*[61] e l'*emozione*[62] *del sacro*, indicando la natura affettivo-simbolica della coscienza credente;
– Coscienza credente, si articola con la *disposizione fiduciale* della coscienza medesima a consentire a quelle evidenze che simbolicamente confermano la promessa iscritta nella sua originaria adesione all'istanza regolativa della verità/giustizia;
– La scelta linguistica adoperata nei termini come evidenza simbolica, coscienza credente, percezione e consenso, accertamenti del significato, attese di senso, ecc. mira precisamente a confermare la relativa opposizione del campo di esperienza che esse denotano, ma anche il loro nesso profondo nella *condizione trascendentale* dell'*esperienza effettivo-affettiva* dell'uomo;

---

[60] Cfr. *L'estro di Dio*, 32.

[61] «Senza la mediazione dell'immaginario, e al di fuori di ogni energia attivata dai simboli del modo in cui il mondo risuona in noi, lo spirito è cieco e muto anche sulle grandi questioni del senso» (*Estetica e teologia*, 30).

[62] Sequeri sviluppa una teoria dell'emozione suscitata dal sacro, quale funzione del rivelarsi di Dio. Egli, giustamente, non vede l'emozione sacra come un'aura dell'esperienza, quanto piuttosto un suo costitutivo articolato in quattro momenti: 1) inaccessibilità dell'origine (risentimento per il dolore); 2) incondizionato nella legge (gratitudine per la protezione); 3) reparabilità del tempo (speranza del nuovo); 4) inevitabilità della destinazione (timore dell'ingovernabile). Con riferimento al religioso, il momento genetico, l'attivazione dell'emozionale a proposito del sacro può essere collegata alle figure di integrità, potenza e sapienza, capaci di suscitare il più ampio corredo di passioni e di emozioni (la devozione e l'invidia, l'amore e l'odio, la speranza e il timore, l'attrazione e la ripulsa). Questa ambivalenza dell'emozione si fonda su quella del simbolo del sacro, individuato già da R. Otto come *mysterium fascinans et tremendum*. Cfr. *Estetica e teologia*, 75-134: «L'indicibile emozione del sacro». L'ipotesi teologica che spinge all'oltrepassamento della concezione cosale del sacro verso una significazione del santo nella sua valenza personale ed etica, apre feconde piste di ricerca, senza per questo scogliere definitivamente i nodi di cosa possa implicare la relazione sacro-santo. Dinanzi a queste due parole che coinvolgono ed interpellano, il compito non è più il solo riflettere/interrogare ma ascoltare/sentire. Cfr. i contributi di Valenziano, Dianich, Maggiani, Guerrieri, Spera, Silvestri e Dotolo in C. DOTOLO, ed., *Teologia e sacro. Prospettive a confronto*.

– Il dramma di ogni percorso credente sta nel rapporto enigmatico fra rivelazione e relazione, conoscenza e fede, riconoscimento e riconoscenza, e nel timore di fraintendere e di essere fraintesi. La teologia cristiana perciò può e deve offrire le condizioni delle possibilità offerte alla rinascita della fede nella promessa di Dio dalle macerie dell'insicuro, del pauroso e del tragico che è sempre un interrogativo indirizzato infallibilmente verso la questione di Dio e del suo riconoscimento.

5.2 *L'apporto del pensiero sequeriano al percorso della ricerca*

Il percorso teorico di Sequeri permette una delineazione delle idee scoperte che possono dare un contributo alla nostra ricerca. Nel trattato *De Fide*, egli tenta di «tradurre» il discorso sulla fede nell'elaborazione di una affidabile e pertinente teoria della coscienza credente, con la strategia decisiva di identificare la coscienza umana nella figura fondamentale della coscienza credente. Per noi ciò significa che il discorso sulla genesi della fede nel linguaggio sequeriano possiamo decifrarlo all'interno degli elementi che costituiscono la coscienza umana nel suo esercizio, e questo in un doppio reciproco movimento:

– *L'identificazione dell'istanza divina come la premessa/promessa della coscienza umana*: Dio, il Dio di Gesù Cristo – un'alterità intrascendibile la quale si annuncia come la verità/giustizia affidabile che autorizza e rende possibile l'umanità dell'uomo e che costituisce/inabita la coscienza. Dall'altra parte, la fenomenologia della coscienza umana mostra l'affettività immediata, (originaria e pre-riflessiva) come l'orizzonte che autorizza il costruirsi della coscienza che s'istituisce e si costituisce nella reciprocità originaria tra accoglimento riconoscente (momento estetico che presuppone una priorità onto-logica della verità/giustizia sull'uomo e una relativa affermazione dell'originarietà del passivo) e determinazione libera (momento etico che presuppone la concretezza necessaria dell'uomo che, determinandosi per la verità/giustizia, può effettivamente riconoscerla e manifestarla come la sua condizione incondizionata esenziale/esistenziale) per la verità/giustizia che all'uomo offre un/unico felice compimento (nel riconoscersi come riconosciuto, affetto e attratto dalla verità/giustizia che la precede). La struttura credente della coscienza si manifesta, dunque, nell'acconsentimento alla verità/giustizia istituente/costituente

e nei legami affidabili e sensati che attuano la libertà e che confermano e rilanciano continuamente l'umanità nella via della fede[63].
– *La reciprocità di questo movimento* è giustificata e posta solo *da* e *in* un evento storico valido per tutti i tempi e per ogni uomo, cioè *l'evento di Gesù Cristo* che (con la sua vera umanità, la coscienza credente, o alla fine con la sua *fides*) rende possibile l'identificazione e la corretta reciprocità della struttura della coscienza. La fede (o nel linguaggio sequeriano la figura della fede-che-salva) si fonda nella relazione felicemente riuscita e nell'affidamento all'*Abbà*-Dio, cioè nella determinazione della libertà che acconsente alla verità/giustizia riconosciuta come oggettivamente possibile e reale nella correlazione tra l'evento fondatore (la *memoria Jesu*, intesa come la ripresa memoriale della fenomenologia dell'evento cristologico accolta/riconosciuta come la forma rivelatrice) e la coscienza credente (il sapere della *fides*, inteso come affidamento affettivamente fondato ad una verità, portata dalla *memoria Jesu*, che si presenta nella sua evidenza simbolica). La fede, dunque, vive del riconoscimento, ma vive anche dell'/nell'attuazione/riconoscenza mediata dalla testimonianza che verifica ed invera la destinazione originaria della coscienza ad una relazione positiva/concreta con la verità/giustizia.

5.3 *La necessità di un chiarimento teorico*

Il pensiero sequeriano, al quale si deve rendere debito riconoscimento dell'originalità e della provocazione costruttiva alla teologia[64],

---

[63] È importante evidenziare che si tratta di una *via* della fede, e proprio per questo non si può parlare dell'*initium fidei* come se fosse un momento riguardante l'inizio del divenire credente, ma piuttosto di un *processo* dinamico interminabile che fa crescere la fede, cioè formare continuamente la coscienza credente. «[…] la genesi della coscienza individuale… non è puntualmente identificabile nello spazio e nel tempo (l'atto spirituale, della coscienza e della libertà, come già sapeva Agostino, non lo è mai: la cosa vale anche per l'atto di fede, contro ingenua fantasia si poter identificare qualcosa come 'l'atto di nascita' della coscienza credente). Esso assume piuttosto la forma di un processo che … è progressivamente orientato ad assumere forma critica. Cioè, appunto la forma di una coscienza credente che, muovendo da una originaria disposizione fiduciale dell'io che viene a mondo, diviene riflessivamente consapevole, mediante l'esperienza pratica dell'agire responsabile, della verità di fronte alla quale ognuno è chiamato a rispondere: l'evidenza morale di ciò che è giusto e degno dell'uomo» (*Il Dio affidabile*, 354).

[64] È interessante che Sequeri costruisce la sua proposta originalmente, cioè quasi senza interlocutori. Però, ci sembra che in certi punti sarebbe opportuno completare il

ha offerto il suo contributo all'indagine della genesi della fede istituendo l'idea della reciprocità/passaggio dalla struttura della coscienza credente alla fede nel Dio di Gesù Cristo e l'idea del riconoscimento reciproco tra Dio e l'uomo. Occorrerebbe, però, ulteriormente criticamente ri-pensare alcuni punti della sua impostazione[65]:

---

suo pensiero intrattenendoci con altri autori. Così, per approfondire la sua visione del sentimento di dipendenza assoluta, entro la teoria della coscienza credente, servirebbe Schleiermacher che vede la logica di una libertà ispirata e sempre pre-supposta a se stessa. La logica sequeriana del desiderio si dovrebbe completare con la logica della prassi di Blondel. Si potrebbe trovare anche un riscontro con Lonergan, che ha una griglia più intellettualistica, una grammatica più scolastica ma incentrate sulla stessa problematica che troviamo da Sequeri.

[65] Ancora non ci sono molte posizioni critiche serie, né in Italia né in Europa, sulla prospettiva teologica di Sequeri sia a motivo della creatività del linguaggio teologico (qualche volta difficile da seguire) che porta con se il rischio di un eventuale fraintendimento, sia per la sua differenziazione (o anche marginalità) rispetto al dibattito teologico contemporaneo. È da prendere in considerazione il giudizio recente di G. FERRETTI, «Recensione al Dio affidabile», che: 1) ha registrato bene che la teoria sequeriana (la genesi e la struttura di accesso alla verità di Dio attestata dalla rivelazione è omologa alla genesi e alla struttura della coscienza umana) ha declinato il superamento dell'*estrinsecismo* (la fede si giustifica in base all'oggetto che appare/si manifesta), dell'*intellettualismo* (la verità dell'uomo non si dà secondo i canoni dell'evidenza sperimentale, bensì come evidenza simbolica alla coscienza credente), del *soprannaturalismo* (l'adesione di fede è dono di grazia non per qualche misterioso influsso soprannaturale, bensì perché è dono di grazia per la presentazione della storicità/realtà dell'evento cristologico); 2) con pieno diritto ha sollevato la questione della giustificazione sequeriana e della correlatività tra la figura della «*coscienza credente*» e la «*coscienza credente cristiana*» tra le quali vi è una costante ambivalenza (la coscienza credente è «previa» alla rispettiva forma cristiana che è la sua attuazione o la coscienza credente con-formata dalla forma di Gesù di Nazaret quale rivelazione/donazione di Dio all'uomo). Il lavoro eccezionale di R. MAIOLINI, *Tra fiducia esistenziale e fede in Dio*, 134-136. riconosce e elenca giustamente le necessità di un approfondimento teorico del pensiero sequeriano su quattro livelli: 1) *il livello ante-predicativo, passivo* (per evitare il rischio del teoreticismo è necessaria una più precisa/critica fenomenologia dell'*affectus* e della sua relazione con tutto il mondo dei sentimenti/emozioni/passioni che l'uomo vive, e anche un maggiore incontro/confronto con le ricerche fenomenologiche, antropologiche e psicoanalitiche sulla genesi/struttura del venire alla luce dell'identità umana e dei suoi sensi); 2) *il livello del rapporto tra momento ante-predicativo e predicativo* (non è indagata adeguatamente la relazione tra la decisione originaria con-costitutiva della coscienza umana e la passività che la origina; non si comprende la differenza e la relazione che intercorre tra questa decisione primordiale rispetto alle decisioni concrete che la libertà dell'uomo si

– *La logica della formazione della coscienza*. Il processo e il dinamismo della formazione della coscienza (credente) Sequeri lo istituisce sulla base della forza del momento passivo che sta all'origine e costituisce la coscienza su una reciprocità tra momento estetico ed etico della medesima coscienza. Però, siccome nella teoria sequeriana non si è indagata adeguatamente la genesi e la struttura dell'umano e la rispettiva precisa sistemazione della coscienza entro tale struttura, la sua impostazione, benché teologicamente teoreticamente attraente, antropologicamente non risulta giustificata convincentemente e rischia di sembrare infondata. Per tale scopo risulta imprescindibile una maggiore cooperazione/confronto con le ricerche fenomenologiche, antropologiche e psicoanalitiche sulla genesi/struttura dell'identità umana. Inoltre, Sequeri presuppone e offre la struttura estetico-etica della coscienza come strumento del suo presentarsi, e dunque anche formarsi, entro la quale però non si comprende la relazione/logica che intercorre tra momento pre-riflessivo/pre-tematico e riflessivo/tematico. Infatti, manca una snodatura più trasparente e più accurata della relazione tra il momento estetico ed etico dal punto di vista fenomenologico e (onto)logico. Ancora, siccome la struttura della coscienza credente è ovviamente troppo legata al discorso trascendentale-indivuduale che viene superato solo a nome della sfericità dell'affetto, della testimonianza e del rito, si deve sottolineare il difetto dell'aspetto sociale nella sua globalità.

---

ritrova a vivere storicamente; manca un'articolazione fenomenologica chiara e precisa della relazione tra il momento estetico, etico e logico); 3) *il livello della struttura simbolica* (si dovrebbe chiarire come e perché la coscienza umana possa identificare la passività che la costituisce e come e perché la coscienza umana possa riconoscere la *fides Jesu* quale canone dell'umanità dell'uomo); 4) *il livello della giustificazione della reciprocità degli approcci metodologici* (il problema non è la legittimità di un approccio fenomenologico, od ermeneutico, o trascendentale, od ontologico, ma la loro interazione adeguata e il rischio di non offrire una giustificazione chiara e plausibile del come e perché sia necessario far interagire l'affettivo, il simbolico, l'etico, l'estetico, il vero, il giusto nella genesi e nella struttura vivente della coscienza). Per offrire un quadro integrale della critica del pensiero sequeriano sulla fede, appoggiamo e sottoscriviamo le osservazioni di Ferretti e la critica di Maiolini (determinata soprattutto dalla sua idea fondamentale della originaria struttura affettivo-simbolica della coscienza credente) e inoltre riconosciamo la necessità di completarle con analisi degli altri punti deboli dell'impostazione sequeriana, visti dalla prospettiva della genesi della fede.

– *La logica del riconoscimento*. La teoria sequeriana legittimamente si muove verso la nozione di fede come riconoscersi riconosciuto, che implica il riconoscimento reciproco tra Dio e l'uomo. Però, Sequeri non dedica molto spazio all'esplorazione delle questioni, le cui risposte sembrano rimaste imprecise e soggette ad alcuni dubbi, quali: *come* e *perché* la coscienza umana può riconoscere/identificare la passività originaria, che la precede e costituisce, come l'unica autentica e vera e non misconoscerla tra i tanti idoli che si sovrappongono alla coscienza; e come e perché è possibile in un modo infallibile decifrare il simbolico dell'evento cristologico come fondamento canonico e modello archetipico dell'umanità dell'uomo? Questo compito richiede una migliore attenzione ed espressione che si potrebbe formulare nell'ermeneutica fenomenologica più precisa della comprensione del simbolo, nella fenomenologia dei modi della concretizzazione dell'evidenza estetica esistenziale e la più concreta esplicitazione del momento etico pratico. Al contrario, la proposta sequeriana, benché invitante e promettente, rimarebbe su un livello teorico esclusivo, difficilmente importabile nella realtà e nell'attualità della vita vissuta. In seguito, per chiudere il cerchio del riconoscimento è necessario articolare più esattamente il momento della riconoscenza a Dio (come atto del riconoscimento per eccellenza e come stile di vita di uno che ha riconosciuto Dio davvero), che se pur è da Sequeri indicata nel rito e nella testimonianza, ancora non è chiaro quale sia il suo appropriato luogo nella relazione personale pratica.

– *La logica del carattere interlocutorio del rapporto tra Dio e l'uomo*. Uno dei modi nel quale si realizza l'esercizio effettivo del semantico con l'esperienza affettiva, combinazione giusta che permea tutta la sua proposta, Sequeri lo indica e riconosce nella forma interlocutoria della coscienza che si mette in rapporto con la *notitia Dei*. Però, al tema dell'esperienza religiosa del carattere interlocutorio articolato nell'atto della preghiera, che rifletterebbe lo stato del riconoscimento reciproco tra Dio e l'uomo, nella teoria sequeriana non è dedicato molto spazio, anzi c'è una lacuna teorica seria. Per offrire una proposta più adeguata/completa dell'argomento, sarebbe necessario e conveniente analizzare profondamente il rapporto intersoggettivo tra Dio e l'uomo. In altre parole, senza la trattazione della preghiera come *locus theologicus*, la fede rimarrebbe soltanto un discorso teologico *su* Dio (sentire Dio/parlare *di* Dio), ma mai un rapporto interlocutorio *con* Dio (sentire Dio/parlare *a* Dio), essenziale sia per la genesi sia per vita della fede. Ovverosia, se non sono entrato nel dialogo personale con Dio, ancora non ho riconosciuto né Lui né me stesso come riconosciuto/amato/creato da Lui.

CAPITOLO IV

Jürgen Werbick.
Il riconoscimento reciproco come categoria di base per la fede

All'origine dell'attività scientifica del teologo tedesco Jürgen Werbick[1] e come sfondo della sua riflessione, si trova il lavoro catechetico-laicale. Nel suo insegnamento si afferma che nel parlare di teologia ai contemporanei bisogni soprattutto evitare di ritirarsi nei ghetti del fondamentalismo e del tradizionalismo. Perciò, egli propone una teologia fondamentale come l'apologetica della fede cristiana che «riflette sulla credibilità della fede cristiana»[2], accettando innanzitutto di confrontarsi con le obiezioni mosse dalla modernità per poter meglio giustificare la ragionevolezza[3] e la fondatezza[4] della fede. Nonostante

---

[1] Jürgen Werbick, nato 1946, sposato e padre di tre figlie, è il successore di Johann Baptist Metz nella docenza di teologia fondamentale alla Facoltà di teologia cattolica dell'Università di Münster in Germania. Il suo lavoro pratico-predicativo (cfr. *Gott kann etwas mit uns anfangen. Wider-Worte gegen eine mutlose Verkündigung, Erlösung erzählen - verstehen - verkündigen. Theologische Hinführung - Texte zu Predigt und Meditation, Bilder sind Wege*) trova una combinazione complementare con la sua attività scientifica che è d'ordine teorico-sistematico, cioè verte prevalentemente sulle questioni della dottrina di Dio, cristologia, ecclesiologia e teologia fondamentale. La bibliografia esauriente della sua ampia produzione teologica è scaricabile dal sito internet http://egora.uni-muenster.de/fb2/fundamentaltheologie/sp_auto_28746.cfm?part=bibliografie (accesso del 19 novembre 2008).

[2] *Essere responsabili della fede*, 783.

[3] Ritenendo fallita la strategia delle prove tradizionali dell'esistenza di Dio, che cercavano di legittimare razionalmente la fede mediante la sua forza esplicativa teorica, Werbick non attribuisce il predicato razionale/ragionevole al contenuto della

la sua proposta manualistica, Werbick presenta un certo aggiornamento strutturale rispetto alla successione classica delle tre *demostratio*[5], formulate secondo il metodo della costruzione dei *temi controversi* (*Streitfall*) e che continuano a suggerire di comprendere la teologia

---

teoria o dei paradigmi, bensì ai procedimenti con cui le teorie e i paradigmi sono elaborati/difesi o modificati/abbandonati. In questo senso si potrebbe dire che Werbick nella sua argomentazione sostiene i seguenti propositi: l'abbandono di una concezione razionalistica che identifica la razionalità con la dimostrabilità, con un conseguente abbandono, anche da parte della teologia, di una serie di argomentazioni pseudo-apologetiche che in realtà hanno solo la pretesa di «costringere» (A. KREINER, «Demonstratio religiosa», 16); la razionalità delle nostre visioni di fede non dipende da ciò che crediamo, bensì dal modo e dalla maniera in cui lo crediamo, e perciò ritiene «razionale una fede che dimostra di essere valida alla luce di una discussione critica» (I.U. DALFERTH, *Kombinatorische Theologie. Probleme theologischer Rationalität*, 61); l'essere costretti da argomenti irrefutabili sarebbe cosa inconciliabile con la fede quale atto di libertà umana e perciò legato anche alla libertà cognitiva, che, malgrado tutte le possibili obiezioni della critica della conoscenza, potrebbe ragionevolmente «fidarsi, in caso di mancanza di adeguati motivi di dubbio» (J. HICK, *Religion. Die menschlichen Antworten auf die Frage nach Leben und Tod*, 251). Perciò, Werbick cerca di indicare dei «motivi buoni» e degli «argomenti forti» che siano capaci di «resistere al sospetto» (cfr. *Essere responsabili della fede*, soprattutto 241-250, qui 250, 265).

[4] È ovviamente grazie all'ispirazione tratta dalle idee dei suoi colleghi di Münster, Th. Pröpper (cfr. *Redenzione e storia della libertà*) e K. Müller (cfr. *Fundamentaltheologie: Fluchtlinien und gegenwärtige Herausforderungen*, soprattutto 83ss; vedi anche la posizione simile di E. ARENS, «Lässt sich der Glaube begründen?»), che Werbick si congeda da una concezione di una 'fondazione ultima' nella teologia, (diversamente da H. VERWEYEN, *La parola definitiva di Dio*, soprattutto capitoli 3, 6 e 8) e per dimostrare la fondatezza della fede si sposta sul campo del linguaggio radicato nel rapporto tra incondizionato e condizionato (cfr. *Essere responsabili della fede*, 250-256; *Vom Wagnis des Christseins. Wie glaubwürdig ist der Glaube?*).

[5] Dando un rapido sguardo all'imponente opera di base di Werbick, *Essere responsabili della fede. Una teologia fondamentale*, si scorge che la struttura della sua prospettiva teologico-fondamentale in buona sostanza segue la scansione classica dei trattati codificati dall'apologetica moderna, e questo nella «traduzione»: della *demonstratio religiosa* in tema controverso della religione (11-227), della *demonstratio christiana* suddivisa in due trattati dei tema controverso della rivelazione (277-485) e tema controverso della redenzione (509-751) e della *demonstratio catholica* in tema controverso della Chiesa (781-1005). Però, se si rileggesse la sua opera a partire dalle tre «riflessioni intermedie» si troverebbe la delucidazione di un triplice rapporto sintetizzante le conclusioni dei trattati precedenti, evidenziante l'originalità della proposta teologia werbickiana ed indicante la fede come il vero centro del suo pensiero: fede e ragione (229-276), fede e linguaggio (487-505), fede e senso (753-780).

fondamentale come finalizzata esclusivamente ad una sorta di «difesa pubblica» di fronte al tribunale del mondo[6].

In realtà, per cogliere adeguatamente l'intenzione teologica dell'autore, per seguire i diversi passaggi presenti nei suoi trattati non si può prescindere dall'uso di un doppio registro che renda possibile trovare la complementarietà e l'equilibrio tra le idee werbickiane: da una parte una prospettiva «combattente», cioè argomentativa-teorico dell'*intelligenza della fede*, e dall'altra un linguaggio «convincente», cioè quello esistenziale-pratico della *fede della preghiera*[7] (*1. Nella ricerca della fondazione teologica della fede*). Solo sotto questo profilo spunta il contributo vero apportato dalla teologica di Werbick nell'elaborazione di una ontologia/teologia dell'affidamento radicata nell'atto della libertà in relazione (*2. Inveramento*[8] *religioso*), come infrastruttura teorica per evidenziare la portata singolare e universale di una teologia della fede cristiana, fondata nell'evento cristologico (*3. Inveramento cristiano*) e mediata nella Chiesa (*4. Inveramento cattolico*).

1. Nella ricerca della fondazione teologica della fede

Per giustificare la fede cristiana davanti alle obiezioni della critica della religione e sintonizzarla con le testimonianze fondamentali della

---

[6] Come chiaramente ed esplicitamente svela già l'introduzione del suo manuale: «Accusata è la fede, che cerca di rendersi teologicamente conto delle sfide lanciate dal pensiero e dalle ovvietà mondane... La teologia fondamentale deve difendere» (*Essere responsabili della fede*, 8).

[7] Werbick ammette che «il pervenimento argomentativamente perseguito a una realtà ultima non ulteriormente indagabile è il pervenimento alla verità di una preghiera che, da parte sua, non costringe a valutarla come definitivamente ultima, bensì prega appunto di *farlo*» (*Essere responsabili della fede*, 276). Come punto di riferimento per l'analisi di questo secondo polmone del respiro teologico di Werbick ci servirà soprattutto la seconda ampliata edizione del suo libro *Gebetsglaube und Gotteszweifel*.

[8] Bisogna subito notare che uno dei maestri principali di Werbick è Tillich che riguardo al ruolo decisivo della relazionalità nella teologia parla di un diretto *inveramento* (*Gewahrwerden*) dell'incondizionato. Esso precede la separazione e l'interazione tra soggetto e oggetto e non è mediato da osservazioni o conclusioni, affermando che «l'incondizionato appare in questo inveramento» non come una forma che uno può contemplare, ma come una alterità potente/esigente («Zwei Wege der Religionsphilosophie», 131). I titoli dei capitoli che corrispondono ai trattati di Werbick non portano il nome dei «casi controversi» (come proposto da lui stesso) ma degli «inveramenti» (siccome rispettiamo due suoi diversi/complementari approcci teologici che lui stesso non ha provato ad integrarne, pur se ne ha intuito e riconosciuto la necessità), come sarà giustificato/confermato in seguito.

tradizione biblico-ecclesiale, Werbick cerca di decifrare un'adeguata criteriologia della religione (*1.1*) che renderebbe possibile parlare della fede perché affascinati/conquistati dall'autorivelazione redimente-eleggente di Dio, che ci riguarda/sollecita in maniera incondizionata[9]. Concentrando così il discorso teologico sul rapporto tra incondizionato e condizionato, il professore di Münster arriva alla conclusione che proprio questo rapporto può essere considerato come il luogo della verità[10] e che esso realizza la sua espressione eccezionale nella preghiera (*1.2*).

1.1 *La criteriologia della religione*

Il percorso werbickiano della ricerca della fondazione teologica della fede è marcato dalla critica severa e costante rivolta a tutte le concezioni che ritengono che la religione e Dio «servano a qualcosa»: *ad extra* è criticata soprattutto ogni idea esclusivo-funzionalista della fede che ne apprezza il valore d'uso in vista della socializzazione, dell'elargizione del senso, del superamento della contingenza, della riduzione della religione alla moralità[11]; *ad intra* è disapprovato ogni

---

[9] Cfr. *Essere responsabili della fede*, 100.

[10] Se la relazione incondizionato-condizionato, cioè Dio-uomo, dovesse essere una relazione che non rimuove e non disprezza nulla di ciò che è importante e auspicabile ovvero se in tale relazione potesse affermarsi in un cambiamento verso il bene al di là di tutto ciò che è umanamente possibile/pensabile, se in essa può comparire quello da cui gli uomini sono *interpellati* e *commossi*, allora tale relazione può essere ciò che Werbick chiama il *luogo della verità*: «luogo della possibilità genuina e completa di esistere per gli uomini, luogo della rimozione di ogni rimozione e disprezzo, luogo dell'*inveramento*» (*Essere responsabili della fede*, 105).

[11] Tra i numerosi interlocutori che fanno parte di questa lunga schiera di critici della religione, i «più cari nemici» di Werbick sono facilmente riconoscibili già a prima vista dall'indice dei nomi, dove occupano il maggior spazio (cfr. *Essere responsabili della fede*, 1059-1067), e dal primo sottocapitolo della suddetta opera, dove li elenca e ne ri-prende le idee («'Che cosa significa: avere un Dio?' – 'Che cosa significa: non avere alcun Dio?'», 13-92; cfr. *Vom Wagnis des Christseins. Wie glaubwürdig ist der Glaube?*). In tale elenco ripetutamente emergono *Nietzsche* e *Feuerbach* con l'estrema denuncia della religione; *Voltaire* che vede nella religione un freno per il controllo delle passioni e un modo per sottomettersi alle esigenze della giustizia; *Helvétius* che interpreta la religione come un mezzo del clero per consolidare il proprio potere sulle anime gettando gli uomini nella paura e facendoli sperare; *Reimarus* e *Lessing* che sostengono che la religione naturale porta alla realizzazione della brama umana alla beatitudine ma escludono la possibilità della rivelazione storica; *Kant* e *Hegel* che praticamente fanno coincidere la fede con i doveri e lo scopo morale; *Freud* per il quale la religione è solo un tentativo di superare il mondo

tipo di apologetica che si basa sui benefici dell'avere un Dio e sulle deleterie conseguenze provenienti dall'abbandono di Dio, come pure ogni proposito della fede intesa come mezzo per raggiungere un fine come ad esempio la felicità. Sostenendo che Dio deve essere percepito/valutato *solo* a motivo di se stesso, Werbick segue la descrizione di religione data da Tillich[12] e comprende la criteriologia teologica come sollecitata dal pensare l'incondizionato/assoluto di Dio come amore che vuole essere dato/comunicato in modo tale che coloro ai quali esso è elargito si riconoscano voluti/affermati nonché «condizionati». La successione sistematica del rapporto incondizionato-condizionato si orienta, perciò, in base ai quattro diversi modi di presenza di ciò che è dato, partendo dalla sua presenza elementare per arrivare ai suoi modi mediati, tenendo conto dei diversi modi di commuovere e di venir incontro e andando al di là delle prospettive di ricostruzione della critica della religione e delle prospettive relativizzanti delle terorie funzionalistiche della religione.

Il modo elementare in cui è dato l'incondizionato è quello della *commozione diretta-immediata*. Si tratta della presenza dell'altro incondizionato e incondizionatamente vincolante/obbligante a cui l'uomo religioso si abbandona e da cui sa di dipendere in maniera pura e semplice. La critica cerca di denunciare questo modo come prodotto

---

sensibile attraverso il mondo dei desideri in seguito a necessità biologiche e psicologiche; *Marx* che ritiene la religione assurda e fantastica, da superata a favore del progresso rivoluzionario-capitalista; *Durkheim* come protagonista di una teoria sociologico-funzionale della religione è simile a *Luhmann*; *Weber* che definisce la religione come elargizione di senso; *Lübbe* per il quale la religione è la prassi del superamento della contingenza; e altri per i quali la religione non è «nient'altro che un'ipotesi».

[12] Werbick, infatti, letteralmente ripete quanto detto da Tillich circa l'«essenza della fede», che quando parla della religione nel senso più ampio e profondo del termine, la definisce come «ciò che ci concerne in maniera incondizionata» e conseguentemente vede la fede come «l'essere affascinati da ciò che ci concerne in maniera incondizionata» (cfr. P. TILLICH, *Wesen und Wandel des Glaubens*, 9; «Die Frage nach dem Unbedingten», 40; per la critica teologica della religione di Tillich invece vedi C. LINK, «Motive theologischer Religionskritik»). Però, rispetto a Tillich, egli va un passo avanti inserendo nel discorso l'aspetto della commozione (*Ergriffensein*). L'imprecisione più significativa in un'impostazione del genere noi invece la vediamo nel rinunciare alla differenziazione chiara tra religione e fede cristiana («Noi infatti diamo per lo più troppo leggera per presupposto che 'religione' e 'fede' siano sempre la stessa identica cosa, sicché ogni religione possa venir sistematicamente designata con nome di 'fede'», conferma anche J. RATZINGER, *Introduzione al Cristianesimo*, 19).

individualmente o collettivamente dall'uomo stesso. Il secondo modo è la *mediazione soggettiva* della commozione che fa apparire il soggetto stesso come luogo o come mezzo dell'incondizionato e della sua presenza. Nel fatto di essere incondizionatamente conquistati, la critica vuole proclamare l'autoaffezione del singolo, l'autorelazione del genere umano o l'autorefferenza del sistema sociale. Inoltre, la differenza costitutiva tra l'autospiegazione dell'uomo e la spiegazione del suo riferimento come ciò che gli concerne in maniera incondizionata si identifica come la differenza tra l'incondizionato quale condizione e il da tale condizione inevitabilmente condizionato. Questo modo di presenza dell'incondizionato è la *condizione di possibilità*, che la critica però vorrebbe contestare affermando l'autoattuazione umana condizionata rispetto a una condizione incondizionata sovrumana che appare più come un'autolimitazione dell'uomo che dispera delle proprie possibilità di autodeterminazione. Alla fine, l'incontro con l'incondizionato in quanto *assoluto* va descritto come un modo di presenza che permette all'uomo, a cui l'assoluto si dà, di essere infinitamente superato ma nello stesso tempo apprezzato nel suo affidamento. L'assolutezza qui non va pensata come autoreferenzialità esclusiva, bensì come quella volontà e capacità incondizionata di entrare in una relazione in cui l'assoluto coinvolge coloro con cui entra in relazione.[13]

Così, secondo la prospettiva seguita da Werbick proprio nell'essere in relazione coll'incondizionato si presenta la dimensione fondamentale della condizione umana, la quale non sopporta di venir risolta secondo la visione di matrice illuministica del soggetto autoreferenziale/autofondato. È proprio attraverso e dentro la trama di relazioni, che segnano insuperabilmente il cammino della libertà dell'uomo nella sua

---

[13] Questi quattro modi di presenza dell'incondizionato, abbastanza astratti/teorici, sono da concretizzare in ognuno dei seguenti capitoli. L'applicazione della mostrata criteriologia nell'elaborazione werbickiana dei trattati teologico-fondamentali, dovrebbe seguire il seguente schema: 1) *Religione*: il sacro/altro, l'incondizionato nell'uomo, l'incondizionato come condizione incondizionata, il principio incondizionato-assolutezza; 2) *Rivelazione*: la parola dell'altro, la parola interiore, la condizione storica, autorivelazione dell'assoluto; 3) *Cristologia/Soteriologia*: espiazione come guarigione della rivelazione con l'altro, (auto)sacrificarsi come identificazione con ciò che porta la salvezza, riconciliazione come dono della condizione, redenzione nel principio assoluto; 4) *Ecclesiologia*: Colui che elegge sovranamente il suo popolo, il corpo di Cristo e la corporazione della Chiesa, communio della partecipazione, la testimonianza sacramentale-relativa in favore del principio assoluto (cfr. *Essere responsabili della fede*, 99).

dimensione di concretezza, che si accende alla coscienza della percezione originaria della notizia/comunicazione di ciò che concerne l'uomo incondizionatamente, ma anche di ciò che gli é promettente e sollecitamente.

1.2 *La preghiera ha qualcosa da dare/dire alla teologia*

È ovvio/certo che i soli argomenti razionali/teorici e la loro forza di persuasione non portano all'ovvietà/certezza della fede. Essa richiede pertanto la ricerca e il rispetto anche dei 'motivi biografici', ambientali e situazionali, che fanno apparire la decisione in favore della ragionevolezza della fede come l'unica risposta adeguata al mistero e alla promessa, nonché alla contraddittorietà e alla situazione di pericolo propria della vita umana.

L'accertamento teologico-fondamentale werbickiano, in questo senso, non va all'individuazione/legittimazione di questi motivi di sicurezza, ma vuole far sì che la certezza vitale della fede possa fondarsi, di fronte agli attacchi che le vengono fatti dall'*ermeneutica del sospetto*[14], su una *libera convinzione* che non abbia bisogno di rimuovere/evitare il dubbio come per chi ha una cattiva coscienza, ma che abbia una risposta basata sulla forza esplicativa/assimilativa dell'*ermeneutica del senso*[15] e della realtà[16]. La teologia perciò serve al libero accertamento

---

[14] Cfr. «Im Glauben zweifeln, im Zweifel glauben», particolarmente 21-25. L'espressione ha la sua origine in P. RICŒUR – E. JÜNGEL, *Dire Dio. Per un'ermeneutica del linguaggio religioso*, 71.

[15] Senza dubbio si tratta dell'allusione werbickiana alle interpretazioni ricœuriane evidenziate nel suo volume programmatico di saggi *Il conflitto delle interpretazioni* (cfr. anche *Die Interpretation. Ein Versuch über Freud*, 33-49 e *Hermeneutik und Psychoanalyse*, 196-216). Il conflitto delle interpretazioni per Werbick appare irrisolvibile, ma diventa produttivo. Cioè, se l'ermeneutica del senso non prestasse ascolto all'ermeneutica del sospetto, rimerebbe prigioniera dell'ingenuità fondamentalistica e se il sospetto non tenesse conto del senso si chiuderebbe in se stessa finendo in maniera fatale nella soggettività. (cfr. *Essere responsabili della fede*, 82, 778-779) Secondo Ricœur, infatti, il tipo di certezza di cui il sé vive nel processo etico-veritativo deve essere attestato da «quella sorta di confidenza o di sicurezza (statuto epistemologico non dossico) che ciascuno ha di esistere (statuto ontologico) attraverso il proprio modo (statuto fenomenologico)» (*L'attestazione*, 29). È interessante/innovativa la costellazione concettuale che in Ricœur richiama l'attestazione, compresa come segnata dalla credenza non dossica (*croyance*, non *créance*), dalla fiducia (*fiance*), dalla confidenza (*confiance*), dalla sicurezza (*assurance*) (in *Sé come un altro*, 98-99; *Dalla metafisica alla morale*, 115), cioè dalla costellazione semantica e dal plesso tematico del «credere», da lui epistemologicamente identificato con il «sapere» («L'attestazione prende nell'ultima filosofia di Ricœur il posto del cogito,

della fede lì dove essa cerca di legittimare il sì della fede come assenso a una realtà degna di essere incondizionatamente affermata. Dunque, la razionalità della certezza/convinzione della fede poggia su un *presupposto* più o meno esplicito, che quanto è affermato nella fede sarebbe anche ciò che merita di essere incondizionatamente affermato dopo aver valutato i principali contro-argomenti. La convinzione/intuizione e la libertà/razionalità convergono all'opzione della fede come a una decisione di vitale importanza che si pronuncia/prova nella preghiera[17].

---

ma del cogito cartesiano conserva la problematica della veridicità di Dio», in D. JERVOLINO, «Omaggio a Ricœur», 662). D'altra parte, il contrario dell'attestazione non è la non-certezza, il non-conoscere la verità quanto piuttosto il *sospetto* su/della verità antropologica, sospetto che non deve essere escluso *gnoseologicamente* in maniera totale (perché ha la sua valenza critica per accedere all'interpretazione plausibile), ma che non può neanche *antropologicamente* essere assolutizzato. Ricœur è stato severamente criticato, a ragione, riguardo alla mancata giustificazione e sviluppo dell'epistemologia del credere (vedi M. RICHIR, «Paul Ricœur», 62-63; F. BREZZI, «Il sé nell'età ermeneutica della ragione», 168) e riguardo alla mancanza di un fondamento anche sul piano ontologico accanto ad un piano pratico inter-relazionale (cfr. A. DA RE, «L'aspirazione alla 'via buona'», 224-225; A. RIGOBELLO, «Impegno ontologico e maieutica dell'altro», 66). Cfr. «Im Glauben zweifeln, im Zweifel glauben», particolarmente 21-25; *Dein Angesicht suche ich*.

[16] «La riflessione della teologia fondamentale *non può garantire* che colui, il quale nella relazione da lui concessa fa diventare realtà la verità infinitamente promettente dell'amore, esista. Può solo cercare di mostrare come le testimonianze bibliche chiamano ad entrare in questa verità e che è un *rischio ragionevole* lasciarsi chiamare ad entrare in essa: per cercare in essa la verità che indica agli uomini la via che conduce ala vita.» (*Essere responsabili della fede*, 104-105, corsivo nostro). Questa proposta dell'autore riguardo alla fede, che si pone come strada che conduce al vero *assoluto* e si op-pone alle *assolutizzazioni*, e che viene descritta come impresa rischiosa di una relazione religiosa con l'incondizionato, (sul piano gnoseologico quindi come *opzione*) evoca subito l'argomentazione della scommessa di Pascal. Essa ha una sua plausibilità a una condizione: che il guadagno della beatitudine eterna appaia allo scommettitore infinitamente promettente e che il costo della scommessa (la conversione) non appaia in sé e rispetto alla vincita attesa come una perdita (cfr. PASCAL, *Pensieri*). Questo vuol dire che il credente non può fondare la propria decisione di credere, al di là delle proiezioni del proprio desiderio, su un cartesiano «*fundamentum inconcussum*».

[17] È assolutamente legittima la domanda di Werbick sulla possibilità/esigenza di una *teologia della preghiera* nell'ambito della teologia fondamentale (*Gebetsglaube und Gottesweifel*, 12.59), visto che nell'epoca (post)moderna la necessità della preghiera appare la risposta/soluzione più adeguata sia alla sfida/minaccia del sospetto che alla brama/ricerca di Dio (cfr. «Gebet als Gottsuche oder: Ein Versuch

Nell'interpretazione werbickiana proprio la preghiera sta all'«origine della libertà umana», perché richiede un «*libero riconoscimento* di un-essere-interpellato» a cui potrei sottrarmi solo se non *volessi* valutare ciò che mi riguarda incondizionatamente[18]. La preghiera pure vale generalmente come «riserva della certezza della fede», come «*remedium dubitationis*» – come farmaco contro il dubbio/sospetto[19]. Essa è la ricerca vera del percepire/riconoscere la presenza di Dio, il tentativo di accettare/rispondere al rapporto dialogale/reale con lui; nella preghiera sperimentiamo noi stessi come pronunciati/identificati da Dio[20], essa cioè realizza l'incontro/unione con Dio (*Zusammenhalten*), in un rapporto di riconoscimento reciproco[21]. Perciò, la preghiera non finisce con la teodicea, ma ha qualcosa da *dare* e da *dire* alla teologia[22], secondo l'assioma «*lex orandi lex credenti*»[23] ed inoltre come «milieu» privilegiato della teologia negativa.

über die Schwierigkeit Ja zu sagen» e «Das Gebet um das Kommen der Gottesherrschaft und die Sehnsucht nach Verlässlichkeit»).

[18] *Essere responsabili della fede*, 268. Questo fatto della libertà dell'atto della fede trova la sua esplicazione anche nelle parole con-(a)ffermative/fondamentali della preghiera – «Sì» e «Amen». Cfr. «Die Herausforderung der Theologie des Gebets durch die Selbstverfehlung menschlicher Freiheit».

[19] *Gebetsglaube und Gotteszweifel*, 31.

[20] Cfr. «Gebet als Gottsuche», 74-79.

[21] Il rapporto con il divino appare qui posto sotto la condizione di una adeguata/effettuata contropartita: esso viene chiaramente/giustamente inserito in uno schema relazionale, caratterizzato dall'affermazione degli interessi divini e umani in fatto di autoconservazione/autoaffermazione. Werbick perciò riconosce che è possibile salvaguardare il necessario e precario «*modus (con-)vivendi*» solo se si soddisfa la richiesta incondizionata di lealtà da parte del divino: «Il divino è allora dato nella richiesta incondizionata di non violare il suo titolo di proprietà su ciò che gli appartiene, di corrispondere ad esso in maniera *simbolica rituale*», che possiamo identificare con la *preghiera relazionale/vitale*, e «in maniera *etica* secondo le norme da lui stesso stabilite», che coincide con la *testimonianza di vita/relazione* (*Essere responsabili della fede*, 111, corsivo nostro).

[22] Questo è l'aspetto che cercheremo di rintracciare ed integrare in ogni trattato/inveramento analitico/espositivo di questo capitolo.

[23] È ovviamente vero che il parlare di Dio proviene dal parlare con Dio, ovverosia che la teologia nasce/sorge dalla preghiera (cfr. per esempio J.B. METZ, «Gotteskrise. Versuch zur 'geistigen Situation der Zeit'», qui 79). Perciò è molto vantaggioso mettere in stretta relazione la dossologia e la teologia trinitaria come inseparabili/reciproci (cfr. «Der Lobpreis des Dreieinigen. Von der Doxologie zur Trinitätslehre – und zurück» ed anche «Dottrina trinitaria», 676-682), dove emergono gli aspetti della partecipazione/accessibilità dell'uomo alla comunione di Dio nella preghiera. Si

2. Inveramento religioso

Nel trattato sulla religione, pur ponendo teoreticamente le premesse di un possibile e reale rapporto ri-conoscitivo tra Dio come assoluto e l'uomo (*2.1*), Werbick infatti lascia il discorso inconcluso e aperto a una possibile e reale concretizzazione e compimento (*2.2*).

2.1 *La relazione con l'altro/assoluto fondante l'identità*

Il discorso sulla religione, inizialmente Werbick lo incentra sulla chiarificazione delle idee riguardanti il modo della presenza dell'incondizionato. Così, l'incondizionato sarebbe elementarmente dato come il sacro o santo, e la sua presenza porterebbe i tratti del '*tremendum*' e del '*fascinosum*', e irromperebbe nel mondo come «qualcosa di completamente diverso dal profano»[24] con la superpotenza determinante/santificante. Questa visione della prassi religiosa ha suscitato sempre un certo dualismo tra sacro e profano, e in ultima linea tra divino e umano, che per un certo verso risulta anche superato attraverso il *rito* promettente/permettente e mediante/avvicinante. Lo sfondo di questa struttura della relazione religiosa è l'espressione arcaica della '*conditio humana*', cioè la contingenza e la finitudine dell'esistenza umana, in cui la verità conseguentemente risiederebbe in tutto e per tutto *nell'altro*, in ciò che si impone all'uomo come realtà superiore e più potente. In base a questa impostazione, nella concezione illuminista la religione è stata contraddistinta dalla *logica del commercio* e quindi dalla tattica egoistica: Dio sarebbe presentato come uno che sta gelosamente a guardia di chi lo adora e la religione sarebbe il tentativo dell'uomo di accontentarlo con l'osservanza dei comandamenti divini, cioè di mantenerlo buono e renderlo non pericoloso. Però, in questa

---

segnala l'interessante analisi e buon contributo riguardanti questo tema di R. GÖTZ, *Aufgehen in die Communio des dreieinen Gottes*, che mette in comparazione/parallelo i pregi della teologia della preghiera di Barth, Tillich, Guardini, Bonhoeffer, Ebeling, Rahner, Bernet, Pesch, Salmann e Balthasar, ed evidenzia/conclude sia il carattere dialettico-analogico della teologia trinitaria sia la natura relazionale-comunitaria di Dio e dell'uomo, sia la preghiera come luogo privilegiato della realizzazione del loro incontro, e della formazione/confermazione della teologia.

[24] R. OTTO, *Il sacro*; M. ELIADE, *Il sacro e il profano*. In questa visione, la prassi religiosa è contraddistinta dal divieto e dal permesso: è permesso e possibile l'avvicinamento dell'uomo a Dio ma il divieto salvaguarda l'alterità radicale del divino, cioè l'uomo non può avvicinarsi ad esso con la volontà di manipolarlo.

forma di relazione religiosa con l'incondizionato, esso non è valutato in maniera incondizionata[25], bensì condizionata e perciò tale forma di relazione non merita affatto il nome di 'relazione', perché priva della comunicazione/autocoinvolgimento libera dei partner[26]. La persona che vive in questo schema relazionale religioso, secondo Werbick non è entrata in relazione con il divino, perché cerca di venire a patti con Dio senza immettersi nella relazione e addossarsi in essa «il lavoro relazionale della conversione»[27].

Per rintracciare la risoluzione della vera relazionalità, Werbick parte dalla concezione biblica dell'elezione/segregazione/santificazione per mostrare che l'identità sarebbe il frutto della fede, dovuta alla conoscenza di ciò che Dio intraprende a mio favore per la mia salvezza, cioè di come egli vuole diventare il mio altro in maniera tale che io possa

---

[25] C'è anche da chiedersi, se una concretizzazione venisse presentata senza essere esaminata criticamente se e come la libertà umana interpellata dall'incondizionato può essere in essa mediata, come luogo della decisione *pro* o *contra*, e se tale condizione non apparirebbe come un condizionamento «caricato» di incondizionatezza. La ricostruzione tillichiana, che si trova indubbiamente come sottosfondo dell'argomentazione werbickiana, parte qui da uno *schema forma-contenuto*, che gli permette di valutare il rapporto tra religione e cultura sotto i tre aspetti dell'*'eteronomia'*, *'autonomia'* e *'teonomia'*. L'eteronomia-autonomia nasce dal fatto che il *contenuto incondizionato* può essere dato *solo* in forme condizionate, che scaturiscono dall'autodeterminazione 'autonoma' dell'umano. La *fede eteronoma* perciò si ferma davanti alla forma condizionata, ma non la com-prende come fa l'*incredulità autonoma* esclusivamente come forma condizionata, bensì come portatrice del contenuto incondizionato (cfr. P. TILLICH, «Religionsphilosophie», 332). Tillich vede la tensione autonomia-eteronomia trascendersi nella teonomia che è l'ambito in cui, in tutte le forme culturali, il contenuto dell'incondizionato, può venire alla luce e essere superato mediante «la conoscenza del carattere della rivelazione quale *apparizione del contenuto attraverso la forma*» (*Ibid*, 330 e 335).

[26] Che l'*accomodamento religioso* è in se profondamente contraddittorio, come è sarcasticamente constatato da I. Kant (cfr. *La religione entro i limiti della sola ragione*, 295), ma chiaramente identificato già da Agostino. Il vescovo d'Ippona indica nello scambio tra condizionato e incondizionato, tra mezzo e fine in se stresso, la manifestazione della corruzione fondamentale dell'uomo che sta alla base del peccato, perché si scambia l'ordine del *frui* con l'ordine dell'*uti* (cfr. *De civitate Dei*, XI, 25).

[27] *Essere responsabili della fede*, 114. La definizione kierkegaardiana dell'uomo che rifiuta la relazione religiosa è la persona religiosa senza interiorità perché irretito nell'«amore di sé dell'uomo sensibile» e perciò «troppo meschino per lasciarsi afferrare dall'Altissimo». «Il giusto orante», invece, «lotta nella preghiera e vince – per il fatto che è Dio che vince» (S. KIERKEGAARD, *Gesammelte Werke*, XIII/XIV, 86-110, qui 88).

trovare in maniera salvifica l'altro da me²⁸. Così, l'unica via d'uscita dalla *dialettica dell'autoaffermazione*, che disperatamente incatenava la critica della religione e l'apologetica, è pensabile solo se la condizione incondizionata – Dio – può essere pensata/*riconosciuta* non come limitazione dell'autonomia umana, bensì come liberazione²⁹ dalle costrizioni dell'autoaffermazione umana. Ciò presuppone che la relazione religiosa possa essere realmente pensata/*plasmata* come rapporto/realizzazione della libertà, che rispetto alla libertà civile concorrenziale appare con-viviale, così da dire che l'uomo potrà essere tanto più umano quanto più si riferisce a Dio, quanto più *lo riconosce* come l'origine della propria libertà e si sa *da lui riconosciuto*³⁰.

---

²⁸ «Nella conoscenza della fede che deve essere *lui* a sollecitarmi alla mia salvezza, e che sono *io* ad essere da lui sollecitato ed apprezzarlo come il mio altro e nell'altro». *Essere responsabili della fede*, 124. In questo coro di pensieri di Werbick, direi che si sentono abbastanza forti le voci di E. Lévinas e di P. Ricœur. L'esperienza dell'alterità come un *tu*, dunque, appartiene anch'essa originariamente alla costituzione del *sé*. Sembra che la teoria ricœuriana corregge l'enfasi della teoria lévinasiana sulla radicale alterità dell'altro (cfr. P. RICŒUR, *Sé come un altro*, 446-457), affermando che la relazione con l'altro – più precisamente con il *tu* – è il *sentimento* del lasciarsi interpellare dall'altro. In quanto sentito, l'essere toccati/chiamati (ovvero affascinati/conquisi detto alla werbickiana) dall'altro da sé è vissuto come *auto*affezione e possibile *auto*determinazione, un lasciare spazio/tempo alla chiamata dell'altro che interpella il mio io come un 'proprio me'. In questo caso la *passività* nella scoperta/incontro con l'altro non è esclusiva/esclusivista, perché la risposta viene dall'*attività* nella quale io mi lascio/concedo all'altro, che restando altro da me, mi chiama. Sul tema vedi E. LÉVINAS – G. MARCEL – P. RICŒUR, *Il pensiero dell'altro, con un dialogo tra E. Lévinas e P. Ricœur*.

²⁹ L'espressione biblica di quello che Werbick, alla Tillich, chiama «essere afferrati da ciò che ci concerne in maniera incondizionata» non indica l'essere dei fanatici assatanati, degli alienati sottomessi, delle vittime o degli ostaggi, ma piuttosto indica l'essere liberati per essere liberi/salvati. Cioè, secondo l'esperienza fatta dall'apostolo Paolo in Cristo nella forza del suo Spirito, «chi ha 'conosciuto' Dio, può smettere di volerlo rendere innocuo o di volerlo legare mediante l'esatta osservanza di riti e leggi religiose; per costui la relazione con Dio è diventata un *rapporto libero*», (*Essere responsabili della fede*, 128, sottolineatura nostra).

³⁰ L'affermazione conclusiva werbickiana che nasce dall'analisi critica-odierna della critica analitica-moderna è che diventa visibile/comprensibile come «la verità e l'inveramento dell'uomo nella relazione possono verificarsi *solo* nella misura in cui in essi ha luogo un *riconoscimento* dell'*altro*»: come *origine* della mia libertà; *presente in me* stesso come «presupposto da non rimuovere del mio libero autoprogetto»; *al di fuori di me* come «condizione della mia esistenza»; *di fronte a me* come «sollecitazione a stabilire un rapporto libero» (*Essere responsabili della fede*, 152-153).

Il postulato principale di Werbick in questo contesto è che la struttura ideale del *riconoscimento reciproco* è infatti base e categoria di riferimento d'ogni comunicazione interpersonale[31]. L'*identità* e la *comunicazione* sono le entità reciprocamente condizionanti, perché l'*individuo* diventa capace di comunicare solo come *riconosciuto* e *riconoscente* nell'evento del riconoscimento reciproco, che costituisce l'identità dell'individuo[32]. Attesa centrale che scaturisce da questa impostazione (ed è in essa anzi insita), è che il reciproco riconoscimento deve garantire uno spazio di affidabilità, in cui i reciprocamente riconoscentisi si concedono la possibilità di comparire *in quanto tali*. L'affidabilità, fondante il riconoscimento, però, dipende dall'(in)condizionatezza che sta o cade nella questione dell'(in)condi-zionatezza dell'*amore*. Pur apprezzando il riconoscimento umano e la rispettiva con-fiducia nell'amato, però *contingente* che non poò nulla di per sé contro la morte e contro l'inesorabilità, Werbick orienta il discorso al riconoscimento divino e alla rispettiva fiducia[33], cioè all'*assoluto*, però non separandoli siccome l'amore di Dio e l'amore dell'uomo stanno in modo per niente relativistico ma bensì strettamente cor-relativo.

Nella definizione/descrizione *negativa* dell'assoluto[34], Werbick, ispirato alla critica biblica degli idoli, addotta una certa criteriologia/ discernimento legata a questo modo insuperabile della presenza

---

[31] Sul piano interumano, infatti, il pathos dei movimenti di emancipazione dell'era moderna è il pathos della «lotta per il riconoscimento» (A. HONNETH, *Kampf um Anerkennung. Zur moralischen Grammatik sozialer Konflikte*), perché le relazioni borghesi fatte di rivalità erano solo una caricatura del riconoscimento. Si tratta invece di un rapporto nel quale i due partner possono comparire nella loro identità *così come sono*, dove ogni partner relazionale riconosce gli altri come importanti in quanto tali e per amor loro.

[32] Cfr. *Essere responsabili della fede*, 156.

[33] «Dio non va qui pensato solo come condizione, comprensibile nel suo senso funzionale dall'uomo, di quel che senza questa condizione non sarebbe pensabile come dotato di senso, bensì come *la verità di una relazione* in cui *l'uomo diventa vero* in ordine a Dio: in ordine a colui che è più grande di tutto ciò che l'uomo può di per sé e in ordine a sé – alla propria «*conditio humana'* – verificare. La teologia fondamentale può solo riflettere su questa verifica dell'uomo in ordine a Dio e cercare di mostrare come nella relazione con colui che porta tutto alla propria verità la promessa dell'uomo comincia a parlare in modo *istruttivo* e *promettente*, così da diventare una *sollecitazione*, confidare nella quale è – per volontà di Dio – in un modo addirittura irrefutabile *bene*» (*Essere responsabili della fede*, 179).

[34] È questo per ripetere che la teologia fondamentale nel trattato sulla religione dovrà «guardarsi soprattutto dal pericolo di sequestrare l'assoluto come progetto e per così dire operazionalizzarlo». Cfr. *Essere responsabili della fede*, 192, 210-211.

dell'incondizionato: l'assoluto *non* è buono e apprezzabile *solo* a motivo della sua funzione in favore dell'altro. *Teologicamente*, l'idea giusta, invece, cerca di pensare Dio come l'assoluto partendo dall'assolutezza della sua *bontà/amore*[35], in cui egli non si chiude all'autodeterminazione della libertà finita, bensì nella sua libertà/bontà infinita si apre ad essa cosicché questa può pervenire a lui in se stessa. Nell'idealismo tedesco era fuori discussione che l'assoluto nella relazione con l'altro da sè può essere pensato solo come *evento della libertà*: come autorealizzazione di una *libertà assoluta* per il fatto di suscitare la *libertà finita* e di perfezionarla in modo tale che essa non si perda in quella che l'ha suscitata, bensì perviene effettivamente al proprio compimento[36]. *Antropologicamente*, Werbick in seguito

---

[35] Werbick solo accenna all'intuizione/importanza di una *fenomenologia del donarsi*, che purtroppo non sviluppa ulteriormente (cfr. soprattutto *Gott verbindlich*, 60-63, 393-400, 645-646). L'idea del comunicare-se-stesso nell'amore e determinare-se-stesso come dono di sé, in cui coloro a cui esso è dato possono sperimentarsi come dati/incaricati, cosicché questo dono-di-sé li riguarda in modo incondizionato e incondizionatamente promettente, è stata più profondamente elaborata da Klaus Hemmerle, e poi presentata nella tesi di laurea di M. BÖHNKE, *Einheit in Mehrursprünglichkeit. Eine kritische Analyse des trinitarischen Ansatzes im Werk von Klaus Hemmerle*, 110ss. Un ulteriore approfondimento ci viene, anche se da percorsi diversi, da quanto J.-L. Marion afferma suggestivamente circa la relazione tra *donazione* e *adonato*, riguardo a ciò che viene chiamato il «fenomeno saturo» (cfr. J.-L. MARION, *Dato che. Saggio per una fenomenologia della donazione*, 246-303). La donazione trova il suo culmine in quel fenomeno la cui intuizione rimane sempre più ampia di ogni interpretazione fornita concettualmente dal soggetto. Il fenomeno saturo viene descritto dal filosofo francese, in profonda dialettica con il pensiero kantiano, come quel fenomeno *imprevedibile* («imponderabile») che sucita sincera meraviglia/stupore, *insopportabile* («inguardabile») nella sua qualità, e *assoluto* nella sua relazione, in quanto si tratta di un avvenimento che non può mai essere dedotto da esperienze previe, ma che sempre crea un nuovo inizio. Tale fenomeno si presenta come paradosso, in quanto di per sé eccederebbe le possibilità di essere percepito dall'uomo e tuttavia si dà a lui in modo innegabile. I «fenomeni saturi», per il loro carattere assoluto, non possono mai diventare ultimamente «oggetto», ma l'unica possibilità che l'uomo ha è quella di lasciarsi costituire da essi, rinunciando a dominarli: in tal modo l'uomo diviene testimone di ciò che si dà in modo assoluto. Il percorso proposto da Marion, di per sé filosofico, vuole mostrare come una corretta riflessione sulla realtà come donazione debba rimanere aperta a questa possibilità estrema di donazione rappresentata dalla rivelazione stessa di Dio in Cristo, come evento gratuito, ideducibile e incondizionato, davanti al quale l'uomo può solo diventare testimone (Cfr. P. MARTINELLI, *La testimonianza*, 84-97).

[36] Già molti secoli fa, Ireneo di Lione ha espresso questa definizione del rapporto tra assolutezza divina e relatività umana con la sua formula famosa: «*Gloria Dei*

afferma che c'è l'inquietudine dello spirito e del cuore, che non si placa prima d'aver trovato la salvezza/verità per la quale nulla va più rimosso e falsificato: l'*inquietudine dell'amore* suscitata dallo Spirito di Dio da cui deriva lo stesso «registro» teologico[37].

2.2 C(r)edere in Dio

La libertà umana è essenzialmente *libertà comunicativa*, quindi essa si attua nel processo/presenza della comunicazione e nel movimento della promessa/vita. Il successo della libertà umana è dato solo da Dio che si comunica, cioè nel suo Spirito essa è resa/realizzata apertura degli occhi e degli orecchi che porta alla comunicazione/conversione. La *metanoia* attualizza così la libertà nel rapporto con Dio che si apre nel passaggio dall'auto-determinazione dell'uomo all'auto-comunicazione di Dio[38].

---

vivens homo» (*Adversus haereses*, IV, 20, 7 e III, 20, 2). È interessante menzionare qui un dibattito significativo degli anni Novanta tra Verweyen e Pröpper, che pur non esplicitamente riferito/citato da Werbick, sembra che crei il sottofondo del suo discorso. In breve, Verweyen afferma che un concetto chiaro del dovere morale incondizionato è possibile solo sulla base della destinazione della libertà a diventare l'*immagine* dell'assoluto (cfr. *La parola definitiva di Dio*, 193) e così contesta Pröpper che non vuole ad ogni costo presupporre nulla alla deduzione trascendentale della libertà, (perché se la libertà può realizzarsi solo condizionalmente – e quindi in fondo non realizzare – la propria norma etica suprema, cioè il riconoscimento incondizionato dell'altrui libertà, le chiede qualcosa di impossibile). Pröpper perciò contesta a Verweyen una pratica equivalente dell'esperienza del dovere, del senso e di Dio, nel senso che l'esperienza religiosa è delineata sul calco del dovere morale, prospettando una riduzione pratica del religioso/rivelato (cfr. «Sollensevidenz, Sinnvollzug und Offenbarung», 34). Una puntuale critica delle due posizioni è data in P. PLATZBECKER, *Radikale Autonomie vor Gott denken. Transzendentalphilosophische Glaubensverantwortung in der Auseinandersetzung zwischen Hansjürgen Verweyen und Thomas Pröpper*.

[37] Riassumendo con il linguaggio della nostra tesi possiamo dire che la *coscienza credente* diventa dunque tematicamente *religiosa*, non solo quando *riconosce* l'incondizionato dono della chiamata, ma quando *si lascia* abilitare gratuitamente alla risposta dalla sorgente stessa del dono (che è segno del riconoscimento da parte di Dio – *essere riconosciuto* – e suscita la riconoscenza/riconoscimento da parte dell'uomo – *essere riconoscente*). Per questo l'azione dello Spirito Santo si colloca nel cuore stesso della *libertà/storia* dell'uomo e fa passare la coscienza credente alla *forma teologale della fede*.

[38] Cfr. «Die Herausforderung der Theologie des Gebets durch die Selbstverfehlung menschlicher Freiheit», 146-149; *Glaubenlernen aus Erfahrung. Grundbegriffe einer*

Per una più giusta giustificazione della sua impostazione, in una visione antropologica, Werbick confronta le *tradizioni mistiche* che parlano, al limite del dicibile, dell'unificazione/divinizzazione che fa realizzare il credente *in* Dio e la realtà di Dio *in virtù* di Dio[39]. Ed è la *metafisica classica*, che descrive questo rapporto singolare come partecipazione[40]. Questa situazione fondamentalmente teologico-antropologica è una questione che riguarda essenzialmente *la preghiera*, perché riguarda specificamente l'aspetto *dialogico*[41]. La preghiera significa, lasciarsi/mettersi introdurre nel discorso/conversazione dell'uno che è

Didaktik des Glaubens; *Glaube im Kontext. Prolegomena und Skizzen zu einer elementaren Theologie*; *Die Aporetik des Ethischen und der christliche Glaube*.

[39] Così per Meister Eckhart la 'relazione' con Dio sarebbe la relazione del nascere in Dio e da Dio, diventando la realtà di Dio, così che di lui si potrebbe dire «Dio opera e io divento» (*Deutsche Werke*, I, 114, 5). Eckhart sviluppa la metafora del tempio, spiegando che il credente diventa tempio/casa di Dio: Gesù vorrebbe entrare nei credenti per eliminare e spazzare via tutti gli ostacoli e renderci uno come egli è uno - un Dio con il Padre e con lo Spirito Santo, perché diveniamo e permaniamo eternamente con lui. E. Susone, il suo discepolo, distingue sei tappe lungo la via che porta al concepimento/nascita di Dio: il credente/mistico procederebbe su questa via in modo tale da (1) perdersi con tutte le forze in Dio, (2) da spogliarsi in modo irrevocabile di se stesso, (3) da diventare in questo modo una cosa sola con Cristo, (4) da operare sempre secondo e in virtù della sua ispirazione, (5) da accettare serenamente tutto, e (6) da considerare tutte le cose con questa semplicità (E. SUSONE, *Il libro della saggezza eterna*). Dio è per i mistici/mistiche ciò che li inonda come il *fiume* dell'amore che emana da Dio Padre: esso afferra che coloro che si lasciano inondare da tale fiume, pronti ad essere liberati da tutto ciò che è contrario a Dio ed essere presi e riportati alla sua origine, divengono una cosa solo con Dio. Questo schema dell'*egressus-regressus* è diventato nella teologia accademica (come in Tommaso) la struttura fondamentale della storia della salvezza, nel corso della quale Dio si rivolge con lo Spirito Santo, mediante messaggeri divini, all'umanità da lui allontanatasi e la riporta a sé. Werbick è molto cauto nella valutazione degli apporti mistici, tenendo conto di non offuscare la *differenziazione indispensabile* tra Dio e l'uomo, ma apprezzando la *ri-scoperta della ri-conoscenza* di Dio da parte dell'uomo.

[40] L'uomo possederebbe la propria esistenza/perfezione mediante la *partecipazione* all'essere perfettissimo al di là del quale non è possibile pensare alcunché di più grande o comunque un essere più grande di quel che sia mai possibile pensare (cfr. ANSELMO DI CANTERBURY, *Proslogion* 2 e 15). La partecipazione, che fa essere l'uomo, include il dono della libertà e così il fatto che l'uomo si fa magari *altro*, avversario di Dio che di per sé è il *non-altro* nei confronti dell'uomo inteso in senso ontologico come presente/accessibile (cfr. NICOLA CUSANO, «Guida per chi contempla o non-altro», 802).

[41] Cfr. «Das Gebet um das Kommen der Gottesherrschaft und die Sehnsucht nach Verlässlichkeit», 97.

chiamato e che cerca colui che offre/dona la garanzia della fiducia/ salvezza/riconoscenza: nella preghiera «i credenti e quelli che cercano Dio pregano *per Dio stesso* e *per potersi affidare* alla sua affidabilità/ attendibilità»[42]. Così, nella prospettiva werbickiana la preghiera è il «*medio prioritario* della comunicazione con Dio», reso possibile dal dono dello «*spirito della preghiera*», nella quale in gioco c'è «il riconoscimento e l'apprezzamento dei soggetti che si comunicano».

3. Inveramento cristiano

Il discorso cristologico della proposta teologica werbickiana è diviso in due parti dedicate alla traduzione dell'evento della rivelazione che si offre all'uomo in modo che gli sia possibile la sua stessa conoscenza e comprensione (*3.1*) e possa vivere la successiva legittimazione della credibilità di Gesù Cristo, però non sulla base «estrinseca» dei miracoli e delle profezie, ma sulla base «intrinseca» dell'importanza salvifica della sua missione (*3.2*).

3.1 *La rivelazione e il linguaggio della fede*

L'introduzione al trattato sulla rivelazione di Werbick è una lunga e dettagliata storia delle critiche/obbiezioni alla possibilità/realizzabilità della rivelazione, concentrata soprattutto sul principio della religione naturale che si attiene alle *notitiae communes*[43], e sull'affermazione dell'inesistenza di alcun luogo extraterritoriale in seno al finito in cui l'infinito potrebbe comparire/rivelarsi[44]. Per spiegare il passaggio, dalla

---

[42] *Ibid*, 98. Werbick stabilisce il rapporto essenziale tra la preghiera e la fiducia: «*Gebetsvertrauen ist Gottvertrauen*». Pregare è, perciò, scoprire le tracce della sua affidabilità e potere trattenersi in essa.

[43] I critici della rivelazione, che optarono in Francia e in Inghilterra dal XVI secolo, per la religione naturale o religione della ragione, hanno motivo di supporre che i misteri del cristianesimo siano inaccessibili alla ragione. La concezione di 'religione naturale', che pare risalire a Jean Bodin, è sviluppata da Herbert di Cherbury che parla dei principi ultimi che il creatore divino ha concesso alla ragione umana – detti *notitiae communes*. Esse vanno definite come proposizioni religiose fondamentali secondo i seguenti punti: (1) esiste un essere supremo, (2) che va venerato in quanto tale; (3) per venerarlo bisogna praticare le virtù e il culto; (4) chi rifiuta peccaminosamente tale venerazione deve pentirsene; (5) al termine della vita nell'aldilà, agli uomini spetta la ricompensa o il castigo (Cfr. HERBERT DI CHERBURY, «De veritate», 208-222).

[44] Uno degli esponenti di questa critica è Reimarus, in essa si afferma il principio di Lessing secondo il quale verità storiche casuali non possono mai diventare la dimostrazione di verità razionali necessarie. Il Vaticano I cercò di rispondere alla sfida

risposta esagerata offerta su questa questione dalla concezione teoretico-istruttiva, alla concezione coerente interpersonale-comunicativa della rivelazione[45], data dal Vaticano II[46], Werbick prende in considerazione tutte le diverse ispirazioni/intuizioni teologico-fenomenologiche, spesso non-comprese o comprese abbastanza tardi. Così, nel ragionamento critico-costruttivo werbickiano per una opportuna teologia della rivelazione vengono messi in rilievo, come elementi costitutivi e pregi, i caratteri della teologia negativa[47] e della teologia estetica[48], cogliendo

---

dell'Illuminismo e delle diverse correnti del tempo con una strategia di difesa che, mentre relativizza una ragione che si pone in maniera assoluta, non elabora il rapporto tra ragione e rivelazione, se non in maniera esteriore. Successivamente con la crisi modernista, il magistero e l'apologetica si irrigidirono nel concepire la rivelazione come un insegnamento autoritario sulle cose divine. La prospettiva werbickiana in questo contesto sta da parte della concezione del Vaticano II sull'aspetto dell'autorivelazione di Dio che in Gesù Cristo si comunica con l'intento di stabilire una comunione, cioè vede la rivelazione come storia di una comunicazione e di una relazione nella quale si dischiude agli uomini ciò che l'uomo non potrebbe dire a se stesso.

[45] Cfr. *Essere responsabili della fede*, 289, 333, 340, 425.

[46] Tutto sommato, si potrebbe dire insieme con Ratzinger che nella *Dei Verbum* «al posto della visuale legale, che considera la rivelazione soprattutto come comunicazione di decreti divini, è subentrata una visione sacramentale, che considera congiuntamente la legge e la grazia, la parola e l'azione, il messaggio e il segno, la persona e le sue manifestazioni nell'unità complessiva del mistero» (J. RATZINGER, «Kommentar zu 'Dei Verbum'», 506s).

[47] Confermando le idee già menzionate sul ruolo decisivo della teologia negativa nei mistici e nella preghiera, Werbick giustamente dà conferma della sua necessità, benché «la tradizione teologica non riuscì mai a decidere bene fino a che punto essa doveva fare spazio elle intenzioni della teologia negativa. Però, è indiscutibile che nella storia della teologia si sentiva sempre il bisogno di richiamarla. «Ineffabile è il divino e incomprensibile», ha confessato Giovanni Damasceno (*De fide ortodossa*, I/1). Lo Pseudodionigi Aeropagita ha definito lo status linguistico della teo-logia come ineffabile, anche se indicabile con nomi che non intendono determinare, bensì invocare, lodare e glorificare (*La teologia mistica*, 310-313). E ancora Tommaso d'Aquino invitava a riflettere sul fatto che noi possiamo sapere di Dio non tanto quel che egli è, bensì più che altro quello che egli non è (*Summa Theologiae* I, q. 3, introductio). Nicola Cusano si pone consapevolmente nella tradizione della *theologia negativa*, ricordando che la conoscenza e la comprensione vivono della comparazione e della proporzione (*La dotta ignoranza. Le congetture*, 68). Una conferma magisteriale di questo è venuta anche dal concilio Lateranense IV quando afferma che tra il creatore e la creatura «per quanto la somiglianza sia grande, maggiore è la differenza» (DS 806). Werbick approfitta di questo per orientare l'umano parlare di fede e il tentativo di credere nell'autorivelazione di Dio, nella *traduzione* dell'incommensurabilità di Dio e l'incomprensibilità del suo amore in un *linguaggio* accessibile

vari contributi sia dalla teologia correlativa di Tillich che dalla teologia trascendentale di Rahner, nonché gli elementi del discorso affettivo-simbolico[49] e spirituale-storico[50].

D'importanza decisiva per la teologia della rivelazione è quindi il modo in cui si pongono tra loro in relazione l'*interiorità* e l'*esteriorità* della parola rivelante di Dio[51]. Da una parte, se si identificasse la parola

---

e perlomeno sperimentabile, paragonando così l'incomparabile (*Essere responsabili della fede*, 489).

[48] Nonostante Werbick non parla esplicitamente della teologia estetica, sono molto suggestive e significative le espressioni che egli usa - 'evocativa', 'eloquente', 'sorprendente', 'evidenza', 'essere toccati/sollecitati/conquistati/comossi/interpellati'- per la percezione delle immagini/simboli/metafore (contro la teoria estetica di Adorno) simili alla terminologia estetica balthasariana.

[49] Per quanto riguarda il livello *affettivo*, quello che in Werbick rivela la base posta da *Schleiermacher* (cfr. «Sulla Religione. Discorso alle persone colte che la disprezzano») sono la passività e la ricettività fondamentale dell'esistenza spirituale umana, espressa in Schleiermacher con la categoria dell'intuizione e dei sentimenti religiosi che a Werbick permettono di parlare della rivelazione in un certo senso come della rivelazione *in noi* e della relazione tra l'interiorità e l'esteriorità della parola rivelante di Dio. Sulla stessa linea, per quanto riguarda il *simbolico*, per porre il simbolismo del linguaggio religioso al centro dell'interpretazione teologico-religiosa, la difesa, però critica, werbickiana di *Drewermann* svela l'origine di questa ispirazione e idea (cfr. *Psicologia del profondo e esegesi*, I), cioè prima di Ricœur, come ci si aspettasse, benché a quest'ultimo deve molto, particolarmente per quanto riguarda i *simboli* che *danno a pensare* (cfr. *Die Interpretation. Ein Versuch über Freud*).

[50] Direi che Werbick continuamente torna alla sua questione decisiva sulla reale possibilità e possibile realtà dell'incontrare Dio e confidare nell'azione di Dio. Non solo perché in *Hegel* forse per la prima volta si trova una rilevanza sistematica del termine 'autorivelazione', ma di più perché accenna alla realtà divina *spirituale* come essenzialmente comunicante (cfr. soprattutto *Lezioni sulla filosofia della religione*, II; *Fenomenologia dello spirito*), Werbick lo apprezza, pur legittimamente evidenziandone la contraddittorietà/provvisorietà della sua distinzione tra rivelazione interiore e rivelazione esteriore (*Essere responsabili della fede*, 344-346). La ricerca della concezione della rivelazione come *storica*, cioè concepita piuttosto come un evento in cui Dio mostra e comunica se stesso e che comprende il rapporto comunicativo immediato e personale, Werbick la ritrova per primo in *Schelling* (cfr. *Filosofia della rivelazione*). Per Schelling la rivelazione è un'autocomunicazione di Dio, con cui Dio fa accadere la sua volontà salvifica in una realtà interpersonale (cfr. *Ibid*, 895). Riferendosi ad Anselmo di Canterbury e il concetto di Dio *id quo maius cogitari non potest*, Schelling parla di questo evento come accaduto ciò *quo maius nihil fieri potest*, e questo stesso concetto è spesso ripreso da Werbick.

[51] Werbick cerca la ri-soluzione di questo rapporto seguendo il contrasto ricœuriano-lévinasiano: la parola, che si protende *dall'esterno* come la parola 'as-

esteriore con quella interiore, si correrebbe il pericolo di fare dell'ermeneutica della psicologia del profondo della parola interiore il criterio di ciò che la parola esteriore trasmette. Dall'altra, se si ignorasse come la parola esteriore interpella la sfera più intima degli uomini e la induce a (con-)parlare, la si ridurrebbe a un semplice evento esteriore che non sollecita la comprensione/condivisione umana. La parola di Dio *contraddice*, in quanto *cerca* nell'uomo quanto le corrisponde e *provoca* la risposta corrispondente, in quanto *stimola* l'uomo, come uditore della parola, e gli *chiede* di confidare nella verità, che farà vero anche lui[52]. Quel «linguaggio dell'anima» che tocca la profondità dell'uomo è il linguaggio archetipico dei simboli e delle metafore.[53]

Werbick comprende la rivelazione perciò, proprio come la *traduzione* della volontà/invito/promessa di Dio nel linguaggio umanamente leggibile e comprensibile fatto di eventi/azioni/parole, che parlano di Dio e di ciò che gli corrisponde o lo gli si oppone. Perché il linguaggio umano possa essere in linea generale «*capax infiniti*», Werbick ricorre ad una conversione dell'immaginazione nella *metafora*, capace di esprimere paragone/somiglianza. La metafora tiene insieme quel che a prima vista non concorda, rendendo necessario il lavoro di spiegazione/pertinenza della 'discordanza'/'contraddittorietà'. Le metafore danno da pensare[54] e la loro codificazione è invadente e convincente.

---

soluta' verso l'uomo e vuole impossessarsi di lui (detta alla Lévinas), da un lato, e la parola che parla *nell'intimo* dell'uomo in cui esprime la sua determinazione/'coscienza', dall'altro lato (detta alla Ricœur). La ri-uscita werbickiana sta nella valutazione teologica della rivelazione che parla nell'uomo, senza dimenticare che l'uomo è semplicemente la prima persona di questo parlare – cioè riconoscendo che la verità a cui possiamo partecipare non ci é propria.

[52] È bella la ripresa werbickiana della sintesi kierkegaardiana secondo cui Gesù Cristo è il divenire temporale del Dio eterno, cioè il compendio della sua azione storica in cui egli convince l'uomo/peccatore della sua non verità e lo rende vero, ed è proprio *così* la realtà decisiva della rivelazione. La sproporzione tra verità eterna e l'evento storico – tra l'incondizionato e lo storicamente condizionato – fortemente accentuata dall'illuminismo, è in lui superata solo nel paradosso del momento in cui l'appassionatamente credente può diventare *contemporaneo* all'Eterno e può perciò essere da lui ricreato (cfr. il terzo volume del *Diario* di Kierkegaard; *Essere responsabili della fede*, 385-391).

[53] Cfr. *Essere responsabili della fede*, 384.

[54] Come la filosofia, secondo l'indicazione data da Ricœur, dovrebbe lasciarsi condurre da un pensiero ispirato dai simboli e dalle metafore delle testimonianze, così anche la teologia fondamentale/dogmatica, secondo l'indicazione data da Werbick,

Questa presenza linguistica/semantica è particolarmente necessaria per la soteriologia teologica perché le metafore della *redenzione* – le immagini chiavi – riescono a concentrare/tenere insieme la realtà finita e quella divina, in quanto inducono la prima a «prender coscienza» di una realtà fatta di perdizione e fanno conoscere la seconda come una realtà ponentesi salutarmente in relazione con la prima. La cristologia werbickiana riconosce in *Gesù Cristo* la metafora divenuta persona dell'avvento di Dio nel mondo, come realtà originaria ed evento originario che si rivela insieme salvante/sconcertante per il regno di Dio e del mondo degli uomini. Grazie e solo alla luce di questa metafora originaria le singole metafore dell'avvento e dell'azione di Dio (salvezza/riscatto/liberazione/purificazione/santificazione/riconciliazione/vit-toria) acquistano la loro chiarezza e pertinenza pre-concettuale e sovra-concettuale. Le metafore della *Chiesa*, da parte sua, esprimono sempre in maniera carica di tensione come Dio si sceglie un «popolo santo» per testimoniare/corrispondere (al)la propria santificazione/elezione. Le metafore testimoniali possibilitano/ realizzano quello che significa essere conquisi da ciò che ci concerne in maniera incondizionata nella esplicazione/traduzione del concetto filosofico-religioso dell''assoluto', dai concetti del parlare/agire di Dio o dai concetti della interpellanza/promessa.

3.2 *La redenzione e il senso della fede*

Nonostante non è ovvia la necessità di collocare il trattato sulla redenzione nell'ambito della teologia-fondamentale[55], la sua giustifica-

---

dovrebbe interessarsi delle stesse metafore ma elaborandone «la validità e la significanza antropologica e teologica» (cfr. *Essere responsabili della fede*, 496ss, qui 508; «Prolegomeni», 44s).

[55] A differenza del trattato «*De Christo legato divino*», che sviluppa una riflessione sulla rivelazione ed evidenziava la credibilità del messia inviato e del maestro divino Gesù Cristo sulla scorta dei cosiddetti *criteri esterni* della rivelazione – miracoli e profezie adempiute – Werbick va a cercare la legittimazione nell'innegabile *importanza salvifica* della sua missione. L'ispiratore e il maestro che ha portato Werbick alla scelta di questo orientamento fu Pascal che per primo ha provato a cambiare la prospettiva, presupponendo una differenza tra salvezza/redenzione e una vita nella libertà/giustizia/benessere, cioè tra quello che i credenti aspettano/sperano solo da Dio e quello che l'uomo aspetta da se stesso. La concezione werbickiana della salvezza/ redenzione dischiude la distinzione (insieme a G. EBELING, *Das Verständnis von Heil in säkularisierter Zeit*, 361), tra salvezza escatologica e salvezza temporale, tra fede salvante e azione utile, tra ciò che è faccenda di Dio e ciò che è faccenda dell'uomo,

zione presentata da Werbick in chiave del *senso* della fede la (di)mostra imprescindibile ed essenziale. Il teologo di Münster contesta sia la possibilità di una *auto*-redenzione dell'uomo, con una 'decristologizzazione' e 'deteologizzazione' della soteriologia[56], sia alcune impostazioni teologiche soteriologiche, tra cui soprattutto le concezioni erronee dell'espiazione vicaria[57]. Così, l'identificazione della soddisfazione con la punizione con cui Cristo avrebbe subìto l'ira divina al posto dei peccatori, si giudica come una deformazione che ha provocato la reazione degli illuministi per i quali ci poteva essere un redentore solo nel senso di un maestro di vera moralità. La critica culminante è quella di Nietzsche all'incompresa tradizione cristiana per il quale il cristianesimo farebbe di tutto affinché l'uomo si senta peccatore e provi nausea per la vita di quaggiù, esalterebbe la sofferenza e proporrebbe un Dio nemico della vita, tradendo l'originario messaggio di Gesù. Il trattato teologico-fondamentale, secondo Werbick, avrebbe perciò il compito di

---

(con D. BONHOEFFER, *Etica*, 120ss) tra ultimo e penultimo, (con Tillich) tra incondizionato e condizionato. La proposta di Werbick è articolata nel suo libro *Soteriologia*, che presenta i diversi modelli soteriologici (159-213), contrassegnati dalle metafore della vittoria sulle potenze, e la sua cristologia riconciliante (214-279), espressa con le metafore della relazione che redime e della partecipazione che sana, per confrontare l'ambiguità e la necessità della riformulazione della categoria dell'espiazione (280-344).

[56] Per l'ispirazione della distinzione werbickiana tra *teosoterica* e *autosoterica* come distintivo fondamentale del cristianesimo cfr. M. SECKLER, «Theosoterik und Autosoterik».

[57] Questo si riferisce al peso di una tradizione che ha mal compreso l'idea della redenzione vedendola come un'opera di espiazione e soddisfazione vicaria causata da un diritto di satana sui peccatori. Secondo quest'idea, a satana andrebbe il prezzo del riscatto pagato sulla croce dall'uomo-Dio, che egli non lo poteva trattenere in suo potere. Gregorio di Nazianzo prese espressamente le distanze da questa concezione e solo Anselmo di Canterbury rielaborò il motivo del prezzo del riscatto, non osservando più la giustizia nei confronti del diavolo, ma ristabilendo la giustizia nel rapporto di alleanza con Dio, e questo da Dio stesso perché solo lui lo può fare. Dove la concezione della soddisfazione e dell'offesa, presupposta da Anselmo, è diventata incompresa, lì si parlava della vendetta di un Dio adirato e deciso a punire, che ha suscitato una forte critica del cristianesimo come negazione della volontà/libertà /dignità umana. Il retroterra politico-sociale della teoria anselmiana della soddisfazione (secondo il concetto germanico di onore e del diritto feudale, come ha messo in luce per esempio A. NOFFKE, *Ehre und Genugtuung. Eine Untersuchung zu der Schrift «Cur Deus Homo?» von Anselm von Canterbury*) non era affatto sinonimo di cancellazione, il più possibile non violenta, del conflitto, con una regolazione che rendesse possibile la pace/riconciliazione/alleanza tra Dio e gli uomini.

far luce sulle accuse alla soteriologia cristiana[58], e in particolare sui presupposti/effetti della soteriologia dell'espiazione, ovvero sulla legittimità o meno di collegare l'espiazione con la missione e la morte di Gesù, basandosi sui principali concetti impiegati dal Nuovo Testamento[59].

Alla richiesta della riformulazione necessaria dell'idea di espiazione in altri termini soteriologici cristiani, Werbick risponde con una riflessione sulla *missione* di Gesù, il cui senso non è l'offerta di un sacrificio cultuale compiuto sulla croce, bensì la *diakonia* liberante con un altruismo divino che fa di tutta la vita di Gesù, e non solo della sua croce, il *prezzo del riscatto* – il compendio di un servizio veramente liberante. Per Werbick, l'idea secondo la quale Gesù sulla croce avrebbe dovuto subire i contraccolpi dell'ira del Padre, e ciò in rappresentanza dei peccatori, non ha solide basi nel Nuovo Testamento, anche se ebbe largo eco nella teologia posteriore. La soteriologia cristiana perciò deve essere consapevole che non è la sofferenza in quanto tale che opera la salvezza, ma la dedizione di sé di Gesù alla missione affidatagli dal Padre, ri-costruente/ri-nnovante/ri-conciliante l'Alleanza tra Dio e gli uomini[60]. Secondo quest'impostazione, quindi, neppure il servizio di Gesù in sé compreso come prestazione/sacrificio media la salvezza,

---

[58] La soteriologia teologico-fondamentale di Werbick in generale affronta il doppio sospetto: a) il *sospetto della critica della religione*, secondo il quale la fede cristiana nella redenzione costringerebbe gli uomini a disprezzarsi come peccatori e a fare sacrifici per raggiungere, alla sequela del Crocifisso, la loro salvezza; b) il *sospetto storico*, secondo il quale la fede nella redenzione non troverebbe alcun sostegno in colui al quale essa si appella come Redentore, essendo solo il tentativo di immunizzarsi contro la catastrofe della sua morte. Cfr. *Essere responsabili della fede*, 562-563.

[59] Werbick cerca di ripercorrere il contrasto/contraddizione delle diverse interpretazioni soteriologiche indicando i modelli/categorie neotestamentarie fondamentali come le articolazioni irrinunciabili/utili della soteriologia dell'espiazione per parlare cristianamente della redenzione: il motivo del *riscatto* da un nesso peccato-perdizione, il motivo della salvifica *presenza di Dio*, resa possibile dalla purificazione e concessa da Dio, della possibilità di abitare di nuovo presso Dio nella comunione salvifica, il motivo della *dedizione al Santo* celebrato nel mezzo rappresentativo. Cfr. *Essere responsabili della fede*, 569-577.

[60] La redenzione è qui sostanzialmente concepita come quell'idea secondo la quale «il regno di Dio poté venire, attraverso la diaconia liberante del Figlio dell'uomo, intimamente vicino ai fratelli e alle sorelle di quest'ultimo, allorché egli diede sulla croce la propria vita per essi. La missione del Redentore non consiste perciò nel pagare un debito incancellabile per gli uomini e nel liberali così dalle giuste pretese del creditore, bensì nel *liberarli* per quel servizio mediante il quale il Padre divino ha voluto erigere il suo regno escatologicamente salvifico in questo mondo» (*Essere responsabili della fede*, 612). Cfr. *Schulderfahrung und Bußsakrament*.

bensì l'*amore* di Dio testimoniato autorevolmente in questo servizio. Chi permettesse a quest'amore salvante/liberante di espandersi nella sua vita, si renderebbe capace di amore e di libertà. Però, non tutto si riduce a una «semplice» libertà; la soteriologia può/deve sviluppare la forza della fede cristiana nella redenzione che saprà tenere conto del delicato equilibrio tra liberazione interiore e solidarietà impegnata socio-politicamente[61].

La categoria centrale/decisiva nella soteriologia di Werbick è quella della *riconciliazione*[62]. È la riconciliazione che consente di porre un nuovo inizio, capace di sanare la lacerazione: Dio in Gesù Cristo si identifica coi sofferenti e coi peccatori per farli partecipare alla sua divinità, garantendo un futuro/senso[63] anche ai dimenticati e alle vittime. Essa manifesta l'intenzione fondamentale di Gesù di *stringere relazioni*, rendendo possibile partecipare alla vicinanza/presenza salvifica di Dio[64]. La soteriologia cristiana, che parla della presenza

---

[61] Questo sembra essere prima di tutto un elemento che va contro la riduzione del regno escatologico a un progetto intrastorico così come avviene con la teologia della liberazione.

[62] Werbick parte dall'attenta interpretazione patristica e scolastica della differenziata testimonianza della Scrittura. Da un lato essa traduce '*katallaghē*' con '*reconciliatio*' e accentua così lo stabilimento della pace ad opera di Dio (Ireneo, Origene). La traduzione '*propitiatio*' stabilisce piuttosto un nesso con la tematica dell'espiazione e induce a considerare il Padre divino come colui che è riconciliato dal Mediatore (Origene), con lo scopo di placare l'ira paterna (Agostino). Comunque, Dio rimane il soggetto della riconciliazione (Pietro Lombardo); egli riconciliò gli uomini legandoli ancora di più a sé mediante l'amore, attraverso il Mediatore, che è venuto per diffondere tra gli uomini la vera libertà dell'amore (Abelardo); la mediazione di Cristo operò la '*reconciliatio*', anzi l'*'unio'* degli uomini con Dio (Tommaso d'Aquino).

[63] L'affermazione del senso presuppone che il senso affermato non sia prodotto/garantito solo dallo stesso affermante (anche perché non ci sono motivi sufficienti nell'umano per affermare il suo essere nel mondo, la sua vita finita tra nascita e morte, segnata dalla colpa e dai bisogni...). Così Werbick potrà condurre/tradurre il discorso soteriologico in una «trascendenza del senso», per costatare con Tillich che il credente può affermare che egli è affermato da Dio, cioè può «affermare l'affermazione» (ovvero, parlando alla maniera di Sequeri: «riconoscersi riconosciuto»). Cfr. *Essere responsabili della fede*, 753-780, qui 756.

[64] Nel campo metaforico della riconciliazione, il motivo fondamentale della soteriologia – cioè la venuta di Dio e il suo salutare *avvicinamento* a coloro che sono abbandonati in balia della potenza del peccato nella *lontananza* da Dio – diventa esprimibile come futuro salvifico dischiuso dall'amore riconciliante di Dio solo secondo la logica dello stabilire una relazione. È evidente così che la prospettiva werbickiana presuppone che: 1) Dio e la sua salvezza siano tematizzabili in *categorie relazionali*; e 2) che la *vicinanza di Dio* (essendo la metafora soteriologica centrale che richiama ciò che è intimo-confidenziale/affidabile) spazialmente e temporalmente

dell'Assoluto nella storia, indica che l'assolutezza di Dio si realizza come libertà assoluta e riconciliante che si dona senza limiti. Cioè, Dio salvatore/redentore, cioè liberatore e riconciliatore, si inserisce là dove i rapporti si spezzano e le relazioni finiscono, rivelandosi come uno che ama infinitamente l'uomo finito.

4. Inveramento cattolico

L'atteggiamento caratteristico critico/problematizzante di Werbick permea il suo trattato ecclesiologico-fondamentale fino al punto che la credibilità della chiesa sembra gravemente compromessa[65]. L'ecclesiologia di Werbick corre il grave rischio di presentare la Chiesa come se prima avesse compromesso l'eredità d'Israele circa il popolo eletto del regno di Dio (con la «nefasta» teoria della sostituzione[66] che rischia l'esclusivismo) e poi si fosse preoccupata soprattutto della sua sopravvivenza/organizzazione (in modo che l'inizio apocalittico-carismatico del movimento di Gesù dovette cedere il passo a un'istituzionalizzazione dello spirituale), perché Essa potesse diventare nuova istituzione salvifica autonoma e potesse assicurare la trasmis-

---

rappresentata e può essere concepita come compendio della redenzione. Ciò che egli stesso conferma quando dice che «la riconciliazione... significa il superamento della peccaminosa tendenza alla «mancanza di relazioni» (nota 37 in *Essere responsabili della fede*, 692), tradotto nella nostra prospettiva significherebbe il superamento della tendenza alla «mancanza di preghiera».

[65] Sembra che lo stesso Werbick ben volentieri si associ al lungo elenco delle critiche rivolte alla credibilità della Chiesa, da lui dettagliatamente analizzate/presentate,: «La Chiesa non era evidentemente un'isola dei beati. Essa era per molti versi irretita nei commerci di questo modo, nella lotta per la ricchezza e per il potere; si era prostituita con gli dei di questo mondo e aveva così tradito la fedeltà al proprio sposo e Signore Gesù Cristo» (*Essere responsabili della fede*, 786).

[66] *Essere responsabili della fede*, 823. Una definizione teologicamente soddisfacente del rapporto della Chiesa con Israele dovrebbe secondo Werbick risultare chiaro nella pneumatologia e nell'escatologia dove si parla di un'azione salvifica mediatrice socio- storica che non abbraccia solo la destoricizzazione apocalittica, bensì anche la concorrenza 'escatologica' tra popolo di Dio 'antico' e 'nuovo' «divenuta efficacemente deleteria» (*Ibid*, 819). Quello che consideriamo molto giusto nella critica werbickiana è che il pericolo della *fede nell'elezione* sta nel fatto di percepire l'*esclusività* dell'elezione, cioè come una posizione privilegiata che rende superiori agli altri, e che escluderebbe sia il carattere immeritevole della grazia/dono della fede/elezione sia l'essenza del progetto/missione dell'annuncio/testimonianza universale della salvezza, cioè l'elezione alla diaconia e alla rappresentanza.

sione di ciò che era stato tramandato. Il progetto proposto segue infatti le *tensioni fondamentali* dell'essere Chiesa ed è motivato dall'esperienza che vede la Chiesa divenire interessante quando queste tensioni vengono prese in considerazione e portate all'espressione. Come aiuto a rendere possibile la sopportazione/assunzione delle tensioni, Werbick sceglie il lavoro concettuale sulle *metafore* (il popolo di Dio, il corpo di Cristo, *communio* e comunicazione, e sacramento) per partire dalla loro ricchezza di relazioni.

La metafora del *popolo di Dio* ricorda la realtà teonomica e relazionale del popolo eletto per testimoniare la sua giustizia e la presenza salvifica di Dio in mezzo agli altri popoli, in vista della partecipazione/ordinamento al regno escatologico di Dio. In questo senso, secondo Werbick la Chiesa come realtà relazionale e istituzionale storica è interpellata da una promessa e sollecitazione incondizionata, ma c'è il grande pericolo che essa si identifichi già con il regno escatologico o che si consideri come una struttura di dominio nei confronti della società[67]. Nel campo metaforico ecclesiologico pregnante e ambiguo del *corpo di Cristo* si articolano elementi della unione della Chiesa con Cristo irrinunciabili per l'autointelligenza della Chiesa. Esso esprime la missione della Chiesa come comunità di *sequela* e di «*representatio Christi*», cioè di intima unione con Cristo[68] e di solidarietà corporea per coloro che a lei si affidano, che rende storicamente tangibile e concretamente percettibile la sua realtà sempre presente. La metafora diventa precaria ovunque il corpo ecclesiale di Cristo viene considerato come una incarnazione continua del *Lógos* divino o come la sua estensione istituzionale e viene così trasformato in una istituzione totale. Tenendo conto della cornice comunicativa filosofica e

---

[67] «Dove la distinzione tra la realtà escatologica di Cristo e la realtà concreta della Chiesa sbiadisce, lì c'è il pericolo di una *autoidentificazione* della Chiesa e dei suoi 'organi' di governo con la realtà di Cristo, di una rivendicazione da parte della Chiesa di ciò che spetta solo al Signore della Chiesa, al Signore del regno escatologico di Dio», (*Essere responsabili della fede*, 866).

[68] Werbick bene intuisce che la metafora dell'unione/partecipazione a Cristo ha infatti due dimensioni, ecclesiale e personale. L'essere in Cristo unisce i credenti in una *comunione* fraterna della partecipazione alla salvezza di Cristo, come espresso con la metafora del *corpo di Cristo*. Il significato dell'«*essere-in*», ha pure una direzione 'opposta', nel senso giovanneo-paolino, perché a coloro che sono in Cristo viene *personalmente* donata una presenza interiore rivelante di Cristo, che li rende in un senso anche indipendenti da mediazioni esteriori, come espresso con la metafora della *casa/tempio di Dio*.

sociologica, Werbick usa la metafora della '*communio*', radicata nel campo semantico del termine neotestamentario *koinōnía/koinōnéō*, che nell'accezione greca significa condividere/partecipare. Qui emerge in maniera più esplicita la dimensione ecclesiale e sociale nel senso di una comunità dei santi/credenti fondata sull'eucaristia, ma appunto anche socialmente e istituzionalmente organizzata. Il problema che Werbick affronta/lamenta sta nella perdita della struttura triadica della *communio* ecclesiale (centri regionali, Chiese locali, istanza centrale) in favore dell'odierna struttura duale, nella quale evidenzia la necessità di incrementare la partecipazione ai processi decisionali e organizzativi e fare in modo che la comunicazione nella Chiesa non sia a senso unico. La caratteristica della comunicazione fondante la fede e la Chiesa nella prospettiva werbickiana è piuttosto il fatto che l'istituzione non può disporre del consenso della fede, ovvero ciò che il magistero gerarchico espone in modo autoritativo non può essere una condizione sufficiente per la liceità del credere, ma che

> la Chiesa può essere concepita in modo molto più fondamentale come il *sacramento della fede* preso a servizio per la possibilità di credere degli uomini e che la sua missione può essere quindi concepita in modo complessivo come *diaconia* alla *possibilità* di credere degli uomini.[69]

Questo poter credere non è in ultima analisi una cosa di cui possiamo disporre, ma è un *dono della grazia* e non potrebbe essere neppure istituzionalmente generato o garantito. Perciò, la fede e la Chiesa stessa vivono del dono/azione dello Spirito, attraverso la comunicazione testimoniale/confessionale nell'assistenza nel dubbio, nell'incoraggiamento nella rassegnazione, nell'ispirazione per poter confidare. La Chiesa deve essere, in virtù della sua 'ratio essendi', una società comunicativa, perché nessuno può avere da solo il coraggio di credere, ma egli può arrivare ad accertarsi della fede solo nella comunità di coloro che si confermano a vicenda nella fede e condividono così tra di loro lo Spirito di Dio dato loro. Le dimensioni fondamentali della comunicazione ecclesiale sono *martyría*, *leiturghía* e *diaconía*, dove emerge tutta una serie di servizi/mezzi, che possono ridondare a beneficio dell'incoraggiamento nella Chiesa. Il servizio del *ricordo della storia* in cui le Scritture dell'Antico e Nuovo Testamento identificano l'azione di Dio come un'azione verificatasi per la salvezza degli uomini, si vede

---

[69] *Essere responsabili della fede*, 960.

concretamente realizzato nell'attualizzazione/spiegazione esegetica, spirituale e profetica della tradizione; ma per eccellenza nella celebrazione liturgica che attualizza la promessa di Dio. Werbick considera le Scritture della Bibbia non come un insieme di dottrine celesti formulate in modo vincolante, ma come uno spazio comunicativo, in cui ogni nuovo arrivato trova il suo posto nel *dialogo* con le testimonianze normative e in fedeltà ad esse e deve/può elaborarsi comunicativamente una sua forma di fede biblica. Così i processi della tradizione vanno presi seriamente come processi comunicativi. La Chiesa, infine, ha la pro-esistenza *sacramentale*, perché la sua testimonianza è usata da Dio affinché sia strumento e segno della sua volontà salvifica nel mondo. Werbick accentua l'idea di una *mediazione della mediazione*, a condizione che la mediazione ecclesiale può essere detta mediazione solo in senso analogo rispetto all'automediazione di Dio in Gesù Cristo e nel suo Spirito Santo.

Però, l'ecclesiologia di Werbick non rimane racchiusa in una criticità negativa/compromessa[70]: la definizione/delineazione decisiva/conclusiva werbickiana della Chiesa sarebbe una comunità/comunione degli oranti e dei testimoni[71], dove 'insieme credere' significa/coincide con 'insieme pregare', creando/dando così ulteriormente il non debole argomento della sua *credibilità*. La Chiesa che prega testimonia la fede e diventa il luogo della presenza di Dio.

5. Ripresa critica del pensiero werbickiano

Finora abbiamo analizzato come Werbick risponde alle domande: quanto gli argomenti della critica della religione costringono la fede ad autoesaminarsi e come la fede si difende di fronte ad essa (*1.*); con quale ragione e in che senso si potrebbe dire che c'è un rapporto tra Dio e l'uomo? (*2.*); come parla/agisce Dio con l'uomo? (*3.1*); come e perché Dio salva? (*3.2*); che ruolo ha la Chiesa nel rapporto tra Dio e l'uomo? (*4.*).

---

[70] Particolarmente accentuate rimangono le perplessità che Werbick ha sul rapporto fra il magistero e la teologia, ritenendo il primo esposto alla tentazione di esigere troppo in fatto di definitività, allorché si avrebbe ancora a che fare con temi come la (in)capacità delle donne per l'ufficio sacerdotale o l'accettazione (non-)obbligatoria di quanto affermato nella *Professio fides* del 1989.

[71] «Gemeinsam beten? Über die kirchengründende Bedeutung des Gebets», 243; *Warum die Kirche vor Ort bleiben muss*.

Riassumendo l'ampia opera teologica[72] del professore di Münster, si potrebbe concludere che la sua presentazione della teologia fondamentale apporta una variazione ai temi classici trattando successivamente di religione, di rivelazione[73], di redenzione e della Chiesa, con lo scopo di dare una risposta responsabile/dimostrabile a tutte le principali obiezioni/accuse mosse al cristianesimo, soprattutto dall'illuminismo e innumerevoli maestri del sospetto. Il suo procedimento caratteristico apologetico-confrontante e critico-problematizzante, pur cercando di (di)mostrare la credibilità del cristianesimo a volte è troppo arduo ed eccessivo. Da una parte, proprio per questo purtroppo molto spesso si sposta il baricentro dalla bellezza e fondatezza della fede cristiana, capace di toccare l'intelligenza e il cuore dell'uomo, alla controversia e all'ambiguità dei temi discussi, utile all'*intellectus fidei* ma non all'*affectus fidei*. Dall'altra parte, è da apprezzare che forse per la prima volta sono raccolte e affrontate in un modo così esausto/vasto e sistematico/sintetico le sfide modernistiche e i loro rispettivi smascheramenti. Ma il suo modo di sviluppare l'argomentazione però appare più impostato secondo uno stile *thriller* filosofico dallo stampo drammatico/cospirativo che secondo lo stile da manuale teologico avvincente-convincente/ispirativo.

La costruzione essenziale del suo *opus magnus* si sviluppa intorno al concetto dell'*Assoluto*, che vuole e rende possibile l'esistenza e la realizzazione dell'altro e che per tale ragione gli si comunica/dona, ontologicamente qualificato dalla incondizionatezza, autodeterminazione e

---

[72] Accanto alle sue opere principali della teologia fondamentale maggiormente citate, *Essere responsabili della fede* (che sintetizza quanto detto nelle sue importanti presentazioni monografiche ecclesiologiche *La Chiesa* e soteriologica *Soteriologia*) e sulla teologia della preghiera *Gebetsglaube und Gotteszweifel*, sono importanti per cogliere la profondità e la larghezza della sua portata. Anche in *Gotteslehre*, *Gott verbindlich* e *Bilder sind Wege*, emergono particolari interessi per le possibilità/modalità di pensare, immaginare e sperimentare Dio. A tal proposito si ricorda anche l'opera *Von Gott sprechen an der Grenze zum Verstummen* e *Der einzige Weg zum Heil?*.

[73] È da dire che nonostante questo inserimento del trattato sulla redenzione nella divisione classica teologico-fondamentale sembra una innovazione werbickiana, di fatti è già riconosciuto necessario e fondamentale nel discorso teologico-fondamentale. Basta ricordare la terza sezione del *Corso fondamentale sulla fede* di Rahner («L'uomo come essere radicalmente minacciato dalla colpa»), qui elaborato, e il primo sottotitolo dell'altresì qui analizzato manuale *L'idea della fede* di Sequeri («La fede nell'orizzonte della grazia salvifica») nella teologia d'oggi. Tutti infatti concordano, o almeno ammettono tacitamente, che il bisogno dell'integrazione/col-laborazione sistematica della teologia fondamentale e dogmatica sia imprescindibile.

libertà e del quale non è possibile che accada/esista qualcosa di più grande. Su questa base, l'elaborazione e l'esposizione teo-ontologica dei quattro temi controversi segue quattro livelli werbickiani originali/originanti analizzando l'incondizionato nello stupore immediato, nella mediazione soggettiva, come condizione di possibilità e come disponibilità incondizionata al rapporto. Da qui emerge il criterio e il principio basilare della sua teologia fondamentale, e ciò è la radicale e legittima differenziazione tra la *funzione*, che esclusivamente riduce e compromette l'essenza della religione, e la *verità*, che si snoda nell'Assoluto come offerta/proposta della relazione rivelante/salvante. In questa linea, fuori della sua proposta teologico-fondamentale, Werbick offre un correttivo bilanciante e completante presentando una teologia della *preghiera*, come luogo e tempo della verità, che permette di ricoprire parzialmente le lacune/assenze dei diversi momenti teologici ed antropologici, sia teorici che pratici.

5.1 *I guadagni teoretici dell'impostazione werbickiana*

I guadagni teoretici che troviamo proficui nell'impostazione di Werbick, ricca di informazioni e problematiche teologico-filosofiche, sono i seguenti:

– La coraggiosa apertura e il forte invito al *dialogo* interessante/importante con le posizioni e i pensieri filosofici che conducono una *critica* irritante/intrigante sia *ad extra* (con l'intenzione di liberare il terreno del discorso teologico-religioso da secolari e recenti incomprensioni tra il mondo dei credenti e il mondo moderno) che *ad intra* (con lo scopo di equilibrare il progetto ecclesiologico-sociale nel rapporto fra teologia e magistero, fra clerici e laici, fra strutturazione ed evangelizzazione, fra la Curia Romana e le Chiese particolari).

– Il tentativo di ricorrere al concetto della *teologia sistematica* come una disciplina integrativa/integrante con il compito di rendere ragione della verità della fede cristiana[74]. Essa cercherebbe di evidenziare i

---

[74] Questo compito è stato da Werbick per primo attribuito alla teologia *dogmatica* (cfr. «Prolegomeni», 52), successivamente affidato alla teologia *fondamentale* (*Essere responsabili della fede*, 5-9) e alla fine nell'ultima, e specialmente nella parte conclusiva della sua proposta teologica, completamente rielaborata, dove lo attribuisce alla teologia *sistematica* (*Den Glauben verantworten*³, 847). È significativo come il teologo tedesco inesplicitamente riconosce che la conclusione della versione precedente (che finisce con la critica e dubbio circa la definitività delle affermazioni del Magistero) della sua opera principale rimane incompleta, incompiuta e

nessi dei misteri tra di loro e con il fine ultimo degli uomini, facendolo non solo *teoricamente* secondo la coercizione sistematica di una compagine dottrinale dedotta dai principi, bensì *praticamente* obbedendo alla conseguenza che caratterizza la via della genesi della fede, cioè da un lato l'autorivelazione/autodonazione di Dio e dall'altro la ricerca di Dio e la *sequela Christi*[75]. La teologia *trinitaria*[76] e l'approccio teologico-sistematico fanno da cornice all'articolazione di tutto il ragionamento teologico werbickiano. Cioè, benché in teoria sia spesso evidenziata la diversa competenza/distinzione tra la teologia fondamentale (come quella che rifletterebbe sul *Gegebenheitsverhältnisse* della fede) e la dogmatica (come quella che si occuperebbe dell'ermeneutica della fede), tra *fides qua* e *fides quae*, di fatti da Werbick essa è stata spesso non solo ritenuta imprecisa ma anche messa da parte, perché rappresentava un ostacolo nel procedere nella

---

inadeguata. Questo ci mostra la variazione dell'edizione aggiornata che alla fine riassume il suo pensiero rintracciando in un senso le sue coordinate: la teologia sistematica, la criteriologia della verità, il discorso argomentativo trascendentale e razionale, la via della convinzione attraverso i dubbi, la grammatica della relazione riconoscente, il rapporto incondizionato-condizionato, il linguaggio delle metafore, il concetto dell'assoluto, la teologia negativa).

[75] Direi che la *verità* che si lascia percepire nel *momento teologico* del «*nexus mysteriorum*» (cfr. quanto dice il Vaticano I, DS 3016), sguardo d'insieme dell'oggetto/»materia» teologica, debba essere normativa sia (1) per la sequela come una *via* su cui lo Spirito introduce gli uomini nella connessione con il regno di Dio ma anche (2) una *via* per la teologia come una connessione delle discipline che cercano sempre di più di difendere e stabilire ad ogni costo la propria indipendenza rispetto alle altre, invece di integrarsi affinché il mistero della fede sia colto e compreso quanto più possibile. La metafora werbickiana della *via-verità* porta al *momento cristologico*, cioè alla vita che Gesù stesso *è* e che egli si *dischiude* come la via che porta al Padre. L'autocomunicazione di Dio certamente ha la forza persuasiva, ma non è una cosa di cui noi possiamo disporre, possedere o stabilire, bensì appunto può essere compresa, scoperta e seguita in un dinamismo, dal *momento antropologico* del riconoscimento. «La metafora della via concilia l'assolutezza del Dio *Logos* e la certezza della fede su di lui fondata con la relatività dei tentativi storici di trovare la verità, con la superabilità anche delle ipotesi teologiche lungo la via della ricerca della verità. Il *Logos si dà* a comprendere e a essere sviscerato, anzi a essere verificato; egli si dà affinché gli uomini cerchino per mezzo suo di scoprire se stessi e la loro via. Egli fa trovare sé e il mistero da lui rivelato, ma si fa trovare solo da coloro che non cessano di cercarlo e di rimanere sulle sue tracce.» (*Essere responsabili della fede*, 1030).

[76] Questo fatto è stato più volte confermato da lui stesso. Cfr. «Dottrina trinitaria», 574-575; *Den Glauben verantworten*[3], 881; *Gott verbindlich*, 532ss.

sua programmazione/presentazione in un modo completo e persuasivo, particolarmente nello sviluppo del capitolo sulla redenzione qui introdotto.

5.2 *L'apporto del pensiero werbickiano al percorso della ricerca*

Il percorso teorico di Werbick ci offre un notevole contributo alla nostra ricerca. Nel suo studio della proposta teologica responsabile della fede, egli tenta di decifrare il discorso sulla fede nell'elaborazione di una teoria del linguaggio teologico più adatto ad accostarsi al mistero e al ministero cristiano, con la strategia decisiva di stabilire il rapporto interpersonale come costitutivo/costituente dell'identità umana e credente, indicando degli elementi di base di tale esercizio:
– *Il linguaggio metaforico della fede*. In Werbick la possibilità di comprendere si traduce nella logica dell'immagine, del simbolo, della traccia e della metafora che allo stesso tempo fanno dischiudere e lasciano nascosta una realtà contemporaneamente vicina e lontana, dicibile e indicibile, conosciuta e sconosciuta. La metafora werbickiana coglie la realtà come contenente un senso da rintracciare, rinvenire, ritrovare e condividere. Nel processo nel quale le metafore vanno lette e riflettute, interpretate e tradotte, seguite e testimoniate, si crea una rete di testimonianza vicaria tra gli uomini nella quale nessuno è escluso. La metafora werbickiana favorita è *Würdigung* che in senso *antropologico* vuol dire che ogni singolo individuo è *gewürdigt*[77]: onorato e degno, apprezzato e riconosciuto, perché è un *accesso* e uno che *accede* all'Assoluto. In base alle metafore testimoniali dei concetti di *parlare* e dell'*agire* di Dio, della *interpellanza* e della *promessa*, Werbick costruisce anche il discorso *cristologico*, nel quale Gesù viene introdotto come senso del senso, come traccia che si fa simbolo e metafora assoluta; il discorso *soteriologico*, col rendere giustizia ed essere testimone come traccia di ognuno, dando attenzione particolare alle metafore della redenzione come vincitore, sacrificio e espiazione; e il discorso *ecclesiologico*, soprattutto come *communio* e comunicazione.
– *La struttura ideale del riconoscimento reciproco*. Partendo dalla contestabilità/vulnerabilità del cristianesimo Werbick giustamente osserva che la risposta del senso non è una ideologia incontestabile con

---

[77] È interessante notare che la metafora del *gewürdigt* corrisponde al titolo della sua opera *Gott verbindlich* e si potrebbe tradurre come amabile, cortese, preveniente, vincolante, impegnativo e impegnante. Tutto ciò indica lo spazio di affidabilità e di riconoscimento che esiste tra Dio e l'uomo.

la quale si potrebbe fare una *Letztbegründung* (fondazione ultima e ultimativa della fede, *fundamentum inconcussum*), ma ciò che è percettibile, visibile, sensibile e sperimentabile, ciò che deve essere evidenziato e discusso come caratteristicamente cristiano: l'amore/riconoscimento tra l'incondizionato e il condizionato, tra Dio e gli uomini. Si potrebbe concludere che il concetto del riconoscimento reciproco in Werbick viene interpretato come base e categoria di riferimento della comunicazione interpersonale che implica i presupposti pro-esistenziali e trascendentali, l'evidenza e la percezione estetica, l'identità dell'essere come tale nella verità e nella libertà, la capacità comunicativo-dialogica, lo spazio di affidabilità e il doppio comandamento dell'amore. La genesi della fede accade proprio in questo dinamismo del riconoscimento che si plasma tra *Dio* che crea, sostiene, perdona, salva, si dona e intrattiene il rapporto con l'uomo e l'*uomo* che si sperimenta/riconosce amato, redento/salvato, invitato/interpellato alla vita e alla comunione, realizzandolo in modo *par excellence* nella *preghiera* dialogica-dossologica e silenziosa-riconoscente, ma anche sospettosa-cercante e sperante-affidante.

5.3 *La necessità di una re-integrazione teorica*

Pur riconoscendo gli apporti di valore ed evitando una valutazione superficiale dell'imponente opera di Werbick, soprattutto del suo scritto capitale *Essere responsabili della fede*, riteniamo che occorra dare ragioni alle voci della critica[78], evidenziare alcune lacune/incoerenze

---

[78] I pensieri del professore della facoltà teologica di Münster ancora non sono molto presi in considerazione dal mondo scientifico teologico e questo spiega perché è scarsa la bibliografia secondaria sul nostro autore, espressa maggiormente nelle recensioni del suo manuale di teologia fondamentale. La critica però non ha lasciato inosservate alcune sue particolarità e mancanze. Così, la scelta di riproporre la scansione classica della materia nella successione di singoli trattati secondo Albarello conferisce al processo argomentativo giustamente un «carattere di frammentarietà, il quale finisce per compromettere la coerenza interiore del discorso o in ogni caso di renderla non sempre sufficientemente perspicua» ed egli perciò a ragione ritiene necessaria una radicale «ristrutturazione dell'impianto teologico-fondamentale, che consenta di risolvere rigorosamente il plesso delle problematiche affrontato dall'Apologetica nel trattato *De fide*» (D. ALBARELLO, recensione, 107). Inoltre, Ardusso giustamente afferma che alla fine della faticosa lettura delle pagine di Werbick rimane l'impressione che egli non offre al lettore la luminosa bellezza della cristianità e che troppo spazio è stato riservato agli aspetti critici e negativi che, pur non devono essere sottaciuti, «non sono sufficientemente bilanciati in positivo da

del suo impianto teologico e affermare la necessità della sua re-integrazione/re-impostazione:

– *strutturale-metodologica*. I quattro trattati dell'impianto di Werbick sono solo relativamente autonomi e sono pieni di ripetizioni che ampliano la voluminosità dell'opera ma non la sua plausibilità. Infatti, il suo progetto teologico-fondamentale senza una re-impostazione rischia di fallire e rimanere incompiuto: 1) perché a causa dell'impostazione che parte sempre dalla critica della religione e non dall'evento della rivelazione, Werbick rimane prigioniero delle idee filosofiche e solo raramente entra nel vero discorso teologico, manifestando un'interesse eccessivo per il momento storico-filosofico e l'ermeneutica del sospetto a sfavore del momento storico-teologico e della tradizione biblica-patristica; 2) perché la sua analisi e argomentazione, pur cercando di elencare tutte le principali accuse nei riguardi della credibilità del messaggio cristiano, da una parte rimane legata al passato e mai arriva al dibattito e alle problematiche contemporanee, e dall'altra parte con l'approccio più negativo disperante/criticante che positivo presentante/edificante nell'insieme resta squilibrata e compromessa.

– *del fondamento antropologico*. A causa dell'intellettualismo e razionalismo eccessivo, Werbick è caduto nella trappola illuministica/modernistica ed ha omesso un approccio integrativo alla natura e

---

quella forte carica della persona di Cristo, il suo messaggio e la storia di santità della Chiesa che sono in grado di offrire a chi intraprende una ricerca sincera della verità e della salvezza» (F. ARDUSSO, recensione, 308; similmente U. WINKLER, «Fundamentaltheologie», 75). Trabucco afferma che, anche se Werbick sposta l'attenzione dalla difesa alla disputa – «che la disputa sostenuta nei singoli casi controversi debba in fondo vertere su quel che merita di essere chiamato razionale e sul modo in cui ciò può essere dimostrato, è cosa che va da sé» (*Essere responsabili della fede*, 9) – la prospettiva rimane quella tipica dell'apologetica, la quale si dibatteva sulle componenti dell'*actus fidei* e sulla loro problematica comprensione unitaria, ritenendo che «la prospettiva di fondo, che privilegia la dialettica condizionato/incondizionato come comprensiva dell'intero discorso teologico-fondamentale, rimanga condizionata da quell'intellettualismo che accomunava l'estrinsecismo e il dottrinalismo propri di una concezione di rivelazione alla quale faceva riferimento una certa apologetica del passato», però fraintendendo e mal interpretando l'idea di Werbick di pensare linguisticamente la rivelazione come «traduzione» (G. TRABUCCO, «Teologia fondamentale: recenti manuali e trattati», nel http://www.teologiamilano.it/obi/teologiafondamentale.html). Una certa incoerenza metodologica e non chiara identità epistemologica che scivola spesso tra filosofia e teologia è stata rimproverata da Fisichella (R. FISICHELLA, «Metodo teologico e inculturazione della fede», 263).

struttura dell'umano, trascurando il ruolo e il luogo degli affetti nella via del (ac)cogliere la Buona Novella, benché l'abbia intuito con gli effetti del linguaggio metaforico-simbolico. Pure, il rapporto fra la cristologia e l'antropologia presso Werbick non ha trovato una articolazione adatta e sufficiente per (1) presentare fenomenologicamente e ontologicamente l'evento storico di Gesù Cristo e (2) interpretare su questa base la condizione di possibilità e di realizzazione dell'uomo in rapporto con Dio, necessari per poter arrivare alle conseguenze salvifiche che in Werbick sembrano avere la priorità, purtroppo non sufficientemente fondata.

EPILOGO

L'epilogo della nostra ricerca sugli apporti fenomenologici e teoretici riguardanti la genesi e lo sviluppo della fede[1] nella storia e nella vita dell'individuo è composto (*1.*) dalla sintesi dei più importanti elementi che interagiscono nella via della fede, evidenziati durante il nostro percorso, e (*2.*) dalla fenomenologia della genesi della fede e dall'identificazione dei luoghi teologici nella «lezione teologica» offerta da Gesù ai suoi discepoli nel giorno della sua risurrezione. Tutti

---

[1] Prima delle riflessioni conclusive, occorre ricordare le verità essenziali circa la natura, le ragioni e le proprietà della fede, date per scontate durante la nostra esposizione. A tale scopo ci sembra migliore la presentazione biblico-storico-sistematica della teologia della fede offerta in A. DULLES, *Il fondamento delle cose sperate* (tra gli altri manuali di valore circa la problematica riguardante la teologia dell'atto della fede cfr. J. ALFARO, *Rivelazione cristiana, fede e teologia*, soprattutto 116-131; B. SESBOÜÉ, *Credere*; J. DUQUE, *Homo credens. Para uma teologia da Fé*). Egli, confrontando i diversi modelli della fede come proposizionale, trascendentale, fiduciale, affettivo-esperienziale, obbedienziale, pratico e personalistico, raccoglie i principali elementi del filone centrale della tradizione cristiana sulla fede (234-254). La fede in senso teologico ha tre aspetti principali: *assenso*, *fiducia* e *obbedienza* (o impegno nell'azione); e per l'oggetto formale ha l'autorità di Dio che rivela e al quale la fede si indirizza in quanto verace, affidabile e degno di obbedienza (255-280). Oltre alla ragionevolezza della fede, perché vi sono segni sufficienti a convincere il ricercatore che è prudente credere, in quanto la fede si fonda sull'evidenza e sull'esperienza, il teologo americano evidenzia che la fede possiede altre quattro proprietà: è *soprannaturale*, nel senso che l'atto e la virtù della fede non possono essere acquisiti mediante uno sforzo puramente umano, ma devono essere ricevuti come un immeritato dono di Dio; è *libera*, perché segue una scelta consapevole suscitata dall'interno; è *certa*, oggettivamente perché il suo contenuto proviene da Dio che non può né ingannarsi né ingannare e soggettivamente perché i segni della credibilità sono unificati alla luce di un'inclinazione a credere data da Dio; ed è *oscura*, perché il suo contenuto non è né immediatamente evidente né rigorosamente dimostrabile, e anche perché aderisce a misteri che superano le capacità di comprensione della mente umana (281-328).

gli elementi giustificheranno il titolo della tesi: sia riguardo all'imprescindibilità del momento della grazia dell'incontro personale con il Signore, espresso nella categoria del riconoscimento reciproco[2];

---

[2] La formulazione e la determinazione dello spazio della venuta alla fede come un «circolo credente» tra essere riconosciuto ed essere riconoscente è ripreso dall'apostolo Paolo in Gal, 4,9. Però, è da notare che questa impostazione è stata spesso riconosciuta come la più solida base per la costruzione di una credibile teologia fondamentale. Così, Alfaro partendo dal fatto che all'autorivelazione di Dio in Cristo corrisponde sia la dimensione di confessione/cognizione della fede, quale affermazione della realtà dell'evento di Cristo (*credere Christum*), che la scelta libera di credere nella quale l'uomo si abbandona, si affida e si dà a Dio in Cristo (*credere Christo*), riconosce nella *fiducia* il vincolo che unisce vitalmente la fede, la speranza e la carità cristiana. Appunto tale fiducia è la dimensione della vita cristiana che si caratterizza come riconoscimento della gratuità assoluta della rivelazione, della promessa e dell'amore di Dio in Cristo, vale a dire della grazia come grazia. L'abbandono fiducioso dell'uomo a Dio è «suscitato dalla grazia assoluta dell'amore compiuto e rivelato da Dio nell'evento di Cristo e dal dono dello Spirito che trasforma il cuore del peccatore creando in lui l'esperienza dell''adozione filiale', ossia l'atteggiamento di fiducia e d'amore nei confronti del Padre. L'uomo, in tale abbandono fiducioso e amoroso, vive l'esperienza della grazia e dell'amore di Dio per lui ('pro me'), ossia possiede la certezza fiduciale ed esperienziale d'essere amato da Dio: conoscere [amare] Dio significa essere conosciuti [amati] da lui» (J. ALFARO, *Rivelazione cristiana, fede e teologia*, 125). Similmente anche Ratzinger riprende la citazione dei Galati per mostrare che nella fede non si tratta di una serie di riflessioni teoriche, ma del sorgere di una relazione, paragonabile alla relazione fra le persone (ma che la supera). Essa non solo mette in luce il vero fondamento della vita e lo fa diventare un appello, ma pure spiega la designazione di Dio come persona e la stessa parola rivelazione. «Conoscere e riconoscere Dio è un'esperienza costante, è un processo sia attivo che passivo: non è una costruzione del pensiero di ordine teorico o pratico, è una scelta di campo a cui corrispondono il pensiero e l'agire, ma cui è certo anche possibile rifiutarsi» (J. RATZINGER, *Elementi di teologia fondamentale*, 61). Ancor più chiaramente sviluppa quest'idea Ott, teologo protestante e discepolo di Barth e Jaspers, che, vedendo nell'invisibilità di Dio la vera e propria aporia della teologia della fede, mostra l'essenza della *fede come esperienza dis-velatrice*. Il disvelamento si compie attraverso la missione di Cristo e raggiunge l'uomo nella parola rivelatrice e nella vita impostata su essa. La scoperta della persona del Dio invisibile non è altro che l'*esperienza della «grande» reciprocità* tra Dio e il credente, e questa è indicata già nel rapporto significativo dell'esperienza della *«piccola» reciprocità interumana* (cfr. H. OTT, *Il Dio personale*, 127-146). Egli giustamente conclude che l'integrazione dell'essere umano si svolge nell'esistenza dialogica, particolarmente nell'ambito della preghiera come colloquio, che ha la fisionomia di un cammino. Infine, una prospettiva sacramentaria che ci conduce chiaramente al rapporto *paternità divina – filiazione umana* la offre invece Salmann, affermando che nel *battesimo* realizziamo questa particolarità e ci riconosciamo riconosciuti da un'altra istanza. «Nel battesimo cerchiamo di esprimere la certezza che ognuno di noi si può

sia riguardo alle tre direzioni nelle quali la fede può crescere: perché si acquisisce una conoscenza più completa ed esplicita delle cose da credere, oppure perché l'assenso diventa più certo e risoluto, o infine perché si crede con maggior devozione, fiducia, fedeltà o affetto[3].

1. Le proposte degli stili a confronto e la loro verità fenomenologica e teoretica

Il personale percorso teoretico di Balthasar, di Rahner, di Sequeri e di Werbick insieme al confronto delle loro prospettive teologiche permettono una chiara delineazione dei plessi teorici imprescindibili per una teologia della genesi della fede. Raccogliamo le loro indicazioni in tre grandi nuclei della verità antropologica, cristologica e teologica.

1.1 *Antropologica: trascendentale e categoriale dell'uomo tra l'evidenza estetico-etica e il linguaggio metaforico-simbolico*

Tutti e quattro i nostri interlocutori hanno iniziato il loro percorso segnalando la necessità di un serrato confronto e di una corretta ermeneutica della *modernità*, con particolare attenzione alla *questione gnoseologica* che li ha portati alla *questione antropologica*. Loro hanno dedicato ampio spazio alla presa di posizione di fronte al paradigma della ragione in rapporto alla verità che fino ad oggi continua a plasmare e condizionare il profilo della riflessione teologica. Per non ripetere la tendenza erronea del passato (o anche del presente?), i loro modelli non pensano la verità come *ab-soluta* dalla storicità e dalla libertà, ma grazie anche alla riflessione fenomenologica ed ermeneutica riconoscono la portata teoretica della *storia*: infatti, la verità di Dio si dà *nella* storia e *come* storia della libertà effettiva di Gesù di Nazaret. Ciò che ci interessa è il modo con cui gli autori hanno saltato l'abisso lessinghiano (secondo il quale se c'è storia particolare non c'è verità universale e viceversa), cioè il modo in cui questa verità si incontra con la storia e con la libertà di ogni individuo. Quello che appare come il comune punto di convergenza è l'emergenza del discorso *antropolo-*

---

riconoscere solo se riconosciuto dalla sorgente della vita. Ci conosciamo e conasciamo insieme... Il battesimo è il riconoscimento di una vita nuova, un atto in cui ci *riconosciamo riconosciuti* in un *riconoscimento* ed una *riconoscenza*» (E. SALMANN, «La mistica del quotidiano», 26-27).

[3] Cfr. *S.Th.*, II-II.5.4.

gico-biografico, ovvero del personalmente vissuto, sentito, sperimentato, riflettuto e testimoniato, aspetto che viene sottolineato proprio dagli argomenti ontologici e fenomenologici.

1.1.1 La verità del trascendentale e del categoriale

Il concetto trascendentale ha due significati diversi: *ontologicamente* indica una nozione estesa tanto quanto quella dell'essere, come per esempio le nozioni di bello, buono e vero (come è usata da Balthasar nella prospettiva del *kabod* biblico e della *doxa* giovannea, della *kenosi* trinitaria e del mistero dell'essere); *fenomenologicamente* indica la condizione a priori della conoscenza legata alla centralità del soggetto (introdotta nella cultura occidentale da Descartes e portata a termine soprattutto da Kant). Mentre per Kant il trascendentale si riferisce in senso stretto alle condizioni aprioriche e soggettive della possibilità della conoscenza, per *Rahner* la trascendentalità dell'uomo significa sempre anche l'*apertura* dell'uomo all'ineffabile «mistero» di Dio: una dimensione verticale che consiste nella *possibilità* d'ogni uomo di accedere a una conoscenza metafisica di Dio e nella *capacità* di andare oltre ogni esperienza categoriale ed empirica. La necessità del discorso trascendentale si capisce molto bene se si riflette sul modo concreto con cui si rapporta ad una verità di fede. In base al metodo antropologico-trascendentale rahneriano, si comincia a considerare la fede come una forma di auto-esperienza, come l'esperienza con l'esperienza, come una realtà che è in rapporto con la vita. La fede va considerata non come un insieme di conoscenze o di formule, ma come un modello/stile di vita che comprende il modo umano di conoscere come un'unità di a priori e a posteriori, di trascendentale e di categoriale. Mentre il *trascendentale* è una struttura di conoscenza che rimane sempre identica, il *categoriale* è il mondo delle cose che cambiano continuamente. Nell'ordine concreto della vita non c'è trascendentale senza categoriale e non c'è categoriale senza trascendentale. La prima questione è quindi l'uomo e la sua specifica situazione *storica* concreta nella quale egli vive l'esperienza della trascendenza che non è limitata alla pura conoscenza ma si estende alla *volontà* e alla *libertà*. È questa realtà che nella descrizione poetica rahneriana si paragona alla meditazione dell'oceano infinito a partire dai granellini di sabbia della spiaggia, come lo spessore elementare dell'esperienza ultima e tuttavia presente dappertutto nella vita quotidiana, nella quale l'uomo occupato sempre con i granelli di sabbia vive ai margini del mare del mistero. Il mistero eterno e silente che chiamiamo Dio e la sua grazia si trova/

incontra nelle cose d'ogni giorno come nel lavorare, camminare, sedere, vedere, ridere, mangiare, sognare.

Tutto ciò nella teologia di *Balthasar* assume il carattere del *dramma* della libertà/volontà e della storia umana. Tra il «vedere» e il «dire», bisogna inserire il *bonum*, che da un lato rivela la donazione pura e gratuita di Dio al mondo, e dall'altro la risposta libera e responsabile dell'uomo. In questo contesto la drammaticità della vita ha un'accezione che s'avvicina al significato teatrale: si tratta della dinamica per cui pubblico e attore entrano in contatto reciproco, per cui lo spettatore può sentirsi egli stesso co-attore perché immerso nella logica rappresentativa, per cui in definitiva noi ci troviamo coinvolti dal profondo in questioni che impegnano non un momento della vita, ma proprio l'esistenza in quanto tale. Scopo del dramma, il cui oggetto è la relazione tra Dio e l'umanità, è trasformare l'avvenimento in immagine visibile, obbligare a ripensare l'esistenza individuale a partire dall'impegno/agire di Dio nei confronti dell'umanità ed alla luce di un *ruolo* e di una *missione* dell'uomo, che spiazzano l'evidenza in base alla quale ci si pensa puro frutto del caso. Perciò il punto di partenza della riflessione per Balthasar è l'incarnazione del Figlio di Dio, in quanto concretizza un rapporto tra l'uomo e Dio per mezzo del quale l'uomo diventa sostanzialmente co-attore. Con il ruolo il soggetto scopre che gli è possibile essere il partner di Dio in una azione drammatica, e la missione gli consente di intravedere a livello formale lo sviluppo del dramma. Questo mette in scena la questione fondamentale che costituisce l'esistenza personale: *chi* è l'uomo? Balthasar arriva alla risposta che l'uomo è il riflesso (*Abbild*) di un archetipo (*Urbild*), è chiuso dal mistero che gli consente, come dimensione essenziale, di giungere ad una piena autoconoscenza ed autorealizzazione nella libertà.

Così, sia per Rahner che per Balthasar, la verità del trascendentale e del categoriale – tradotta come *conditio humana* e *capax Dei* e che comprende la storia, la libertà e la volontà dell'individuo –, sfocia dalla diagnosi dell'imprescindibilità del momento *biografico* nella teologia. Infatti, per interpretare come la condizione umana davvero permette una realizzazione/successo della vita (ruolo/missione) in quanto figli di Dio, oltre alla propria esperienza, gli autori legittimamente ricorrono alla testimonianza dei padri, dei santi e dei mistici. Però, la categoria chiave che scopre e riflette l'essenza formale e ontologica, storica e trascendentale, individuale e comunicativa ci sembra essere lo *spirito*[4], decisiva già per Kant e Hegel e, benché ripresa da Rahner, non pienamente esplorata nella sua valenza. Lo spirito è quella capacità e realtà di libertà, interiorità e originalità, la capacità cooriginaria di esternazione, di comunicazione e di apertura all'altro, la conciliazione sempre possibile e assegnata di ragione e realtà. Lo spirito è la dimensione costitutiva ed essenziale dell'uomo che per la sua natura immortale, infinita, illimitata rivela il vero significato dell'*imago Dei*. Essa rappresenta la possibilità/condizione, l'«organo» della comunicazione con uno Spirito più grande ed assoluto – con Dio – e la capacità di *ex-perire* le esperienze, di interpretare le interpretazioni, di vivere la vita. Questa impostazione dovrebbe, perciò, trovare il suo giusto posto all'interno del discorso antropologico-teologico, e conseguentemente del discorso teologico-fondamentale.

1.1.2 La verità della relazione inter-personale

Criticando severamente il «canone moderno» che separava fede e ragione, *Sequeri* promuove la struttura dell'umano, cioè la *coscienza credente*, quale luogo unico ed imprescindibile per l'approccio ad ogni realtà, compresa la divina. Essa è la categoria esplicativa della condizione di cognizione e di comprensione, di comunione e di comunicazione. Da una parte, egli spiega come non si può pensare un procedimento teologico con l'ingenuo appello alla rivelazione, come se fosse un'oggettività «caduta dal cielo», senza indagare seriamente la modalità d'accesso dei discepoli all'evento cristologico attestato dalla Scrittura. Dall'altra, non è possibile genuinamente parlare di Dio come se fosse un polo opposto, lontano e irraggiungibile rispetto al polo antropologico, de-presso e co-stretto, oppure come se Dio si desse nell'esperienza umana al modo di una «cosa»/»oggetto» separato/

---

[4] È curioso come la categoria dello spirito (umano) è quasi assente dai dizionari/manuali teologici contemporanei. In questo contesto, però, è molto interessante la proposta di T. Ivančić, professore di teologia fondamentale a Zagreb, che ha dato vita a una teoria teologico-esistenziale dell'Hagioterapia: in base a essa l'uomo accede alla terapia/guarigione del suo spirito quando attraverso la fede entra in contatto con il santo. I momenti cardine sono il riconoscimento dell'immagine autentica di Dio, del mondo e di sé stesso e la sintonia della vita con Dio attraverso la riconciliazione, il perdono, la fiducia, la liberazione e il rapporto personale con Dio. Cfr. T. IVANČIĆ, *Dijagnoza duše i hagioterapija*.

separabile dalla libertà umana. Per questo, Sequeri individua l'esistenza di una correlazione, una reciprocità tra fiducia esistenziale e fede in Dio, però non ammettendo l'identificazione tra di loro, ma parlando di una coscienza credente. Essa esiste nella/dalla reciprocità tra la dimensione *estetica* (che indica la priorità della passività originaria – la verità) ed *etica* (che indica l'imprescindibilità della determinazione e della decisione umana – la libertà/volontà) che sussiste e vive nell'*affidarsi/fidarsi* a quell'origine che appella l'uomo ad essere all'altezza di sé, della propria genesi/struttura. Questa consistenza teorica, pur intuita/segnalata da *Balthasar* col «sorriso della madre» e del bambino che le risponde nel modo affettivo-simbolico, non è espressa adeguatamente perché non istituita sotto un profilo antropologico-gnoseologico, ma immediatamente ontologico e teorico-formale.

Un'idea complementare la troviamo in *Werbick* per il quale l'uomo è costantemente esteso tra la *certezza* e il *dubbio*, dove la fede – con la sua conoscenza e in se stessa – significa innanzitutto l'*affidarsi all'altro di sé*. Conseguentemente, potremmo dire che la fede, da un lato, è frutto della *certezza evidenziale* che porta in se fiducia che al giudicante non potrà mai diventare non evidente ciò che gli risulta tanto potentemente evidente, e dall'altro lato, essa è anche una *certezza situazionale*, che è consapevole del fatto di essere indotta in dubbio da nuove situazioni e che può essere da esse sollecitata a compiere un nuovo accertamento. La fede è in ricerca della verità fiduciosa che si può trovare solamente in *relazione*. La relazione è l'evento della *libertà*: come autorealizzazione di una libertà che è assoluta per il fatto di suscitare la libertà finita e di poterla perfezionare in modo tale che essa non si perde in quella che l'ha suscitata, bensì perviene effettivamente al proprio compimento. L'assoluto è assoluto anche per il fatto che si apre/dà spontaneamente a questa relazione. Esso ha la sua «gloria» nel fatto che questo suo aprirsi/darsi perviene al suo scopo e che la *libertà finita* (la quale può appunto essere soltanto perché quella assoluta si apre a lei) diventa immagine viva della *libertà assoluta* (nel fatto che la teleologia della sua autofinalità si lascia condeterminare dalla teleologia delle altre libertà finite). Questo fatto di «essere conquisi da ciò che ci concerne in modo incondizionato» ci porta all'identificazione del processo del *riconoscimento interpersonale* – nel quale individuo, capace di comunicare, in uno spazio di affidabilità e di amore diventa individuo *riconosciuto* e *riconoscente* – come il momento costitutivo/costituente dell'*identità* umana.

La relazione dell'uomo, viva e personale, con il Dio vivo e vero è la *preghiera*, della quale in questo lavoro abbiamo riconosciuto la valenza imprescindibile e il suo essere l'espressione essenziale della fede[5]. La vita della preghiera, che consiste nell'essere alla presenza di Dio e in comunione con lui, è legata quindi alla nostra storia e alla nostra libertà/volontà: essa accompagna tutta la storia della salvezza come un appello reciproco tra Dio e l'uomo[6]. La benedizione, l'adorazione, la supplica, l'intercessione, il ringraziamento, la lode rivelano il vero carattere interpersonale della fede. E sia la preghiera vocale, basata sull'unità del corpo e dello spirito nella natura umana, che la meditazione e l'orazione mentale mobilitano il pensiero, le parole, l'immaginazione, l'emozione e il desiderio, essendo l'espressione del mistero dell'*essere riconosciuto* ed *essere riconoscente* manifestato in uno sguardo di fede, nell'ascolto della Parola, in un silenzioso amore, in unione alla preghiera di Cristo – in una donazione reciproca.

1.1.3 La verità del riconoscimento

Gli elementi principali che riguardano il processo del riconoscimento emersi nella nostra ricerca sono due: l'*evidenza* del *mistero* (Balthasar e Sequeri) e il *modo/linguaggio* nel quale esso si esprime (Rahner, Werbick).

Nella sua libera rivelazione la gloria è così per *Balthasar* la prima espressione dell'apertura gratuita di Dio al mondo. Il *primo momento* è

---

[5] Questo viene ben sottolineato nel Catechismo della Chiesa Cattolica quando si afferma che «gli atti di fede, di speranza e di carità prescritti dal primo comandamento si compiono nella preghiera», nell'elevazione dello spirito verso Dio (*CCC*, 2098).

[6] Emerge subito una domanda riguardo alla preghiera: si può davvero ritenerla un dialogo nel quale si trova un partner e una risposta o si tratta soltanto di un monologo allargato dell'anima con se stessa? A tal proposito vi sono diversi tentativi di risposta da parte della teologia: la preghiera quale forma più alta dell'accordo della coscienza con l'autocompimento dell'io fondato e aperto trascendentemente (K. Rahner), quale conformazione al mistero di Cristo e slancio vitale nella Sua forma di invio come nello spazio del Mistero (H.U. von Balthasar), quale atto di corrispondenza di fronte al dire di Dio (G. Ebeling), quale compimento della ragione trascendentale-dialogica nella con-cordia dell'uomo con Dio manifestata nel passaggio dall'io all'io-noi (E. Salmann, P. Tillich). Ad altri essa appare quale forma di riflessione che contribuisce a dare forma alla propria vita (W. Bernet), quale interruzione della relazione abituale con il mondo e meditazione vincolante (D. Sölle, J.-B. Metz), quale incontro personale con Dio (H. Ott), quale adempimento discorsivo della fede (O.H. Pesch), quale atto originario della libertà umana che si consegna all'appello, alla parola che chiama (C. Bamberg).

la sua *percezione*, che è possibile in quanto Dio rivela la sua *Gestalt*, intesa come espressione dell'assoluto, rivelazione che parte da sé ma «rinvia» alla sua essenza e profondità costitutive. In questa rivelazione il contenuto (*Gehalt*) è identico alla figura che l'esprime (*Gestalt*), alla quale il Nuovo Testamento imprime tutto il suo significato di mistero d'incarnazione di Dio. Al momento della percezione visiva dell'autopresentazione che Gesù fa di se stesso segue quello dell'evidenza soggettiva, per il cui tramite si acquisisce l'adeguata conoscenza della *Gestalt*. Alla ricchezza della *Gestalt*, cioè all'evi-denza oggettiva che esprime pienamente la gloria divina, deve pertanto corrispondere la fede, la semplicità di un atto cognitivo che realizza la sua capacità di accogliere il vero (*Wahr-nehmung*) e di capire il senso della percezione. Così, l'apparizione della gloria nella sua autorappre-sentazione da una parte rivela simultaneamente la sua forma e il suo contenuto e dall'altra invoca la fede come conoscenza adeguata e coerente sia del contenuto che della forma. Un *secondo momento* è il *rapimento*, l'estasi generata dalla disponibilità ad uno stupore sempre più grande. In esso, l'io si sorpassa e si lascia catturare dalla *Gestalt*. Le istanze della gloria che appare promettono una personale partecipa-zione al mistero della vita divina e conducono ad un comportamento vicino alla *Gelassenheit*, cioè ad un completo e totale abbandono di sé al mistero. Ciò vuol dire che colui che vuole entrare nella rivelazione di Dio (*Selbstauslegung Gottes*) non può percorrere altra strada che quella della figura globale (*Gesamtgestalt*) che svela l'incarnazione di Dio. In questo modo, Balthasar può legare indissolubilmente la rivelazione storica di Gesù di Nazaret, vero centro della rivelazione, e la sua continuazione storica attraverso la presenza della Chiesa, centro di ogni autentica fede.

In questo contesto *Sequeri* fa un'altro passo parlando della *fiducia esistenziale* come una struttura necessaria e ambivalente per l'accesso al mistero: necessaria perché non si dà coscienza umana senza un affidamento alla passività originaria che la con-costituisce ed ambivalente perché l'inizio che autorizza e apre la possibilità dell'esistenza rimane sempre sotto il segno del *fascinans et tremendum*, dello stupore e del timore. Questo incontro accade grazie alla testimonianza confessante e mediatrice dell'istituita della Chiesa. La coscienza credente, la cui struttura è uguale sia per la prima che per le successive generazione dei discepoli, vive il proprio rapporto con questa realtà tramite le forme dell'*evidenza simbolica* capaci di impressionare affettivamente (dimensione *estetica*), nell'*af-fidamento* e nel *con-senso*, e di fondare una giustizia persuasiva e ad una attestazione del senso (dimensione *etica*).

Per questo è necessario ricuperare una comprensione adeguata del rapporto fra *percezione empirica* (disegnata dall'omologia di percezione sensoriale di sentimento vissuto, articolata quindi nel cognitivo-affettivo) e *apprezzamento simbolico* della realtà (avendo il simbolo una potenza *pro-mettente*, in quanto ciò che si presenta come reale non esaurisce la sua portata, ma rimanda ad altre dimensioni; e una potenza *per-mettente*, perché non sostituisce il rapporto originario, bensì lo rende attualmente riconoscibile ed operante nella disposizione della coscienza umana, dalla quale ha bisogno di credito e di un'adesione al suo senso). In base all'intreccio originario fra percezione e consenso è possibile quindi delineare una teoria dell'esperienza come riconoscimento.

L'uomo davanti alla rivelazione di Dio nella storia del mondo contingente rimane sempre un essere che sta davanti al *mistero* dell'ineffabile[7]. Perciò i nostri autori, in modo particolare Rahner e Werbick ma anche Balthasar e Sequeri, riprendono la valenza e il significato teologico e fenomenologico della tradizione della *teologia negativa*, richiesta in modo categorico già da Gregorio di Nissa e Dionigi Areopagita. La rivelazione non si oppone ad ogni apofatismo teologico, come potrebbe sembrare, siccome la manifestazione di Dio non smentisce il suo nascondimento, non tradisce il suo mistero e non cancella la sua ineffabilità, ma li fonda e acutizza. Si potrebbe affermare che la teologia negativa nasce dalle tensioni e dialettiche insite nel processo della comprensione *simbolica* che si coglie maggiormente nella manifestazione della *mistica* e nell'ambito del *rito/sacramento*. Soprattutto la mistica riesce a ritrarre il processo metaforico-simbolico, a far coincidere la rivelazione divina e la risposta umana, la realtà psichica e trans-razionale, il mondo e il linguaggio, l'immagine e la sostanza. Nell'attimo del tocco mistico l'indicibile si lascia intuire e comprendere e l'uomo si sa compreso/riconosciuto e tutto ciò si lascia capire e dire solo nella lingua dei simboli nel culto e nel racconto. Il rito/sacramento rappresenta lo stesso processo e la stessa coincidenza tra forma e contenuto, parola e gesto, significato e significante sul versante storico/istituzionale. In questo punto si nota la necessità di un

---

[7] Per un'intuitiva, creativa e costruttiva presentazione/interpretazione della teologia negativa con i suoi pregi e limiti, premesse e promesse cfr. E. SALMANN, «La rivelazione dell'ineffabile» e per l'interpretazione del conoscere come atto/spazio simbolico correlato con la sapienza e la mistica cristiana cfr. ID., «Conoscenza – sapienza – teologia oggi»; «Il Logos con-diviso».

chiaro legame (assente in Rahner ma intuito da Sequeri) tra teoria dell'esperienza trascendentale, fenomenologia del simbolo e teologia sacramentaria.

Nell'ambivalenza tra concetto e comprensione, tra capire e vivere, che sta a monte e a valle di ogni cammino di fede, nasce la ricchezza e l'ambiguità della *metafora* con la sua forza allusiva e rinnovatrice che sottintende sia le intuizioni positive che l'avvertimento critico della teologia negativa. La metafora è un'operazione reale, conoscitiva e linguistica che si deve ad una differenza[8] (tra Dio e uomo, parola e *res*, io e tu) che si trasforma in comunione/costellazione, salvaguardandola e rifigurandola. Linguisticamente, la metafora è una figura retorica che consiste nel trasferire il significato di una parola o di un'espressione dal senso proprio a un altro figurato che abbia con il primo un rapporto di somiglianza (dal lat. *metaphŏra*, dal gr. *metaphorá*, der. di *metaphérō* che significa «trasporto, trasferisco»). Però, la metafora accentua il rapporto simbolico e il rinnovamento linguistico, che non si esaurisce nella sua funzione linguistica ma è il fermento del procedimento simbolico: indica e significa l'inesauribilità della realtà e del pensiero nonché del loro nesso variabile che opera il transfert – la metamorfosi/traduzione/trasmissione tra luoghi, eventi, contenuti. Le metafore danno da pensare e riflettere, sentire e capire, trasmettendo il messaggio vitale e vivificante dell'amore di Dio che alla coscienza dell'uomo si dà come proposta di senso e invito alla comunione: è questo un'altro luogo della genesi della fede. Così, tutti i nostri interlocutori convergono nell'affermare che il simbolo principale della fede cristiana è l'*amore*. L'amore è l'unità purificante/salvante tra puro e impuro, tra

---

[8] Il punto fondamentale che avvicina l'azione linguistica del simbolo e la fede religiosa è dato dalla *differenza*. L'azione linguistica sempre presuppone uno scambio e l'uscita reciproca tra un parlante e un ascoltatore, tra un mittente e un destinatario, che sono tali in quanto distinti. Il vero centro quindi non è il mittente o il destinatario ma la loro *relazione differenziale*, cioè il riconoscimento reciproco. In questo senso, anche il linguaggio simbolico della fede, le parole umane dei credenti e le parole stesse della Santa Scrittura, non sono la Parole di Dio finché non sono parola della trascendenza, ossia *intersoggettive* – la parola che viene dalla Trascendenza e si comunica come trascendenza. In altri termini, la Parola di Dio gioca col linguaggio degli uomini in una doppia trascendenza e il suo contesto è quello in cui «il linguaggio non volge all'imperativo o al dimostrativo, ma al *riconoscimento* dell'Altro, al *ringraziamento* per l'Altro, alla lode all'Altro, tutto nella forma dello scambio tra altri» (G. BONACCORSO, «Linguaggio», 860-861; corsivo nostro), che trasmette bene il significato semantico dell'essere riconosciuto ed essere riconoscente.

accettazione accogliente e lavoro di conversione/trasformazione, tra il Logos e l'uomo, tra l'io e il tu, tra l'io e il noi: ha in sè un processo di metaforizzazione della realtà e della sua realizzazione simbolica, è il sinonimo del *riconoscimento*. Un tale evento simbolico-metaforico va narrato, interpretato e tradotto non soltanto tramite il linguaggio umano, ma anche in una prassi conveniente. Perciò, seguendo l'ispirazione werbickiana potremmo essere d'accordo nell'affermare che nelle *metafore della redenzione* per via dell'amore abbiamo il punto massimo e culminante di un processo di energia e trasformazione simbolica. In questo modo le conseguenze della teologia negativa provocano un effetto positivo, cioè solo avvicinandosi al mistero ineffabile con stupore, timore ed amore ed esprimendolo usando le metafore e i simboli, che include una comprensione nuova dell'*analogia* e del *racconto*, della *singolarità* e della *differenza*, la teologia può parlare di Dio a sé stessa e al mondo in modo comprensibile e plausibile, toccante e convocante.

1.2 *Cristologica: Gesù come archetipo del filiale affidamento e fedeltà costituenti la fede*

La giustapposizione/separazione tra il profilo oggettivo-veritativo e profilo soggettivo-storico/pratico della fede biblica ha avuto sempre come conseguenza lo scoordinamento tra il profilo teologico e quello antropologico. La difficoltà di questo rapporto è apparso evidente anche nel corso della nostra ricerca. Le teorie teologiche che *o* pensano l'antropologico come trascendentalmente anticipante il teologico (come rischia Rahner), quasi come se il secondo fosse deducibile dal primo, *o* inversamente pensano il teologico come figura così singolare a tal punto da essere inaccessibile e riassorbente l'antropologico (come rischia Balthasar), come se fosse data a prescindere della storicità/liberà umana, non potranno mai trovare via d'uscita dal labirinto del rapporto teologico-antropologico. La teologia fondamentale può uscire da queste ambiguità e ambivalenze solo rimettendo in discussione la fede come realtà relazionale data dalla verità che non è una realtà astorica ed indipendente dalla libertà umana e dalla fenomenologia della coscienza umana che è sempre credente e che si forma nel rapporto (interpersonale) con Dio. Solo l'evento cristologico è contemporaneamente la rivelazione del teologico e dell'antropologico, e proprio per questo esso rappresenta l'unico luogo dell'integrazione e dell'interpretazione della verità di Dio e dell'uomo, essendo il vero archetipo inverante ed autorizzante della coscienza credente. La prospettiva biblico-gesuana della fede – ben riconosciuta/presente nella proposta di Balthasar e Sequeri e un po' scarsa/insufficiente in Rahner e Werbick – ci offre due preziose indicazioni/ispirazioni decisive e decidenti per la genesi della fede: la verità/status filiale personale e singolare dell'uomo nei confronti del Padre e la verità/qualità della coscienza credente come struttura relazionale storica/libera, la cui formazione tra l'originarietà della passività/alterità e la risposta della fedeltà/fiducia comporta (al)la fede.

1.2.1 La verità dell'*essere riconosciuto*: la filiazione divina

La rivelazione della *paternità divina* è senza dubbio uno dei punti fondamentali del messaggio evangelico. Questa rivelazione appare essenzialmente legata alla persona di Gesù che chiama e invoca Dio come suo padre (manifestando la coscienza della sua filiazione), e per questo tra i differenti titoli cristologici quello di Figlio di Dio meglio esprime il suo essere (proprio perché con ciò si indica questa unica relazione col Padre). A partire da questo dato ci avviciniamo al nucleo centrale del mistero della persona e dell'opera di Gesù: in lui ci viene rivelato un senso insospettato della paternità divina e conseguentemente della filiazione divina. La *filiazione divina*, che nel Nuovo Testamento si afferma di Gesù e analogamente dell'uomo, è la nozione più adeguata per indicare il vero significato/importanza dell'affermazione che il Figlio di Dio si è fatto ciò che siamo noi perché noi potessimo diventare ciò che lui è.[9]

Gesù ha coscienza di una relazione speciale e unica con Dio, nella quale in ultima analisi fonda la sua pretesa che il suo messaggio sia ascoltato e accolto: in tutte le occasioni in cui Gesù ha Dio come interlocutore lo chiama «Padre-*Abbà*»[10], una novità assoluta/inaudita[11]. La

---

[9] Qui si scopre la finalità dell'incarnazione: che gli uomini possano diventare figli di Dio. La nostra unione con il Figlio nella partecipazione alla sua filiazione divina è quindi la perfezione/dignità massima a cui l'uomo può aspirare. Questo pensiero di Ireneo (*Adv. Haer.*, V, praef) sull'«interscambio» è stato seguito da moltissimi autori nell'età patristica (Clemente Alessandrino, Tertuliano, Novaziano, Atanasio, Ilario di Poitiers, Gregorio Nazianzeno, Ambrogio, Agostino, Leone Magno…).

[10] La Bibbia testimonia di una molteplicità di appellativi per parlare di Dio e con Dio, non si può non sottolineare un fatto: sia Israele riguardo al nome di Jhwh, che il cristianesimo apostolico riguardo al nome di *Abbà*, esprimono chiaramente la coscienza di fede di averli ricevuti per rivelazione da parte di Dio, cioè come una sorpresa vissuta e una novità ricevuta, e non semplicemente conquistata, a prezzo di una ricerca progressiva. *Abbà*, in quanto formula letteraria, di ambito post-esilico e aramaico, non compare riferito a Dio se non con Gesù (Mc 14,36) e a causa del suo

insegnamento (Gal 4,6; Rm 8,15). Più precisamente, secondo i dati biblici, nell'Antico Testamento l'appellativo di padre (*'ab*) è usato per lo più per le relazioni umane di paternità-filiazione (circa 1.180 volte), mentre per la relazione con Dio solo raramente si dice in modo figurativo che Jhwh è padre (Sal 103,13; Dt 8,5) o che è misericordioso perché è padre (Os 11; Is 63,15-64,11). Gli studi di J. JEREMIAS, *Abbà* e di W. MARCHEL, *Abbà, Père* hanno illuminato il legame di continuità fra Antico e Nuovo Testamento, ma pure l'assoluta novità del messaggio di quest'ultimo. Tuttavia è chiaramente sottolineato dalle testimonianze apostoliche che il volto di Dio *Abbà* è una rivelazione sorprendente e nuova che viene fatta da parte di Gesù (Mt 11,25-27; Rm 8,14-17; Gv 8,31-59, particolarmente Gv 17,1-8). Il significato fondamentale di quest'appellativo divino è quello di fonte di vita e di relazione filiale con lui, in modo eminente per Gesù, ma anche per quanti nella conversione alla fede si fanno discepoli e fratelli del Figlio di Dio e perciò disponibili all'azione dello Spirito del Padre e del Figlio. Alla piena ma non esauribile penetrazione di senso e di esperienza che comporta il riferimento a Dio-Padre ci si avvicina, cogliendone il valore, nella preghiera (Lc 11,2-4; Mt 6,9-13). I grandi momenti dell'esperienza cristiana incontrano *Abbà* come interlocutore e causa originaria, affermando la sua iniziativa su tutto, richiedendo il suo intervento provvidente e costante, facendo appello alla sua misericordia inesauribile e pregandolo di non lasciare i suoi figli nel deserto della tentazione. Per una presentazione ed interpretazione più recente cfr. L. LADARIA, *Antropologia teologica*, 408-444 (il capitolo «La grazia come nuova relazione con Dio: la filiazione divina»); G. SEGALLA, «L'autocomprensione di Gesù come mediatore di Dio Padre e del suo Regno alla luce della 'terza ricerca'»; E. SALMANN, *La teologia è un romanzo*, 61-80. Particolarmente F. MANZI – G.C. PAGAZZI, *Il pastore dell'essere*, nella cristologia giovannea del Figlio evidenziano la passività originaria dell'essere umano di Gesù per poter rileggere la visione del sacrificio come il «riconoscente riconoscimento» (*Ibid*, 136) di quella passività originaria che origina e posibilita l'esistenza sua e di ogni uomo. Cfr. anche G.C. PAGAZZI – R. VIGNOLO, «Su 'il figlio dell'uomo', l'autoaffezione prediletta di Gesù», dove l'espressione evangelica «figlio dell'uomo» rappresenta «luogo dell'articolazione tra cristologia e antropologia» (*Ibid*, 181).

[11] Con le sue parole e con i suoi gesti, con le sue parabole e con i suoi miracoli, il Rabbì di Nazaret porta una parola nuova su Dio e sull'uomo. Egli vive in un contesto storico e condizioni culturali precise e sempre più conosciute, ma nello stesso si fa lettore di un messaggio inaudito e di una verità sorprendente, la cui comprensione è legata direttamente alla sua storia (è proprio qui il luogo dell'«incontro/continuità teologico/a» tra «Gesù terreno/storico» e «Cristo della fede»; dalle ricerche degli studiosi come T.N. Wright, G. Segalla, R.E. Brown, J.P. Meier, E.P. Sanders, G. Theissen, C.A. Evans e tanti altri appare evidente l'interesse storico-sociale, la decisiva inserzione di Gesù nel giudaismo e il valore/affidabilità delle fonti evangeliche che danno/fanno capire la vera novità gesuana). Gesù annuncia un nuovo volto di Dio che è amore per tutti gli uomini e per tutte le donne. Di decisiva importanza è che questa rivelazione è *biografica*, cioè si scopre nella vita e nel cuore dell'individuo. Questo è evidente nella rivoluzionarietà nella vicinanza di Gesù a coloro che risultano

filiazione divina di Gesù, che lo porta alla fiducia e all'obbedienza totale al Padre nella sua vita mortale – che trova nella risurrezione il suo culmine e la sua manifestazione definitiva – ha il fondamento nello stesso essere divino: in una relazione con il Padre «previa» all'esistenza umana del Figlio. Nell'evento cristologico ci troviamo dunque davanti alla rivelazione della *verità di Dio trino*: con la vita filiale di Gesù inviato da Dio, fatto conoscere in questo mondo come il Padre, e con la missione dello Spirito che porta a termine l'opera iniziata da Gesù; e alla rivelazione della *verità sull'uomo*: con l'esistenza filiale di Gesù si mostra un modo nuovo di essere uomo, la manifestazione piena dell'umanità, derivata dalla rivelazione del Dio trino.

Gesù però non solo ha invocato Dio come suo Padre, ma anche si è riferito a Dio come padre degli uomini, indicando con ciò un parallelismo ma anche una differenza del rapporto con il Padre («Padre *mio*» e «Padre *vostro*»; cfr. Gv 20,17). Tra la filiazione divina di Gesù e quella dei discepoli c'è una innegabile relazione: solo perché Gesù è il Figlio di Dio e lo chiama Padre può insegnare ai discepoli ad invocarlo così e a vivere la vita di figli – egli è colui che li introduce in questa relazione di paternità-filiazione. Bisogna qui notare che la filiazione di Gesù e quella dei discepoli giammai possono essere equiparate (mai nel Nuovo Testamento si trova un «Padre nostro» nel quale si include Gesù). La relazione di Gesù con il Padre è unica e irripetibile, ma proprio in questa condizione Gesù costituisce il fondamento e il paradigma di quella dei discepoli. La vita dei figli di Dio consiste nel partecipare alla relazione che Gesù ha con il Padre, ed è questo che esprimiamo con la stessa parola usata da Gesù – «*Abbà*». Il soggetto di questa invocazione è lo Spirito Santo, il principio della nostra vita filiale, che dà testimonianza al nostro spirito della filiazione divina così che anche noi possiamo essere soggetti della stessa invocazione.

---

emarginati dal contesto civile e religioso (per comprendere la novità del rapporto bisogna tenere presente il complesso delle norme che costituiscono il libro biblico del Levitico): i peccatori (p. es. Zaccheo, Lc 19,1-10; la donna adultera, Gv 8,3-11), le prostitute (cfr. Lc 7,37-50), i lebbrosi (cfr. Mc 1,40-45), numerosi miracoli di guarigione di ciechi, paralitici e portatori di handicap, i samaritani (cfr. Gv 4,5-43), le donne (cfr. Mc 5,25-34/Lc 10,38-42), i morti (p. es. Lazzaro, Gv 11,1-45). Egli, dunque, rende concreta e «scandalizzante» testimonianza alla verità di ciò che Dio non è e di ciò che Dio è: al Dio dell'amore incondizionato; e alla verità della fondamentale dignità di ogni singolo uomo dinanzi alla paternità di Dio.

In sintesi, a causa dell'incarnazione del Figlio di Dio, l'uomo può partecipare a ciò che è più profondo del suo essere di Figlio: alla sua relazione con il Padre. In altre parole, *essere riconosciuti* qui coincide con *essere figli* (adottivi), ovvero essere in relazione con il Padre. La cristologia in questo senso, sia secondo la formula rahneriana sia secondo il centramento balthasariano, in senso generico, sta al principio e alla fine dell'antropologia.

1.2.2 La verità dell'*essere riconoscente*: l'affidamento e la fedeltà

Al primo momento teologico-antropologico dell'essere riconosciuto come figlio corrisponde il secondo momento antropologico-teologico dell'essere riconoscente come discepolo/seguace di Gesù. Infatti, la partecipazione alla relazione di Gesù con il Padre si realizza nella *sequela* di Gesù stesso, nella configurazione alla sua persona e in modo concreto alla sua esistenza (cfr. Mt 16,24s; Mc 8,34s; Lc 9,23s), come risposta umana all'iniziativa divina. Questa con-*figura*zione alla *figura* di Gesù come testimone e testimonianza della reciprocità (e non giustapposizione) tra Dio e uomo, tra il teologico e l'antropologico, tra passività/alterità originaria ed attività/libertà-storia, richiede di identificare in che cosa consiste la massima intensificazione/inveramento dell'umano nei confronti del Padre.

Per esprimere l'atteggiamento esemplare dell'uomo in relazione con il Padre, Balthasar e Sequeri ricorrono al concetto della *fides Jesu* come decisiva e decidente qualità della realtà cristologica: il «nome» che esprimere la singolare modalità di Gesù di Nazaret di vivere e sapere quella reciprocità con-costitutiva. Nonostante riteniamo che il termine fede non si possa applicare al Gesù terreno –sia perché da un punto di vista biblico Gesù non è mai presentato come il primo credente o come il modello della fede (come per esempio invece sono Abramo nell'AT e Maria nel NT), sia perché la sua visione beatifica era non solo immediata (Rahner) ma anche tematizzata e costante, sia perché a lui non si possono riferire le condizioni basilari della fede come l'adesione al Vangelo e l'adesione alla persona di Cristo – però due elementi fortemente uniscono il suo atteggiamento filiale con l'essenziale della fede dei figli/discepoli: la fiducia[12] e la fedeltà[13].

---

[12] La fiducia è l'espressione più intima del rapporto filiale di Gesù con il Padre. Ella è evidente soprattutto nella preghiera di Gesù, che si fonda sulla certezza di essere esaudito (p. es. davanti alla tomba di Lazzaro: «Padre, ti ringrazio che mi hai

Sulle tracce della prospettiva sequeriana che si avvicina all'evento cristologico nella luce della teoria della coscienza credente si trova il modo migliore per ribadire e spiegare come la coscienza credente del Figlio dell'uomo è l'archetipo della fede umana – essendo la giusta e compiuta coscienza credente umana: *perché* realizzata in modo perfetto nella reciprocità tra l'originario/originante momento teologico della passività/alterità (essere riconosciuto) e il reciproco/successivo momento antropologico dell'attività/libertà-volontà (essere riconoscente)[14].

---

ascoltato. Io sapevo che sempre mi dai ascolto», [Gv 11,41-42]), e nella sofferenza come abbandono totale (p. es. nel momento di angoscia nell'orto del Getsemani: «Padre, se vuoi, allontana da me questo calice! Tuttavia non sia fatta la mia, ma la tua volontà» [Lc 22,42]; e nel grido sulla croce: «Padre, nelle tue mani consegno il mio spirito» [Lc 23,46]). Allo stesso modo, la potenza dello Spirito, che introduce i discepoli di Gesù alla Preghiera del «Padre Nostro» è indicata nelle liturgie d'Oriente e di Occidente con una felice espressione tipicamente cristiana: «*parrhésia*», vale a dire semplicità schietta, fiducia filiale, gioiosa sicurezza, umile audacia, certezza di essere amati (Cfr. Ef 3,12; Eb 3,6; 4,16; 10,19; 1 Gv 2,28; 3,21; 5,14). Cfr. *CCC*, 2778.

[13] Una fiducia piena conduce alla fedeltà che è imitazione e partecipazione alla fedeltà di Dio che viene incontro all'uomo, Dio è rimasto fedele all'alleanza (Dt 7,9), alle promesse (2Sam 7,28; Os 2,22; Sal 132,11; Tb 14,4) e realizza le sue opere/fedeltà nonostante il peccato/infedeltà (2Tim 2,13). La stessa espressione greca *Pistis Christou* (Gal 2,16c; Fil 3,9) può essere tradotta con «fede nel Cristo», come *pistis Theou* (Mc 11,22) «fede in Dio», ma si può tradurre, ugualmente bene, come «fedeltà di Cristo». Infine, ci si può ispirare a Rm 3,3, dove *pistis* corrisponde all'ebraico *'emet* e designa l'assoluta «affidabilità» di Dio (cfr. A. VANHOYE, «Fede», 550). Ad imitazione del servo fedele che porta a termine la sua missione tra i contrasti – il Cristo che dà compimento alla fedeltà di Dio (2Cor 1,20), quale sacerdote fedele (Eb 2,17) – i «fedeli» (At 10,45; 2Cor 6,15; Ef 1,1) si preoccuperanno di considerare la fedeltà tra i massimi comandamenti (Mt 23,23), una costante in tutti i momenti della vita (Lc 16,10-12). Se tale fedeltà comporta una continua lotta contro tutto ciò che è contrario a Dio, specialmente negli ultimi tempi (Ap 13,10; 14,12), ha come premio la gioia del Signore (Mt 15,21.23), ed è assicurata quale dono dello Spirito (Gal 5,22) e del sangue di Cristo (Ap 12,11). Cfr. alcuni classici come R. SCHNACKENBURG, *L'esistenza cristiana secondo il Nuovo Testamento*, 51-71; J. PFAMMATTER, «La fede secondo la S. Scrittura»; I. DE LA POTTERIE, «L'unzione del cristiano con la fede», 125-199.

[14] È molto bella l'idea e l'osservazione che propone l'identità della figura della coscienza credente gesuana/cristologica come rintracciata nelle espressioni «figlio di» (cfr. R. MAIOLINI, *Tra fiducia esistenziale e fede in Dio*, 448). Sarebbe davvero interessante ripercorrere la strada della narrazione evangelica che da «figlio di Davide» (nominato 12 volte) e «figlio di Maria - figlio del carpentiere/Giuseppe», porta a «figlio dell'Uomo» (ricorre 84 volte) e poi a «Figlio di Dio/Altissimo» (in totale 52 volte), non vedendole come espressioni giustapposte o sostitutive l'una

Tale corrispondenza al Padre si esprime in totale confidenza ed abbandono, attestazione e dedizione, obbedienza e testimonianza *filiale*, che nel caso dei discepoli diventa *fede* come modo di vivere e di sapere la dinamica incessabile e formante la coscienza credente tra essere riconosciuto ed essere riconoscente.

1.3 *Teologica: l'unità/reciprocità tra* intellectus*,* affectus *e* confessio fidei

A questo punto finale del nostro lavoro è giusto e necessario ritornare al problema iniziale della giustapposizione/divorzio tra teologico-teoretico e teologico-vissuto[15], espresso anche con i binomi «teologia e vita», «teologia e spiritualità», «teologia e santità», «teologia e mistica», questione che ha motivato questa ricerca. Questo problema, come si è visto durante il nostro percorso, è stato ripreso in modo critico, serio e costruttivo intorno alla metà del XX secolo, particolarmente da Balthasar e Rahner. La constatata separazione tra il lavoro teologico ed il vissuto personale e ecclesiale della fede, accaduta in diverse tappe lungo il secondo millennio cristiano[16], si risolve solamente con l'unità e la reciprocità tra *intellectus*, *affectus* e *confessio fidei*.

---

dell'altra e nemmeno in una linea progressiva ascendente, ma come espressione evangelica dell'intreccio simbolico del riconoscimento di Gesù all'interno della storia umana.

[15] Per l'analisi/diagnosi ormai classica cfr. F. VANDENBROUCKE, «Le divorce entre théologie et mystique», e per l'ottima recente sintesi cfr. P. MARTINELLI, «Teologia, vita spirituale, testimonianza» e E. SALMANN, «Mistica. Esperienza e teoria – Storia e figure». Il binomio porta in sé una duplice problematica: si tratta del *reciproco influsso* tra ricerca teologico-sistematica ed esperienza spirituale e dell'*adeguata organizzazione* del sapere teologico. Intorno a questa vicenda non mancano degli interventi significativi che tentano di indicare le modalità più opportune per la rivitalizzazione del rapporto (cfr. il numero monografico della rivista «Communio» 96 (1987) dedicato a «Santi e Teologi»; il numero monografico della «Rivista teologia di Lugano» 6/1 (2001) dedicato alle proposte balthasariane sull'esperienza mistica e teologia; G. MOIOLI, «Spiritualità, fede, teologia»; D. SORRENTINO, «Esperienza spirituale e intelligenza della fede in Dei Verbum 8»; ID., «Storia della spiritualità e teologia. Necessità e fecondità di un nesso»; ID., «Teologia e santità»; A. TOMBOLINI, ed., *Sapere teologico ed esperienza della fede*; C. STERCAL, «Storia della teologia e storia della spiritualità. Relazione tra i due saperi»). Si potrebbe dire che un comune accordo c'è nel constatare la necessità della relazione ed il desiderio della sua attuazione.

[16] È da tener conto che la separazione tra teologia e spiritualità non era un fatto repentino, ma un processo concretizzato con la fine delle grandi sintesi scolastiche medioevali. L'intera patristica non conosceva questa separazione e nemmeno una

L'accesso alla verità rivelata, e pure a quella della fede, non permette alcuna divisione tra verità compresa e verità vissuta[17]. Purtroppo, è successo nel proseguo dell'evoluzione storica che la teologia è emersa come dogmatica che, sotto la spinta culturale razionalistica ed illuministica, ritiene consapevolmente compito estraneo a sé quello di occuparsi della esperienza o della fede in quanto vissuta, a meno di operare la riduzione ai «principi». La teologia non si è posta quindi come intelligenza critica ri-costruttiva della fede, ma ha ristretto il campo della fede-da-comprendere al solo versante obiettivo, trascurando che l'intero della fede comprende pure l'obiettività del cristianesimo vissuto. Così, la teologia ha seguito un percorso di oggettivizzazione dei suoi contenuti, rischiando una inevitabile astrattezza ed aridità nella percezione della rivelazione cristiana. Anche là dove la teologia ha cercato di riprendere gli elementi affettivi del vissuto, ciò è stato fatto

---

distinzione tra conoscenza e amore, ricerca intellettiva ed esperienza di vita spirituale (cfr. J. LECLERQ, *Esperienza spirituale e teologia. Alla scuola dei monaci medievali*, 56). Infatti, la maggior parte dei grandi teologi fino al XII-XIII secolo erano anche grandi santi (che difficilmente si possono trovare dopo Bonaventura e Tommaso) e in particolare in epoca patristica spesso nella medesima persona si trovava sia il teologo (*doctores*) che il pastore (*pastores*), cioè la conferma della realtà indivisa del *verum* e *bonum*. Il fenomeno dello sdoppiamento/divorzio, caratteristico dell'Occidente moderno avveniva lentamente con il discosto della teologia scolastica dalla ricerca contemplativa, e con lo staccamento dell'attività speculativa dalla vita di preghiera, della scienza dalla contemplazione, della vita intellettuale dalla vita spirituale. La divisione tra teologia e spiritualità si è avuta a causa dello sdoppiamento tra conoscenza e amore, tra *intellectus* e *affectus fidei*.

[17] La separazione si ha con la ricezione dell'aristotelismo, che come strumentario filosofico assunse un peso determinante nell'epistemologia teologica. Il peso più grande si fece sentire in forza del concetto filosofico della verità come «*aedequatio intellectus ad rem*», che prende innanzitutto il lato teorico della verità e che non è in grado di rivendicare a sé il contenuto più eminente della verità rivelata. Ricordiamo che nel discorso teologico sull'interpretazione della Sacra Scrittura la totalità della verità biblica si è articolata in un quadruplice senso: letterale (o storico), allegorico (spirituale), antropologico (morale-esistentivo) ed analogico (escatologico), come mostrato in H. DE LUBAC, *Exégèse médiévale. Les quatre sens de l'Ecriture*. Non si vuole affatto giudicare l'apporto della filosofia alla teologia come negativo. Anzi, già Bonaventura e Tommaso parlano dell'uso dei dati della filosofia in teologia come di una sorta di «transustazione»: come nel sacramento l'elemento naturale è al servizio della comunicazione della grazia, così l'elemento filosofico all'interno della riflessione della fede. Però, ci vuole una vigilanza di spirito per non avvicinarsi alla rivelazione con un concetto precostituito/giudicante. Cfr. R. FISICHELLA, «Che cos'è la teologia», con ampia bibliografia sull'argomento.

permanendo in una figura di giustapposizione, senza arrivare a mettere sotto critica il modello su cui si appoggiava lo sdoppiamento. Le suggestive immagini dei nostri pensatori originari – di Balthasar che paragona il rapporto tra teologia e spiritualità alla relazione tra ossa e carne in un organismo[18], e di Rahner la cui sentenza ormai classica secondo la quale oggi, «se non si è mistici, non si può essere nemmeno cristiani»[19] –, nonché le trasposizioni accademiche di Sequeri e di Werbick – che tentano di riunire l'*affectus* e l'*intellectus fidei* – ci danno la possibilità e la speranza di arrivare finalmente a cogliere la relazione tra riflessione teologica ed esperienza spirituale, a livello epistemologico, e a costruire la relazione tra le diverse discipline a riguardo della fede, a livello accademico.

Il ricupero dell'orizzonte cristocentrico della singolarità cristiana (Balthasar) e dell'orizzonte storico-salvifico della teologia cristiana (Rahner), come pure l'invito a fare teologia «in ginocchio» e non «a tavolino» (Balthasar) e di fare una teologia biografica del rapporto personale con il mistero (Rahner), indicano chiaramente lo snodo del problema nella sinergia tra l'universalità della verità donata e la particolarità dell'appropriazione credente. In altre parole, l'oggetto dell'indagine teologica dovrebbe essere imprescindibilmente e simultaneamente la *fides quae* e *fides qua* nel loro vicendevole rapporto; rapporto nel quale *non solo* la manifestazione della verità in Cristo, ma *anche* la struttura personale ad essa correlativa ha una propria oggettività, per quanto sia personale[20]. Proprio nella relazione tra accesso/appropriazione e obiettiva relazione della verità con la libertà credente emerge l'indole *testimoniale* sia della teologia che del vissuto cristiano. Da un lato, dato che si riferisce e cor-risponde al Cristo come «il testimone fedele» di colui che l'ha inviato, la teologia non può essere altro che una forma in cui il teologo inviato in missione rende testimonianza al

---

[18] Nell'organismo queste due dimensioni sono inseparabili e solo unite costituiscono il vivente concreto, quindi la loro separazione decreterebbe la morte di entrambe. Cfr. H.U. VON BALTHASAR, *Verbum Caro*, 213.

[19] Cfr. K. RAHNER, *Confessare la fede nel tempo dell'attesa*, 96.

[20] Di conseguenza, per Moioli appare la possibilità di parlare di *fides* in modo pieno comprendendo due direzioni simmetriche e non disgiungibili: sia in quanto dice l'esperienza personalmente realizzata nella verità del credere, sia in quanto dice la verità (che è sempre il rapporto credente con Gesù) che, per la sua universalità e oggettività, è comprensiva e insieme trascendente il vissuto personale di fede. Perciò la fede non è una conoscenza solo in seconda battuta, ma afferma la verità saputa/vissuta e appresa/compresa. Cfr. G. MOIOLI, «Spiritualità, fede, teologia», 127.

Signore. Dall'altro lato, i discepoli del Maestro sono chiamati innanzitutto a rendere testimonianza di quanto hanno «visto e udito»; cioè il testimone è colui che mediante l'atto della sua libertà/volontà storica, con la quale decide di sé esponendosi nella relazione interpersonale, comunica quanto a sua volta ha ricevuto in dono. La testimonianza così diventa il paradigma di una ritrovata sinergia del lavoro teologico e della vita credente perché l'accesso alla verità che si dà nella storia e come storia passa inevitabilmente attraverso la testimonianza. La verità, per così dire, si «affida» sempre alla libertà di chi è disposto ad accoglierla, compromettendo tutto se stesso, per poterla comunicare agli altri, attraverso forme testimoniali sempre diverse secondo i tempi e le situazioni.

In sintesi, la formazione della coscienza credente avviene sempre attraverso l'esperienza della verità rivelata/testimoniata che spiega bene come la genesi della fede comprende la circolarità tra *intellectus* e *affectus fidei* con *confessio fidei*[21]: cioè la fede si genera e si trasmette

---

[21] Anche quando non si arriva a subire fisicamente il martirio per Cristo, tutta la vita e tutto il teologare sono comunque tesi alla comunicazione testimoniale della verità rivelata nella storia: cioè, *Intellectus* e *Confessio fidei* sempre rappresentano un'unità inscindibile ed originaria. Cfr. P. MARTINELLI, *La testimonianza*, 16-24. Occorre notare che in particolare la «scuola della Gregoriana» ha contribuito alla teologia fondamentale con i testi segnati dalla struttura testimoniale. Cfr. R. LATOURELLE, *La testimonianza cristiana*; ID., «Testimonianza I. Forma della rivelazione»; ID., «Testimonianza II. Motivo di credibilità»; R. FISICHELLA, «Martirio»; ID. *La rivelazione. Evento e credibilità*; particolarmente S. PIÉ-NINOT, *La teologia fondamentale* documenta la possibilità di porre la categoria della testimonianza quale «punta di diamante» (*Ibid*, 8) dello sviluppo complessivo di un progetto teologico-fondamentale. Per una idea simile, cfr. G. CISLAGHI, «La Chiesa come testimonianza. Le coordinate della testimonianza ecclesiale»; N. CAPIZZI, *Gesù risorto e i suoi testimoni. Introduzione alla cristologia e all'ecclesiologia fondamentale*. Il tema della testimonianza sembra godere di rinnovata attenzione e «ritorno teologico» anche nel resto dell'ambito teologico italiano. Così, P. CIARDELLA – M. GRONCHI, ed., *Testimonianza e verità*, si fa apprezzare anche solo per l'ampiezza degli approcci offerti: filosofico, teologico, etico, morale, psicologico e sociologico. La già citata opera di M. NERI, *La testimonianza in H.U. von Balthasar. Evento originario di Dio e mediazione storica della fede*, offre non solo la ricostruzione analitica di un tema presente negli scritti di Balthasar, ma vuole mostrare come la figura della testimonianza rappresenti il principio teologico-fondamentale *sintetico* e *organizzatore* della scansione estetico-drammatica della stessa teologia balthasariana (*Ibid*, 31). Perciò, P. Sequeri (7-20) afferma che Neri giudica, con ottime ragioni, che l'approfondimento della struttura testimoniale della manifestazione e del riconoscimento assicuri la migliore comprensione della coscienza credente in cui la rivelazione e la fede si corrispondono proprio nell'attestazione dell'eccedenza cristologica del

nella testimonianza/esperienza personale ed ecclesiale. Con questo lavoro, quindi, da una parte vogliamo dare un'ulteriore contributo alla

---

loro principio (*Ibid*, 15). Nell'orizzonte della credibilità può essere collocato anche lo studio di A. LIVI – F. SILLI, *Logica della testimonianza. Quando credere è ragionevole*, che si propone «due importanti obiettivi: in primo luogo, rivalutare il carattere razionale della conoscenza per testimonianza, intesa come certezza basata sulla comunicazione di un sapere altrui; in secondo luogo, rivendicare alla fede cristiana il suo carattere razionale, inserendola, pur con le sue evidenti 'differenze specifiche', nel 'genere pros-simo' della conoscenza per testimonianza» (*Ibid*, 143). In questo volume l'idea di testimonianza è al servizio di una rivisitazione e riproposta del modello del testimone autorevole dell'apologetica. La posizione giustamente contraria è di R. MAIOLINI, «È possibile trasmettere la fede cristiana?», che pone l'interrogativo su come pensare la trasmissione della fede a partire dalla nuova comprensione della rivelazione autorevolmente proposta nella *Dei Verbum*: la rivelazione come autocomunicazione personale prima e più che (sola) comunicazione di verità. Dopo aver chiarito la forma che il plesso rivelazione-fede-Chiesa assume alla luce di questa nuova comprensione, soffermandosi in maniera sintetica ma persuasiva sulla dialettica immediatezza-mediazione e sul nodo centrale della libertà, Maiolini indica proprio nella testimonianza la figura più adeguata per esprimere la trasmissione *indivisibile* della rivelazione-fede-Chiesa. Di tale figura si individuano poi i tratti essenziali, precisando – in particolare – la necessità e relatività del testimone: necessità contro ogni riduzione strumentale e relatività contro ogni indebita sovradeterminazione. Per la teologia cristiana questo significa che «fin quando non si chiariscono teoreticamente le relazioni tra verità e libertà, si rischia o l'affermazione retorica del linguaggio della testimonianza, o la ricaduta logica in un modello che la relega a figura debole di attestazione della verità» (*Ibid*, 77-78, n. 75). In una prospettiva analoga si situa l'intervento di D. D'ALESSIO, «Il linguaggio teologico della testimonianza. La testimonianza tra immediatezza e mediazione». Il suo articolo risulta particolarmente nitido/efficace nel delineare la contrapposizione fra il ruolo (ridotto) che la testimonianza ha assunto nel contesto dell'apologetica e quello che è chiamato ad assumere nell'impostazione teologica postconciliare imperniata sulla ricentratura cristologica del «principio rivelazione». Ancora una volta è in gioco l'alternativa ad un impianto ontologico e gnoseologico di tipo razionalistico, alternativa che trova nel cristocentrismo, nella coscienza credente e nella testimonianza i suoi assi. È suggestivo pure G. ANGELINI, *La testimonianza. Prima del dialogo e «oltre»*, secondo il quale è necessario denunciarne l'equivocità, un'equivocità che può condurre fino allo svuotamento della categoria stessa della testimonianza. L'autore, infatti, parla sinteticamente di una «rimozione del conflitto» (*Ibid*, 194). Questo vuol dire che i testi neotestamentari indicano come costitutiva della testimonianza una dimensione profetica e critica, polemica e conflittuale, persino «intransigente» e «violenta», mentre il tratto che sembra anzitutto connotarla nel nostro tempo è quello dialogico e amicale, concordistico e irenico. Si manifesta così una possibile deriva del concetto, connessa con il mutamento di registro nei rapporti fra Chiesa e mondo/cultura moderna e postmoderna. Cfr. E. PRATO, «Sulla testimonianza».

struttura testimoniale-dialogale nella teologia fondamentale, e dall'altra, indicare la necessità del trattato teologico (sistematico-fondamentale) della fede che – sulla base dell'unità/reciprocità tra *intellectus*, *affectus* e *confessio fidei* – finalmente fascerebbe e guarirebbe la ferita dolorosa della frammentazione[22] del sapere nata con il divorzio tra riflessione ed esperienza.

2. Una fenomenologia del «venire alla fede» a partire dall'esperienza post-pasquale e le sue implicazioni teologiche

La nostra ricerca si conclude con la riflessione sull'episodio dei

---

[22] Tutto ciò porta a sentire il bisogno di un «nuovo asse» che strutturi la riflessione della teologia sistematica. La possibilità di una stagione nuova per la teologia sitematica è legata alla ricerca di nuovi modelli (cfr. S. MURATORE, «Formazione teologica. Alla ricerca di nuovi modelli») e a considerazioni generali sulla odierna possibilità di fare teologia sitematica (cfr. F.S. CUCINOTTA, «Per una nuova storia dei dogmi»). L'alternativa posta in campo è radicale: o il declino o il rinnovamento (cfr. C. GEFFRÉ, «Déclin ou renouveau de la théologie dogmatique?»). Nel dibattito post-conciliare questo stato di sofferenza è esplicitamente collegato a tutti gli elementi di ricerca teologica indicati a volte come indici, a volte come cause: la fine di una filosofia universalmente accettata, la complessità della cultura, la molteplicità degli approcci (speculativo, critico, fenomenologico, linguistico, ermeneutico…), l'incertezza epistemologica della teologia; l'incidenza del pluralismo, la problematica dell'ecumenismo, la pratica del dialogo interreligioso, il fascino della teologia negativa, la novità dell'estetica teologica, la radicalità dell'esperienza mistica. Questo lungo elenco, non completo, costringe a riformulare il problema dell'identità, del ruolo e della funzione della teologia sistematica: come orientarsi in un'epoca di frantumazione sempre più evidente del sapere e su quali basi impegnare oggi il processo di sistematizzazione teologica che, senza ridurre l'estrema diversità di approcci, osi proporre un percorso organico e unificato? Tra i molteplici tentativi di superare le lacune della teologia manualistica e post-manualistica abbiamo affrontato la sistematizzazione trascendentale di Rahner e la riflessione sistematica, ispirata dall'istanza kerigmatica, di Balthasar, con l'evidente necessità di una circolarità tra sistematica e fondamentale come modalità più appropriata al superamento dello «stato di sofferenza» (cfr. D. TRACY, «Necessità e insufficienza della teologia fondamentale», 41-58; A. MARGARITTI, «Teologia sistematica e teologia fondamentale: difficoltà del rapporto», 377-387). La figura della circolarità – avendo come criterio di sistematizzazione teologica l'esigenza di unità, di organicità, di convergenza, specifica l'architettura sintetica e il disegno organico – suppone la correlazione nella linea dell'opposizione polare guardiniana,: la circolarità tra *affectus/assensus fidei* e *intellectus fidei*, tra creazione e rivelazione, tra concetto e simbolo, e infine tra teoria del sapere e teoria del vissuto.

discepoli di Emmaus (Lc 24,13-35)[23], perché contiene la mappa che raccoglie in sintesi molti aspetti che il nostro lavoro ha evidenziato come essenziali per una fenomenologia del «venire alla fede». Il testo lucano non solo delinea l'oggetto della fede pasquale («Veramente il Signore è risorto!»), ma indica anche le possibilità/condizioni per la genesi della fede per il credente di ogni tempo: l'incontro con il Signore che trasforma le convinzioni che impediscono il riconoscimento, l'ascolto della parola che arde il cuore, la condivisione del Pane spezzato che apre gli occhi al riconoscimento, la testimonianza che edifica la Chiesa. Secondo il testo di Luca emergono le tre condizioni per poter riconoscere Gesù come il *vivente*[24]: la *Parola* come memoria

---

[23] Questo brano evangelico, ritenuto emblematico per illustrare l'incontro con il Risorto, ha avuto una significativa ricezione teologica. Così, nelle proposte teologico-fondamentali P. CODA, *Teo-logia*, 20-27, è messo all'inizio dell'opera, evidenziando quattro momenti dell'incontro con Gesù, S. PIÉ-NINOT, *La teologia fondamentale*, 440-442, lo presenta nel cuore come l'epilogo della cristologia fondamentale, e F.G. BRAMBILLA, *Il Crocifisso risorto*, 271-289, con l'eccellente 'meditazione teologia' (che in parte seguiremo qui) conclude il trattato sul rapporto tra la risurrezione di Gesù e la fede dei discepoli. Per una corretta interpretazione esegetica, che ne mette in rilievo anche la pregnanza teologica, cfr. G. ROSSÉ, *Il Vangelo di Luca. Commento esegetico e teologico*, 1015-1032. Per le conseguenze di questa pericope in ordine alla comprensione della natura e del metodo in teologia cfr. G. MURA, «Ermeneutica e 'Gesù in mezzo': Emmaus».

[24] La struttura letteraria del brano evangelico può essere compresa nella prospettiva di una costruzione simmetrica/drammatica di contrasto, ma anche interpretata secondo una linea continua e progressiva. Il centro del racconto e l'obiettivo principale della composizione è annunciare la verità basilare che Gesù è vivo, come mostra lo schema della struttura (simile a quella proposta da L. Dussant):

A: Introduzione: due discepoli in *cammino* verso Emmaus (v. 13);
       conversazione su reminiscenze (v. 14);
  B: L'*apparizione* di Gesù che cammina insieme a loro (v. 15);
    C: Ma i loro *occhi* erano incapaci di *riconoscerlo* (v. 16);
      D: Intensità dell'*alterco* (v. 17b) e *sosta* (v. 17c);
         Gesù dà l'*impressione* di non sapere (v. 18-19a);
        E: I discepoli interpretano la *vita* di Gesù come di un *profeta*
           dinanzi al popolo (v. 19)
           le sue *sofferenze* (v. 20),
           ed esprimono la loro *delusione* (v. 21);
          F: Alcune *donne* dicono che hanno trovato il sepolcro vuoto e
             che hanno visto degli angeli (v. 22)
            G: EGLI È VIVO (v. 23c);
          F':   Alcuni si sono recati al sepolcro e hanno verificato che le
             donne avevano ragione, ma lui non lo hanno visto (v. 24);

piena di speranza che porta alla conversione, l'*Eucaristia* vissuta nell'ospitalità in cui si riconosce Gesù e la *comunità ecclesiale* che proclama la risurrezione e verifica il cammino dei discepoli. L'analisi dell'episodio cercherà di rispondere alla domanda iniziale di questo scritto, posta come problematica già dalla seconda generazione cristiana e ripetuta da tutte le successive, cioè come posso accedere oggi all'evento della Pasqua di Gesù, come posso diventare contemporaneo del Risorto, come la sua singolarità storica diventa universale per ogni uomo/epoca, infine come il Signore si fa incontrare?

Preludio: il cammino e la situazione dei discepoli. L'episodio si apre con la metafora del cammino che costituisce l'indice di superficie dell'incontro e che ritorna all'inizio, al centro e alla fine del racconto (vv. 13.32.35). I discepoli sono in cammino, però in un movimento centrifugo rispetto al luogo dell'evento pasquale. Il loro allontanamento da Gerusalemme, quindi, non è la missione (cfr. Lc 10,1), bensì la fuga. Questa è la direzione in cui leggere lo stato spirituale dei discepoli, ben descritta dalla figura del volto triste, dall'interruzione del cammino e dall'incapacità a riconoscere il Risorto che li caratterizza lungo la strada. La fatica a riconoscere Gesù è come la soglia di ingresso all'incontro con il Signore, è il liminare della fede pasquale, è la contestazione di ogni pretesa che pensi di riconoscerlo a partire dal già noto, dagli schemi, pur inevitabili, che ci consegnano l'esperienza umana e la tradizione religiosa. Non basta solo una testimonianza, una voce sull'attesa della speranza e del desiderio più profondo dell'uomo, occorre un'incontro con il Signore: un incontro del suo darsi-a-incontrare e del nostro voler-incontrare. Le conversazioni o teologizzazioni, se pur profonde e brillanti, non potevano/possono riempire il vuoto lasciato dalla delusione della vita causata dalla morte di Gesù. I discepoli si sono trovati davanti ad un sapere che non sa, capace di raccontare per filo e per segno tutta la vicenda del profeta di Nazaret,

---

E':   Gesù esprime la sua *delusione* riguardo ai discepoli (v. 25);
        parla delle *sofferenze* (V. 26);
        ed interpreta la sua *vita* a partire dai *profeti* (v. 27);

D':   Gesù dà l'*impressione* come se volesse proseguire la strada (v. 28b);
        intensità dell'*invito* (v. 29a) e *sosta* (v. 29bcd);

C':   I loro *occhi* si aprirono e lo *riconobbero* (v. 31ab);

B': La *disaparizione* di Gesù (v. 31c).

A':   Conclusione: *conversazione* su reminiscenze (v. 32);
     cammino verso Gerusalemme (v. 33ab).

senza tuttavia la chiave che ne dischiuda la memoria viva ed attualizzante. Essi sono pronti ad insegnare anche al viandante straniero quello che loro soli non capiscono. La cornice dell'episodio delinea dunque l'ambivalenza del desiderio, la sua inesorabile oscillazione tra un cercare e un sapere che vuole affidarsi e la tentazione di confinare l'incontro entro la pretesa di un sapere calcolante e di un agire prefigurante. Perciò, prima di puntare subito lo sguardo su Cristo, il Vangelo ci mostra la qualità della nostra vista («i loro occhi erano incapaci») e del nostro agire («si fermarono col volto triste») per misurare bene la qualità delle nostre attese, dei nostri desideri e delle nostre speranze. L'incontro con il Risorto si innesta sulla dialettica della speranza: tra la sua *storica chiusura nel passato* («noi speravamo che fosse lui...»), che è proprio la sua soppressione perché l'interruzione del desiderio non riesce più a far spazio alla libertà che ricerca e che non concede più tempio all'intervento di Dio («sono passati tre giorni da ciò che è accaduto»), e la sua *costitutiva apertura* che lascia lo spazio e il tempo nell'anima per la realizzazione del desiderio. Per la teologia da qui emerge la necessità di conoscere bene l'umanità dell'uomo, cioè di comprenderla nella sua complessità conoscendone la sua struttura e natura, saperi ed ignoranze, sentimenti ed aspettative, delusioni e speranze.

Primo atto: la presenza sconosciuta. Nel groviglio del desiderio che sa, ma non sa, e che cerca, ma non trova, «Gesù in persona si accostò» ai discepoli facendo aprire il loro desiderio allo stupore. L'intreccio centrale del secondo momento è tra il *lettore* e il *discepolo*. Il lettore a differenza dal discepolo subito conosce che nello straniero viandante è da vedere Gesù, però questo sapere diventa credente solo attraverso il cammino del discepolo. Le tappe dell'itinerario della mente e del cuore dei discepoli di Emmaus restano paradigma della genesi della fede pasquale per tutti. Anzitutto, i discepoli sperimentano l'*alterità* del protagonista («tu solo sei straniero in Gerusalemme»), nonostante sono stati a lungo segnati dalla convivenza con lui. Questo elemento della presenza sconosciuta, sconvolgente per ogni logica empirista e razionalista, si trasforma nella prossimità di Gesù che si fa percepibile non per un sapere che vuole possedere, calcolare, com-prendere, ma per un sapere che si affida, che in-tende, in una *coscienza/sapere credente*. Dopo il primo passo del cammino che descrive l'ermeneutica del desiderio, la conversione dello sguardo *dalla meraviglia allo stupore*: si tratta del processo di riscattare il cuore da una meraviglia incredula che si affida alle analogie della storia per aprirla allo stupore che vede la storia come possibile luogo della verità di Dio. In altre parole, dalla bocca dei discepoli sentiamo un vangelo lucano in miniatura, rapidissimo e incalzante, i fatti nudi e crudi della storia di Gesù ma che non è un annuncio buono perché non va al di là della sua morte. Si arriva persino al segno della fede del sepolcro vuoto, ma si conclude con la lapidaria affermazione che «alcuni dei nostri sono andati al sepolcro», ma «non l'hanno visto!», cioè tutto si ferma sulla storia separata della fede, sulla meraviglia incredula. Il secondo passo, quindi, è la riscoperta che è il dono che sta all'origine della nostra vita e che ha la forma di una *prossimità che ci precede*. Essa però non si fa presente in modo diretto, ma in prima battuta sembra lasciare traccia come nostalgia di un'assenza, come mostra il racconto della cronaca muta della vicenda di Gesù. I discepoli si lasciano toccare dalla notizia delle donne con la quale il passato della speranza è incrinato e si apre allo stupore della presenza assente, ma è ancora presente una meraviglia che vorrebbe toccare e vedere. Però, il desiderio viene purificato, perché non si concepisca come bisogno immediato che si aggrappa ad una presenza rassicurante, ma deve piuttosto leggere le tracce della presenza del Risorto come segni che rinviando oltre e non costituiscono un possesso certo. La *purificazione del desiderio* guarisce la ferità della *libertà* che è il suo orgoglio inconsapevole. La libertà così vive il suo Sabato santo, giorno del silenzio di Dio e dell'incredulità umana, giorno della discontinuità tra agire degli uomini e intervento di Dio, l'unico giorno nel quale l'unico segno è l'assenza di ogni segno. Il silenzio di Dio di quel giorno che continua anche nel secondo passo del cammino in Emmaus, contiene la promessa della risurrezione e la rinascita della libertà nella fede pasquale. Per la prima volta appare, l'espressione *Egli è vivo*, sembra come venire da lontano, da un sapere estraneo. La teologia fondamentale impara da questo passo: 1) che la positivistica ricerca delle «prove» per la fede, di esperienze rassicuranti e sbaraglianti, che non si affidano all'inequivocabile evidenza della dedizione di Dio e all'aspettativa del momento della grazia dell'incontro, non conducono alla fede; 2) che è imprescindibile ascoltare attentamente e conoscere bene gli interlocutori prima di poter rivolgergli la parola giusta ed adatta.

Secondo atto: l'ascolto e la ripresa memoriale. La nuova sezione comincia con il rimprovero e brusco risveglio dei discepoli da parte di Gesù che interpreta la loro ricerca e la loro *memoria senza fede* come un'ottusità della mente e un ritardo del cuore. Infatti, la mente e il cuore hanno trasformato la parola dei profeti in tranquillo possesso, costruendo un'immagine erronea di Dio. Perciò la fede prepasquale dei discepoli ha da essere ri-convertita e ri-presa da Gesù in persona che dice la verità di Dio nella sua stessa vicenda, essendo l'unità di messaggio e di persona. Agire di Dio, storia di Gesù e la fede dei discepoli sono dunque adesso e per sempre raccolti dalla sua persona rischiarante. Il lettore, dunque, ora quando è arrivato alla fine, bisogna che riavvolga il rotolo e ritorni indietro per lasciarsi guidare attraverso la scrittura. La *Parola di Dio* illumina l'identità di Gesù che occorre riconoscere come *Crocifisso* e come *Risorto*, come svela la sua urgente domanda retorica: «Non bisognava che il Cristo sopportasse queste sofferenze per entrare nella sua gloria?». Gesù risorto ci dice che la sua *morte di croce*, nella quale egli è reietto in nome di una falsa immagine di Dio, esprime la sua dedizione incondizionata alla causa dell'Abbà, di Dio intento all'uomo. Per questa ragione ci invita a contemplare le *piaghe* del Crocifisso nel Risorto. Esse sono i segni di una dedizione sconfinata che rimane fedele fino alla fine per annunciare la prossimità di Dio ai piccoli, che resta ancorata all'immagine di Dio che ama infinitamente e incondizionatamente. Qui, nell'identificazione del messaggio e della persona di Gesù sottoposta alla crisi della croce, si compie la svolta e la riconversione della fede prepasquale. Solo l'incontro e l'ascolto di Gesù, in quanto compagno ed interprete presente per ogni generazione, fanno ardere il cuore e toccare la profondità dell'essere umano. Sia per i discepoli che per il lettore la parola/scrittura di/su Gesù è una «compagnia ermeneutica» che non verrà mai meno. Nel *conversare* di Gesù c'è un'unità del passato, presente e futuro: i discepoli lo dicono al passato, lo attestano nel presente, lo testimoniano per il lettore/ascoltatore futuro. In questa pericoresi del tempo è collocato il tesoro prezioso, la perla unica della morte gloriosa, del Risorto crocifisso, delle piaghe trasfigurate. La teologia fondamentale in questo passo si rende conto che: 1) l'identità delle «discipline di frontiera» forse richiede la traduzione in «disciplina avvincente ed avvicinante», capace di far ardere il cuore; 2) l'annuncio è la parola viva, cristologica e cristocentrica, che rivela la verità della presenza, accessibilità ed amore di Dio; 3) questo richiede la presenza del capitolo sull'articolata e precisa interpretazione teologica della redenzione/sostituzione; 4) il rapporto dialogico con il Signore attraverso la Parola/parola, che nel presente si realizza nel rito e nella preghiera, è il momento eccezione della/per-la genesi della fede.

Culmine: la dimora e il riconoscimento per i segni. Dopo che il cuore è scaldato e la mente illuminata dalla parola di Gesù, sembra che siamo arrivati alla meta del viaggio di fuga. È giunta la sera e il personaggio, ancora misterioso per i discepoli, «fece come se dovesse andare più lontano». Il tramonto del giorno e la metafora della notte, che spesso rappresenta l'incertezza e la solitudine, per Gesù è sempre la portatrice di una situazione privilegiata: della scoperta della verità della rinascita/rinnovamento nello Spirito o dell'incontro con il Padre nella preghiera fino all'epifania davanti ai discepoli. Questa metafora rispecchia il tempo dell'attesa e dell'ospitalità, il tempo della Chiesa. Così, il racconto raggiunge il suo culmine nell'insistenza dei discepoli: «resta con noi». L'invocazione nostalgica di Israele e dell'umanità intera, di entrare in comunione con Dio, arriva simbolicamente qui al suo culmine perché nel personaggio misterioso, che proviene da una regione straniera, *Dio prende dimora* tra gli uomini: «Egli entrò per dimorare con loro». Forse l'uomo crede di far spazio a Dio perché la sua libertà/volontà è uscita da sé stessa per ospitare il suo mistero, ma nel momento decisivo si scopre di essere già sin dall'inizio ospitato dalla compagnia di Dio e la sua libertà/volontà di prendere dimora tra gli uomini. L'*ospitalità* si fa commensalità dove la mensa diventa il luogo dell'incontro e della condivisione. I discepoli invitano ma è il Signore che presiede la cena: «Quando fu a tavola con loro, prese il pane, disse la benedizione, lo spezzò, lo diede loro». Incontrare il Signore Risorto significa ospitarlo dentro lo spazio della propria libertà nel cammino/pellegrinaggio e ciò comporta che la voglia si purifichi e maturi come dimora per la comunione/amore. Questa situazione è uguale sia per i discepoli che per i lettori, in essa coincidono perché c'è l'intreccio delle condizioni spazio-temporali e delle situazioni spirituali. I discepoli di Emmaus pervengono all'incontro con il Risorto: «allora si aprirono i loro occhi e lo riconobbero», ma è collocato nella stessa condizione del lettore di tutti i tempi: «egli sparì dalla loro vista». Il «*venire-alla-fede*» dei discepoli e il «*darsi-a-vedere*» del Risorto hanno dunque la *stessa struttura* per la prima generazione dei discepoli che per ogni successiva: vuol dire che non si può riconoscere il Risorto che nella *forma della fede*. Così il lettore di seconda mano capisce che il suo svantaggio, la distanza temporale con l'incontro avviene nel segno, perché anche il contatto storico con Gesù era il segno per un «riconoscimento/vedere credente», che si lascia guidare dalla parola illuminante e ospitare dalla presenza che crea comunione. Ricondotta alla sua origine – l'evento di Gesù Cristo, il Signore Crocifisso e Risorto – la parola scritta e il pane spezzato sono il luogo vivente per l'incessante incontro con il Risorto. Il tardo riconoscimento di Cleopa e dell'altro discepolo non è causato dalla deficienza dello sguardo interiore, dall'assenza/inattenzione della coscienza credente. Essi sono piuttosto lenti a credere perché per giungere alla fede occorre un dono del Risorto stesso, il quale come se aspettasse la previa deliberazione della libertà/volontà umana per l'ascolto e per l'ospitalità per premiarla con il *dono della fede*. La teologia fondamentale da questa lezione prende coscienza che: 1) l'argomentazione intellettuale non basta per la genesi della fede, ma che la fede/riconoscimento è il dono del Risorto all'amore e alla fiducia concreti a lui concessi; 2) i segni assieme alle metafore/simboli del linguaggio teologico, hanno un ruolo del tutto particolare/essenziale per l'accesso alla verità della fede.

Epilogo: il ritorno testimoniale. Dopo l'apertura degli occhi nella fede nello spezzare del pane, la parola interpretante si riconosce come una compagnia ermeneutica che non finisce, che arde il cuore e dà impulso da cui si lancia un'interminabile *testimonianza*. Il senso del cammino dei discepoli ora si capovolge: esso non è più una fuga ma diventa ritorno missionario. I discepoli «fecero ritorno a Gerusalemme» affinché la parola trasmessa diventi continuamente la parola ricevuta. I discepoli «trovarono riuniti gli *Undici* e gli *altri* che erano con loro». Si tratta, quindi, della missione che fa accedere ogni uomo e ogni donna al mistero di Dio nel gesto della cena Pasquale, prolungando la Pasqua di Gesù per ogni tempo. Perciò, la missione/testimonianza è saldamente legata alla tradizione e alla comunione, essa è la viva espressione della comunità che ha sperimentato e annuncia/riconosce che Gesù è in mezzo a essa. La missione è il segno reale che fa incontrare veramente «il Signore che è veramente risorto ed è apparso a Simone». La dinamica della missione dei discepoli di Emmaus e del lettore di ogni tempo, divenuto discepolo, è quindi che tornano a Gerusalemme, alla Chiesa, con gioia e con l'entusiasmo della testimonianza, per ripartire di nuovo. Il brano ci ha mostrato che ogni lettore/discepolo può compiere il santo viaggio che gli fa incontrare il Signore Risorto che continua a conversare e farsi riconoscere fino alla fine dei secoli, però per ogni singolo uomo quando e dove Egli vuole. Per la teologia, questo ancora una volta conferma che *intellectus*, *affectus* e *confessio fidei* inseparabilmente vanno insieme ed interagiscono insieme. Nel cammino con il Signore, nel conversare con lui, nell'ascoltare la sua parola, nell'ospitare la sua presenza e nel testimoniare l'unità della comunità credente/confessante – dove gli intelletti si illuminano e i cuori ardono – avviene il riconoscimento reciproco e la genesi/nascita della fede.

SIGLE E ABBREVIAZIONI

Aa	*Aut-aut*, Milano
AnPh	*Annuaire philosophique*, Paris
Asp.	*Asprenas*, Napoli
AT	Antico Testamento
Bib	*Biblica*, Roma
CCC	*Catechismo della Chiesa Cattolica*, Città del Vaticano 1992
CivCatt	*La Civiltà Cattolica*, Roma
Civitas	*Civitas*, Mannheim
Com(D)	*Communio. Internationale katolische Zeitschrift*, Einsiedeln
Com(I)	*Communio. Rivista internazionale di Cultura e Teologia*, Milano
Com(US)	*Communio. International catholic Review*, Washington
Conc(I)	*Concilium. Rivista internazionale di teologia*, Brescia
CTF	W. KERN – H.J. POTTMEYER – M. SECKLER, ed., *Corso di teologia fondamentale*, I-IV, Brescia 1990 (orig. ted. 1985-1988)
CTI	COMMISSIONE TEOLOGICA INTERNAZIONALE
Div.	*Divinitas*, Roma
DizTF	R. LATOURELLE – R. FISICHELLA, ed., *Dizionario di Teologia Fondamentale*, Assisi 1990
DS	H. DENZINGER – A. SCHÖNMETZER, *Enchiridion Symbolorum Definitionum et Declarationum de rebus fidei et morum*, ed. P. HÜNERMANN, Bologna 1995
ed.	curatore, curatori (*edidit, ediderunt*)
FdG	G. CANOBBIO, ed., *La fede di Gesù*. Atti del convegno tenuto a Trento il 27-28 maggio 1998, Bologna 2000

FilTeo	*Filosofia e teologia*, Napoli
FZPhTh	*Freiburger Zeitschrift für Philosophie und Theologie*, Freiburg
Gr.	*Gregorianum*, Roma
HerKor	*Herder-Korrespondenz*, Freiburg
HoTh	*Ho Theológos*, Palermo
Hum(B)	*Humanitas*, Brescia
Ibid.	*Ibidem*
ID.	Idem
IThQ	*Irish theological quarterly*, Maynooth
JRSt	*Journal of religious studies*, Patiala
Lat.	*Lateranum*, Roma
MySal(it.)	*Mysterium Salutis. Nuovo corso di teologia dogmatica come storia della salvezza*, ed. J. FEINER – M. LÖHRER, I-XIII, Brescia 1967ss
MySal(ted.)	*Mysterium Salutis. Grundriss heilsgeschichtlicher Dogmatik*, ed. J. FEINER – M. LÖHRER, Einsiedeln 1965ss
n.	nota / note
NRTh	*Nouvelle Revue Theologique*, Louvain
NS	K. RAHNER, *Nuovi Saggi*, Roma 1968ss
NT	Nuovo Testamento
NU	*Nuova umanità*, Roma
orig. franc.	originale francese
orig. spagn.	originale spagnolo
orig. ted.	originale tedesco
orig.	versione originale
p. es.	per esempio
Para.	*Paradigmi. Rivista di critica filosofica*, Milano
RAMi	*Revue d'Ascétique et de Mystique*, Toulouse
RCI	*Rivista del Clero Italiano*, Roma
RdT	*Rassegna di Teologia*, Roma
RStB	*Ricerche storico bibliche*, Bologna
RT	*Ricerce Teologiche*, Roma
RTL	*Revue Théologique de Louvain*, Louvain
RTLu	*Rivista teologica di Lugano*, Lugano
s / ss	seguente / seguenti
S.Th.	TOMMASO D'AQUINO, *Summa Theologica*; trad. it., *La Somma Teologica*, Bologna 1984 (traduzione e commento a cura dei Domenicani italiani, testo latino dell'edizione leonina)
SacMu(it.)	*Sacramentum Mundi*, ed. A. DARLAP – K. RAHNER, Brescia 1974ss
SacMu(ted.)	*Sacramentum Mundi*, ed. A. DARLAP – K. RAHNER, Freiburg 1968ss

Sal.	*Salesianum*, Torino
SaThZ	*Salzburger Theologische Zeitschrift*
ScC	*La Scuola Cattolica*, Milano
Seels.B	*Der Seelsorger.Theologie der Zeit*, Wien
St	*Studium*, Roma
StPat	*Studia Patavina*, Padova
StZ	*Stimmen der Zeit*, Freiburg
SzTh	K. RAHNER, *Schriften zur Theologie*, Einsiedeln 1954ss
TeFi	*Teologia e Filosofia*, Città del Vaticano
TeoFond	G. LORIZIO, ed., *Teologia fondamentale*, I-IV, Roma 2004
Teol	G. BARBAGLIO – G. BOF – S. DIANICH, ed., *Teologia*, Cinisello Balsamo 2002
Teol(M)	*Teologia*, Milano
TeV	*Teologia e Vita*, Napoli
TGTeol	Tesi Gregoriana. Serie Teologia
ThPh	*Theologie und Philosophie*, Freiburg
ThQ	*Theologische Quartalschrift*, Tübingen
trad. it.	traduzione italiana
Tran.	*Transversalités*, Paris
TRE	*Theologische Realenzyklopädie*
TS	*Theological Studies*, Woodstock
TThZ	*Trierer Theologische Zeitschrift*, Trier
v. / vv.	versetto / versetti
ZKTh	*Zeitschrift für katholische Theologie*, Wien
ZThK	*Zeitschrift für Theologie und Kirche*, Tübingen

BIBLIOGRAFIA

La bibliografia, suddivisa in cinque parti, riporta le referenze complete dei testi citati nel lavoro. I criteri seguiti per l'impiego dei testi e la stesura della bibliografia sono illustrati dai seguenti punti:

1) Le prime quattro parti fanno riferimento singolarmente agli autori specificamente affrontati nei primi quattro capitoli (Balthasar, Rahner, Sequeri, Werbick) seguendo l'ordine della presentazione. Qui vengono impiegati due criteri: a. la *bibliografia primaria* è redatta seguendo l'ordine alfabetico dei titoli dei testi, senza citare continuamente l'autore, in modo da facilitarne il reperimento; b. la *bibliografia secondaria* è stata redatta seguendo l'ordine alfabetico degli autori e – se dello stesso autore vi sono più contributi – si è seguito l'ordine alfabetico dei titoli.

2) La quinta parte – la *bibliografia generale* – ha un carattere più generale e fa riferimento soprattutto al *Prologo* e all'*Epilogo*. I testi sono riportati secondo l'ordine alfabetico degli autori e – se dello stesso autore vi sono più contributi – secondo l'ordine alfabetico dei titoli.

3) Siccome le opere di *Balthasar* e di *Rahner* sono citate nella lingua in cui è stata scritta la tesi, nella *bibliografia primaria* si è preferito non cambiare linea e fare riferimento ai testi in versione italiana, riportando contemporaneamente la referenza completa in lingua originale.

4) Siccome la prospettiva teologica seguita da *Sequeri* e da *Werbick* non è ancora entrata seriamente nel circuito del dibattito teologico, non sono elencati specifici studi pubblicati su di loro. Perciò, la rispettiva *bibliografia secondaria*, che si riduce ai riferimenti generici o alle recensioni, viene riportata nella bibliografia generale.

5) Nella *bibliografia secondaria* e nella *bibliografia generale* si è fatto riferimento ai testi usati durante la ricerca, e se queste sono opere tradotte si indica tra parentesi solo la lingua e l'anno di apparizione della versione originale, senza riportarne i riferimenti completi.

1. Bibliografia di Hans Urs von Balthasar

1.1 Opere di H.U. von Balthasar

Abbattere i bastioni, Torino 1966; orig. ted., *Schleifung der Bastionen. Von der Kirche in dieser Zeit*, Einsiedeln 1952.

«L'accesso umano alla realtà di Dio», in *MySal*(it.), III, Brescia 1969, 19-59 = «Il movimento verso Dio», in *Spiritus Creator. Saggi teologici,* III, Brescia 1972, 13-50; orig. ted., «Der Zugang zur Wirklichkeit Gottes», in *MySal*(ted.), II (1967) 15-45 = «Bewegung zu Gott», in *Spiritus Creator. Skizzen zur Theologie*, III, Einsiedeln 1967, 13-50.

«Ancora un decennio» (1975), in *La mia opera ed Epilogo*, Milano 1994 (orig. ted. 1987-1990), 75-85.

Apokalypse der deutschen Seele. Studien zu einer Lehre von letzten Haltungen, I-III, Einsiedeln 1998 (orig. 1937-1939) [rielaborazione della tesi di laurea del 1930].

«Chi è l'uomo?», in *Lo Spirito e l'istituzione. Saggi teologici*, IV, Brescia 1979, 12-32; orig. ted., «Wer ist der Mensch», in *Pneuma und Institution. Skizzen zur Theologie*, IV, Einsiedeln 1974, 13-25.

Con occhi semplici. Verso una nuova coscienza cristiana, Roma – Brescia 1970 = in *Gesù e il cristiano*, Milano 1998, 377-450; orig. ted., *Einfaltungen. Auf Wegen christlicher Einigung*, München 1969.

Cordula ovverosia il caso serio, Brescia 1968 = in *Gesù e il cristiano*, Milano 1998, 175-249; orig. ted., *Cordula oder der Ernstfall*, Einsiedeln 1966.

Il cuore del mondo, Brescia 1964; orig. ted., *Das Herz der Welt*, Arche, Zürich 1945.

Die Gottesfrage des heutigen Menschen, Wien 1956.

«Due modalità di fede», in *Spiritus Creator. Saggi teologici*, III, Brescia 1967, 73-87; orig. ted., «Zwei Glaubensweisen», in *Spiritus Creator. Skizzen zur Theologie*, III, Einsiedeln 1967, 76-91.

Epilogo, in *La mia opera ed Epilogo*, Milano 1994, 93-167; orig. ted. *Epilog*, Einsiedeln 1987.

«La facoltà visiva dei cristiani», in *Homo creatus est. Saggi teologici*, V, Brescia 1991, 57-66; orig. ted., «Vom Schauvermögen der Christen», in *Homo creatus est. Skizzen zur Theologie*, V, Einsiedeln 1986, 52-60.

«La fede dei semplici», in *Spiritus Creator. Saggi teologici*, III, Brescia 1972, 49-71; orig. ted., «Der Glaube der Einfältigen», in *Spiritus Creator. Skizzen zur Theologie*, III, Einsiedeln 1967, 51-75.

«Fides Christi», in *Sponsa Verbi. Saggi teologici*, II, Brescia 1972, 41-74; orig. ted., *Sponsa Verbi. Skizzen zur Theologie*, II, Einsiedeln 1961, 45-79.

«La forma cristiana», in *Lo Spirito e l'istituzione. Saggi teologici*, IV, Brescia 1979, 33-52; orig. ted., «Die christliche Gestalt», in *Pneuma und Institution. Skizzen zur Theologie*, IV, Einsiedeln 1974, 38-60.

Gloria. Un'estetica teologica. I. *La percezione della forma*, Milano 1975, 1994^2; orig. ted., *Herrlichkeit. Eine theologische Ästhetik*. I. *Schau der Gestalt*, Einsiedeln 1961.

Gloria. Un'estetica teologica. II. *Stili ecclesiastici*, Milano 1978, 1985^2; orig. ted., *Herrlichkeit. Eine theologische Ästhetik*. II/1. *Fächer der Stile. Klerikale Stile*, Einsiedeln 1962.

Gloria. Un'estetica teologica. III. *Stili laicali*, Milano 1976, 1986^2; orig. ted., *Herrlichkeit. Eine theologische Ästhetik*. II/2. *Fächer der Stile. Laikale Stile*, Einsiedeln 1962.

Gloria. Un'estetica teologica. IV. *Nello spazio della metafisica: l'antichità*, Milano 1977, 1986^2; orig. ted., *Herrlichkeit. Eine theologische Ästhetik*. III/1/1. *Im Raum der Metaphisyk. Altertum*, Einsiedeln 1965.

Gloria. Un'estetica teologica. V. *Nello spazio della metafisica: l'epoca moderna*, Milano 1978, 1991^2; orig. ted., *Herrlichkeit. Eine theologische Ästhetik*. III/1/2. *Im Raum der Metaphisyk. Neuziet*, Einsiedeln 1965.

Gloria. Un'estetica teologica. VI. *Antico patto*, Milano 1980, 1991^2; orig. ted., *Herrlichkeit. Eine theologische Ästhetik*. III/2/1. *Alter Bund*, Einsiedeln 1968.

Gloria. Un'estetica teologica. VII. *Nuovo patto*, Milano 1977, 1991^2; orig. ted., *Herrlichkeit. Eine theologische Ästhetik*. III/2/2. *Neuer Bund*, Einsiedeln 1969.

Homo creatus est. Saggi teologici, V, Brescia 1991; orig. ted., *Homo creatus est. Skizzen zur Theologie*, V, Einsiedeln 1986.

«Incontrare Dio nel mondo odierno», in *Spiritus Creator. Saggi teologici*, III, Brescia 1972, 252-267; orig. ted., «Gott begegnen in der heutigen Welt», in *Spiritus Creator. Skizzen zur Theologie*, III, Einsiedeln 1967, 264-279.

«La mia opera», in *La mia opera ed Epilogo*, Milano 1994, 23-91; orig. ted. *Mein Werk. Durchblicke*, Einsiedeln 1990.

Mysterium Paschale, in *MySal*(it.) 6 (1971) 171-412 = *Teologia dei tre giorni*, Brescia 1990; orig. ted., *MySal*(ted.) 3/2 (1969), 133-326 = *Theologie der drei Tage*, Eindiedeln 1969.

Nella preghiera di Dio. La preghiera contemplativa – Il rosario – Primo sguardo su Adrienne von Speyr, Milano 1997.

Nuovi punti fermi, Milano 1980, 1991²; orig. ted., *Neue Klarstellungen*, Einsiedeln 1979.

Il nostro compito. Resoconto e progetto, Milano 1991; orig. ted., *Unser Auftrag. Bericht und Entwurf. Einführung in die von Adrienne von Speyr gegründete Johannesgemeinschaft*, Einsiedeln 1984.

«Gli occhi di Pascal», in *Homo creatus est. Saggi teologici*, V, Brescia 1991, 67-84; orig. ted., «Die Augen Pascals», in *Homo creatus est. Skizzen zur Theologie*, V, Einsiedeln 1986, 61-77.

Il padre Henri de Lubac. La tradizione fonte di rinnovamento, Milano 1978; orig. ted., *Henri de Lubac. Sein organischen Lebenswerk*, Einsiedeln 1976.

«Piccola pianta dei miei libri (1955)», in *La mia opera ed Epilogo*, Milano 1994, 29-45; orig. ted., »Kleiner Lageplan zu meinen Büchern – 1955», in *Mein Werk. Durchblicke*, Einsiedeln 1990, 15-36.

«Perché sono ancora cristiano», in H.U VON BALTHASAR – J. RATZINGER, *Due saggi. Perché sono ancora cristiano. Perché sono ancora nella Chiesa*, Brescia 1971.

«La preghiera contemplativa», in *Nella preghiera di Dio. La preghiera contemplativa – Il rosario – Primo sguardo su Adrienne von Speyr*, Milano 1997.

«Primo sguardo su Adrienne von Speyr» (1975), in *Nella preghiera di Dio. La preghiera contemplativa – Il rosario – Primo sguardo su Adrienne von Speyr*, Milano 1997, 273-336, orig. ted. *Erster Blick auf Adrienne von Speyr*, Einsiedeln 1968.

Prüfet alles – das Gute behaltet, Ostfildern 1986 [edizione riveduta ed ampliata dell'intervista concessa ad Angelo Scuola e pubblicata originariamente in italiano con il titolo *Viaggio nel postconcilio*, «*Trenta Giorni*» anno 3, n.10].

Punti Fermi, Milano 1972; orig. ted., *Klarstellungen. Zur Prüfung der Geister*, Einsiedeln 1971.

Quel che devo a Goethe. Discorso per il conferimento del premio Mozart (1987), in E. GUERRIERO, *Hans Urs von Balthasar*, Cinisello Balsamo 1991, 395-400 = in E. GUERRIERO, *Il dramma di Dio. Letteratura e teologia in Hans Urs von Balthasar*, Milano 1999, 97-101.

«Resoconto (1965)», in *La mia opera ed Epilogo*, Milano 1994, 47-73; orig. ted. «*Rechenschaft 1965*», Einsiedeln 1965.

Romano Guradini. Riforma delle origini, Milano 1970; orig. ted., *Romano Guardini. Reform aus dem Ursprung*, Einsiedeln 1970.

Se non diventerete come bambini, Casale Monferrato 1995; orig. ted., *Wenn ihr nicht werdet wie dieses Kind*, Einsiedeln 1988.

«La sede della teologia», in *Verbum Caro. Saggi teologici*, I, Brescia 1968, 165-199; orig. ted., «Der Ort der Theologie», in *Verbum Caro. Skizzen zur Theologie*, I, Einsiedeln 1960, 159-171.

La semplicità del cristiano, Milano 1987; orig. ted., *Christen sind einfältig*, Einsiedeln 1983.

Solo l'amore è credibile, Torino 1965; orig. ted., *Glaubhaft ist nur Liebe*, Einsiedeln 1963.

Sorelle nello spirito: Teresa di Lisieux e Elisabetta di Digione, Milano 1991; orig. ted., *Schwestern im Geist. Therese von Lisieux und Elisabeth von Dijon*, Einsiedeln 1970.

Lo Spirito e l'istituzione. Saggi teologici, IV, Brescia 1979; orig. ted., *Pneuma und Institution. Skizzen zur Theologie*, IV, Einsiedeln 1974.

«Spiritualità», in *Verbum Caro. Saggi teologici*, I, Brescia 1968, 230-247; orig. ted., «Spiritualität», in *Verbum Caro. Skizzen zur Theologie*, I, Einsiedeln 1960, 226-244.

Spiritus Creator. Saggi teologici, III, Brescia 1972; orig. ted., *Spiritus Creator. Skizzen zur Theologie*, III, Einsiedeln 1967.

Sponsa Verbi. Saggi teologici, II, Brescia 1972; orig. ted., *Sponsa Verbi. Skizzen zur Theologie*, II, Einsiedeln 1961.

«Sul concetto di persona», in *Homo creatus est. Saggi teologici*, V, Brescia 1991, 101-110; orig. ted., «Zum Begriff der Person», in *Homo creatus est. Skizzen zur Theologie*, V, Einsiedeln 1986, 93-102.

TeoDrammatica. I. Introduzione al dramma, Milano 1980, 1987^2; orig. ted., *Theodramatik. I. Prolegomena*, Einsiedeln 1973.

TeoDrammatica. II. Le persone del dramma. L'uomo in Dio, Milano 1982, 1992^2; orig. ted., *Theodramatik. II/1. Die Personen des Spiels. Der Mensch in Gott*, Einsiedeln 1976.

TeoDrammatica. III. Le persone del dramma. L'uomo in Cristo, Milano 1983, 1992^2; orig. ted., *Theodramatik. II/2. Die Personen des Spiels. Die Personen in Christus*, Einsiedeln 1978.

TeoDrammatica. IV. L'azione, Milano 1986; orig. ted., *Theodramatik. III. Die Handlung*, Einsiedeln 1980.

TeoDrammatica. V. L'ultimo Atto, Milano 1986; orig. ted., *Theodramatik. IV. Das Endspiel*, Einsiedeln 1983.

«Teologia e santità», in *Verbum Caro. Saggi teologici*, I, Brescia 1968, 200-229; orig. ted., «Theologie und Heiligkeit», in *Verbum Caro. Skizzen zur Theologie*, I, Einsiedeln 1960, 195-225.

Teologia della storia, Brescia 1964, 1969²; orig. ted., *Theologie der Geschichte*, Einsiedeln 1959.

La teologia di Karl Barth, Milano 1985; orig. ted., *Karl Barth. Darstelung und Deutung seiner Theologie*, Köln – Olten 1951.

TeoLogica. I. Verità del mondo, Milano 1989; orig. ted., *Theologik. I. Wahrheit der Welt*, Einsiedeln 1985.

TeoLogica. II. Verità di Dio, Milano 1990, 2002²; orig. ted., *Theologik. II. Wahrheit Gottes*, Einsiedeln 1985.

TeoLogica. III. Lo Spirito della Verità, Milano 1992; orig. ted., *Theologik. III. Der Geist der Wahrheit*, Einsiedeln 1987.

Il tutto nel frammento. Aspetti di teologia della storia, Milano 1970, 1990²; orig. ted., *Das Ganze im Fragment. Aspekte der Geschichtstheologie*, Einsiedeln 1963.

«Ultimo rendiconto (1988)», in *La mia opera ed Epilogo*, Milano 1994, 87-91; orig. ted. «Rückblick – 1988», in *Mein Werk. Durchblicke*, Einsiedeln 1990, 89-96.

Verbum Caro. Saggi teologici, I, Brescia 1968; orig. ted., *Verbum Caro. Skizzen zur Theologie*, I, Einsiedeln 1960.

1.2 *Opere su H.U. von Balthasar*

ALBUS, M., *Die Wahrheit ist Liebe. Zur Unterscheidung des Christlichen bei Hans Urs von Balthasar*, Freiburg 1976.

———, «Geist und Feuer. Ein Gespräch mit Hans Urs von Balthasar», *HerKor* 30 (1976) 72-82.

BABINI, E., *L'antropologia teologica di Hans Urs von Balthasar*, Milano 1987.

———, «L'apporto di von Balthasar al concetto di persona», in R. FISICHELLA, ed., *Solo l'amore è credibile. Una rilettura dell'opera di Hans Urs von Balthasar*, Roma 2007, 247-252.

BIELER, M., «Meta-anthropology and Christology. On the Philosophy of Hans Urs von Balthasar», *Com(US)* 20 (1993) 129-146.

BRAMBILLA, F.G., *«Gesù autore e perfezionatore della fede»*, in *FdG*, 69-124 (su Balthasar 79-99).

BRITO, E., *Heidegger et l'hymne du sacre*, Leuven 1999.

CARELLI, R., «I fondamenti del metodo teologico di Hans Urs von Balthasar», in A.-M. JERUMANIS – A. TOMBOLINI, ed., *La missione teologica di Hans Urs von Balthasar*, Lugano 2005, 33-67.

CITRINI, T., «Hans Urs von Balthasar», in *Gesù Cristo. Rivelazione di Dio. Il tema negli ultimi decenni della teologia cattolica*, Vengono Inferiore 1969, 181-223.

CODA, P. – REALI, N., «Statuto e metodo della teologia», in G. CANOBBIO – P. CODA, ed., *La teologia del XX secolo. Un bilancio*, I, *Prospettive storiche,* Roma 2003, 11-87 (su Balthasar 63-67).

CORDOVILLA PÉREZ, Á., «Il mistero dell'uomo nel mistero di Cristo», in R. FISICHELLA, ed., *Solo l'amore è credibile. Una rilettura dell'opera di Hans Urs von Balthasar*, Roma 2007, 177-193.

EICHER, P., *Offenbarung. Prinzip neuzeitlicher Theologie*, München 1977, 293-343.

FISICHELLA, R., ed., *Solo l'amore è credibile. Una rilettura dell'opera di Hans Urs von Balthasar*, Roma 2007.

———, «Hans Urs von Balthasar», in R. FISICHELLA, ed., *Storia della teologia*, III, *Da Vitus Pichler a Henri de Lubac*, Bologna 1996, 765-789.

———, *Hans Urs von Balthasar. Dinamica dell'amore e credibilità del cristianesimo*, Roma 1981.

———, «Rileggendo Hans Urs von Balthasar», *Gr.* 71 (1990),511-546.

GADIENT, L., *Wahrheit als Anruf der Freiheit. Urs von Balthasar theodramatischer Erkenntnisbegriff in vergleichender Auseinandersetzung mit der transzendentalphilosophischen Erkenntniskritik Reinhard Lauths,* St. Ottilien 1999.

GIBELLINI, R., «Hans Urs von Balthasar: una teologia trinitaria», in ID., *La teologia del XX secolo*, Brescia 1992, 253-270.

GREISCH, J., «Un tournant phénoménologie de la théologie?», *Tran.* 63 (1997) 75-97.

GUERRIERO, E., *Hans Urs von Balthasar*, Cinisello Balsamo 1991.

———, *Hans Urs von Balthasar*, Brescia 2006.

HARTMANN, M., *Ästhetik als Grundbegriff fundamentaler Theologie. Eine Untersuchung zu Hans Urs von Balthasar*, St. Ottilien 1985.

HENRICI, P., «La filosofia di Hans Urs von Balthasar», in K. LEHMANN – W. KASPER, ed., *Hans Urs von Balthasar. Figura e opera*, Casale Monferrato 1991, 305-334 (orig. ted. 1987).

———, «La structure de la Trilogie de Hans Urs von Balthasar», *Tran.* 63 (1997) 15-22.

HENRICI, P., «Un'incontro tra cultura e fede: la teologia di Hans Urs von Balthasar», in A.-M. JERUMANIS – A. TOMBOLINI, ed., *La missione teologica di Hans Urs von Balthasar*, Lugano 2005, 23-32.

HOLZER, V., *Le Dieu Trinité dans l'histoire. Le différend théologique Balthasar – Rahner*, Paris 1995.

HVIDT, N.C., «Das Problem der christlichen Prophetie - Niels Christian Hvidt im Gespräch mit Joseph Kardinal Ratzinger», *Com(D)* 28 (1999) 177-188.

IMPERATORI, M., *H.U. von Balthasar: una teologia drammatica della storia. Per un discernimento dialogico nella modernità*, Roma – Milano 2001.

———, «Postmodernità e pretesa di verità cristiana. Il 'Tutto nel frammento'», in A.-M. JERUMANIS – A. TOMBOLINI, ed., *La missione teologica di Hans Urs von Balthasar*, Lugano 2005, 163-181.

ISTITUTO PAOLO VI, «I. Hans Urs von Balthasar. 1984», in *Il premio Paolo VI. Cronaca delle prime cinque edizioni. Hans Urs von Balthasar, Olivier Messiaen, Oscar Cullmann, Jean Vanier, Paul Ricœur*, Brescia – Roma 2003, 5-19.

JERUMANIS, A.-M. – TOMBOLINI, A., ed., *La missione teologica di Hans Urs von Balthasar*. Atti del Simposio internazionale di Teologia in occasione del centesimo anniversario della nascita di Hans Urs von Balthasar, Lugano 2-4 marzo 2005, Lugano 2005.

JÖHRI, M., Descensus Dei. *Teologia della croce nell'opera di H.U. von Balthasar*, Roma 1981.

KONDA, A., *Das Verhältnis von Theologie und Heiligkeit im Werk Hans Urs von Balthasar*, Würzburg 1991.

KÖRNER, B., «Fundamentaltheologie bei Hans Urs von Balthasar», *ZKTh* 109 (1987) 129-152.

KRENSKI, T., *Hans Urs von Balthasar. Das Gottesdrama*, Meinz 1995.

———, Passio Caritatis. *Trinitarische Passiologie im Werk Hans Urs von Balthasars*, Einsiedeln 1990.

LEHMANN, K. – KASPER, W., ed., *Hans Urs von Balthasar. Figura e opera*, Casale Monferrato 1991 (orig. ted. 1987).

LOCHBRUNNER, M., Analogia caritatis. *Darstellung und Deutung der Theologie Hans Urs von Balthasars*, Freiburg 1981.

LOMBARDA, G., *La santità vissuta come 'locus theologicus'*, Roma – Milano 2006 (su Balthasar 145-217).

LÖSER, W., *Im Geiste des Origenes. Hans Urs von Balthasar als Interpret der Theologie der Kirchenväter*, Frankfurt 1976.

MARCHESI, G., *La cristologia trinitaria di Hans Urs von Balthasar. Gesù Cristo pienezza della rivelazione e della salvezza*, Brescia 1997.

MARTINELLI, P., *La morte di Cristo come rivelazione dell'amore trinitario nella teologia di H.U. von Balthasar*, Milano 1996.

MEIATTINI, G., Sentire cum Cristo. *La teologia dell'esperienza cristiana nell'opera di H. U. von Balthasar*, TGTeol 36, Roma 1998.

―――, «La 'teologia esperienziale' di H. U. von Balthasar: unità di oggetto, metodo, stile, esistenza», *RTL* 3 (2002) 423-448.

MEUFFELS, H.O., *Einbergung des Menschen in das Mysterium der dreieinigen Liebe. Eine trinitarische Anthropologie nach Hans Urs von Balthasar*, Würzburg 1991.

MODA, A., «Balthasariana. Per gli 80 anni di Hans Urs von Balthasar», *StPat* 32 (1985) 561-596.

―――, *Hans Urs von Balthasar. Un'esposizione critica del suo pensiero*, Bari 1976.

―――, «La ricezione dell'opera di Hans Urs von Balthasar in Italia», *Teol(M)* 14 (1989) 6-58.

―――, «Recensione di Teologica», *FilTeo* 7 (1993) 415-426.

NERI, M., *La testimonianza in H. U. von Balthasar. Evento originario di Dio e mediazione storica della fede*, Bologna 2001.

O'DONNELL, J., «Tutto l'essere è amore. Uno schizzo della teologia di Hans Urs von Balthasar», in K. LEHMANN ‒ W. KASPER, ed., *Hans Urs von Balthasar. Figura e opera*, Casale Monferrato 1991, 335-356.

PRATO, E., «'Senza filosofia nessuna teologia'. Identità cristiana e filosofia in Hans Urs von Balthasar», in G. FERRETTI, ed., *Identità cristiana e filosofia*, Torino 2002, 329-344.

QUELLET, M., «Il mistero dell'uomo, immagine della Trinità», in R. FISICHELLA, ed., *Solo l'amore è credibile. Una rilettura dell'opera di Hans Urs von Balthasar*, Roma 2007, 167-176.

RAGUŽ, I., *Sinn für das Gott-Menschliche. Transzendental-theologisches Gespräch zwischen den Ästhetiken von Immanuel Kant und Hans Urs von Balthasar*, Würzburg 2003.

RAHNER, K., «Hans Urs von Balthasar», *Hum(B)* 20 (1965) 879-885.

RATZINGER, J., «Das Problem der christlichen Prophetie», *Com(D)* 28 (1999) 177-188.

REALI, N., *La ragione e la forma. Il sacramento nella teologia di H.U. von Balthasar*, Roma 1999.

RIGOBELLO, A., «Hans Urs von Balthasar. La bellezza radicata nell'essere», *St* 84 (1988) 667-678.

RUGGIERI, G., «Il principio estetico nella teologia di Hans Urs von Balthasar», *Hum(B)* 44 (1989) 338-353.

———, «Per un discorso su Dio, Note in margine alla Teologia dei tre giorni di Hans Urs von Balthasar», in H.U. VON BALTHASAR, *Teologia dei tre giorni*, Brescia 1990, 5-20.

SALA, R., *Dialettica dell'antropocentrismo. La filosofia dell'epoca e l'antropologia cristiana nella ricerca di H.U. von Balthasar: premesse e compimenti*, Milano 2002.

SCHULZ, M., *Incontro con Hans Urs von Balthasar*, Pregassona 2003 (orig. ted. 2001).

SCHÜTZ, A., *Phänomenologie der Glaubengenese. Philosophisch-theologische Neufassung von Gang und Grund der analysis fidei*, Würzburg 2003 (su Balthasar 277-302).

SCOLA, A., *Hans Urs von Balthasar. Uno stile teologico*, Milano 1991.

SICARI, A., «Hans Urs von Balthasar: teologia e santità», in K. LEHMANN – W. KASPER, ed., *Hans Urs von Balthasar. Figura e opera*, Casale Monferrato 1991, 251-268 (orig. ted. 1987).

SPILLER, P., *La preghiera cristiana negli scritti di Hans Urs von Balthasar: dalla riflessione teologica alla prassi*, Roma 1991.

ŠTRUKELJ, A., «Dalla teologia 'seduta al tavolino' alla teologia 'prostrata in ginocchio'. Teologia e santità in Hans Urs von Balthasar», *Com(I)*143 (1995) 58-69.

———, «Hans Urs von Balthasar e Adrienne von Speyr: l'unità di due opere», in R. FISICHELLA, ed., *Solo l'amore è credibile. Una rilettura dell'opera di Hans Urs von Balthasar*, Roma 2007, 75-93.

TIBALDI, M., *Kerygma e atto di fede nella teologia di Hans Urs von Balthasar*, TGTeol 131, Roma 2005.

TONIOLO, A., *La* theologia crucis *nel contesto della modernità. Il rapporto tra croce e modernità nel pensiero di E. Jüngel, H.U. von Balthasar e G.W.F. Hegel*, Milano 1995.

TOPIĆ, F., *L'uomo di fronte alla rivelazione nel pensiero di Hans Urs von Balthasar*, Roma 1990.

TOURPE, E., «La logique de l'amour. A propos de quelques volumes récemment traduits de H. U. von Balthasar», *RTL* 29 (1998) 202-228.

VIGNOLO, R., *Hans Urs von Balthasar: estetica e singolarità*, Milano 1982.

WALLNER, K., «Ein trinitarisches Strukturprinzip in der Trilogie Hans Urs von Balthasars?», *ThPh* 71 (1996) 532-546.

2. Bibliografia di Karl Rahner

2.1 *Opere di K. Rahner*

«Alcune tesi per una teologia della devozione al S. Cuore di Gesù», in *Saggi di cristologia e di mariologia*, Roma 1965, 277-316; orig. ted. «Einige Thesen zur Theologie der Herz-Jesu-Verehrung», in *SzTh* 3 (1956) 291-415.

«Annotazioni sul concetto di rivelazione», in K. RAHNER - J. RATZINGER, *Rivelazione e tradizione*, Brescia 1970, 11-25; orig. ted., «Bemerkungen zum Begriff der Offenbarung», in K. RAHNER – J. RATZINGER, *Offenbarung und Überlieferung*, Freiburg 1965, 11-24.

«Antropologia. III. Antropologia Teologica», in *SacMu(it.)* 1 (1974) 272-284; orig. ted., «Anthropologie III. Theologische», in *SacMu*(ted.) 1 (1967) 176-186.

Ascetica e mistica nella patristica. Un compendio della spiritualità cristiana antica (con M. VILLER), Brescia 1991; orig. ted., *Aszese und Mystik in der Väterzeit*, Freiburg 1939.

«Atto di fede e contenuto della fede», in *NS* 9 (1984) 210-225; orig. ted.,«Glaubensakt und Glaubensinhalt», in *SzTh* 15 (1983) 153-162.

«Beten als Grundakt», in K. LEHMANN – A. RAFFELT, ed., *Rechenschaft des Glaubens. Karl Rahner-Lesebuch*, Freiburg – Basel – Wien 1979, 350-351.

«Beten», in K. LEHMANN – A. RAFFELT, ed., *Praxis des Glaubens. Geistliches Lesebuch*, Freiburg – Basel – Wien 1982, 137-141.

Betrachtungen zum ignatianischen Exerzitienbuch, München 1965.

«Brevi osservazioni sulla cristologia sistematica odierna», in *Scienza e fede cristiana. NS* 9 (1984) 315-329; orig. ted., «Kleine Anmerkungen zur systematischen Christologie heute», in *SzTh* 15 (1983) 225-235.

«Calcedonia. Inizio o fine?», in *Saggi di cristologia e mariologia*, Roma 1965; orig. ted., «Chalkedon - Ende oder Anfang?», in *SzTh* 1 (1954) 169-222.

«Che significa oggi credere in Gesù Cristo?», in *NS* 7 (1981), 215-218; orig. ted., «Was heißt heute an Jesus Christus glauben?», in *SzTh* 13 (1978) 172-187.

«'Cœur de Jésus' chez Origène?», *RAMi* 15 (1934) 171-174.

«Colloquio con Dio?», in *NS* 7 (1981) 179-194; orig. ted., «Zwiesprache mit Gott?», in *SzTh* 13 (1978) 148-158.

Confessare la fede nel tempo dell'attesa, Città Nuova, Roma 1994.

«Considerazioni dogmatiche sulla scienza e coscienza di Cristo», in *Saggi di cristologia e mariologia*, Roma 1965, 199-238; orig. ted., «Dogmatische Erwägungen über das Wissen und Selbstbewußtsein Christi», in *SzTh* 5 (1962) 222-245.

«Considerazioni fondamentali per l'antropologia e la protologia nell'ambito della teologia», in *MySal*(it.) 4 (1970) 11-30; orig. ted., «Grundsätzliche Überlegungen zur Anthropologie und Protologie im Rahmen der Theologie», in *MySal*(ted.) 2 (1965) 406-420.

Corso fondamentale sulla fede. Introduzione al concetto di cristianesimo, Cinisello Balsamo (Milano) 1977, 1990^5; orig. ted., *Grundkurs des Glaubens. Einführung in den Begriff des Christentums*, Freiburg, 1976.

Cose d'ogni giorno, Brescia 1964, 1994^3, orig. ted., *Alltägliche Dinge*, Benziger, Einsiedeln 1964.

Cristologia. Prospettiva sistematica ed esegetica. Basi operative per un corso di studio interdisciplinare, Brescia 1974; orig. ted., *Christologie-systematisch und exegetisch. Grundlinien einer systematischen Christologie*, Freiburg 1972.

«Cristianesimo anonimo e compito missionario della Chiesa», in *NS* 4 (1973) 619-642; orig. ted., «Anonymes Christentums und Missionsauftrag der Kirche», in *SzTh* 9 (1970) 498-515.

«I cristiani anonimi», in *NS* 1 (1968) 759-772; orig. ted., «Die anonymen Christen», in *SzTh* 6 (1965) 545-554.

«La cristologia nel quadro di una concezione evolutiva del mondo», in *Saggi di cristologia e di mariologia*, Roma 1965, 123-197; orig. ted., «Die Christologie innerhalb einer evolutiven Weltanschauung», in *SzTh* 5 (1962) 183–221.

Das Dynamische in der Kirche, Freiburg 1958.

«Die deutsche protestantische Christologie der Gegenwart», *Seels.B* 1 (1936) 189-202.

«Il Dio trino come fondamento originario e trascendente della storia della salvezza», in *MySal*(it.) 3 (1969) 401-502; orig. ted., «Der dreifaltige Gott als transzendenter Ursprung der Heilsgeschichte», in *MySal*(ted.) 2 (1965) 317-347.

«Discorso di Ignazio di Loyola ad un gesuita odierno», in *NS* 9 (1984) 522-574; orig. ted.,«Rede des Ignatius von Loyola an einen Jesuiten von heute», in *SzTh* 15 (1983) 373-408.

Dizionario di teologia (con H. VORGRIMLER), Roma – Brescia 1968; orig. ted., *Kleines Theologisches Wörterbuch*, Freiburg 1962.

«*Dottrina su Dio nella dogmatica cattolica*», in *NS* 3 (1969) 191-216; orig. ted., «*Bemerkungen zur Gotteslehre in der katholischen Dogmatik*», in *SzTh* 8 (1967) 165-186.

«La dimensione teologica del problema uomo», in *NS* 6 (1978) 473-495; orig. ted., «Die theologische Dimension der Frage nach dem Menschen», in *SzTh* 12 (1975) 387-406.

«E latere Christi», in *Sämtliche Werke*, III, Freiburg 1999, 1-84, 428-435.

«Ecco quel cuore», in *Saggi di cristologia e di mariologia*, Roma 1965, 259-275; orig. ted., «Siehe dieses Herz», in *SzTh* 3 (1956) 379-390.

Einübung priesterlicher Existenz, Freiburg 1970.

L'elemento dinamico nella Chiesa, Brescia 1970; orig. ted., *Das Dynamische in der Kirche,* Freiburg 1958.

«Esperienza dello Spirito Santo», in *NS* 7 (1981) 277-308; orig. ted., «Erfahrung des Heiligen Geistes», Freiburg 1977, 9-63.

«Esperienza di Dio oggi», in *NS* 4 (1973) 205-226; orig. ted., «Gotteserfahrung heute», in *SzTh* 9 (1972) 161-176.

«Esperienza di se stessi ed esperienza di Dio», in *NS* 5 (1975) 175-189; orig. ted., «Selbsterfahrung und Gotteserfahrung», in *SzTh* 10 (1972) 133-144.

«Esperienze di un teologo cattolico», in A. RAFFELT – H. VERWEYEN, *Leggere Karl Rahner*, Brescia 2004, 160-180; orig. ted., A. RAFFELT – H. VERWEYEN, *Karl Rahner*, München 1997.

«Existential, übernatürliches», in *Lexikon für Theologie und Kirche*, III, Freiburg 1959, 1301.

La fatica di credere. Karl Rahner a colloquio con Meinhold Krauss, Cinisello Balsamo (Milano) 1986; orig. ted., *Erinnerungen. Im Gespräch mit Meinhold Kraus*, Freiburg 1984.

«Fede tra razionalità ed emozionalità», in *NS* 6 (1978) 103-130; orig. ted., «Glaube zwischen Rationalität und Emotionalität», in ID., ed., *Ist Gott noch gefragt?*, Düsseldorf 1973, 125-144.

«Filosofia e procedimento filosofico in teologia», in *NS* 3 (1969) 73-97; orig. ted., «Philosophie und Philosophieren in der Theologie», in *SzTh* 8 (1967) 66-87.

«Filosofia e teologia», in *SacMu*(it.) 4 (1975) 2-14; orig. ted., «Philosophie und Theologie», in *SacMu*(ted.) 3 (1969) 1205-1215.

Frammenti di spiritualità per il nostro tempo, Brescia 1973; orig. ted., *Chancen des Glaubens. Fragmente einer modernen Spiritualität*, Freiburg 1971.

«Gebet um die Vereinigung aller Christen», in K. RAHNER, *Gebete des Lebens*, Freiburg 1984^3, 206-213.

«Gesù Cristo», in *SacMu*(it.) 4 (1975) 182-223; orig. ted., «Jesus Christus II.-III.», in *SacMu*(ted.) 2 (1968) 920-957.

Gesù Cristo, senso della vita, in *NS* 9 (1984) 288-303; orig. ted., *Jesus Christus - Sinn des Lebens*, in *SzTh* 15 (1983) 206-216.

La grazia come centro dell'esistenza umana. Intervista a Rahner e su Rahner in occasione del suo 70° compleanno, Catania 1974; orig. ted., «Gnade als Mitte menschlicher Existenz. Ein Gespräch mit und über Karl Rahner aus Anlaß seines 70. Geburtstages», HerKor 28 (1974), 77-92.

«Die Illuminationslehre des heiligen Augustinus», in Karl-Rahner-Archiv I, A, 10, 16.

Io credo in Gesù Cristo, Brescia 1969; orig. ted., *Ich glaube an Jesus Christus*, Benziger, Einsiedeln 1968.

«Die Kirche der Heiligen», *StZ* 157 (1955/56) 81-91.

«Linee fondamentali di una cristologia sistematica», in K. RAHNER – W. THÜSING, *Cristologia. Prospettiva sistematica ed esegetica*, Brescia 1974, 16-93; orig. ted., «Grundlinien einer systematischen Christologie», in ID., *Christologie - systematisch und exegetisch*, Freiburg 1972, 17-78.

«La mistica ignaziana della gioia del mondo», in *Saggi di spiritualità*, Roma 1965, 203-230; orig. ted., «Die ignatianische Mystik der Weltfreudigkeit», in *SzTh* 3 (1956) 329-348.

«Motivazione della fede oggi», in *NS* 6 (1978), 19-48; orig. ted., «Glaubensbegründung heute», in *SzTh* 12 (1975) 17-40.

«Natura e grazia», in *Saggi di antropologia soprannaturale*, Roma 1965, 79-122; orig. ted., »Natur und Gnade», in *SzTh* 4 (1960) 209-236.

Necessità e benedizione della preghiera, Brescia 1994; orig. ted., *Von der Not und dem Segen des Gebetes*, Innsbruck 1949.

«Osservazioni sul problema del 'cristiano anonimo'», in *NS* 5 (1975) 677-697; orig. ted., «Bemerkungen zum Problem des 'anonymen Christen'», in *SzTh* 10 (1972) 531-546.

«La parola della poesia e il cristiano», in *Saggi di spiritualità*, Roma 1965, 231-251; orig. ted., «Das Wort der Dichtung und der Christ», in *SzTh* 4 (1960) 441-454.

Parole per una esperienza di fede, Brescia 1998.

Preghiere per la vita, Cinisello Balsamo (MI) 1985; orig. ted., *Gebete des Lebens*, Freiburg 1984.

«Il problema umano del senso di fronte al mistero assoluto di Dio», in *NS* 7 (1981) 133-154; orig. ted., «Die menschliche Sinnfrage vor dem absoluten Geheimnis Gottes», in *SzTh* 13 (1977) 111-128.

«Problemi della cristologia d'oggi», in *Saggi di cristologia e mariologia*, Roma 1965, 3-91; orig. ted., «Probleme der Christologie von heute», in *SzTh* 1 (1954) 169-222.

Problemi di fede della nuova generazione, Brescia 1982; orig. ted., *Was sollen wir noch glauben? Theologen stellen sich den Glaubensfragen einer neuen Generation*, Freiburg 1979.

«Problemi riguardanti l'incomprensibilità di Dio secondo Tommaso d'Acquino», in *NS* 6 (1978) 375-390; orig. ted., «Fragen zur Unbegreiflichkeit Gottes nach Thomas von Aquin», in *SzTh* 12 (1975) 306-319.

«Rapporto tra natura e grazia», in *Saggi di antropologia soprannaturale*, Roma 1965, 43-77; orig. ted., «Über das Verhältnis von Natur und Gnade», *SzTh* 1 (1954) 323-345.

«Riflessioni sul metodo della Teologia», in *NS* 4 (1973) 99-159; orig. ted., «Überlegungen zur Methode der Theologie», in *SzTh* 9 (1970) 79-126.

«La risurrezione della carne», in *Saggi di antropologia soprannaturale*, Roma 1965, 443-465; orig. ted., «Auferstehung des Fleisches», in *SzTh* 2 (1955) 211-225.

«Rivelazione», in *SacMu*(it.) 7 (1975) 203-215; orig. ted., «Offenbarung. II. Theologische Vermittlung», in *SacMu*(ted.) 3 (1969) 832-843.

«Saggio di uno schema di dogmatica», in *Saggi teologici*, Roma 1965, 51-111.; orig. ted., «Über den Versuch eines Aufrisses einer Dogmatik», in *SzTh* 1 (1960) 9-47.

«Scienze naturali e fede razionale», *in Scienza e fede cristiana. NS* 9 (1984) 29-84; orig. ted., «Naturwissenschaft und vernünftiger Glaube», in *SzTh* 15 (1983) 24-62.

«Semplice chiarimento a riguardo della propria opera», in *NS* 6 (1978) 733-740; orig. ted. «Einfache Klarstellung zum eigenen Werk», in *SzTh* 12 (1975) 599-604.

«I 'sensi spirituali' secondo Origene», in *NS* 6 (1978) 133-163; orig. franc., «Le début d'une doctrine des cinq sens spirituels chez Origène», *RAMi* 13 (1932) 113-145.

«Il significato perenne dell'umanità di Gesù nel nostro rapporto con Dio», in *Saggi di cristologia e di mariologia*, Roma 1965, 239-258; orig. ted., «Die ewige Bedeutung der Menschheit Jesu für unser Gottesverhältnis», in *SzTh* 3 (1956) 47-60.

Spirito nel mondo, Milano 1989; orig. ted., *Geist in Welt,* Innsbruck 1939.

«Sul concetto del mistero nella teologia cattolica», in *Saggi Teologici*, Roma 1965, 391-465; orig. ted., «Über den Begriff des Geheimnisses in der katholischen Theologie», in *SzTh* 4 (1960) 51-59.

«Sul rapporto intercorrente tra teologia e scienze naturali», in *NS* 5 (1975) 139-150; orig. ted. «Zum Verhältnis zwischen Theologie und heutigen Wissenschaften», in *SzTh* 10 (1972) 104–112.

«Sul rapporto odierno tra filosofia e teologia», in *NS* 5 (1975) 95-118; orig. ted., «Philosophie und Theologie», in *SzTh* 10 (1972) 70-88.

«Sulle vie future della teologia», in *NS* 5 (1975) 81-86; orig. ted., «Über künftigen Wege der Theologie» in *SzTh* 10 (1972) 41-69.

Teologia del Cuore di Cristo, Roma 2003.

«Teologia dell'Incarnazione», in *Saggi di cristologia e mariologia*, Roma 1965, 106-113; orig. ted., in *SzTh* 4 (1960) 145-149.

«Teologia e antropologia», in *NS* 3 (1969), 45-72; orig. ted., «Theologie und Anthropologie», in *SzTh* 8 (1967) 43-65.

«Teologia, gnoseologia e metodologia della», in *SacMu*(it.) 8 (1977) 266-275; orig. ted., «Theologische Erkenntnis- und Methodenlehre», in *SacMu*(ted.) 4 (1969) 886-892

«Teologia trascendentale», in *SacMu*(it.) 8 (1977) 347-353; orig. ted., «Transzendentaltheologie», in *SacMu*(ted.) 4 (1969) 986-992.

Tu sei il silenzio, Brescia 2002; orig. ted., *Worte ins Schweigen*, Innsbruck 1938.

Uditori della parola, Roma 1988²; orig. ted.; *Hörer des Wortes*, München, 1941, 1963² (riveduto da J. B. Metz).

Unione delle chiese possibilità reale, Brescia 1986; orig. ted., *Einigung der Kirchen - reale Möglichkeit*, Freiburg 1983.

«Unità fra cristologia e soteriologia», in *Brevi osservazioni sulla cristologia sistematica odierna*, in *Scienza e fede cristiana. NS* 9 (1984) 323-324.

«Warum uns das Beten not tut», *Der Leuchtturm* 18 (1924/25) 310-311 = in H. VORGRIMLER, ed., *Sehnsucht nach dem geheimnisvollen Gott. Profil, Bilder, Texte*, Freiburg 1990, 77-80.

2.2 *Opere su K. Rahner*

AMATO, A., «Il Salvatore assoluto e la singolarità storica di Gesù Cristo nella visione cristologica di Karl Rahner», in I. SANNA, ed., *L'eredità teologica di Karl Rahner*, Roma 2005, 271-289.

ARDUSSO, F., *«Karl Rahner»*, in ID. *Introduzione alla teologia contemporanea*, Torino 1972, 416-453.

BATLOGG, A. – ZAHLAUER, A., «Rahner in 32 Bänden. Anmerkungen zum Start der Karl-Rahner-Gesamtausgabe», *ZKTh* 118 (1996) 379-386.

BATLOGG, A., *Die Mysterien des Lebens Jesu bei Karl Rahner. Zugang zum Christusglauben*, Innsbruk – Wien 2003.

BERGER, D., «Abschied von einem gefährlichen Mythos», *Div.* 46 (2003) 68-89.

BOKWA, I., *Christologie als Anfang und Ende der Anthropologie. Über das gegenseitige Verhältnis zwischen Christologie und Anthropologie bei Karl Rahner*, Frankfurt 1990.

BORDONI, M., «Recezione della riflessione cristologica di Karl Rahner in Italia», in I. SANNA, ed., *L'eredità teologica di Karl Rahner*, Roma 2005, 293-301.

CALLAHAN, A., *Karl Rahner's Spirituality of Pierced Heart. A Reinterpretation of the Devotion to the Sacred Heart*, Lanham 1985.

CODA, P., «Dal 'Grundaxiom' all'ontologia trinitaria. Un percorso metodologico», in I. SANNA, ed., *L'eredità teologica di Karl Rahner*, Roma 2005, 191-205.

COLZANI, G., «Karl Rahner e la teologia italiana. Per un bilancio», in I. SANNA, ed., *L'eredità teologica di Karl Rahner*, Roma 2005, 303-310.

CONGAR, Y.M., *Credo nello Spirito Santo*, Brescia 1998 (orig. franc. 1979).

DEL CURA ELENA, S., «Tra mistero ed esperienza. La dottrina trinitaria dopo Karl Rahner», in I. SANNA, ed., *L'eredità teologica di Karl Rahner*, Roma 2005, 143-190.

DELGADO, M. – LUTZ-BACHMANN, M., ed., *Theologie aus Erfahrung der Gnade. Annäherungen an Karl Rahner*, Berlin 1994.

DULLES, A., «The Ignatian Experience as reflected in the Spiritual Theology of Karl Rahner», *«Philippine studies»* 13 (1965) 471-494.

EGAN, H.D., *Karl Rahner: The Mystic of Everyday Life*, New York 1998.

———, *The Spiritual Exercises and the Ignatian Mystical Horizon*, St. Louis 1976.

EICHER, P., *Die anthropologische Wende. Karl Rahners philosophischer Weg vom Wesen des Menschen zur personalen Existenz*, Freiburg 1970.

———, *Offenbarung. Prinzip neuzeitlicher Theologie*, München 1977.

ENDEAN, PH., *Karl Rahner and Ignatian spirituality*, Oxford 2001.

FABRO, C., *La svolta antropologica di Karl Rahner. Problemi attuali*, Milano 1974.

FARRUGIA, E.G., *Aussage und Zusage. Zur Indirektheit der Methode Karl Rahners veranschaulicht an seiner Christologie*, Roma 1985.

———, «*La teologia di Karl Rahner. Simbolo o mistero?*», in I. SANNA, ed., *L'eredità teologica di Karl Rahner*, Roma 2005, 207-222.

FISCHER, K.P., *Gott als das Geheimnis des Menschen. Karl Rahners theologische Anthropologie – Aspekte und Anfragen*, Wien 1991.

———, *Gotteserfahrung. Mystagogie in der Theologie K. Rahners und in der Theologie der Befreiung*, Mainz 1986.

———, *Der Mensch als Geheimnis. Die Anthropologie Karl Rahners*, Freiburg 1974.

———, «Philosophie und Mystagogie. Karl Rahners 'reductio in mysterium' als Prinzip seines Denkens», *ZKTh* 120 (1998), 37-44.

FISICHELLA, R., «L'uomo dinanzi alla Rivelazione», in I. SANNA, ed., *L'eredità teologica di Karl Rahner*, Roma 2005, 121-140.

GIANFREDA, F., *Il dibattito sulla «natura pura» tra H. de Lubac e K. Rahner*, Villa Verucchio 2007.

GONZALES, M., *La relación entre Trinidad económica e inmanente. El «axioma fundamental» de K. Rahner y su recepción. Líneas para continuar la reflexión*, Roma 1996.

GUTWENGER, E., «Zur Trinitätslehre von 'Mysterium Salutis' II», *ZKTh* 90 (1968) 325-328.

HEIJDEN VAN DER, B., *Karl Rahner. Darstellung und Kritik seiner Grundpositionen*, Einsiedeln 1973.

HILBERATH, B.J., *Der Personbegriff der Trinitätstheologie in Rückfrage von Karl Rahner zu Tertullians «Adversus Praxean»*, Innsbruck 1986.

HILL, W.J., *Search for the Absent God*, New York 1992.

———, *The Three-Personed God: The Trinity as a Mystery of Salvation*, Washington 1982.

KNOEPFFLER, N., *Der Begriff «transzendental» bei Karl Rahner. Zur Frage seiner Kantischen Herkunft*, Innsbruck 1993.

KOWALCZYK, D., *La personalità in Dio. Dal metodo trascendentale di Karl Rahner verso un orientamento dialogico in Heinrich Ott*, TGTeol 49, Roma 1999.

LADARIA, F.-L., «Karl Rahner: Cristo nelle religioni del mondo», in I. SANNA, ed., *L'eredità teologica di Karl Rahner*, Roma 2005, 243-269.

LEHMANN, K., «Karl Rahner», in *Bilancio della teologia del XX secolo*, IV, *Ritratti di teologi*, Roma 1972, 147-188.

LEHMANN, K., «Karl Rahner. Ein Porträt», in K. LEHMANN – A. RAFFELT, ed., *Karl Rahner-Lesebuch*, Freiburg 2004, 13-56.

LORIZIO, G., «Il trascendente nella teologia del dopo Concilio», in I. SANNA, ed., *L'eredità teologica di Karl Rahner*, Roma 2005, 103-120.

LÖSER, W., «'Universale concretum' come legge fondamentale dell''oeconomia revelationis'», in *CTF*, II, 123-138.

MANNERMAA, T., *Lumen fidei et obiectum fidei adventicium*, Helsinki 1970.

MARGARITTI, A., «Svolta antropologica e istanza kerigmatica», in G. ANGELINI – S. MACCHI, ed., *La teologia del Novecento*, Milano 2008, 237-296.

MARIANI, M., *Credo perché prego*, Milano 2005.

MAURICE, É., *La christologie de Karl Rahner*, Paris 1995.

MCDERMOTT, M., «The Christologies of Karl Rahner», *Gr.* 67 (1986), 87-123 e 297-327.

———, «Frammenti e forme: la speranza dell'unità nella diversità», in I. SANNA, ed., *L'eredità teologica di Karl Rahner*, Roma 2005, 225-242.

METZ, J.B., «Karl Rahner», in *MySal*(it.), XII (1978) 530-537.

MIGGELBRINK, R., *Ekstatische Gottesliebe im tätigen Weltbezug. Eine systematisch-theologische Untersuchung über den Beitrag Karl Rahners zur zeitgenössischen Gotteslehre*, Altenberge 1989.

———, «Modalismusvorwurf und Personbegriff in der trinitätstheologischen Diskussion», in A.R. BATLOGG – M. DELGADO – R.A. SIEBENROCK, ed., *Was den Glauben in Bewegung bringt. Fundamentaltheologie in der Spur Jesu Christi. Festschrift für Karl H. Neufeld SJ*, Freiburg 2004, 279-295.

MOLTMANN, J., *Trinità e Regno di Dio. La dottrina su Dio*, Brescia 1980 (orig. ted. 1980).

MUCK, O., «Heidegger e Karl Rahner», in H. OTT – G. PENZO, ed., *Heidegger e la teologia*, Brescia 1996, 101-118.

NEUFELD, K.H., *Hugo e Karl Rahner*, Cinisello Balsamo (Milano) 1995 (orig. ted. 1994).

———, «Karl Rahner. Il cuore nel pensiero cattolico», in BESCHIN B., ed., *Antonio Rosmini, filosofo del cuore? Philosophia* e *theologia cordis nella cultura occidentale*, Brescia 1995, 603-614.

———, «Metodo trascendentale rahneriano: analisi e prospettive», in SANNA I., ed., *L'eredità teologica di Karl Rahner*, Roma 2005, 91-102.

———, «Worte ins Schweigen. Zum erfahrenen Gottesverständnis Karl Rahners», *ZKTh* 112 (1990) 427-436.

POTTAKKAL, J.P., *The incarnation according to Karl Rahner (1904-1984)*, Roma 2005.

PUGLIESE, M.A., «Is Karl Rahner a Modalist?», *IThQ* 68 (2003) 229-249.

RAFFELT, A. – VERWEYEN, H., *Leggere Karl Rahner*, Brescia 2004 (orig. ted. 1997).

REISENHOFER, J., *Ich glaube, weil ich bete. Fragmente zu einer Theologie des Gebetes bei Karl Rahner*, Graz 1990.

SANNA, I., *Karl Rahner*, Brescia 2000.

———, «La preghiera in Karl Rahner», *«Convivium Assisiense»* 1 (1993) 9-20.

———, *Teologia come esperienza di Dio. La prospettiva cristologica di Karl Rahner*, Brescia 1997.

———, «'Un uomo per dopodomani'. Attualità del pensiero di Karl Rahner», *RCI* 85 (2004) 352-363.

———, «La visione antropologica di Karl Rahner», in ID., ed., *L'eredità teologica di Karl Rahner*, Roma 2005, 9-30.

SCHENK, R., *Die Gnade vollendeter Endlichkeit. Zur transzendentaltheologischen Auslegung der thomanischen Anthropologie*, Freiburg 1989.

SCHILSON, A. – KASPER, W., *Cristologie, oggi. Analisi critica di nuove teologie*, Brescia 1979 (orig. ted. 1974).

SCHNEIDER, M., «L'orizzonte della spiritualità ignaziana della teologia di Karl Rahner», in I. SANNA, ed., *L'eredità teologica di Karl Rahner*, Roma 2005, 31-47.

SCHOONENBERG, P., «Eine Diskussion über den trinitarischen Personbegriff : Karl Rahner und Bernd Jochen Hilberath», *ZKTh* 111 (1989) 129-162.

SCHULZ, M., *Incontro con Karl Rahner*, Pregassona 2003 (orig. ted. 1999).

SCHWERDTFEGER, N., «Exilische Mystagogie. Anmerkungen zu einer notwendigen Aufgabe», in A. RAFFELT, *Weg und Weite. Festschrift für Karl Lehmann*, Freiburg 2001, 485-503.

SECKLER, M., «La dimensione fondamentale della teologia di Karl Rahner», in I. SANNA, ed., *L'eredità teologica di Karl Rahner*, Roma 2005, 49-67.

SIEBENROCK, R., «Gnade als Herz der Welt. Der Beitrag Karl Rahners zu einer zeitgemäßen Gnadentheologie», in M. DELGADO – M. LUTZ-BACHMANN, ed., *Theologie aus Erfahrung der Gnade. Annäherung an Karl Rahner*, Berlin 1994.

SIEBENROCK, R., ed., *Karl Rahner in der Diskussion: Erstes und zweites Innsbrucker Karl-Rahner-Symposion. Themen - Referate - Ergebnisse*, Wien 2001.

———, *Wer sich Gott naht, dem naht sich Gott. Studien zum Werk Karl Rahners in fundamentaltheologischer Perspektive*, Mainz 2004.

SPLETT, J., «Mystisches Christentum? Karl Rahner zur Zukunft des Glaubens», *ThQ*174 (1994) 258-271.

STOLINA, R., «Unmittelbare Gotteserfahrung im Gebet. Zur Theologie des Gebetes bei Karl Rahner», in W. BRÄNDLE – R. STOLINA, ed., *Geist und Kirche*, Frankfurt 1995, 132-150.

TALLON, A., «The Heart in Rahner's Philosophy of Mysticism», *TS* 53 (1992) 700-728.

———, «The Meaning of Heart Today: Reversing a Paradigm according to Levinas e Rahner», *JRSt* 11 (1984) 59-74.

THÜSING, W., «Approcci neotestamentari a una cristologia dialettico-trascendentale», in K. RAHNER – W. THÜSING, *Cristologia. Prospettiva sistematica ed esegetica*, Brescia 1974, 97-361 (orig. ted. 1972)

VERWEYEN, H., «Wie wird ein existential übernatürlich? zu einem Grundproblem der Anthropologie K. Rahners», *TThZ* 95 (1986) 115-131.

VISINTIN, S., *Rivelazione divina ed esperienza umana. Proposta di George Tyrrell e risposta di Karl Rahner*, Bern 1999.

VOGELS, H.J., *Karl Rahner im Kreuzverhör*, Bonn 2002.

VORGRIMLER, H., «Ein Brief zur Einführung», in ID., ed., *Wagnis Theologie. Erfahrungen mit der Theologie Karl Rahners. Karl Rahner zum 75. Geburtstag am 5. März 1979.*, Freiburg 1979, 11-17.

———, *Comprendere Karl Rahner. Introduzione alla vita e al suo pensiero*, Brescia 1987. (orig. ted. 1985).

———, «Gotteserfahrung im Alltag. Der Beitrag Karl Rahners zu Spiritualität und Mystik», in K. LEHMANN, ed., *Vor dem Geheimnis Gottes den Menschen verstehen. Karl Rahner zum 80. Geburtstag*, München – Zürich 1984, 62-78.

———, *Karl Rahner. Gotteserfahrung in Leben und Denken*, Darmstadt 2004.

WAGNER H., «Rahner, Karl», *TRE* 28 (1997) 111-117.

WERNER, W., *Fundamentaltheologie bei Karl Rahner. Denkwege und Paradigmen*, Tübingen 2003.

WOLLBOLD, A., *Teresa di Lisieux. Interpretazione mistagogica della sua biografia*, Città del Vaticano 1997.

WONG, J.H.P., *«Logos-Symbol» in the Christology of Karl Rahner*, Roma 1981.

WOUNG, D.D., *L'unicité et l'universalité de Jésus-Christ chez Karl Rahner : herméneutique du «devenir-homme de Dieu», pour une affirmation de l'unité de la protologie et de l'eschatologie*, Roma 2006.

ZAHLAUER, A., *Karl Rahner und sein «produktives Vorbild» Ignatius von Loyola*, Innsbruck – Wien 1996.

3. Bibliografia di Pierangelo Sequeri

«L'alterità come esperienza fondativa? Psicoanalisi, etica, teologia», in M. ALETTI – F. DE NARDI, ed., *Psicoanalisi e religione. Nuove prospettive clinico-ermeneutiche*, Torino 2002, 35-46.

«Assolutezza e relatività del cristianesimo: universalità della fede che salva e particolarità storica della testimonianza», in G. COLOMBO, ed., *Cristianesimo e religione*, Milano 1992, 135-168.

«Bibbia e teologia: il luogo del testo», *RStB* 13 (2001) 279-295.

«Coscienza credente e mediazione della testimonianza. Saggio introduttivo», in M. NERI, *La testimonianza in H. U. von Balthasar. Evento originario di Dio e mediazione storica della fede*, Bologna 2001, 7-20.

Il Dio affidabile. Saggio di Teologia Fondamentale, Brescia 1996.

Divertimenti per Dio. Mozart e i teologi (con TORNO A.), Casale Monferrato 1991.

«Esperienza della fede e testimonianza della rivelazione», *Teol(M)* 6 (1981) 117-121.

Estetica e teologia. L'indicibile emozione del Sacro: R. Otto, A. Schönberg, M. Heidegger, Gorgonzola 1993.

«L'estetico per il sacro. Affectus fidei e ars musica: la questione teologica», *ScC* 123 (1995) 621-664.

L'estro di Dio. Saggi di estetica, Milano 2000.

«Evidenza simbolica e ragione teologica: congetture e confutazioni», *FilTeo* 1 (1987) 29-34.

Il fascinans del sacro: estetica e teologia. II. Schleiermacher, Kant, Bach, Milano 1992.

«Fede di Gesù e filiazione divina», in *FdG*, 13-41.

«Il ministero presbiterale quale figura di vita cristiana», in G. COLOMBO, ed., *Il prete*, Milano 1990, 191-226.

L'idea della fede. Trattato di teologia fondamentale, Milano 2002.

«L'idea di 'rivelazione'», in G. COLOMBO, ed., *L'evidenza e la fede*, Milano 1988, 201-231.

«Idee per la rifondazione della teologia fondamentale», *StPat* 38 (1991) 1-14.

«L'insopportabile eredità del moderno», *StPat* 37 (1990) 257-272.

«L'interesse teologico di una fenomenologia di Gesù: giustificazione e prospettive», *Teol(M)* 23 (1998) 289-329.

«La fede che salva e la fede testimoniale: retractio catholica del tema dell'elezione divina», in E. GUERRIERO – A. TARZIA, ed., *I volti di Dio. Il Rivelato e le sue tradizioni*. Atti del secondo convegno teologico. Cinisello, 14-16 giugno 1991, Cinisello Balsamo 1992, 69-82.

«Logos, legami, affetti. Intersezioni etiche della teo-logia», in F. BOTTURI – C. VIGNA, ed., *Affetti e legami*, Milano 2004, 85-106.

«Ma che cos'è questo per tanta gente?». Itinerari rieducativi al sacramento cristiano, Milano 1989.

«Mediazione ecclesiale e attualizzazione della fede», in G. COLOMBO, ed., *Progetto pastorale e cura della fede*, Milano 1996, 155-189.

«La Musa che è la Grazia. Il musicale e il teologico nei 'prolegomeni' all'estetica teologica in H. U. von Balthasar», *Teol(M)* 15 (1990) 104-129.

Non ultima è la morte. La libertà di credere nel Risorto, 2006.

«La normale drammatica dell'affectus fidei: un tema, un programma», in D. D'ALESSIO, *Ecce homo. Il dramma dell'umanesimo cristiano*, Milano 2000, XI-XIV.

«La parrocchia come figura concreta della carità fraterna», in SEMINARIO DI BERGAMO, ed., *La carità e la Chiesa*, Casale Monferrato 1989, 81-87.

«La presenza e il fare: ritrazioni filosofico-teologiche sul modello liturgico della coscienza credente», in *L'arte del celebrare*. Atti della XXVII settimana di studio dell'Associazione Professori di Liturgia; Brescia, 30 agosto – 4 settembre 1998, Roma 1999, 21-40.

«Prometeo e Mozart. Il teologo e il musicale in H. U. von Balthasar», *Com(I)* 113 (1990) 118-128 [rielaborato in *Anti-Prometeo. Il musicale nell'estetica teologica di H.U. von Balthasar*, in H.U VON BALTHASAR, *Lo sviluppo dell'idea musicale e Testimonianza per Mozart*, Milano 1995, 67-141].

«La ragione teologica e la cultura della modernità», *Teol(M)* 13 (1988) 219-231.

«Il sapere orientato al senso», in G. COLOMBO, ed., *L'evidenza e la fede*, Milano 1988, 339-386.

«Scrittura e rito: forme di attestazione della fede», in *La Parola di Dio tra scrittura e rito*. Atti della XXVIII Settimana di Studio dell'Associazione Professori di Liturgia, Calambrone, 27 agosto - 1 settembre 2000, Roma 2002, 9-19.

Sensibili allo Spirito. Umanesimo religioso e ordine degli affetti, Milano 2001.

«Il sentimento del sacro: una nuova sapienza psicoreligiosa?», in M. ALETTI – G. ANGELINI – G. MAZZOCCATO – E. PRATO – F. RIVA, *La religione postmoderna*, Milano 2003, 55-97.

«La spiritualità del sensibile. Spunti per un'educazione teologale all'estetico», in L. GUGLIELMONI, ed., *La lampada e l'olio. Miscellanea in onore di A. Del Monte*, Torino-Leumann 1992, 125-132 [rielaborato in *L'estro di Dio. Saggi di estetica*, Milano 2000, 3-125].

«La storia di Gesù come rivelazione di Dio. Ontologia della trascendenza e della immanenza di Dio nella cristologia di W. Pannenberg», *ScC* 103 (1975) 202-243.

«La storia di Gesù», in COLOMBO G., ed., *L'evidenza e la fede*, Milano 1988, 235-275.

«La storia di Gesù e la rivelazione dell'Abbà-Dio», in G. ANGELINI – M. VERGOTTINI, ed., *Un invito alla teologia*, Milano 1998, 137-149.

«La struttura testimoniale delle scritture sacre: teologia del testo», in G. ANGELINI, ed., *La rivelazione attestata. La Bibbia fra testo e teologia. Raccolta di studi in onore del cardinale Carlo Maria Martini Arcivescovo di Milano per il suo LXX compleanno*, Milano 1998, 3-27.

«Storia e teologia: fenomenologia di Gesù e teologia della rivelazione», in M. MARITANO, ed., *Historiam perscrutari: miscellanea di studi offerto al prof. Ottorino Pasquato*, Roma 2002, 141-147.

«Teologia, ermeneutica e teoria», con BERTULETTI A. – COLOMBO G., in G. COLOMBO, ed., *L'evidenza e la fede*, Milano 1988, 21-111.

Il timore di Dio, Milano 1992.

L'umano alla prova. Soggetto, identità, limite, Milano 2002.

«La *via pulchretudinis*: limiti e stimoli di una spiritualità estetica», *«Credere oggi»* 20 (2000) 69-76.

4. Bibliografia di Jürgen Werbick

Die Aporetik des Ethischen und der christliche Glaube. Studien zur Fundamentaltheologie Gerhard Ebelings, München – Paderborn – Wien 1976.

Bilder sind Wege. Eine Gotteslehre, München 1992.

Dein Angesicht suche ich. Du. Wege ins Beten (con KRAUSE V.), Stuttgart 2005.

Der einzige Weg zum Heil? (con VON BRÜCK M.), Freiburg 1993.

Erlösung erzählen - verstehen - verkündigen. Theologische Hinführung - Texte zu Predigt und Meditation, München 1997.

«Der Lobpreis des Dreieinigen. Von der Doxologie zur Trinitätslehre – und zurück», in *Gebetsglaube und Gotteszweifel*, Münster 2005, 177-200.

«Gebet als Gottsuche oder: Ein Versuch über die Schwierigkeit Ja zu sagen», in *Gebetsglaube und Gotteszweifel*, Münster 2005, 61-80.

«Das Gebet um das Kommen der Gottesherrschaft und die Sehnsucht nach Verlässlichkeit», in *Gebetsglaube und Gotteszweifel*, Münster 2005, 81-101.

Gebetsglaube und Gotteszweifel, Münster 2005.

«Gemeinsam beten? Über die kirchengründende Bedeutung des Gebets», in *Gebetsglaube und Gotteszweifel*, Münster 2005, 223-247.

Den Glauben verantworten. Eine Fundamentaltheologie, Freiburg 2000, 2005^3 (edizione rielaborata); trad. italiana, *Essere responsabili della fede. Una teologia fondamentale*, Brescia 2002.

Glaube im Kontext. Prolegomena und Skizzen zu einer elementaren Theologie, Zürich – Einsiedeln – Köln 1983.

Glaubenlernen aus Erfahrung. Grundbegriffe einer Didaktik des Glaubens, München 1989.

Gott kann etwas mit uns anfangen. Wider-Worte gegen eine mutlose Verkündigung, Donauwörth 2006.

Gott verbindlich. Eine theologische Gotteslehre, Freiburg – Basel – Wien 2007.

«Die Herausforderung der Theologie des Gebets durch die Selbstverfehlung menschlicher Freiheit», in *Gebetsglaube und Gotteszweifel*, Münster 2005, 135-149.

«Im Glauben zweifeln, im Zweifel glauben», in *Gebetsglaube und Gotteszweifel*, Münster 2005, 17-31.

Kirche. Ein ekklesiologischer Entwurf für Studium und Praxis, Freiburg 1994; trad. italiana, *La Chiesa. Un progetto ecclesiologico per lo studio e per la prassi*, Brescia 1998.

«Prolegomena», T. SCHNEIDER, ed., *Handbuch der Dogmatik*, I, Düsseldorf 1992, 1-48; trad. it., «Prolegomeni», in T. SCHNEIDER, ed., *Nuovo corso di Dogmatica*, I, Brescia 1995, 2005^2, 7-61.

Schulderfahrung und Bußsakrament, Mainz 1985.

Soteriologie, Düsseldorf 1990; trad. Italiana, *Soteriologia*, Brescia 1993.

«Trinitätslehre», in T. SCHNEIDER, ed., *Handbuch der Dogmatik*, II, Düsseldorf 1992, 481-576; trad. it., «Dottrina trinitaria», in T. SCHNEIDER, ed., *Nuovo corso di Dogmatica*, II, Brescia 1995, 2005², 573-683.

«Trinitätsmystik», in W. KASPER, ed., *Lexikon für Theologie und Kirche*, X, Freiburg – Basel – Rom – Wien 2001, 260 – 262.

Vom Wagnis des Christseins. Wie glaubwürdig ist der Glaube?, München 1995.

Von Gott sprechen an der Grenze zum Verstummen, Münster 2004.

Warum die Kirche vor Ort bleiben muss, Donauwörth 2002.

«Was das Beten der Theologie zu denken gibt oder: Ein Versuch über die Schwierigkeit, ja zu sagen», in J.B. METZ – J. REIKERSTORFER – J. WERBICK, *Gottesrede*, Münster 1996, 59-94.

5. Bibliografia generale

AGOSTINO, *De civitate Dei*, in B. DOMBART – A. KALB, *Sancti Aurelii Augustini De civitate Dei. Libri XI-XXII*, Turnhout 1955.

ATANASIO, *L'incarnazione del Verbo*, Roma 1976 (traduzione, introduzione e note a cura di E. Bellini).

ALBARELLO, D., recensione dell'«*Essere responsabili della fede*» di J. Werbick, *Teol(M)* 1 (2004) 106-107.

ALFARO, J., «Fides in terminologia biblica», *Gr.* 42 (1961) 436-505.

———, «Fede (motivo di)», in K. RAHNER, ed., *SacMu*(it.) 3 (1975), 779-783.

———, «Problematica teologica attuale della fede», *Teol(M)* 6 (1981) 218-231.

———, *Rivelazione cristiana, fede e teologia*, Brescia 1986 (orig. spagn. 1985).

AMATO, A., «Fede di Gesù? A proposito di una recente pubblicazione», *Sal.* 64 (2002) 87-112.

ANGELINI, G., «Fides et ratio. Il sapere della ragione e la sapienza», *Teol(M)* 24 (1999) 273-288.

———, *Teologia morale fondamentale. Tradizione, Scrittura e teoria*, Milano 1999.

———, *La testimonianza. Prima del dialogo e «oltre»*, Milano 2008.

ANGELINI, G. – MACCHI, S., ed., *La teologia del Novecento*, Milano 2008.

ANSELMO DI CANTERBURY, *Proslogion*, ed. G. ZUANAZZI, Brescia 2002.

ARDUSSO, F., *Imparare a credere. Le origini della fede cristiana*, Cinisello Balsamo 1998.

———, «Fede», in *Teol*, 358-370.

———, «Fede (l'atto di)», in L. PACOMIO, ed., *Dizionario Teologico Interdisciplinare*, Casale Monferrato 1977, 176-192.

———, recensione dell'«*Essere responsabili della fede*» di J. Werbick, *RdT* 46 (2005) 301-308.

ARENS, E., «Lässt sich der Glaube begründen?», in G. LARCHER – K. MÜLLER – TH. PRÖPPER, ed., *Hoffnung, die Gründe nennt. Zu Hansjürgens Verweyens Projekt einer erstphilosophischen Glaubensverantwortung*, Regensburg 1996.

ARTO, A., «Coscienza», in J.M. PRELLEZO – C. NANNI – G. MALIZIA, ed., *Dizionario di scienze dell'educazione*, Torino 1997.

BARBAGLIO, G. – BOF, G., «Sentimento», in *Teol.*, 1504-1522.

BARTH, K., *Dogmatica ecclesiale*, Bologna 1969 (orig. ted. 1932-1968).

BEAUDE, P.-M., «I. Promessa e compimento», in DizTF, 1298-1302.

BERGAMELLI, F., «'Fede di Gesù Cristo' nelle lettere di Ignazio di Antiochia», *Sal.* 66 (2004) 649-664.

BERNARDI, P., «La fede come obbedienza a Gesù Cristo», in P. BERNARDI – G. GIORDANO – G. LINGUA, *La decisione di credere. Per una comprensione della fede come atto pratico*, Fossano 1996, 111-203.

BERTULETTI, A., «Il concetto di esperienza», in G. COLOMBO, ed., *L'evidenza e la fede*, Milano 1988, 112-181.

———, «Il concetto di persona e il sapere teologico», in V. MELCHIORRE, ed., *L'idea di persona*, Milano 1996, 3-31.

———, «Fede e sapere. Il concetto di fede teologica», *Teol(M)* 7 (1982) 251-269.

———, «Fides et ratio, L'intenzione enunciativa dell'Enciclica e il suo modello concettuale», *Teol(M)* 24 (1999) 289-295.

———, «Pensiero dell'alterità e teologia della rivelazione. La critica dell'onto-teo-logia e il sapere teologico (II)», *Teol(M)* 4 (1989) 285-317.

———, «Sapere e libertà. Il concetto di fede e il sapere teologico», in G. COLOMBO, ed., *L'evidenza e la fede*, Milano 1988, 444-465.

———, «Teologia fondamentale», in *Teol*, 1707-1726.

BISER, E., *Glaubensverständnis. Grundriss einer hermeneutischen Fundamentaltheologie*, Freiburg – Basel – Wien 1975.

BLONDEL, M., *Lettera sull'apologetica*, Brescia 1995 (orig. franc. 1896).

BOF, G., *«Fede»*, in G. BARBAGLIO – S. DIANICH, ed., *Nuovo dizionario di teologia*, Roma 1977, 508-531.

BÖHNKE, M., *Einheit in Mehrursprünglichkeit. Eine kritische Analyse des trinitarischen Ansatzes im Werk von Klaus Hemmerle*, Münster 1999.

BONACCORSO, G., «Linguaggio», in *Teol*, 837-864.

BONHOEFFER, D., *Etica*, Brescia 1995 (orig. ted. 1949).

BOUILLARD, H., *Blondel et le Christianisme*, Paris 1961.

———, *La tâche actuelle de la théologie fondamentale*, Beauchesne 1972.

BRAMBILLA, F.G., «Antropologia teologica. Chi è l'uomo perché te ne curi?», Brescia 2005.

———, «Gesù autore e perfezionatore della fede», in *FdG*, 69-124.

———, «Questioni per l'insegnamento della teologia sistematica», *Teol(M)* 29 (2004) 259-284.

———, «L'uomo nella luce della fede cristiana», in G. ANGELINI – M. VERGOTTINI, ed., *Un invito alla teologia*, Milano 1998, 163-179.

BREZZI, F., «Il sé nell'età ermeneutica della ragione», in A. DANESE, ed., *L'io dell'altro. Confronto con Paul Ricœur*, Genova 1993, 161-173.

BUBER, M., *Due tipi di fede. Fede ebraica e fede cristiana*, Cinisello Balsamo 1995 (orig. ted. 1950).

CALTAGIRONE, C., «III. Teologia della fede ed elementi di antropologia fondamentale», in *TeolFond*, II, 5-10.

CAPIZZI, N., *Gesù risorto e i suoi testimoni. Introduzione alla cristologia e all'ecclesiologia fondamentale*, Roma 2007.

CASSIRER, E., *Filosofia delle forme simboliche*, I-III, Firenze 1964-1966 (orig. ted. 1923-1925).

CHENU M.D., *Le Saulchoir. Una scuola di teologia*, Casale Monferrato 1982 (orig. franc. 1937).

CIARDELLA, P. – GRONCHI, M., ed., *Testimonianza e verità. Un approccio interdisciplinare*, Roma 2000.

CIOLA, N., «Teologia trinitaria», prefazione in P. SGUAZZARDO, *Sant'Agostino e la teologia trinitaria del XX secolo. ricerca storico-ermeneutica e prospettive speculative*, Roma 2006.

CISLAGHI, G., «La Chiesa come testimonianza. Le coordinate della testimonianza ecclesiale», *ScC* 134/2 (2006) 331-353.

CITRINI, T., «I Venti anni della Facoltà Teologica dell'Italia Settentrionale», *ScC* 177 (1989) 104-111.

CODA, P., «Fede di Gesù? Una quaestio disputata ancora attuale a partire dalla risposta di Tommaso d'Aquino», *Lat.* LXX (2004) 511-532.

CODA, P., *Teo-logia*, Roma 2004.

COFFELE, G.F., *Apologetica e teologia fondamentale. Da Blondel a de Lubac*, Roma 2004.

———, «Bibliografia scelta sull'atto di fede», *RT* 2 (1991) 383-392.

COLOMBO, G., «Dalla Aeterni Patris (1879) alla Fides et ratio (1998)», *Teol(M)* 24 (1999) 251-272.

———, ed., *L'evidenza e la fede*, Milano 1988.

———, «La ragione teologica», in ID., ed., *L'evidenza e la fede*, Milano 1988, 7-17.

———, *La ragione teologica*, Milano 1995.

COMMISSIONE TEOLOGICA INTERNAZIONALE, *Teologia-Cristologia-Antropologia*, in ID., *Documenti 1969-2004*, Bologna 2006, 194-217.

CUCINOTTA, F.S., *L'insegnamento della teologia fondamentale in Sicilia*, Roma 1987.

———, «Per una nuova storia dei dogmi», *HoTh* 17 (1999) 255-271.

CUSANO, N., *La dotta ignoranza. Le congetture*, Milano 1988.

———, «Guida per chi contempla o non-altro», in ID., *Opere filosofiche*, Torino 1972, 789-856.

D'ALESSIO, D., «VII. La verità del cristianesimo. Libertà, verità, affetto», in *TeolFond*, III, 321-379.

———, Ecce homo. *Il dramma dell'umanesimo cristiano*, Milano 2000.

———, «Il linguaggio teologico della testimonianza. La testimonianza tra immediatezza e mediazione», *ScC* 134/2 (2006) 281-296.

DALFERTH, I.U., *Kombinatorische Theologie. Probleme theologischer Rationalität*, Freiburg 1991.

DERRIDA, J., *La voce e il fenomeno. Introduzione al problema del segno nella fenomenologia di Husserl*, Milano 1997 (orig. fran. 1967).

———, *La scrittura e la differenza*, Torino 1971 (orig. fran. 1967).

DORÉ, J., «L'evoluzione dei manuali cattolici di Teologia fondamentale», in R. FISICHELLA, ed., *La teologia fondamentale. Convergenze per il terzo millennio*, Casale Monferrato 1997, 61-80.

———, ed., *Introduction à l'étude de la théologie*, I-III, Paris 1992.

DOTOLO, C., ed., *Teologia e sacro. Prospettive a confronto*, Roma 1995.

DREYFUS, F., *Gesù sapeva di essere Dio?*, Cinisello Balsamo 1985 (orig. franc. 1984).

DREWERMANN, E., *Psicologia del profondo e esegesi*, I-II, Brescia 1990 (orig. ted. 1084-1985)

DULLES, A., «Apologetica», in *DizTF*, 60-69.

DULLES, A., *Il fondamento delle cose sperate. Teologia della fede cristiana*, Brescia 1997 (orig. inglese 1994).

DUQUE, J., *Homo credens. Para uma teologia da Fé*, Lisboa 2002.

EBELING, G., «Erwägungen zu einer evangelischen Fundamentaltheologie», *ZThK* 67 (1970) 479-524.

———, *Das Verständnis von Heil in säkularisierter Zeit*, in ID., *Wort und Glaube*, III, Tübingen 1975, 349-361.

ELIADE, M., *Il sacro e il profano*, Torino 1972 (orig. rumeno 1957).

EPIS, M., «I modelli della ratio fidei nella Teologia Fondamentale contemporanea», *Teol(M)* 21 (1996) 215-260.

———, *Ratio fidei. I modelli della giustificazione della fede nella produzione manualistica cattolica della teologia fondamentale tedesca post-conciliare*, Roma – Milano 1995.

———, «La rivelazione e la fede», in G. ANGELINI G – M. VERGOTTINI, ed., *Un invito alla teologia*, Milano 1998, 115-135.

———, «Teologia sistematica e testo biblico», *Teol(M)* 29 (2004) 285-293.

FERRETTI, G., «Recensione al Dio affidabile», *TeFi* XI (1997) 607-613.

FISICHELLA, R., «Che cos'è la teologia», in R. FISICHELLA – G. LAFONT – G. POZZO, ed, *La teologia tra rivelazione e storia*, Bologna 1999, 13-164.

———, «Credibilità», in *DizTF*, 212-230.

———, «Martirio», in *DizTF*, 669-682.

———, «Metodo teologico e inculturazione della fede», in M. CODI, ed., *Il metodo teologico*, Città del Vaticano 2008, 261-275.

———, «Oportet philosophari in theologia», I-III, *Gr.* 76 (1995) 221-262, 503-534, 701-728.

———, *La rivelazione: evento e credibilità. Saggio di teologia fondamentale*, Bologna 2002.

GALATI, D. – TINTI, C., *Prospettive sulla coscienza*, Roma 2004.

GALOT, J., «Gesù ha avuto fede?», *CivCatt* 133 (1982) 460-472.

GALIMBERTI, U., *Psichiatria e fenomenologia*, Milano 1979.

GEERLINGS, W., «Apologetica e teologia fondamentale nella patristica», in *CTF*, IV, 375-395.

GEFFRÉ, C., «Compiti antichi e nuovi della teologia fondamentale», *Conc(I)* 5 (1969) 23-47.

———, *Credere e interpretare. La svolta ermeneutica della teologia*, Brescia 2002 (orig. franc. 2001).

GEFFRE, C., «Décline ou renouveau de la théologie dogmatique?», in *Le point théologique. Recherches actuelles*, I, Paris 1971, 21-43

GIBELLINI, R., *La teologia del XX secolo*, Brescia 1992.

GIL, F., *La logica della convinzione. Il pensiero sovrano*, Milano 2004 (orig. franc. 2000).

GIORDANO, G., «La riflessione biblica sul credere», in P. BERNARDI – G. GIORDANO – G. LINGUA, *La decisione di credere. Per una comprensione della fede come atto pratico*, Fossano 1996, 55-110.

GIOVANNI PAOLO II, «Constitutio apostolica 'Sapientia Christiana' de studiorum Universitatibus et Facultatibus ecclesiasticis» (29 aprile 1979), in *Enchiridion Vaticanum*, VI, 1330-1454, Bologna 1979.

———, «Fides et ratio», Lettera enciclica ai vescovi della Chiesa Cattolica circa i rapporti tra fede e ragione (14 settembre 1998), in *Enchiridion delle Encicliche 1978-1998*, VIII, Bologna 1998, 2375-2600.

GIRARD, G., *Simulazione e identità debole*, Torino 1990.

GOLEMAN, D., *Intelligenza emotiva*, Milano 1996 (orig. ingl. 1995).

GRESHAKE, G., *Il Dio unitrino. Teologia trinitaria*, Brescia 2005 (orig. ted. 1997).

GUARDINI, R., *L'essenza del cristianesimo*, Brescia 1949 (orig. ted. 1939).

———, *La fine dell'epoca moderna*, Brescia 1954 (orig. ted. 1950).

———, «La funzione della sensibilità nella conoscenza religiosa», in *Scritti Filosofici*, Milano 1964, II, 137- 190 (orig. ted. 1941).

———, *L'opposizione polare. Saggio per una filosofia del concreto vivente*, in *Scritti Filosofici*, Milano 1964, I, 133ss (orig. ted. 1925).

GUILLET, J., *La fede di Gesù Cristo*, Milano 1982 (orig. franc. 1980).

HAEFFNER, G., «Erfahrung - Lebenserfahrung - religiöse Erfahrung. Versuch einer Begriffeserklärung», *ThPh* 78 (2003) 161-192.

HEGEL, G.W.F., *Lezioni sulla filosofia della religione*, I-II, Bologna 1974.

———, *Fenomenologia dello spirito*, ed. V. CICERO, Milano 1995 (orig. ted. 1807).

HEIDEGGER, M., *Essere e tempo*, Milano 2000 (orig. ted. 1927).

———, *Kant e il problema della metafisica*, Roma – Bari 1985 (orig. ted. 1929).

———, *Identità e differenza*, *Aa* 187-188 (1982) 2-37 (orig. ted. 1957).

HERBERT DI CHERBURY, «De veritate», in ID., *De veritate. Editio terza. De causis errorum. De religione laici. Parerga*, Stuttgart – Bad Cannstatt 1966 (ristampa facsimile).

HICK, J., *Religion. Die menschlichen Antworten auf die Frage nach Leben und Tod*, München 1996.

HONNETH, A., *Kampf um Anerkennung. Zur moralischen Grammatik sozialer Konflikte*, Frankfurt a. M. 1992.

HOYE, W.J., *Gotteserfahrung? Klärung eines Grundbegriffs der gegenwärtigen Theologie*, Zürich 1993.

IGNAZIO DI LOYOLA, *Esercizi spirituali*, ed. G. MUCCI, Roma 2006.

IRENEO DI LIONE, *Adversus haereses*, ed. A. HOSTE, Turnhout 1957.

IVANČIĆ, T., *Dijagnoza duše i hagioterapija*, Zagreb 2004.

JEREMIAS, J., *Abbà*, Brescia 1968 (orig. ted. 1966).

JERVOLINO, D., «Omaggio a Ricœur: l'unità della sua opera e il paradigma della traduzione», *St* 99 (2003) 657-668.

JÜNGEL, E., «Verità metaforica», in P. RICŒR – E. JÜNGEL, *Dire Dio. Per un'ermeneutica del linguaggio religioso*, Brescia 1985, 109-180 (orig. ted. 1974).

KANT I., *Critica della ragion pura*, Milano 1976 (orig. ted. 1781).

———, *La religione entro i limiti della sola ragione*, Parma 1967 (orig. ted. 1793).

KASPER, W., *Il Dio di Gesù Cristo*, Brescia 1984 (orig. ted. 1982).

———, *Gesù il Cristo*, Brescia 1975 (orig. ted. 1974).

———, *Introduzione alla fede*, Brescia 1975 (orig. ted. 1972)

———, «Teologia e comprensione della verità», in ID., *Teologia e Chiesa*, II, Brescia 2001, 27-51 (orig. ted. 1978).

KIERKEGAARD, S., *Gesammelte Werke*, XIII/XIV, Düsseldorf – Köln 1952.

KREINER, A., «Demonstratio religiosa», in D. HEINRICH – A. KREINER – P. SCHMIDT-LEUKEL, *Den Glauben denken. Neue Wege der Fundamentaltheologie*, Freiburg – Basel – Wien 1993, 9-48.

KRUCK, G., ed., *Gottesglaube, Gotteserfahrung, Gotteserkenntnis. Begründungsformen religiöser Erfahrung in der Gegenwart*, Mainz 2003.

KUNZ, E., «Conoscenza della credibilità e fede (analysis fidei)», in *CTF*, IV, 493-536.

LACOSTE, J.-Y., *Esperienza e assoluto. Sull'umanità dell'uomo*, Assisi 2004 (orig. franc. 1994).

LADARIA, F.-L., *Antropologia teologica*, Casale Monferrato 1995, 2007[5] (orig. spagn. 1993).

———, *Il Dio vivo e vero. Il mistero della Trinità*, Casale Monferrato 1999, 2007[4] (orig. spagn. 1998).

LADARIA, F.-L., «L'uomo alla luce di Cristo nel Vaticano II», in R. LATOURELLE, ed., *Vaticano II. Bilancio & Prospettive*, Assisi 1987, 939-951.

———, *La Trinità. Mistero di comunione*, Torino 2004 (orig. spagn. 2002).

LANG, A., *Die* Loci Theologici *des Melchior Cano und die Methode des dogmatischen Beweises*, Hildesheim 1974 (orig. München 1925).

LARCHER, G., «Modelli di problematica teologico-fondamentale del medioevo», in *CTF*, IV, 396-412.

LATOURELLE, R., «L'istanza storica in teologia fondamentale», in L. SARTORI, ed., *Istanze della teologia fondamentale oggi*, Bologna 1982, 55-94.

———, «Nuova immagine della fondamentale», in R. LATOURELLE – G. O'COLLINS, ed., *Problemi e prospettive di teologia fondamentale*, Brescia 1982, 59-84.

———, «Testimonianza I. Forma della rivelazione», in *DizTF*, 1312-1320.

———, «Testimonianza II. Motivo di credibilità», in *DizTF*, 1320-1331.

———, *La testimonianza cristiana*, Assisi 1971.

LAURET, B. – REFOULÉ, F., ed., *Iniziazione alla pratica della teologia*, 5 voll., Brescia 1986-1987.

LECLERQ, J., *Esperienza spirituale e teologia. Alla scuola dei monaci medievali*, Milano 1990.

LEHMANN, K., «Confessione di fede e formule abbreviate di fede», in ID., *Presenza della fede*, Brescia 1977 (orig. ted. 1974).

LÉVINAS, E. – MARCEL, G. – RICŒUR, P., *Il pensiero dell'altro, con un dialogo tra E. Lévinas e P. Ricœur*, Roma 1999.

LINGUA, G., «Le forme dell'affidarsi», in P. CODA – C. HENNECKE, ed., *La fede. Evento e promessa*, Roma 2000, 73-86.

LINK, C., «Motive theologischer Religionskritik», in W. GRAB, ed., *Religion als Thema der Theologie*, Gütersloh 1999, 91-117.

LIOTTI, G., *La dimensione interpersonale della coscienza*, Roma 1994.

LIVI, A. – SILLI, F., *Logica della testimonianza. Quando credere è ragionevole*, Città del Vaticano 2007.

LONERGAN, B., *Ragione e fede di fronte a Dio*, Brescia 1977 (orig. inglese 1973).

LORIZIO, G., «III. Il progetto: verso un modello di teologia fondamentale fondativo-contestuale in prospettiva sacramentale», in *TeoFond*, I, 407-454.

———, *Fede e ragione. Due ali verso il Vero*, Milano 2003.

LORIZIO, G., *La logica della fede. Itinerari di teologia fondamentale*, Cinisello Balsamo 2002.

LUBAC, H. DE, *Il dramma dell'umanesimo ateo*, Milano 1992 (orig. franc. 1963).

———, *Exégèse médiévale. Les quatre sens de l'Ecriture*, I-IV, Paris 1959-1964.

———, *Il Mistero del soprannaturale*, Bologna 1967 (orig. franc. 1946, 1965²).

MACERI, F., *La formazione della coscienza del credente. Una proposta educativa alla luce dei Parochial and Plain Sermons di John Henry Newman*, Roma – Brescia 2001.

MAIOLINI, R., «È possibile trasmettere la fede cristiana? La testimonianza come figura della trasmissibilità dell'esperienza cristiana alla luce della relazione tra rivelazione, fede e Chiesa», in *La trasmissione della fede* (Quaderni Teologici del Seminario di Brescia), Brescia 2007, 53-88.

———, *Tra fiducia esistenziale e fede in Dio. L'originaria struttura affettivo-simbolica della coscienza credente*, Roma – Milano 2005.

MALEVEZ, L., «Le Christ et la foi», in ID., *Pour une thèologie de la foi*, Paris 1969, 159-216.

MANZI, F., «La fede degli uomini e la singolare relazione filiale di Gesù nell'epistola agli Ebrei», *Bib* 81 (2000) 32-62.

———, con PAGAZZI G.C., *Il pastore dell'essere. Fenomenologia dello sguardo del Figlio*, Assisi 2001.

MARCHEL, W., *Abbà, Père! La prière du Christ et des chrétiens. Etude exégétique sur les origines et la signification de l'invocation à la divinité comme père, avant et dans le Nouveau Testament*, Roma 1963.

MARÉCHAL, J., *Il punto di partenza della metafisica. Il tomismo di fronte alla filosofia critica*, Milano 1995 (orig. franc. 1947).

MARGARITTI, A., «Teologia sistematica e teologia fondamentale: difficoltà di un rapporto», *Teol(M)* 3 (2004) 336-387.

MARION, J.-L., *Dato che. Saggio per una fenomenologia della donazione*, Torino 2001 (orig. franc. 1997).

MARTINELLI, P., «Teologia, vita spirituale, testimonianza. Note storico-sistematiche su una relazione originaria del sapere teologico», in C. APARICIO VALLS, ed., *Sapere teologico e unità della fede. Studi in onore del Prof. Jared Wicks*, Roma 2004, 286-313.

———, *La testimonianza. Verità di Dio e libertà dell'uomo*, Torino 2002.

MASULLO, A., «Al di qua del linguaggio, il patire», in F. BOTTURI – F. TOTARO – C. VIGNA, ed., *La persona e i nomi dell'essere. Scritti di filosofia in onore di Virgilio Melchiorre*, I, Milano 2002, 415-427.

———,«Patico/paticità», *Para*. XX (nuova serie) 59 (2002) 231-254.

MECHELS, E., *Analogie bei E. Przywara und K. Barth*, Neukirchen-Vluyn 1974.

MEISTER ECKHART, *Deutsche Werke*, I, Stuttgart 1958.

METZ, J.B., *La fede, nella storia e nella società*, Brescia, 1978 (orig. ted. 1977).

———, «Gotteskrise. Versuch zur 'geistigen Situation der Zeit'», in J.B. METZ – G.B. GINZEL – P. GLOTZ – J. HABERMAS – D. SÖLLE, *Diagnosen zur Zeit*, Düsseldorf 1994, 76-92.

———, «L'incredulità come problema teologico», *Conc(I)* 3 (1965) 72-92.

MOIOLI, G., «Spiritualità, fede, teologia», *Teol(M)* 9 (1984) 117-129.

MOLTMANN, J., *Che cos'è oggi la teologia? Due contributi alla sua attualizzazione*, Brescia 1991 (orig. ted. 1988).

MONTICELLI, R. DE, «L'anima e il sentire», in *L'anima*, Milano 2004, 265-290.

———, «L'ordine del cuore. Per una teoria fenomenologica dell'affettività», in C. BAZZANELLA – P. KOBAU, ed., *Passioni, emozioni, affetti*, Milano 2002, 75-99.

MOUROUX, J., *L'expérience chrétienne. Introduction à une Théologie*, Paris 1952.

MÜLLER, K., ed., *Fundamentaltheologie: Fluchtlinien und gegenwärtige Herausforderungen*, Regensburg 1998.

———, *Wenn ich „ich» sage. Studien zur fundamentaltheologischen Relevanz selbstbewusster Subjektivität*, Frankfurt am Main 1994.

MURA, G., «Ermeneutica e 'Gesù in mezzo': Emmaus», *NU* 39 (1983) 71-86.

MURATORE, S., «Formazione teologica. Alla ricerca di nuovi modelli», *RdT* 36 (1995) 195-202.

NERI, M., «*Fides ex auditu*. Le scritture canoniche, *forma fidei*», *ScC* 129 (2001) 145-210.

———, «Per una cristologia simbolica», «*Il Regno*» 50 (2005) 208-211.

NOFFKE, A., *Ehre und Genugtuung. Eine Untersuchung zu der Schrift «Cur Deus Homo?» von Anselm von Canterbury*, Greifswald 1939.

OCÁRIZ, F. – BLANCO, A., *Rivelazione, fede e credibilità. Corso di teologia fondamentale*, Roma 2001.

OTT, H., *Il Dio personale*, Casale Monferrato 1983 (orig. ted. 1969).

OTTO, R., *Il sacro. L'irrazionale nell'idea del divino e la sua relazione al razionale*, Milano 1984 (orig. ted. 1917).

PAGAZZI, G.C. – VIGNOLO, R., «Su 'il figlio dell'uomo', l'autoaffezione prediletta di Gesù. In margine ad uno studio recente», *Teol(M)* 28 (2004) 180-200.

PANNENBERG, W., «Che cos'è la verità?», in ID., *Questioni fondamentali di teologia sistematica. Raccolta di scritti. In appendice: Idea di Dio e libertà dell'uomo*, Brescia 1975, 228-250 (orig. ted. 1967; 1972 appendice).

——, *Teologia e filosofia*, Brescia 1999 (orig. ted. 1996).

PESCH, O.H., «Glaube – Erfahrung – Theologie. Einblick in einen ökumenischen Diskussionsstand – Eckdaten einer Klärung», *FZPhZh* 50 (2003) 5-49.

PFAMMATTER, J., «La fede secondo la S. Scrittura», in *MySal*(it.) 2 (1968) 377-403.

PIÉ-NINOT, S., «1965-1995: correnti di Teologia Fondamentale», in R. FISICHELLA, ed., *La teologia fondamentale. Convergenze per il terzo millennio*, Casale Monferrato 1997, 41-60.

——, *La teologia fondamentale. «Rendere ragione della speranza» (1 Pt 3,15)*, Brescia 2002 (orig. spagn. 2001).

PLATZBECKER, P., *Radikale Autonomie vor Gott denken. Transzendentalphilosophische Glaubensverantwortung in der Auseinandersetzung zwischen Hansjürgen Verweyen und Thomas Pröpper*, Regensburg 2003.

POTTERIE, I. DE LA, *L'unzione del cristiano con la fede*, Roma 1967. (orig. franc. 1965).

POTTMEYER, J.H., «Segni e credibilità del cristianesimo», in *CTF*, IV, 445-492.

——, «La costituzione Dei Filius», in R. FISICHELLA, ed., *La teologia fondamentale. Convergenze per il terzo millennio*, Casale Monferrato 1997, 19-39.

PRATO, E., «Sulla testimonianza» [accesso: 23.02.2009], www.teologiamilano.it/obi/teologiafondamentale.html#Anchor5.

PRÖPPER, T., *Redenzione e storia della libertà*, Brescia 1990 (orig. ted. 1988).

——, «Sollensevidenz, Sinnvollzug und Offenbarung», in G. LARCHER – K. MÜLLER – T. PRÖPPER, ed., *Hoffnung, die Gründe nennt. Zu Hansjürgen Verweyens Projekt einer erstphilosophischen Glaubensverantwortung*, Regensburg 1996, 27-48.

PRZYWARA, E., Analogia entis. *Metafisica. Struttura originaria e ritmo cosmico*, Milano 1995 (orig. ted. 1962).

PRZYWARA, E., *Deus semper maior. Theologie der Exerzitien*, Freiburg 1938.

PSEUDODIONIGI AEROPAGITA, «La teologia mistica», in ID, *Opere*, Padova 1956, 310-313.

RATZINGER, J., *Introduzione al Cristianesimo*, Brescia, 1969, 2003^{12} (orig. ted. 1968, con un nuovo saggio introduttivo del 2000).

———, «Fede, filosofia e teologia», in ID., *Natura e compito della teologia*, Milano 1993, 17-31.

———, «Kommentar zu 'Dei Verbum'», in *Das Zweite Vatikanische Konzil*, II, Freiburg – Basel – Wien 1967 (volume complementare del *Lexikon für Theologie und Kirche*).

———, «Libertà e verità», *Com(I)* 144 (1995) 9-28.

RE, A. DA, «L'aspirazione alla 'via buona'», in A. DANESE, ed., *L'io dell'altro. Confronto con Paul Ricœur*, Genova 1993, 215-226.

REIKERSTORFEN, J., «Modelli teologico-fondamentali dell'evo moderno», in *CTF*, IV, 413-444.

RICHIR, M., «Paul Ricœur. Soi-même comme un autre», *AnPh* (1989-1990), 41-63.

RICŒUR, P., «L'attestation. Entre phénoménologie et ontologie», in J. GREISCH – R. KEARNEY, ed., *Paul Ricoeur. Les métamorphoses de la raison herméneutique*, Paris 1991, 381-403.

———, *Die Interpretation. Ein Versuch über Freud*, Frankfurt 1974 (orig. franc. 1965).

———, con JÜNGEL, E., *Dire Dio. Per un'ermeneutica del linguaggio religioso*, Brescia 1993 (orig. 1974).

———, *Hermeneutik und Psychoanalyse*, München 1974 (orig. franc. 1969).

———, *Il conflitto delle interpretazioni*, Milano 1986 (orig. franc. 1969).

———, «Le sentiment», in *Edmund Husserl 1859-1959. Recueil commémoratif publié à l'occasion du centenaire de la naissance du philosophe*, La Haye 1959, 260-274.

———, *Sé come un altro*, Milano 1993 (orig. franc. 1990).

RIGOBELLO, A., «Impegno ontologico e maieutica dell'altro», in A. DANESE, ed., *L'io dell'altro. Confronto con Paul Ricœur*, Genova 1993, 61-74.

RIZZI, A., ed., *Friedrich Schleiermacher. Introduzione alla dottrina della fede cristiana*, Padova 2000.

ROSENZWEIG, F., *La stella della redenzione*, Casale Monferrato 1996 (orig. ted. 1921).

ROUSSELOT, P., *Gli occhi della fede*, Milano 1977 (orig. franc. 1910).

RUGGIERI, G., «L'apologetica cattolica in epoca moderna», in ID., ed., *Enciclopedia di teologia fondamentale. Storia. Progetto. Autori. Categorie*, I, Genova 1987, 275-348.

———, *La compagnia della fede, Linee di teologia fondamentale*, Casale Monferrato 1980.

———, «Il futuro della Teologia fondamentale», in R. FISICHELLA, ed., *La teologia fondamentale. Convergenze per il terzo millennio*, Casale Monferrato 1997, 261-280.

———, «Teologia fondamentale», in G. BARBAGLIO – S. DIANICH, ed., *Nuovo dizionario di teologia*, Roma 1977, 1756-1760.

SABETTA, A., «II. Modelli di teologia fondamentale del XX secolo», in *TeoFond*, I, 341-405.

SALMANN, E., «Conoscenza – sapienza – teologia oggi», in ID., *Presenza di Spirito*, Padova 2000, 52-76.

———, «Il Logos con-diviso. Il cristianesimo come paesaggio aperto», in ID., *Presenza di Spirito*, Padova 2000, 77-138.

———, «Mistica. Esperienza e teoria – Storia e figure», in ID., *Presenza di Spirito*, Padova 2000, 193-208.

———, «La mistica del quotidiano», in P. CIARDELLA, ed., *La mistica del quotidiano. Percorsi e figure*, Roma 2005, 23-36.

———, «Monachesimo e filosofia. Una piccola teoria del simbolo», in ID., *Presenza di Spirito*, Padova 2000, 278-305.

———, «La preghiera: monologo e dia-logo come cammino in-a-davanti a Dio», in ID., *Presenza di Spirito*, Padova 2000, 363-416.

———, «La rivelazione dell'ineffabile», in ID., *Presenza di Spirito*, Padova 2000, 324-359.

———, *La teologia è un romanzo. Un approccio dialettico a questioni cruciali*, Milano 2000.

———, *Die Vernunft ins Gebet nehmen: philosophische-theologische Betrachtungen*, Stuttgart 2000.

SCHAEFFLER, R., *Das Gebet und das Argument*, Düsseldorf 1989.

SCHELLING, F., *Filosofia della rivelazione*, Milano 1997 (orig. ted. 1858).

SCHILLEBEECKX, E., *Il Cristo. La storia di una nuova prassi*, Brescia 1980 (orig. ted. 1977).

SCHLEIERMACHER, F., «Sulla Religione. Discorso alle persone colte che la disprezzano», in ID., *Scritti filosofici*, Torino 1998, 83-255.

SCHMITZ-LEUKEL, P., «Sulla credibilità dell'annuncio cristiano», *ScC* 125 (1997) 457-494.

SCHNACKENBURG, R., *L'esistenza cristiana secondo il Nuovo Testamento*, Modena 1972 (orig. ted. 1968).

SCHÜSSLER, W., «Das Gebet im Horizont des Verhältnisses von Philosophie und Religion», *TThZ* 103 (1994) 92-112.

SCOLA, A., «Libertà umana e verità a partire dall'enciclica Fides et ratio», in G. SGUBBI – P. CODA, ed., *Il risveglio della ragione. Proposte per un pensiero credente*, Roma 2000, 85-111.

SECKLER, M. – KESSLER, M., «La critica della rivelazione», in *CTF*, II, 28-65.

SECKLER, M. «Il significato ecclesiologico del sistema dei 'loci teologici'», in ID., *Teologia. Scienza. Chiesa*, Brescia 1998, 171-206.

———, «Teologia fondamentale: compiti e strutturazione», concetto e nomi, in *CTF*, IV, 537-615.

———, «Teologia fondamentale e dogmatica», in R. FISICHELLA, ed., *La teologia fondamentale. Convergenze per il terzo millennio*, Casale Monferrato 1997, 125-148.

———, «Theosoterik und Autosoterik», *ThQ*162 (1982) 289-298.

SEGALLA, G., «L'autocomprensione di Gesù come mediatore di Dio Padre e del suo Regno alla luce della 'terza ricerca'», *StPat* 47 (2000) 383-409.

SESBOÜÉ, B., *Credere. Invito alla fede cattolica per le donne e gli uomini del XXI secolo*, Brescia 2000 (orig. franc. 1999).

SINI, C., *Il simbolo e l'uomo*, Milano 2002.

SORRENTINO, D. «Esperienza spirituale e intelligenza della fede in Dei Verbum 8», in C. SARNATARO, ed., *La terra e il seme. Inculturazione ed ermeneutica della fede*, Napoli 1998, 153-174.

———, «Storia della spiritualità e teologia. Necessità e fecondità di un nesso», *Asp.* 46 (1999) 163-194.

———, «Teologia e santità», *TeV* (1) 2000, 9-25.

SPEYR, A. VON, *Erde und Himmel. Ein Tagebuch*, Einsiedeln 1975.

———, *Il libro dell'obbedienza*, Padova 1983 (orig. ted. 1966).

STERCAL, C., «Storia della teologia e storia della spiritualità. Relazione tra i due saperi», *RTLu* 5 (2000) 199-221.

SUSONE, E., *Il libro della saggezza eterna*, Milano 1942.

TILLICH, P., «Die Frage nach dem Unbedingten», in *Gesammelte Werke*, V, Stuttgart 1964, 37-50.

———, «Religionsphilosophie», in ID., *Gesammelte Werke*, I, Stuttgart 1959, 295-364.

———, *Wesen und Wandel des Glaubens*, Berlin 1966.

TILLICH, P., «Zwei Wege der Religionsphilosophie», in *Gesammelte Werke*, V, Stuttgart 1964, 122-137.

TOMBOLINI, A., ed., *Sapere teologico ed esperienza della fede*, Lugano 2002.

TOMMASO D'AQUINO, *La Somma Teologica*, Bologna 1984 (traduzione e commento a cura dei Domenicani italiani, testo latino dell'edizione leonina).

TONIOLO, A., «Dalla fede di Gesù alla fede dei discepoli», in *FdG*, 125-143.

TORRELL, J.-P., «Nuove correnti di teologia fondamentale nel periodo postconciliare», in R. LATOURELLE – G. O'COLLINS, ed., *Problemi e prospettive di teologia fondamentale*, Brescia 1982, 23-40.

TRACY, D., «Necessità e insufficienza della teologia fondamentale», in R. LATOURELLE – G. O'COLLINS, ed., *Problemi e prospettive di teologia fondamentale*, Brescia 1982, 41-58.

UBBIALI, S., «Teologia sistematica e storia della teologia», *Teol(M)* 29 (2004) 294-335.

VANDENBROUCKE, F., «Le divorce entre théologie et mystique», *NRTh* 72 (1950) 372-389.

VANHOYE, A., «Fede», in J.-Y. LACOSTE, ed., *Dizionario critico di teologia*, Roma 2005, 548-550.

———, «Pistis Christou: fede in Cristo o affidabilità di Cristo?», *Bib* 80 (1999) 1-21.

VERWEYEN, H., *La parola definitiva di Dio. Compendio di teologia fondamentale*, (terza edizione completamente rielaborata la prima è del 1991, ed. solo tedesca), Brescia 2001 (orig. ted. 2000).

VIGNOLO, R., «La fede portata da Cristo. 'ΠΙΣΤΙΣ ΧΡΙΣΤΟΥ' in Paolo», in *FdG*, 43-67.

WAHL, H., *Glaube und symbolische Erfahrung. Eine praktisch-theologische Symboltheorie*, Freiburg – Basel – Wien 1994.

WALDENFELS, H., *Teologia fondamentale nel contesto del mondo contemporaneo*, Cinisello Balsamo (MI) 1988 (orig. ted. 1985).

WELTE, B., *Che cosa è credere. Riflessioni per la filosofia della religione*, Brescia 1983 (orig. ted. 1982).

WINKLER, U., «Fundamentaltheologie», *SaThZ* 5 (2001) 70-75.

WISSER, R., ed., *Colloquio con Martin Heidegger*, Roma 1972. (orig. ted. 1970).

ŽÁK, L., «III. Questioni principali di epistemologia teologica», in *TeoFond*, I, 116-182.

INDICE DEGLI AUTORI

Abelardo: 176
Adorno: 171
Agostino: 9, 26, 47, 86, 148, 163, 176, 201
Albarello: 185
Albus: 53, 67
Alfaro: 24, 189, 190
Amato: 33, 100
Angelini: 20, 24, 144, 210
Anselmo: 52, 59, 168, 171, 174
Ardusso: 29, 78, 186
Arens: 154
Arto: 25
Atanasio: 32, 201
Babini: 64, 67
Balthasar: 6, 12, 13, 14, 15, 21, 28, 34, **39-75,** 116, 127, 129, 131, 143, 162, 191, 192, 193, 195, 196, 198, 200, 204, 206, 208, 209, 211
Barbaglio: 27, 220
Barth: 43, 47, 64, 89, 99, 162, 190
Batlogg: 86, 104
Beaude: 29
Bergamelli: 33
Berger: 92
Bernardi: 33
Bernet: 162, 196
Bertuletti: 20, 24, 25, 26, 29, 70, 122, 144

Bieler: 64
Biser: 22
Blanco, 22
Blondel: 21, 88, 107, 149
Bof: 27, 220
Böhnke: 166
Bokwa: 95
Bonaccorso: 199
Bonaventura: 47, 207
Bonhoeffer: 162, 174
Bordoni: 81
Bouillard: 22, 107, 120
Brambilla: 20, 30, 32, 33, 34, 61, 212
Brezzi: 160
Brito: 70
Buber: 52, 57
Callahan: 98
Caltagirone: 30
Capizzi: 209
Carelli: 45, 54
Cartesio: 17, 133
Cassirer: 27
Charron: 17
Chenu: 73
Ciardella: 209
Ciola: 109
Cislaghi: 209
Citrini: 71
Coda: 33, 69, 212

Coffele: 24
Colombo: 19, 24, 25, 122, 144
Congar: 92
Cordovilla Pérez: 66
Cucinotta: 211
Cusano: 168, 170
D'Alessio: 27, 210
Da Re: 160
Dalferth: 154
de la Potterie: 205
Dechamps: 107
Delgado: 110
Derrida: 25
Dianich: 146, 220
Dionigi: 72, 198
Doré: 20, 22
Döring: 23
Dostoevskij: 47
Dotolo: 2, 146
Drewermann: 171
Dreyfus: 33
Dulles: 16, 82, 189
Duque: 189
Ebeling: 81, 162, 174, 196
Ebner: 52
Egan: 104
Eicher: 70, 84, 87
Eliade: 162
Elisabetta di Digone: 72
Endean: 104
Epis: 20, 22
Fabro: 116
Farrugia: 97, 98
Ferretti: 149
Feuerbach: 17, 133, 156
Fischer: 82, 89
Fisichella: 19, 22, 39, 53, 67, 73, 186, 207, 209, 219
Freud: 133, 142, 156, 159, 171
Fries: 22, 120
Gadient: 56
Galati: 26
Galimberti: 134
Galot: 33

Gardeil: 10, 17
Garrigou-Lagrange: 10, 17
Geerlings: 16
Geffré: 120, 211
Gemma Galgani: 9
Gianfreda: 114
Gibellini: 56, 84
Gil: 29
Giordano: 10, 33
Giovanni della Croce: 10
Girard: 134
Goleman: 27
Göllner: 23
Gonzales: 90
Goossens: 107
Görtz: 23
Gregorio di Nissa: 47, 72, 198
Greisch: 70
Greshake: 92
Gronchi: 209
Guardini: 10, 46, 77, 162
Guerrieri: 146
Guerriero: 39, 42, 73
Guillet: 63
Gutwenger: 92
Haeffner: 110
Hartmann: 56
Hegel: 17, 43, 156, 171, 194
Heidegger: 25, 27, 70, 86, 87, 89, 108
Heijden: 107
Hemmerle: 23, 166
Henrici: 28, 43, 53, 69
Henry: 26
Herbert di Cherbury: 169
Hick: 154
Hilberath: 93
Hill: 92
Holzer: 70
Honecker: 80
Honneth: 165
Hoye: 110
Ignazio di Loyola: 26, 103

Imperatori: 42, 43, 45, 46, 53, 56, 70
Ireneo: 65, 72, 167, 176, 201
Ivančić: 194
Jeremias: 202
Jervolino: 160
Jöhri: 59
Jüngel: 159
Kant: 17, 51, 84, 85, 87, 156, 163, 192, 194
Kasper: 21, 39, 82, 92, 95, 96, 115, 116
Kehl: 23
Kienzler: 23
Kierkegaard: 43, 46, 47, 163, 172
Knauer: 22
Knoepffler: 85
Konda: 73
Körner: 56, 69
Kowalczyk: 89
Kreiner: 23, 154
Krenski: 39, 67
Kruck: 110
Kunz: 17, 56
Ladaria: 32, 90, 202
Lang: 16
Larcher: 16
Latourelle: 22, 209, 219
Lauret: 20
Leclerq: 207
Lehmann: 39, 77, 82, 97
Lessing: 156, 170
Lévinas: 25, 164, 172
Link: 157
Liotti: 26
Livi: 210
Lochbrunner: 67
Lombarda: 72
Lonergan: 19, 149
Lorizio: 23, 85, 220
Löser: 69, 100
Lubac: 47, 64, 88, 114, 207
Lutz-Bachmann: 110
Maceri: 26

Maggiani: 146
Maiolini: 27, 28, 33, 53, 69, 73, 149, 205, 210
Maldiney: 28
Malevez: 34
Mannermaa: 88
Manzi: 32, 202
Marcel: 164
Marchel: 202
Marchesi: 61
Maréchal: 10, 82, 84, 85, 86
Margaritti: 20, 87, 211
Mariani: 108
Marion: 166
Martinelli: 56, 59, 61, 166, 206, 209
Massimo il Confessore: 47, 72
Masullo: 26
Maurice: 96, 98
McDermott: 96
Mechels: 47
Meiattini: 45, 54, 74
Meister Eckhart: 168
Melchior Cano: 16
Metz: 22, 77, 80, 115, 153, 161, 196
Meuffels: 67
Miggelbrink: 82, 90, 92
Moda: 42, 45, 48, 64
Moioli: 206, 208
Moltmann: 28, 92
Monticelli: 27, 125
Mouroux: 103
Muck: 87
Müller: 154
Mura: 212
Neri: 51, 54, 129, 209
Neufeld: 22, 77, 84, 98, 112, 120
Newman: 26
Nietzsche: 17, 43, 47, 133, 156, 174
Noffke: 174
Ocáriz: 22
Origene: 72, 82, 97, 176

Ott: 89, 190, 196
Otto: 146, 162
Pagazzi: 32, 202
Pannenberg: 19, 23
Paolo VI: 39
Pascal: 47, 71, 160, 173
Pesch: 110, 162, 196
Pfammatter: 205
Pié-Ninot: 22, 209, 212
Pietro Lombardo: 176
Platzbecker: 167
Pottakkal: 99
Pottmeyer: 18, 22, 219
Prato: 45, 210
Pröpper: 154, 167
Przywara: 47, 82
Pseudodionigi Aeropagita: 170
Pugliese: 92
Quellet: 45, 66
Raffelt: 77, 88
Raguž: 51, 74
Rahner: 6, 12, 13, 14, 15, 21, 22, 34, 42, **77-116**, 143, 162, 171, 181, 191, 192, 193, 196, 198, 200, 204, 206, 208, 211, 220
Ratzinger: 19, 21, 40, 81, 157, 170, 190
Reali: 56, 64, 69, 71
Refoulé: 20
Reimarus: 170
Reisenhofer: 108
Richir: 160
Ricœur: 27, 28, 125, 159, 164, 171, 172, 173
Rigobello: 45, 160
Rizzi: 28
Rosenzweig: 52
Rossé: 212
Rousselot: 131
Ruggieri: 16, 22, 23, 45, 73
Sabetta: 18, 22
Sala: 42, 43, 45, 46
Salmann: 2, 6, 8, 10, 28, 112, 162, 190, 196, 198, 202, 206

Sanna: 78, 82, 96, 98, 108, 110, 116
Schaeffler: 112
Schelling: 171
Schenk: 82
Schilson: 115, 116
Schleiermacher: 149, 171
Schneider: 82
Schoonenberg: 93
Schulz: 39
Schüssler: 112
Schütz: 56
Schwerdtfeger: 113
Scola: 20, 25, 39, 40, 64
Seckler: 16, 20, 22, 81, 120, 174, 219
Segalla: 202
Sequeri: 6, 13, 14, 15, 17, 18, 24, 28, 30, 31, 33, **119-151**, 176, 181, 191, 194, 196, 197, 198, 201, 204, 208, 209
Sesboüé: 189
Sicari: 72
Siebenrock: 78, 105
Silli: 210
Silvestri: 146
Sini: 27
Sorrentino: 206
Spera: 146
Speyr: 40, 44, 47, 57, 59, 72
Spiller: 72
Splett: 28, 82, 108
Stercal: 206
Stolina: 108
Štrukelj: 73
Susone: 168
Tallon: 98
Teresa d'Avila: 9
Teresa di Lisieux: 72, 105
Thüsing: 115
Tibaldi: 62
Tillich: 155, 157, 162, 163, 164, 171, 174, 176, 196
Tinti: 26

Tombolini: 206
Tommaso: 10, 11, 33, 59, 80, 168, 170, 176, 207, 220
Toniolo: 44, 45
Topić: 64
Torrell: 22
Tourpe: 54, 67
Trabucco: 186
Tracy: 22, 211
Tyrrell: 80
Valenziano: 146
Vandenbroucke: 206
Vanhoye: 33, 205
Verweyen: 22, 78, 88, 114, 120, 154, 167
Vignolo: 24, 34, 61, 63, 71, 202
Visintin: 80
Vogels: 92

Vorgrimler: 77, 82, 104, 108, 110
Wagner: 82
Wahl: 28
Waldenfels: 22
Wallner: 55
Weger: 22
Welte: 28
Werbick: 6, 13, 14, 15, 112, **153-187**, 191, 195, 196, 198, 201, 208
Werner: 81
Winkler: 186
Wisser: 87
Wollbold: 105
Wong: 97
Woung: 99
Zahlauer: 82, 86
Žák: 20

INDICE GENERALE

Presentazione di Elmar Salmann 5
Ringraziamenti 7
Prologo 9
1. La presentazione della ricerca 9
   1.1 Le motivazioni della ricerca 9
   1.2 L'obiettivo e il titolo del lavoro 10
   1.2 Il percorso della ricerca 12
   1.3 Lo stile dello scritto 14
2. Introduzione: Il punto d'appoggio nella/della duplice correlazionalità dell'uomo con Dio 15
   2.1 La questione della fede tra l'apologetica e la teologia fondamentale 16
   2.2 Lo snodo della teologia fondamentale nella teoria basata sulla coscienza pratico-patica della fede 24
   2.3 *Fides Jesu* e l'esperienza filiale del Figlio di Dio e figlio degli uomini come l'archetipo originante la coscienza credente 31

PARTE I
PENSATORI ORIGINARI.
LO SFONDO OSCURO E LIMPIDO DEL MISTERO

Capitolo I: *Hans Urs von Balthasar. La fede come percezione/riconoscimento della* Gestalt *di Gesù Cristo ed imitazione della sua fedeltà/riconoscenza al Padre* 39

1. Coordinate generali del pensiero balthasariano 41
   1.1 Antropologiche: la drammaticità della modernità 41

1.2 Cristologiche: dalle domande dell'uomo alla rivelazione
     in Cristo 45
1.3 Teologiche: verso la teologia della fede cristiana 49
2. Articolazione teologica particolare: estetica, drammatica e logica 53
3. La *fides Christi* come figura archetipa della fede 57
   3.1 *Fides Jesu* fa coincidere l'autocoscienza filiale con la sua
       coscienza della missione 57
   3.2 *Fides credentis*: «Venire alla fede significa credere come Gesù» 60
4. L'accesso umano alla realtà di Dio: dal sorriso della madre al
   rapporto con il Padre 63
   4.1 L'antropologia teologica 64
   4.2 Il rapporto filiale come momento originante ed originale
       della fede 67
5. Ripresa critica del pensiero balthasariano 69
   5.1 I guadagni teoretici dell'impostazione balthasariana 69
   5.2 L'apporto del pensiero balthasariano al percorso della ricerca ... 71
   5.3 La necessità di un completamento teorico 73

CAPITOLO II: *Karl Rahner. L'essenza dell'essere è costituita dalla
               coscienza come unità originaria tra
               «conoscere» ed «essere conosciuto»* 77

1. La ricerca del punto di partenza 79
   1.1 Intreccio di filosofia e teologia 79
   1.2 La metodica trascendentale 84
   1.3 La svolta antropologica 86
2. L'autocomunicazione esistentiva, originaria e storica di Dio 89
   2.1 Assioma teologico: la Trinità «economica» è «immanente»
       e viceversa 90
   2.2 La storia della salvezza/rivelazione come coestensiva alla
       storia del mondo 93
3. Il rapporto dell'uomo con Dio portato a compimento dall'uomo-Dio
   Gesù Cristo 94
4. Il mistero dell'uomo dinanzi al mistero di Dio 100
   4.1 L'uomo come essere trascendente ed essere mistero 100
   4.2 Incontrare il Cristo nella fede 103
5. Ripresa critica del pensiero rahneriano 108
   5.1 I guadagni teoretici dell'impostazione rahneriana 109
   5.2 L'apporto del pensiero rahneriano al percorso della ricerca 112
   5.3 La necessità della comprensione teorica 113

PARTE II
TRASPOSIZIONI ACCADEMICHE.
L'INVERAMENTO AFFETTIVO-SIMBOLICO E METAFORICO-SPERIMENTALE

CAPITOLO III: *Pierangelo Sequeri. La coscienza credente come struttura originaria della disposizione fiduciale al riconoscimento* 119

1. Il superamento del canone moderno e la ragione teologica 120
  1.1 Il canone moderno e la sua critica 122
  1.2 Il progetto di una ragione teologica 124
2. Dalla fenomenologia dell'evento fondatore al riconoscimento del Figlio 125
3. *Fides ecclesiae*: tra la fede-che-salva e la fede testimoniale 128
4. Teoria della coscienza credente 132
  4.1 Fenomenologia trascendentale della coscienza: evidenza estetico-etica 133
  4.2 Ermeneutica teologale e ontologia fondamentale della coscienza credente 138
5. Ripresa critica del pensiero sequeriano 141
  5.1 I guadagni teoretici dell'impostazione sequeriana 145
  5.2 L'apporto del pensiero sequeriano al percorso della ricerca 147
  5.3 La necessità di un chiarimento teorico 148

CAPITOLO IV: *Jürgen Werbick. Il riconoscimento reciproco come categoria di base per la fede* 153

1. Nella ricerca della fondazione teologica della fede 155
  1.1 La criteriologia della religione 156
  1.2 La preghiera ha qualcosa da dare/dire alla teologia 159
2. Inveramento religioso 162
  2.1 La relazione con l'altro/assoluto fondante l'identità 162
  2.2 C(r)edere in Dio 167
3. Inveramento cristiano 169
  3.1 La rivelazione e il linguaggio della fede 169
  3.2 La redenzione e il senso della fede 173
4. Inveramento cattolico 177
5. Ripresa critica del pensiero werbickiano 180
  5.1 I guadagni teoretici dell'impostazione werbickiana 182
  5.2 L'apporto del pensiero werbickiano al percorso della ricerca 184
  5.3 La necessità di una re-integrazione teorica 185

EPILOGO 189
1. Le proposte degli stili a confronto e la loro verità fenomenologica
   e teoretica 191
   1.1 Antropologica: trascendentale e categoriale dell'uomo tra
       l'evidenza estetico-etica e il linguaggio metaforico-simbolico ... 191
       1.1.1 La verità del trascendentale e del categoriale 192
       1.1.2 La verità della relazione inter-personale 194
       1.1.3 La verità del riconoscimento 196
   1.2 Cristologica: Gesù come archetipo del filiale affidamento e
       fedeltà costituenti la fede 200
       1.2.1 La verità dell'*essere riconosciuto*: la filiazione divina 201
       1.2.2 La verità dell'*essere riconoscente*: l'affidamento e
             la fedeltà 204
   1.3 Teologica: l'unità/reciprocità tra *intellectus*, *affectus* e
       confessio fidei 206
2. Una fenomenologia del «venire alla fede» a partire dall'esperienza
   post-pasquale e le sue implicazioni teologiche 211

SIGLE E ABBREVIAZIONI 219

BIBLIOGRAFIA 223
1. Bibliografia di Hans Urs von Balthasar 224
   1.1 Opere di H.U. von Balthasar 224
   1.2 Opere su H.U. von Balthasar 228
2. Bibliografia di Karl Rahner 233
   2.1 Opere di K. Rahner 233
   2.2 Opere su K. Rahner 238
3. Bibliografia di Pierangelo Sequeri 244
4. Bibliografia di Jürgen Werbick 246
5. Bibliografia generale 248

INDICE DEGLI AUTORI 263

INDICE GENERALE 269

TESI GREGORIANA

Dal 1995, la collana «Tesi Gregoriana» mette a disposizione del pubblico alcune delle migliori tesi elaborate alla Pontificia Università Gregoriana. La composizione per la stampa è realizzata dagli stessi autori, secondo le norme tipografiche definite e controllate dell'Università.

Volumi pubblicati [Serie: Teologia]

[Vol. 1-110: cfr. *www.unigre.it /TG/teologia.htm*]

111. PLANELLAS BARNOSELL, Joan, *La recepción del Vaticano II en los manuales de eclesiología españoles. I. Ruidor, J. Collantes, M.M. Garijo-Guembe, S. Pié-Ninot, E. Bueno*, 2004, pp. 598.
112. FILIPPI, Nicola, *Essenza e forma di esercizio del ministero petrino. Il Magistero di Giovanni Paolo II e la riflessione ecclesiologica*, 2004, pp. 298.
113. PEGUERO PÉREZ, Javier, *La figura de Dios en los diálogos de Jesús con las autoridades en el Templo. Lectura de Mc 11,27–12,34 a partir de su instancia comunicativa*, 2004, pp. 426.
114. LÓPEZ BARRIO, Mario, *El tema del «Agape» en la primera carta de San Juan. Estudio de 1Jn 4,7-21: una perspectiva antropológico-social*, 2004, pp. 266.
115. BOREK, Wacław, *Unità e reciprocità delle membra della Chiesa. Studio esegetico-teologico di 1Cor 12,21-26; Rom 12,3-8; Ef 4,24–5,2*, 2004, pp. 352.
116. VIVES PÉREZ, Pedro Luis, *La singularidad de Cristo. Perspectivas convergentes en la cristología católica contemporánea*, 2004, pp. 464.
117. WITEK, Bernard, *Dio e i suoi figli. Analisi retorica della Prima Raccolta Salomonica (Pr 10,1–22,16)*, 2005, pp. 416.
118. BORGHINO, Angelo, *La «Nuova Alleanza» in Is 54. Analisi esegetico-teologica*, 2005, pp. 480.
119. URSO, Filippo, *«Imparò l'obbedienza dalle cose che patì» (Eb 5,8). Il valore educativo della sofferenza in Gesù e nei cristiani nella Lettera agli Ebrei*, II edizione riveduta e corretta, 2005, pp. 514.
120. KIM, Jeong Rae, *«...perché io sono mite e umile di cuore» (Mt 11,29). Studio esegetico-teologico sull'umiltà del Messia secondo Matteo. Dimensione cristologica e risvolti ecclesiologici*, 2005, pp. 334.
121. DE VECCHI, Gaia, *L'Etica o Scito te ipsum di Pietro Abelardo. Analisi critica di un progetto di teologia morale*, 2005, pp. 208.
122. MENDOZA MAGALLÓN, Pedro, *«Estar crucificado juntamente con Cristo»: el nuevo status del creyente en Cristo. Estudio exegético-teológico de Gal 2,15-21 y Rom 6,5-11*, 2005, pp. 328.

123. DUFFY, Mervyn, *How Language, Ritual and Sacraments Work. According to John Austin, Jürgen Habermas and Louis-Marie Chauvet*, 2005, pp. 282.
124. LEE, Hye Ja (Induk Maria), *«Signore, vogliamo vedere Gesù». La conclusione dell'attività pubblica di Gesù secondo Gv 12,20-36*, 2005, pp. 302.
125. MAZZA, Giuseppe, *La liminalità come dinamica di passaggio. La rivelazione come struttura osmotico-performativa dell'*inter-esse *trinitario*, 2005, pp. 786.
126. MONTALDI, Gianluca, *«In fede ipsa essentia Revelationis completur»: il tema della fede nell'evolversi del concilio Vaticano II: la genesi di DV 5-6 e i suoi riflessi su ulteriori ambiti conciliari*, 2005, pp. 628.
127. POGGEMEYER, Joseph, *The Dialectic of Knowing God in the Cross and the Creation. An Exegetico-Theological Study of 1Corinthians 1,18-25 and Romans 1,18-23*, 2005, pp. 344.
128. DI PAOLO, Roberto, *Il Servo di Dio porta il diritto alle nazioni. Analisi retorica di Matteo 11–12*, 2005, pp. 286.
129. RONCONI, Marco, *«A maiestate humilitas». Il rilievo della retorica nella teologia di Leone Magno*, 2005, pp. 260.
130. COLAUTTI, Guillermo Bruno, *Las figuras eclesiológicas en San Hilario de Poitiers*, 2005, pp. 304.
131. TIBALDI, Marco, *Kerygma e atto di fede nella teologia di Hans Urs von Balthasar*, 2005, pp. 276.
132. PIQUÉ COLLADO, Jorge, *Teología y música. Una contribución dialéctico-transcendental sobre la sacramentalidad de la percepción estética del Misterio (Agustín, Balthasar, Sequeri; Victoria, Schönberg, Messiaen)*, 2006, pp. 422.
133. COSTIN, Teodor, *Il perdono di Dio nel vangelo di Matteo. Uno studio esegetico-teologico*, 2006, pp. 254.
134. BISCEGLIA, Bruno, *«In natura humana Deus Pater impressit Verbum». Dio Padre nel commento di San Tommaso al Vangelo di San Giovanni. Indagine dottrinale e verifica analitica. Analisi statistica e lessicografica*, 2006, pp. 352.
135. JONES, Michael Keenan, *Towards a Christology of Christ the High Priest*, 2006, pp. 408.
136. GUDIEL GARCÍA, Hugo Caín, *La fe según Xavier Zubiri. Una aproximación al tema desde la perspectiva del problema teologal del hombre*, 2006, pp. 380.
137. MARGARIA, Claudio, *Fede come sequela: una teologia in* via Christi *negli scritti teologici (1968-2002) di Joseph Moingt*, 2006, pp. 382.
138. BELLUSCI, Gianluca, *L'*universale concretum, *categoria fondamentale della Rivelazione a partire dall'analisi del ciclo natalizio*, 2006, pp. 298.
139. PELLEGRINO, Carmelo, *Paolo servo di Cristo e padre dei Corinzi. Analisi retorico-letteraria di 1Cor 4*, 2006, pp. 408.
140. MULCAHY, Eamonn, *The Cause of Our Salvation. Soteriological Causality according to some Modern British Theologians 1988-1998*, 2006, pp. 528.
141. BALČIUS, Vidas, *Virtù e opzione fondamentale. Una riflessione a partire dal contributo di S. Pinckaers e J. Fucks*, 2007, pp. 240.
142. XALXO, Prem, *Complementarity of Human Life and Other Life Forms in Nature: A Study of Human Obligations toward the Environment with Par-*

ticular Reference to the Oraon Indigenous Community of Chtoanagpur, India, 2007, pp. 240.

143. BRIGHI, Davide, *Assenso reale e scienze profane. Il contributo di John Henry Newman ad una rinnovata ragione teologica*, 2007, pp. 222.

144. PETRIGLIERI, Ignazio, *La definizione dogmatica di Calcedonia nella cristologia italiana contemporanea*, 2007, pp. 346.

145. GONZAGA, Waldecir, *«A Verdade do Evangelho» (Gl 2,5.14) e a autoridade na Igreja. Gl 2,1-21 na exegese do Vaticano II até os nossos dias. História, balanço e novas perspectivas*, 2007, pp. 504.

146. GATTI, Nicoletta, *...perché il «piccolo» diventi «fratello». La pedagogia del dialogo nel cap. 18 di Matteo*, 2007, pp. 400.

147. SZYPUŁA, Wojciech, *The Holy Spirit in the Eschatological Tension of Christian Life. An Exegetico-Theological Study of 2 Corinthians 5,1-5 and Romans 8,18-27*, 2007, pp. 436.

148. AMO USANOS, Rafael, *El principio vital del ser humano en Ireneo, Orígenes, Agustín, Tomás de Aquino y la antropología teológica española reciente*, 2007, pp. 362.

149. APRILE, Biagio, *«Passio Christi tam evidenter quasi evangelium recitatur». La passione di Cristo sulla croce: insegnamento ed esempio. Studio sul Commento II al salmo 21 di Agostino di Ippona*, 2007, pp. 310.

150. CASAZZA, Fabrizio, *Sviluppo e libertà in Amartya Sen. Provocazioni per la teologia morale*, 2007, pp. 424.

151. VARSALONA, Agnese, *Il dialogo e i suoi fondamenti. Aspetti di antropologia filosofica e teologica secondo Jörg Splett e Walter Kasper*, 2007, pp. 300.

152. GEORGE KOCHUTHARA, Shaji, *The Concept of Sexual Pleasure in the Catholic Moral Tradition*, 2007, pp. 518.

153. SCARDILLI, Pietro Damiano, *I nuclei ecclesiologici nella costituzione liturgica del Vaticano II*, 2007, pp. 418.

154. PALACHUVATTIL, Mathew, *«The One Who Does the Will of the Father». Distinguishing Character of Disciples According to Matthew. An Exegetical Theological Study*, 2007, pp. 404.

155. BARBOSA FILHO, Domingos, *A vontade salvífica e predestinante de Deus e a questão do cristocentrismo. Um estudo sobre a doutrina de João Duns Escoto e seus ecos na teologia contemporânea*, 2007, pp. 496.

156. ONWUKA, Chidolue Peter, *The Law, Redemption and Freedom in Christ. An Exegetical-Theological Study of Galatians 3,10-14 and Romans 7,1-6*, 2007, pp. 374.

157. JANÉ COCA, José M., *«Ser hallado en Él». La reciprocidad intersubjetiva entre Pablo y Cristo. Un estudio exegético-teológico de Flp 3*, 2007, pp. 608.

158. SHABANI, Louay, *Santificazione e valore salvifico del matrimonio. Studio esegetico-teologico di 1Cor 7,12-16 ed Ef 5,25-33*, 2008, pp. 325.

159. ABBATTISTA, Ester, *Origene legge Geremia. Analisi, commento e riflessioni di un biblista di oggi*, 2008, pp. 355.

160. SPRONCK, Joël, *La patience de Dieu. Justifications théologiques du délai de la Parousie*, 2008, pp. 356.

161. EDERLE, Rubén Alberto, *Discípulos y Apóstoles de Jesús. La relación entre los discípulos y los Doce según Marcos*, 2008, pp. 368.

162. CARIA, Roberto, *Lo stato nelle teorie politiche di I. Kant e J. Maritain. Una legittimazione tra razionalità e fede*, 2008, pp. 306.
163. MACALA, André, *A escatologia no livro do Apocalipse. Da sua realização no presente litúrgico à conslusão da história*, 2008, pp. 394.
164. TANTIONO, Paulus Toni, *Speaking the Truth in Christ. An Exegetico-Theological Study of Galatians 4,12-20 and Ephesians 4,12-16*, 2008, pp. 302.
165. ZICCARDI, Costantino Antonio, *The Relationship of Jesus and the Kingdom of God According to Luke-Acts*, 2008, pp. 584.
166. BRADY, Patrick J., *The Process of Sanctification in the Christian Life. An Exegetical-Theological Study of 1Thess 4,1-8 and Rom 6,15-23*, 2008, pp. 322.
167. ROCHETTE, Joël, *La rémission des péchés dans l'Apocalypse. Ébauche d'une sotériologie originale*, 2008, pp. 628.
168. SHENOSKY, Joseph T., *The Development of Late Twentieth Century Catholic Ecumenical Theology in the United States of America: A Comparison of the Contributions of Gustave Weigel, S.J., Carl J. Peter, John F. Hotchkin, and Avery Dulles, S.J.*, 2008, pp. 404.
169. IWUAMADI, Lawrence Oscar I., *«He Called unto Him the Twelve and Began to Send Them Forth». The Continuation of Jesus' Mission According to the Gospel of Mark*, 2008, pp. 308.
170. ASCENSO, Adelino, *Transcultural Theodicy in the Fiction of Shūsaku Endō*, 2009, pp. 354.
171. HODŽIĆ, Mislav, *La genesi della fede. La formazione della coscienza credente tra* essere riconosciuto *ed* essere riconoscente, 2009, pp. 276.